U0115641

内蒙古自治区文史研究馆 内蒙古记忆丛书·名镇

TUOKETUO
托克托

杨诚 韦素亮 郝正平 编著

内蒙古人民出版社

图书在版编目（CIP）数据

托克托／杨诚，韦素亮，郝正平编著. --呼和浩特：
内蒙古人民出版社，2021.12

（内蒙古记忆丛书. 名镇）

ISBN 978-7-204-16801-9

Ⅰ. ①托… Ⅱ. ①杨… ②韦… ③郝… Ⅲ. ①乡镇-
概况-托克托县 Ⅳ. ①K922.65

中国版本图书馆 CIP 数据核字（2021）第 150087 号

内蒙古记忆丛书·名镇

托克托

编　　著	杨　诚　韦素亮　郝正平	
责任编辑	石　煜	
装帧设计	徐敬东	
出版发行	内蒙古人民出版社	
地　　址	呼和浩特市新城区中山东路 8 号波士名人国际 B 座 5 层	
印　　刷	内蒙古恩科赛美好印刷有限公司	
开　　本	710mm×1000mm　1/16	
印　　张	25.5	
字　　数	400 千	
版　　次	2021 年 12 月第一版	
印　　次	2023 年 2 月第一次印刷	
书　　号	ISBN 978-7-204-16801-9	
定　　价	78.00 元	

图书营销部联系电话：（0471）3946298　3946267

如发现印装质量问题，请与我社联系。联系电话：（0471）3946120

序　言

内蒙古自治区文史研究馆自 1953 年成立以来，坚持"存史资政"的建馆宗旨，根据时代发展的需求，充分发挥德才望兼备的饱学之士汇聚的优势，以高质量的文史著述、艺术作品，彰显文史馆应有的社会职能，全力推进文史研究工作，组织馆员、研究员编写、出版了《史料忆述》《土默特沿革》《内蒙古疆域考略》《李守信自述》《德穆楚克栋鲁普自述》《内蒙古文史资料选辑》《内蒙古自然灾害史料》《内蒙古辛亥革命史料》《中国地域文化通览·内蒙古卷》《内蒙古文史研究通览（12 卷）》《内蒙古自治区文史研究馆志》《内蒙古自治区文史研究馆馆员自选文集》等诸多成果，为内蒙古自治区的文史研究、文化繁荣做出了应有的贡献。

2017 年，基于增强文化自信和文化强区建设的思考，内蒙古自治区文史研究馆提出了"抓创新、重特色、出精品"的文史研究、艺术创作思路，意在发挥优势，倡导原创，由此启动了"内蒙古记忆"系列研究计划，包括地域历史记忆系列、文化记忆专题系列和影像记忆系列三部分。从全区选择了扎兰屯（呼伦贝尔市）、巴彦呼舒（兴安盟）、库伦（通辽市）、王府镇（赤峰市）、多伦诺尔（锡林郭勒盟）、丰镇（乌兰察布市）、托克托（呼和浩特市）、萨拉齐（包头市）、隆兴长（巴彦淖尔市）、东胜（鄂尔多斯市）和定远营（阿拉善盟）等 11 个"名镇"，选择的标准是自清代以来，尤其是 20 世纪前半叶，对所在区域政治、经济、军事、文化产生过重要影响的城镇。现在与广大读者见面的正是地域历史记忆系列——《内蒙古记忆丛书·名镇》。

本丛书编写和出版的宗旨是，充分搜集、挖掘、利用文献资料和口述史资料，对在内蒙古近现代史上产生过重要影响的重点城镇及其兴衰历史，进行历史学和社会学的综合研究，力争全面、系统地展现20世纪前半叶内蒙古社会、经济、文化变迁概貌，抢救面临遗失的历史文化，为地方文化产业、旅游业发展提供文化支撑，为自治区乡土历史文化保护和传承做出贡献。

内蒙古历史悠久，是中华文明的主要发祥地之一。6500多年前形成于西拉木伦河、老哈河流域的红山文化是中华文明具有代表性的早期形态，被著名考古学家苏秉琦先生誉为"中华文明曙光升起的地方"。新石器时代通辽的哈民文化、乌兰察布的庙子沟文化、包头的阿善文化、鄂尔多斯的朱开沟文化，在我国史前文明中都具有鲜明的地域特色。距今3500年前后，由于全球气候的变化，北方地区气候逐渐向干冷变化，蒙古高原及其周边区域失去农耕条件，地域经济被畜牧业所取代。为了适应无霜期短促、干旱少雨的自然环境，实现草场资源的可持续利用，草原居民选择了四季轮牧这种与生态相和谐的生存方式，蓝天白云、骏马牧歌、毡包羊群形成了独具特色的风景线，南北朝时期民歌《敕勒歌》生动地再现了游牧世界的生产生活场景。以游牧为典型特征的草原文化成为中华文明的重要类型之一。

城镇是人类文明发展到一定历史阶段的产物，最初形成于原始社会向阶级社会过渡时期。为了抵御掠夺，保护部落财产和人身安全，人们开始修筑墙垣、城堡。防御应该是"城镇"的最初功能，新石器时代氏族聚落遗址——包头市阿善遗址已经出现类似的城垣。真正意义上的城镇出现在国家形态产生之后，概念应包括两层含义：一是有固定的城垣建筑规模、集中居住人群和相对独立、完整的管理系统，二是具有商贸功能。

在大部分读者的观念中，城镇似乎与游牧民族无缘。2000多年前，司马迁在《史记》中曾表述说，游牧人"逐水草迁徙，毋城郭常处耕田之业"，认为草原上不存在城镇。这一观点后来被大多数史学家所沿用，就给世人留下了游牧民族没有城镇的固定印象。事实上，对于草原游牧民族而言，"城镇"并不是一个完全陌生的概念，通过考古和查阅文献可知，从公元前的匈奴到13世纪的蒙古，不同时代的游牧人都有过建筑城郭的历史。有人曾考察过，在内蒙古地区，古代城镇遗址就有400多处（包括历代中原王朝建设的军镇），其中大多为游牧人建设的城镇，诸如匈奴人的统万城，鲜卑人的盛乐城，契丹人的辽上京临潢府、辽中京大定府，元代的上都、鲁王城、集宁路，明代的库库和屯（今呼和浩特），等等。这些城镇虽然也有商业和手工业存在，但主要功能是为统治者提供安全享乐的空间，其政治和军事意义超出经济价值，因此，随着某个草原王朝的覆灭，绝大部分城镇随之成为废墟。清代之前，草原上始终没有形成长期稳定的城镇商贸体系。

早期草原城镇的兴衰，与游牧经济及其对外经贸方式有着必然的联系。"居无定所，逐水草而迁"是汉文古籍中对草原民族生产生活典型状况的基本认识，而游牧经济内部生产分工简约，生活产品供给单一，畜产品、猎物和野生植物采集难以满足人们生存多样性的需求。为了提高生活质量，保证物资的丰富，他们必须与周边定居的农耕民族保持稳定的商品交换关系。历史上游牧民族与定居民族的商品交换大体有三种方式：一是"封贡"贸易，属于古代游牧民族与中原地区的特殊贸易形式，前提是双方确定臣属关系，由中原王朝特许，双方在指定区域交易；二是沿农牧交错带（如长城沿线）民间自由贸易；三是周边地区商人深入草原，与牧民进行交易。类似的商品交易方式早在春秋战国时代就已存在，历史十分悠久，我们在史书中看到的内地和中亚地区商人的活动痕迹，可视为清代"旅蒙商"的鼻祖。以物易物是古代游牧民族商品交换的主要方式。

对商品交换的强烈依赖，是与游牧民族数千年历史相伴随的核心经济社会问题，因此，如何与周边定居民族保持稳定的商业往来，始终困扰着历代中原王朝和游牧政权。西汉著名的《盐铁论》以大篇幅讨论了与匈奴开展贸易的利弊，明代"隆庆议和"的核心问题仍然是处理明蒙贸易问题。但是，在封建时代，受阶级矛盾、民族矛盾等复杂因素的影响，边疆商业贸易缺乏稳定性，这是贯穿中国整个封建时代的典型特征，由此引发的战争频繁发生。

在大航海时代之前，地处亚洲腹地的蒙古高原及其沿边地区扼守的著名的

"丝绸之路"，是连接欧亚大陆政治、经济、文化交往的要地。重要的地理区位曾经促成人类文明在此碰撞交融以及草原与中原从新石器时代起步的全方位的深度交流、交往和交融。古罗马金币、古希腊壁毯、古波斯琉璃器物、印有古印度摩羯纹饰器皿等一系列文物的出土，西亚阿拉米文字母和中亚粟特文字母在草原民族中的使用，4—13世纪佛教（柔然、鲜卑、羯、氐、羌、契丹、党项、蒙古）、摩尼教（回鹘）、基督教（蒙古克烈、乃蛮、汪古部）、伊斯兰教（畏兀儿）的传播，表明草原地区曾经是古代欧亚文明交流、融汇的热土。特殊的地理位置以及自身对商品物资需求的紧迫性，曾经使数千年间的草原统治者热衷于通过中西商品贸易获取利益，从史书的记载中我们可以得知，大月氏、突厥、回鹘、契丹和蒙古政权均以官方组织的形式推进中西贸易，在中西交通中一直充当着桥梁和纽带作用。然而，随着海路贸易占据主导地位，陆路"丝绸之路"渐渐衰落，16世纪之后，蒙古高原及周边区域在世界经济地理上的重要位置被海上航路所取代，逐渐转变为边缘化的内陆地区，区域政治、军事、经济、文化发展轨迹随之产生变化，一直到20世纪初的数百年间，社会发展呈现出与世隔绝的停滞状态。

清王朝（1636—1912年）是中国2000余年封建历史最终走向灭亡的朝代，其衰亡过程及结局与中国封建制度的衰落规律存在内在的联系，同时与全球资本主义的兴起也有着因果关系。而清朝近300年的统治，对蒙古地区的发展造成了深远的影响。

清朝建立后，在深度总结中原王朝治理北方游牧民族经验的基础上，针对蒙古地区推行了一整套针对性极强的政策，如"盟旗制度""联姻制度""封禁制度""扶持佛教制度"等，人为地阻断了蒙古族与外部世界的联系。在多种制度的综合作用下，蒙古民族在思想文化上长期沉迷于宗教的法号香烟，在商业经济上完全依赖于旅蒙商，200余年间陷入历史上前所未有的封闭状态。

旅蒙商群体的出现，完全是清朝"封禁制度"的附属产物。为了解决牧民无法自由对外进行商品交换的问题，从康熙年间开始，清政府有计划地组织内地商人，经政府特许后进入"草地"从商，由指定的路线出关，在指定的范围交易，在规定的期限往返，不得超期滞留草原。在特定制度的扶持下，旅蒙商群体借助不对等贸易方式，同时利用蒙古封建阶级的骄奢淫逸而获取暴利，到近代，已成为蒙古地区经济命脉的实际掌控者。

旅蒙商经济的运行，促成了清代至20世纪前半期内蒙古经济的特殊格局，客观上影响着内蒙古地区社会结构的变化。其中，清代中后期内蒙古城镇布局的形成，显然与旅蒙商的活动有着内在联系。

与早期的草原城镇相比较，绝大部分清代中后期形成的内蒙古城镇，完全是根据商业需求而出现的。从康熙年间开始，山东、河北等地曾发生严重的自然灾害，一些省份也出现人多地少的问题，危及社会稳定。清政府为了缓解矛盾，逐步松动对蒙地的一些政策，如实施"借地养民"策略，允许内地农民进入内蒙古垦荒，从起初的春来秋归"雁行"，到允许携带家眷定居，草原上开始出现农耕定居村屯，并呈现逐步扩大趋势。在此大背景下，旅蒙商也随之改变"行商"的经营方式，开始在草原上寻找"网点"开设固定店铺，向"坐商"转变，这些"网点"就成为近现代内蒙古地区城镇的雏形。

人口密度和运输便利是商业实现利润最大化的重要前提。清代以来，内蒙古地区城镇的形成过程体现出两个突出特征，即"因庙（王府）兴镇"和"因路兴镇"。历史上，内蒙古地区地广人稀，牧民的生产生活都处在分散的环境中，对于商业经营存在着制约。但16世纪末之后，尤其是清朝建立之后，草原上兴起了大规模修建佛寺的风潮，佛教全盛时期，每一个旗少则有20—30座庙宇，多则60—70座。由于定期的佛事活动，这些寺庙成为草原人群的重要集聚地，也自然地成为旅蒙商首选的经商地。围绕着寺庙，商铺先行进驻，其他行业如手工业、演艺业等慢慢跟进，随之出现教育、卫生等行业，渐成规模后，最终形成了城镇。多伦诺尔镇、王爷府镇、库伦镇、巴彦呼舒镇、定远营镇大体属于这一类型，而一些城镇，如丰镇、萨拉齐、托克托、扎兰屯等，则因为地处交通要道（如丰镇、扎兰屯），或具备传统运输手段之便利

（如萨拉齐、托克托、隆兴长的黄河运输）而兴盛，但也由此导致变数和波动，如萨拉齐、托克托因京包铁路修通而渐渐萧条衰落。

通过本套丛书各分册的描述可以看出，与中原地区和江南地区世人所熟知的"名镇"相比较，内蒙古的"名镇"无论从历史积淀、人口规模、产业特色角度，还是在全国的影响力方面，显然存在较大的差距。但我们选择如上城镇，并称之为"名镇"，是因为这些城镇在清代，尤其是在近现代，对内蒙古地区的社会转型产生了较大的影响力，具有不可替代的典型性和代表性。

城镇的外在表象通常是人口的集聚、商贸的繁荣，而促使城镇产生的根本内因，是适应人类发展需求、形成社会分工的结果。所有城镇都是一个相对独立的社会系统，尽管"无商不成镇"——商业是所有城镇形成的最基础要素，但维系城镇正常运转的组织结构却是繁复的，构成的人群是复杂的，包括管理系统（政府官员、警察、税务）、服务系统（文教卫生）、产业系统（各类手工作坊从业人员）等。城镇又是特定地区社会网络的"网结"，其辐射力决定自身的繁荣程度，其发展水平引领一个地区经济文化的走向。因此，城镇既是人类文明成果积累、传播、沉淀的重要平台，也是一个时代、一个地区社会整体发展水平的缩影，而这正是我们选择"名镇"开展研究的初衷，力图通过分析研究典型案例的方式，再现内蒙古地区20世纪初期的社会面貌。

作为学术性系列丛书，我们对《内蒙古记忆丛书·名镇》的编写时间上下限提出了统一要求，重点研究、介绍20世纪前50年的社会历史面貌。

众所周知，20世纪前半叶是中国历史发生巨变的时期。五十年间，已存在2200多年的封建制度崩溃，但中华民国的建立并未能从根本上改变中国社会的落后命运，依旧延续着1840年以来半殖民地半封建的社会状态，军阀混战，列强入侵，民不聊生，山河破碎。内蒙古作为北部边疆地区，动荡局面较之内地更为剧烈，数千年的游牧封建体系瓦解，内蒙古被割裂为内蒙古、绥远、热河、察哈尔四个部分，阿拉善地区划归宁夏、甘肃；"九一八"事变后，内蒙古东部地区沦陷，随后陷入伪满洲国统治；1937年全面抗战爆发后，内蒙古大部分地区沦为敌占区。在内忧外患中，各族人民饱受封建统治阶级、地方军阀和外国侵略者的欺压盘剥，挣扎在生死线上。经济持续下降，1947年内蒙古自治区成立时，全区粮食总产量仅18.5亿公斤，大牲畜等只有751万头（只）；全区只有七个城市设有医院，内蒙古每千人的病床数和医生数为0.1张和0.78人，人均寿命不足35岁，蒙古族民众的平均寿命只有19.6岁；公路里程仅1974千米；没有一所正规的中等专业学校，更没有高等学校，全区85%以上的社会大众是文盲。封闭、落后、贫困是当时内蒙古的突出标志。

1921年，中国共产党成立。在党的民族理论和民族政策的感召下，一批蒙古族进步青年加入中国共产党，成为我国第一批少数民族党员。1925年，全国第一个少数民族党支部在内蒙古成立。从此，内蒙古各族人民在党的领导下，将推翻三座大山，人民当家做主，建立各民族平等、共同繁荣发展的新中国作为奋斗目标，在大革命时期、抗日战争时期和解放战争时期，内蒙古人民与全国人民一起浴血奋战。1947年5月，我国第一个少数民族自治区——内蒙古自治区成立，从此，内蒙古历史翻开了全新的一页。

50年，在人类历史上仅仅是一瞬间，但对于中国、对于内蒙古而言，20世纪前半叶，既是中华民族饱受磨难的50年，见证了封建时代的覆灭，见证了半殖民地半封建的旧中国积贫积弱、"长夜难明赤县天，百年魔怪舞翩跹"的黑暗；也是各族人民在中国共产党领导下，争取民族独立和解放的斗争彪炳史册的50年，见证了中华人民共和国的成立。因此，对20世纪前半叶内蒙古地区的历史——以城镇为典型案例开展研究，具有重要的理论意义和现实意义。

回顾历史，是为了展望未来。习近平总书记指出："新时代坚持和发展中国特色社会主义，更加需要系统研究中国历史和文化，更加需要深刻把握人类发展历史规律，在对历史的深入思考中汲取智慧、走向未来。"研究20世纪前半叶内蒙古城镇的社会历史，一是为了探索内蒙古政治、经济、文化的历史发展规律，包括各民族经济文化交流、交往和交融的规律，二是希望通过历史变迁的对比，让更多的读者充分认识到中国特色社会主义制度的优越性、党的民族理论和民族政策的优越性，坚定"四个自信"，在以习近平总书记为核心的党中央的坚强领导下，建设亮丽内蒙古，建设新时代模范自治区。

是为序。

内蒙古自治区文史研究馆馆长　乌恩

2019 年 10 月

目　录

1　绪论

17　第一章　经济变迁

17　第一节　近现代经济变迁状况

25　第二节　近现代的特色产业

31　第三节　现代经济变化及原因

36　第二章　社会变迁

36　第一节　近现代的社会结构

45　第二节　近现代的职业人群构成

51　第三节　行社组织及其活动方式

58　第三章　商　业

58　第一节　近现代商业历史及规模

64　第二节　商业的经营特色

70　第三节　著名商家及商铺

77　第四章　手工业

77　第一节　近现代手工业历史及规模

83　第二节　生产经营内容

94　第三节　知名作坊及产品

100　第五章　城镇布局

100　第一节　城垣

105　第二节　街巷

110　第三节　城镇建筑风格

118　第六章　小巷人家

118　第一节　孝义之家

120　第二节　书香之家

124　第三节　武术之家

136　第四节　杏林之家

144　第七章　节庆祭祖及行业习俗

144　第一节　节庆风俗

159　第二节　祖先崇拜及相关礼仪

161　第三节　行业习俗

166　第八章　饮食文化

166　第一节　日常饮食结构及其主要饮食风俗

171　第二节　特色餐饮及制作

176　第三节　地方风味食品

183　第九章　服饰文化

183　第一节　近现代服饰演变

187　第二节　性别服饰特征

189　第三节　职业服饰特征

190　第四节　民族服饰

195　第五节　婚丧礼仪服饰及信仰服饰

199　**第十章　教育**

199　第一节　家教和私塾

203　第二节　小学教育概况

208　第三节　托克托县名校和名师选介

220　**第十一章　宗教和信仰**

220　第一节　宗教类型及信众规模

225　第二节　民间信仰

231　第三节　庙宇和庙会

243　**第十二章　民间戏剧**

243　第一节　打玩意儿——二人台

252　第二节　山西梆子——晋剧

255　第三节　名艺人简传

256　**第十三章　民间社火**

256　第一节　社火产生的历史背景及其影响

259　第二节　社日活动

263　第三节　社火节目选介

283　第十四章　民间游戏

283　第一节　民间游戏主要特征及类型

285　第二节　昔日室内游戏

293　第三节　昔日室外游戏

298　第十五章　民间文学艺术

298　第一节　民间文学艺术的特征和类型

300　第二节　民间文学艺术的传播方式

302　第三节　内容选录

320　第十六章　名胜古迹

320　第一节　著名古迹及其传说

332　第二节　名胜街巷及其传说

335　第十七章　灾异祸乱

335　第一节　近现代自然灾害

336　第二节　匪兵祸患

340　第三节　日本侵略军罪行

345　第四节　烟患

349　第十八章　革命历史概述

349　第一节　义和团运动

351　第二节　辛亥革命

353　第三节　大革命时期

356　第四节　抗日斗争

362　第五节　解放战争时期

363　第六节　革命英烈

371　第七节　革命志士

380　**结语　当代托克托城**

387　**主要参考书目**

390　**后记**

绪　论

一、托克托的区位和气候

托克托城，亦名脱脱城、妥妥城，简称"托城"。"托克托"为蒙古语，意为留住、稳固。

托克托城位于内蒙古中部，土默特平原南端，地理坐标为东经111°10′54″、北纬40°17′13″。托克托旧城位于县境西南端，是全县地势较低的河流冲击地带。

托克托城坐落于大黑河与黄河交汇处的三角台地上，东北距内蒙古自治区首府呼和浩特市73公里，东距和林格尔县城62公里，东南距清水河县城87公里，西北距包头市128公里，南与鄂尔多斯市准格尔旗十二连城乡隔黄河相望。

托克托城深处内陆，具有显著的北温带大陆性气候特征，温差变化大，四季分明。春季（3~5月）：干燥少雨，低温多风，常有沙尘天气；平均气温在8℃~10℃之间，最高达到16.8℃，固有"十年九春旱"之说。夏季（6~8月）：温热且降水集中；平均气温在21℃~23℃之间，最高气温可达38℃。7~8月份是全年降雨最集中的时候，固有"小暑大暑灌死老鼠"的谚语。秋季（9~10月）：秋高气爽，早晚温差变化较大。当地民间有"早穿皮袄午穿纱，怀抱火炉吃西瓜"的谚语，是秋季典型气候特征的形象注释。冬季（11月~次年2月）：漫长而干冷，昼短夜长，多风少雨雪。一场西北风，气温骤低，固有"天寒日短，不刮风就暖"的气候谚语。

二、托克托的自然环境

托克托城西为黑河故道，属河流冲击平原和洪积台地；东接沙梁，原属固定或半固定沙丘、流动沙丘地带。因此，其植被类型兼有草甸草原植被、盐生植被（包括沼泽草甸植被）、沙生植被等多种植被类型的特征。主要树木有杨、柳、榆，常见植物有蒿草、碱葱、苦菜、灰菜、芦苇、马莲、寸草、枸芪、蒺藜、沙蓬、蒲公英等。

托克托旧城西傍大黑河，南临黄河。大黑河与黄河同是托克托城的母亲河。托克托城的自然环境、社会经济变迁与"母亲河"息息相关。黄河涨潮，河水从黄河、大黑河交汇处的海口倒扬进大黑河，托克托城西汪水茫茫，一望皆是水乡泽国；枯水时节，大黑河将其从上游携带来的肥沃黑土，在城西的河床故道上淤积为片片农田。两水相衔，为托克托城提供了舟楫之便，鱼米之源。

托克托旧城东侧是黄土沙砾相间的浑圆状高陵，状如山岗，海拔高程1000余米，属剥蚀堆积地形，沟壑断层处常有远古遗存的文化层。东梁的地表、地层中，出土了蚧壳化石、树化石、哺乳动物化石，说明在数亿年前，这一带曾先后是海洋、山岭、森林、草原。沧海桑田，山川易色。清朝以来的托克托城，坐落在山水环护之中。1971年后，为避黄河、大黑河水患，旧城逐年迁建高岗上，也就是今天的新城处。新城和旧城毗邻相连，仅是地势高低不同而已。进入21世纪，黄河、大黑河水患基本排除，旧城处正在逐年打造为新的文化旅游景区。

三、历史沿革

（一）唐朝前历史沿革简述

南距托克托城15公里的海生不浪村岗梁上，有一处新石器时期的先民村落遗址，这里被考古界命名为"海生不浪文化"，距今5000~6000年。

北距托克托城30多公里的古城村，是战国时赵国的云中城故址，距今约2400年。公元前326年，赵武灵王成为赵国的君主。为了振兴赵国，赵武灵王毅然冲破传统守旧势力的阻挠，于公元前307年实施了"胡服骑射"，在云中川广阔的原野上开辟了一块骑兵训练基地，不到一年，就训练出一支骁勇善战的骑兵部队。此后，赵武灵王亲率骑兵，多次进攻中山国，北破林胡、楼烦，至于常山，西极云中，北尽雁门，拓地数百里。又从代（河北省蔚县）至高阙（今内蒙古巴彦淖尔市杭锦后旗西北狼山口），沿阴山修筑长城，把他的高祖父武侯所筑的长城从山西延伸到今内蒙古。同时，把云中、雁门、代设置为郡。赵武灵王设置的云中郡，是托克托县历史上第一个行政机构。今托克托城所在地为云中郡属地。

公元前 221 年，秦王嬴政统一六国，实行郡县制，初分全国为 36 郡，云中郡为其中之一。

公元前 206 年，刘邦灭秦建立了西汉王朝。汉初沿袭秦制，云中仍置为郡，下辖 11 个县。其中，沙陵县城遗址在托克托城北郊约 3 公里处。终汉一朝，云中地区是北方匈奴等少数民族与汉王朝相互逐鹿、争霸的"拉锯"地带，也是各族人民相融共处、同生共息的地方。

东汉献帝建安二十年（215 年），曹操迁云中、九原等郡人民于内地，立新兴郡，云中、西河之间，其地遂空。经三国、两晋百余年后，云中地区进入拓跋鲜卑势力范围之内，成为北朝的一个战略要地。拓跋什翼犍与其孙拓跋珪先后在云中建立代——魏割据政权。当时，今托克托城是云中郡所属著名黄河古渡君子津所在地。君子津是黄河南北交通的军事要津，兵家必争之地。

534 年，危机四伏、分崩离析的北魏王朝分裂为东魏、西魏；550 年，高洋取代东魏皇帝，建立北齐；557 年，宇文觉取代西魏皇帝，建立北周。577年，北周灭北齐，统一北方。其间，托克托地区先后隶属于东魏——北齐——北周。

581 年，北周权臣杨坚废静帝，取代宇文氏政权，建立隋，建元"开皇"。隋开皇三年（583 年），在今托克托县境置阳寿县，沿袭汉县名。开皇十八年（598 年），改阳寿县为金河县。金河县先后隶属榆关、榆林郡（郡治在今准格尔旗十二连城）管辖。其时，今托克托地区先后隶属阳寿县、金河县。隋朝立国之际，北方突厥族强大起来。突厥首领阿史那土门率领部众打败和合并了铁勒各部五万余落（户），大败柔然，建立起一个突厥汗国。隋开皇三年（583 年），突厥汗国分裂成东、西两部。托克托地区是东突厥游牧之地。

（二）唐朝东受降城

唐太宗贞观三年（629年），兵部尚书李靖率李勣、柴绍、薛万彻领四路大军10万余人，分别在君子津、灵武等处北渡黄河，征讨东突厥颉利可汗部。

唐太宗贞观四年（630年），李靖率大军生擒东突厥首领颉利可汗，东突厥灭亡。其部落有的北附薛延陀，有的奔西域，有近10万人口归附唐朝。唐太宗把归附唐朝的突厥人安置在河套以南，东自幽州、西至灵州一带地区，设置顺、祐、化、长四州都督府，并将颉利可汗原统治的漠南地区分为六州，左置定襄都督府，右置云中都督府（后迁瀚海都护府于云中城，改云中都督府为云中都护府；其后又改云中都护府为单于大都护府）。被安置在定襄都督府和云中都督府所辖六州的突厥降众，均成为唐王朝的臣民。然而，唐朝统治者却对这些突厥人实行羁縻和利用的歧视政策，经常征调他们充当对外扩张和对内镇压人民反抗的工具。

永淳元年（682年），南迁至漠南的突厥贵族骨咄禄利用突厥人民群众对唐的不满情绪，重新建立了一个突厥政权，史称"后突厥"。此后，北方战乱频仍。

唐中宗景龙元年（707年），后突厥侵犯唐朝北边，中宗李显命左屯卫大将军张仁愿为朔方军总管，摄御史大夫，率兵攻击后突厥，后突厥兵败退走。突厥首领默啜率部众西击突骑施。张仁愿上奏中宗，"……请乘虚夺取漠南之地，于河北筑三受降城，首尾相应，以绝其南寇之路。太子少师唐休璟以为两汉以来，皆北守黄河，今于寇境筑城，恐劳人费功，终

清瓷注子 唐

为贼虏所有，建议以为不便。仁愿固请不已，中宗竟从之。仁愿表留年满镇兵以助其功。时咸阳兵二百馀人逃归，仁愿尽擒之，一时斩于城下。军中股栗，

役者尽力，六旬而三城俱就。以拂云祠为中城，与东、西两城相去各四百馀里，皆据津济，遥相应接，北拓地三百馀里。于牛头朝那山北（今乌拉山），置烽候一千八百所。自是突厥不得度山放牧，朔方无復寇掠，减镇兵数万人。"[1] 从此，北突厥不再轻易南犯，而把掠夺的锋芒转向西突厥。

东受降城是今托克托城的建城始端（城址在今托克托旧城西北 4 公里哈拉板升村西故城遗址处，今已被黑河水淤没）。

唐玄宗天宝元年（742 年），唐王朝徙振武军于东受降城内，振武军（均为军事、行政编制）统领东、中、西三受降城及其军务。乾元元年（758 年），升振武军为节度，移置盛乐，今托克托地区只有东受降城，曾隶属于振武节度使。按原编制应管兵 7000 人、马 1700 匹，仍是唐朝北方的军事重镇。"安史之乱"后，突厥渐衰，继之而日益强盛的是回鹘族。东受降城又承担起了防御回鹘的重任。

唐敬宗宝历元年（825 年）五月，户部尚书薛平给振武军拨钱 14 万贯，重新修筑被河水淹没毁坏的东受降城。重修的东受降城位置，就在今托克托旧城北侧城圈圙内，遗址今俗称"大荒城"。

（三）辽金元东胜州

神册元年（916 年）八月，契丹首领耶律阿保机亲率诸部兵 30 万，从麟、胜出兵，南侵朔州（怀朔镇地），并俘虏了晋振武节度使李嗣本。乘胜而东，侵掠蔚、新、武、妫、儒五州。自代北至河曲，越阴山，都为契丹占有。

是年，胜州（遗址在今内蒙古准格尔旗十

大泉五十（合背）　　辽

---

[1] 《旧唐书·张仁愿传》，中华书局，1975 年，第 2982 页。

二连城）之民都被迁往河东，于今托克托旧城北侧唐东受降城遗址处建新城（遗址即今"大荒城"）安置移民，因城在胜州之东，就名为东胜，后置为州。"东胜州，太祖神册元年破振武军，胜州之民皆趋河东，州废。晋割代北来献，复置。兵事属西南路招讨司，统县二：榆林县，河滨县。"[1] 东胜州与丰州（遗址在今呼和浩特市白塔）、云内州（遗址在今托克托县古城镇西白塔村）被称为辽的"西三州"。丰州城设西南路招讨司，统辖西三州及阴山以南的非汉族部落。"西三州"三城鼎立，构成了辽朝西南边境地带的威慑力量。其时，东胜州辖地约为今托克

奇龙谢钱　辽

托、萨拉齐、固阳县及准格尔旗东北部。辽在设置州县之际，又沿袭唐末五代的建制规则，分建军镇于州治之间。东胜州置武兴军。辽兴宗重熙十三年（1044年），将云州大同军节度升格为西京大同府，"西三州"划归西京大同府管辖。

三彩瓷俑　金

[1]《辽史·地理志》，中华书局，1975，第514页。

辽保大五年（1125 年），辽朝被金灭亡。金占领东胜后，仍沿辽制置州，隶属于西京（大同）路。东胜州仍置武兴军，统东胜县、宁化镇。在金朝统治的百余年间，今托克托地区的经济由战乱时的残破、萧条逐步恢复、发展。金朝后期，东胜成为金与西夏重要的榷场贸易之地。金兴定三年（1219 年），蒙古军围攻东胜。东胜州被蒙古军队占领。

元朝时，河套地区和今呼和浩特平原一带，包括鄂尔多斯北部，由原西京路改属大同路管辖。元朝沿袭辽金旧制，仍设东胜州。大同路和上都路都属中书省直接管辖。路府州县都设有达鲁花赤（亲民官）。东胜州依然是军防重地，而且成为中原地区通往漠北的交通枢纽。

为了加强中央与地方的联系、沟通中外之间的往来，在大一统时期，元朝以大都为中心修筑了通向全国各地的交通驿站。其时，"由东胜州经中兴府至河西走廊的驿道经过今敕勒川地区。东胜州东接云内州、丰州，向西经中兴府到达河西走廊，与传统的丝绸之路汇合，西可通中亚，北经亦集乃路可到哈剌和林。"[1] 东胜地区不仅陆路交通畅通，以黄河为大动脉的水运也逐渐开通。元世祖"至元四年（1267年）七月丙戌朔，敕自中兴路至西京之东胜立水驿十"，[2] "属东胜州管辖的有只达温站、白崖子站、九花站、怯竹里站和

"都府"梅瓶　元

---

[1]　伏来旺总主编，塔拉、张文平编著《敕勒川文化·敕勒川城市文脉》，内蒙古人民出版社，2013，第 153 页。

[2]　《元史·世祖纪三》，中华书局，1976，第 115 页。

梧桐站 5 站。"[1] 漕运便利之际，又设巡军，以利商运。官商船舶西来东往，东胜为货物聚散转运之枢纽。

（四）明朝东胜卫——脱脱城、妥妥城

明洪武三年（1370 年），明朝北伐大将金朝兴、李文忠轻取东胜，元平章、刘麟等 18 人被俘。

明朝天下初定，朱元璋就着手进行军制改革，决定创行卫所制度。"……度要害地，系一郡者设所，连郡者设卫，大率五千六百人为卫，千二百二十人为千户所，百十有二人为百户所。所设总旗二，小旗十，大小联比以成军。"[2]

明朝所有的军队都编制在卫、所之中。卫、所设有卫指挥、千户、百户等官。

正由于上述的兵制改革，明初原属大同路的东胜州，于明太祖洪武四年（1371 年）正月，废州置卫，称为东胜卫，改属山西行都司。明太祖洪武二十五年（1392 年）八月，冯胜、傅友德、常升等将山西之民迁于大同、东胜屯田入军户，并在东胜城外建筑东胜卫新城（遗址即今托克托城城圐圙古城）。"（洪武）二十五年八月，分置左、右、中、前、后五卫，属行都司。二十六年二月，罢中、前、后三卫。永乐元年（1403 年）二月，徙左卫于北直庐龙县、右卫于北直遵化县直隶后军都督府。三月置东胜中、前、后三千户所于怀仁等处守御，而卫城遂虚。正统三年（1438 年）九月复置，后仍废。西距行都司五百里，领千户所五；失宝赤千户所、五花城千户所、斡鲁忽奴千户所、燕只斤千户所、翁吉剌千户所。俱洪武四年置。"[3]

明初，在长城以北，今内蒙古南部和东部设立的许多卫所，目的是为了防

---

[1] 伏来旺总主编，塔拉、张文平编著《敕勒川文化·敕勒川城市文脉》，内蒙古人民出版社，2013，第 153 页。

[2] 《明史·兵二》，中华书局，1974，第 2193 页。

[3] 《明史·地理二》，中华书局，1974，第 973～974 页。

御和阻止蒙古骑兵南下。东胜卫是其中的大卫之一。但世事的发展未能如朱元璋所愿。其后，由于明朝、蒙古间征伐连连，东胜卫几度兴衰，实际上并没有真正发挥其应有的战略防御作用。正因为东胜卫等北疆卫所逐年废弃，失去了应有的防卫作用，原先稍微靠近腹里的大同彻底裸露在北疆前沿，成为事实上的边防重地，以至于正统十四年（1449年）八月，发生"土木堡之变"，明英宗兵败大同，被南犯的瓦剌部俘获。之后，明朝被迫将东胜卫等长城以北的卫所内迁。

1510年，蒙古族历史上著名的"中兴之主"达延汗统一了大漠南北的蒙古各部，把原有大小部落归并，整顿为6个万户（土绵），其中的土默特万户在其孙子俺答汗（又译作阿勒坦汗）统治时期逐渐强盛起来，于明嘉靖年间占据土默川。

阿勒坦汗是蒙古族历史上致力于民族间友好和睦的开明统治者。他多次向明朝统治者提出和平通贡互市的要求，不惜以战求和。明朝于隆庆五年（1571年）三月正式颁诏封俺答汗为顺义王，双方达成互市条约，并在这年秋天第一次开市。随后，东起宣府、西至甘肃的11处互市市场也陆续开

龙泉釉大盘　元

设。从此，双方化干戈为玉帛，和平贸易代替了民族仇杀。兵革不兴，烽火不举。"边氓释戈而荷锄，关城熄烽而安枕。"边境上呈现出一派和平繁荣景象。

阿勒坦汗为冲破明朝统治者的经济封锁，求得游牧和农耕经济的相助互补，在极力争取与明朝通贡互市的同时，收留和安排当地汉人在土默川耕田筑屋，开发"板升"（明代泛指农耕之民居住的房屋、村落，以区别游牧民的毡

帐）农业。阿勒坦汗采取奖励农耕的措施，号召激励明朝境内的农民前来垦荒务农，从而吸引了许多关内农民、手工业者来到土默川。"到嘉靖末年（1566年前后），在土默川从事农业生产的汉族人口已逾5万人（一说约10万）。他们'开云田（内）、丰州地万顷，连村数百'，足见板升农业已初具规模。"[1]

至今，距托克托城北数里之远有一个蒙古族聚居的村子，村名就叫哈拉板升。托克托城南街所属的后双墙，村名原叫必令板升。这些村名明显地印记着"板升农业"在托克托的历史遗踪。

其时，驻牧在东胜卫的是阿勒坦汗的义子恰台吉，又名脱脱。他驻牧东胜卫期间，积极促进与明朝边关的互市贸易，发展与明朝的和平交往。因他为双方的互市贸易做出积极贡献，明王朝对他予以褒奖，由百户晋升为四品指挥佥事官，从而也受到了当地人民的赞扬。

明末，东胜卫城渐废，城内居民陆续移居故城南侧今托克托旧城处，城名改称脱脱城，也叫妥妥城、托克托城，简称托城。据说，城名是因纪念脱脱而命名的。

铜火铳　明

（五）清朝托克托厅——托克托城

"清朝初期，板升农业区的土地因战火而荒弃。在清朝先后发动征服喀尔喀蒙古、青海、新疆蒙古和回部的战争过程中，本地区（指土默特地区——引者注）成了军辎供应基地，根据'就地筹粮'的政策，从土默特的牧地拨出大量的土地，如'庄头地''台站地''大粮地'等，广泛招徕汉族农民出

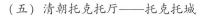

[1]　云海主编《土默特志·上卷》，内蒙古人民出版社，1997，第240页。

口耕种。蒙古族的户口地亦租给汉族农民耕种。汉族赤贫农民由最初春来秋归的'雁行'逐渐转变为定居。"[1]

托克托城位于土默川南端，与晋、陕相邻较近，是晋陕农民进入土默川耕田务农的前沿地带，不少河曲、兴县、保德等晋西北的农民从河曲渡黄河、跋涉过鄂尔多斯的库布其沙漠，再渡黄河，在托克托地区落脚务农。他们先为春出秋回，即所谓"跑青牛犋"。到雍正初年携家定居者逐年增多，因其户籍仍在原籍，故而称之为"寄民"或"客民"。

乾隆初年，清政府把原在热河、右卫等地驻防的八旗兵调到新修的绥远城，为就地解决兵粮军需，清政府以"赏赐""效纳"等名义开始大规模放垦土默特牧场。到乾隆中、后期，内地来土默川种地的农民与年俱增，而且多数定居下来。

乾隆执政以来，后套平原的农业开发也相继展开。到清朝后期，后套的大部分土地都开垦为农田，致使后大套在清朝后期成为远胜土默川的"塞外粮仓"。

土默特和后套地区的农业开发的直接结果：游牧经济萎缩，并逐步让位于农耕经济。在此历史背景下，位于农耕开发前沿的托克托地区在清中叶后农业渐次取代了游牧业。

内蒙古土默川与后大套的农业开发，不仅满足了本地的粮食需求，而且有能力为周边地区提供充足的粮源。而与土默川较临近的晋西、晋西北乃至陕北地区，则是荒山秃岭、粮食匮乏的地区。这种地区现状就为两地贸易提供了潜在商机，开通两地商品流通的运输渠道势在必行。

土默特、后大套等内蒙古中西部的垦殖是与以山西人为主体的"走西口"人群密不可分的。这支"走西口"大军，既是开发内蒙古河套平原（含土默川）的主力，也是当地乡村城镇兴起、发展的居民来源和创业主体。"走西

---

[1] 云海主编《土默特志·上卷》，内蒙古人民出版社，1997，第241页。

口"的移民队伍，涵盖了"三百六十行"的人群，其中不乏商业精英。正是这些商业精英，即后世称为"旅蒙商""晋商"者，在上述的历史背景下，不失时机地开通了以黄河水运为主干、联通内蒙古与晋陕北部的水陆交通干线。而位居这条水陆交通干线中段的托克托城和与之相邻两公里的河口，成为黄河上中游重要的货物集散中转基地。

关于以托克托城、河口为货物中转枢纽的黄河上中游航线的开通时间，山西大学历史文化学院副院长张世满先生在他研

窑变釉天球瓶　清

究黄河上中游航运史的专著《逝去的繁荣：晋蒙粮油故道研究》一书中写道："这条商道早在康熙年间已经部分开通。……康熙三十六年（1697 年），康熙皇帝谕大学士伊桑阿'将湖滩河朔（托克托城一带——引者注）积储米或五千石……顺流而下，（运）至保德州'。这一举措基本得到了落实。这样，黄河托克托县河口至保德州的水路在康熙朝中后期已经开通。到乾隆年间，这条水陆商道实现了全线贯通。"[1]

由于水陆商道的开通和兴盛，大约雍正、乾隆年间，托克托城由农业村落逐渐扩展为初具规模的小城镇。"旅蒙商"中的部分"行商"也开始在托克托、河口设立店铺，由"行商"变为"坐商"，从而由"晋商"变为"托商"。

---

[1]　张世满：《逝去的繁荣：晋蒙粮油故道研究》，山西出版集团·山西人民出版社，2008，第 7~8 页。

清道光以后，"河口成为名副其实的中国最大的干草运销市场。"[1] 与河口一水（黑河）相连相距两公里的托克托城同为这条航线的商贸重埠。"当时市廛栉比，论市面殷繁，除归（化）厅包（头）镇而外，萨（拉齐）、清（水河）、和（林格尔）之城市，皆不及也。"[2]

为强化对土默特地区的统治管理，清初，清政府按八旗制度，将土默特部编为左右两翼，左右两翼也称左右两旗。今托克托县地区分隶两翼，东南部区蒙古族属土默特左翼五甲五佐（苏木）地，县境其他地方蒙古族属右翼三、四甲地。

"农业的长足发展和汉族人口聚居区日益扩大，为内地州县制度移入蒙地创造了条件。内地汉族移居蒙地后，清政府对汉族和蒙古族人民采取分治的办法，在汉族聚居的地方一般都设置厅、州、县，加以管理。"[3] 从而形成了"旗厅并存""蒙汉分治"的政治体制。旗设总管，管理旗、厅内蒙古族事务；厅设通判，管理旗、厅内汉族和蒙古族之外的其他少数民族事务。双方不决争议之事，由归绥道台裁决，道台未决之事，由绥远将军裁定。道台和将军均系满族充任。由此，"雍正十二年（1734年），清政府在托克托城（今托克托旧城）设协理笔帖式，办理该处蒙汉交涉事务。乾隆元年（1736年），置协理通判，乾隆二十五年（1760年），托克托协理通判升为理事厅，隶山西归绥道。"[4]

嘉庆十二年（1807年），鉴于河口在水路运输和商贸业发展中的重要性，清政府将河口由村升格为镇。从此，托克托县即以一城（托克托城）、一镇

[1]　张世满：《逝去的繁荣：晋蒙粮油故道研究》，山西出版集团·山西人民出版社，2008，第121页。

[2]　绥远通志馆编纂：《绥远通志稿·商业》第三册，内蒙古人民出版社，2007，第803页。

[3]　郝维民、齐木德道尔吉主编《内蒙古通史·第五卷·清朝时期的内蒙古（一）》，人民出版社，2011，第192页。

[4]　郝维民、齐木德道尔吉主编《内蒙古通史·第五卷·清朝时期的内蒙古（一）》，人民出版社，2011，第234页。

（河口）同为塞外"水旱码头"闻名于世。

光绪九年（1883年），山西巡抚张之洞奏请口外七厅改制，将客民编籍。经清政府复准，土默特地区的寄民遂于次年核准落籍，成为"名正言顺"的当地居民。

光绪十年（1884年），托克托理事厅改置抚民理事通判，兼管与鄂尔多斯左翼前旗等蒙汉交涉事务。

"水旱码头"地位的确立和兴盛，使托克托城的交易商贸在20世纪初发展到鼎盛期，不仅繁荣了城镇经济，而且对县境及周边地区产生了较大的辐射和影响。作为黄河中上游的货物水陆转运中心，托克托城在黄河上中游的航运史上也占有一席之地，对内蒙古中西部的开发，晋、蒙、陕、甘、宁等地的商品交流，特别是对晋陕地区的社会稳定起到了一定的促进作用。其时的托克托城，既是全县的经济、政治、文化中心，也是人口较密集的生活中心。城镇街道纵横，店铺比邻，民居稠密，人口繁盛，以"水旱码头"为经济特色的名镇著称于黄河上中游。

（六）中华民国时的托克托县城关镇

民国元年（1912年），托克托厅改为托克托县，通判改为知事，隶属绥远观察使公署管辖，托克托城仍为县府所在地。民国2年（1913年），托克托县全县划为7个区，中区治所设在托克托城。民国3年（1914年），托克托县隶属于绥远特别行政区。民国17年（1928年），南京国民政府改绥远特别行政区为绥远省，托克托县隶属之，县知事改为县长。同年，将全县原7个区缩编为5个区，托克托城为县府、一区治所。民国19年（1930年）6月，重新调整行政区划，并改组村公所为乡公所，将各区所属较大村落均改称乡、镇，第一区公所所在的托克托城改为托城镇。民国22年（1933年），全县重新划分为3个区，一区治所仍设在托城镇。

民国初期，托克托城虽然屡受匪患兵乱，但由于"水旱码头"的交易优势，经济发展仍处于兴盛之际。托克托城仍不失为托克托县地区的经济、政治和文化中心，也是人口较密集的居民中心。

民国 12 年（1923 年），平绥铁路延伸到包头，包头取代托克托城、河口的码头地位。河口和托克托城许多商家移居包头经商，托克托城的经济开始进入萧条衰落时期。其时，黄河水运虽然失去了往日的繁荣，但是还有少量商船来往，托克托城的商家在困境中勉力经营。

民国 20~21 年（1931~1932 年），土默特左、右两翼对各佐领进行了调整，整顿后的托城镇属右翼四甲三佐。

民国 27 年（1938 年），日本侵略军占领托克托县后，将托克托县划归伪蒙古联盟自治政府巴彦塔拉盟管辖。伪托克托县公署将全县划为 10 乡 1 镇，取消了河口"镇"的编制。日军断绝黄河水运，实施残酷的奴役统治和严密的经济封锁。至此，河口、托克托城相沿 200 余年的"水旱码头"历史彻底结束。托克托城经济全面衰颓，人民生活在水深火热之中。

民国 36 年（1947 年），国民党托克托县政府改编了日伪时期的行政编制，全县划为 9 乡 1 镇。

（七）中华人民共和国成立后的城关镇——双河镇

1948 年 9 月下旬，中国人民解放军晋察冀第三兵团和晋绥警卫团向绥远省进军，解放了托克托县，成立了中共托克托县委、托克托县人民政府和 5 个区政府。托克托城为一区治所。同年 11 月 15 日，中共托克托县委、县人民政府随人民解放军东进，国民党县政府又恢复建制。

1949 年 9 月 19 日，托克托县和平解放。1950 年 3 月，托克托县人民政府正式成立，隶属于绥远省和林格尔专员公署，托克托城为县政府、一区区公所所在地。不久，划归包头专员公署。9 月，隶属于绥中专员公署。11 月 27 日，隶属于萨拉齐专员公署。当年，将全县划为 5 个行政区，第一区治所为托克托城。

1952 年 11 月 27 日，撤销萨拉齐专员公署，托克托县改隶集宁专员公署。

1953 年，区公所改称城关镇人民政府。

1954年3月5日，托克托县隶属于平地泉行政区人民政府。

1954年3月6日，中央人民政府政务院决定撤销绥远省建制，绥远省与内蒙古自治区合并，统一由内蒙古自治区人民政府领导。

1958年4月2日，撤销平地泉行政区，托克托县划归乌兰察布盟。当年，成立城关镇人民公社。

1959年，全县合并为4个人民公社，城关镇人民公社改为城市人民公社，隶属太阳公社。

1962年，全县将4个公社划分为11个公社1个镇，城市人民公社改为城关镇人民公社。

1968年，城关镇人民公社改为城关镇人民公社革命委员会。

1970年10月3日，经国务院、中央军委批准，托克托县由乌兰察布盟划归呼和浩特市管辖。

1971年，为避免黄河、黑河水患，经内蒙古自治区人民政府批准，县城由旧城逐渐迁至南坪新城区，即今县城所在地。

1983年6月，全县撤社改乡，城关镇人民公社革命委员会改为城关镇人民政府。

2001年4月，托克托城关镇与南坪乡合并，因其坐落于黄河与大黑河交汇的冲击台地上，便改名为双河镇。

第一章　经济变迁

第一节　近现代经济变迁状况

一、农业取代传统畜牧业

托克托城近代经济最根本的变迁是农业经济逐步取代了传统的畜牧业。

托克托地区历史上曾是我国北方各少数民族游牧之地。这里气候温和，土地平坦，依河背山，水肥草茂。"天苍苍，野茫茫，风吹草低见牛羊"亦是当年这一带地域的风光写真。

优越的自然地理条件，也为发展农业生产提供了适宜的环境。就在古代畜牧业兴盛之际，并存着部分农耕产业，但与当时的主导产业畜牧业相比，农业生产仅是补充经济而已。

土默特（含今托克托城）地区农业的较大规模发展，主要是从明朝阿勒坦汗时期开始的。

明代中期，由于战争的掳获和内地的农村社会危机，人民反抗失败，已经有不少汉族人民进入塞北草原，成为蒙古封建主的属民和奴仆，从事放牧、农耕和家庭手工劳动。"经过阿勒坦汗的不断经营，土默川地区聚集了数万从事农业生产的人口，这里的农业也相应地得到较迅速的发展。截至隆庆五年'封贡'前后，出现了'开云田丰州地万顷，连村数百。驱华人耕田输粟，反资房用'的局面。这时，土默特万户数万人'仰食板升收获'。万历年间，板升地区的农业进一步发展。"[1] 可见，其时的土默特地区的农业生产已具备了相当规模，形成了许多汉族农民聚居的"板升"农业区。此时，托克托也

---

[1]　晓克、于永发：《土默特沿革概述》，内蒙古人民出版社，2009，第73页。

开始形成板升农业村落。

康熙中期，清政府出于军事和经济的需求，允许边墙以南的农民在领取清政府颁发的印票后，前来土默特地区垦荒种植。内地的汉族——主要是晋西、晋西北的农民不断地来土默特地区种地谋生。

据史料记载，自明初（十四世纪末期）至清乾隆初年（十八世纪中期）的三百多年的时间，土默特地区（含托克托）的牧场的五分之四被开辟为农田。"土默特地区已完成了由牧区向农区的转化。"[1]

"据乾隆二年（1737 年）统计数字，'托克托厅奏交丈放土地十一万一千九百亩'，过了百十多年，咸丰时的《归绥识略》中记载，托县土地共有耕地679741 亩，其中官租地 573182 亩，余为民地 106559 亩。又过了 50 多年，到了光绪时，据《山西通志·田赋略》载，原额民牧地 182653 亩，其中民地174972 亩，牧场地 7681 亩。这样，从乾隆到光绪 160 来年，民地由 11 万亩增至 17 万亩，增长了 56%。"[2]

当然，传统畜牧业走向衰颓的原因，也不仅仅是草场减少的单纯因素，传统牧业经济本身所具有的脆弱性和落后性，也是导致其日渐衰颓的重要原因。蒙古传统畜牧业天生的脆弱性，主要表现在对自然灾害的防御能力差、生产过分单一、社会分工不发达、经营方式落后、生产技术低下等，这些都是严重制约畜牧业发展的内在因素。此外，蒙古族内部封建王公上层的剥削、挥霍和汉族商业高利贷者的压榨、掠夺等，也造成劳动牧民贫困、破产，从而严重制约和阻碍了畜牧业经济的发展。喇嘛教的盛行，也在一定程度上影响了畜牧业的发展。蒙古族不少男性信奉喇嘛教，影响了人口的增殖，使牧业劳动力大减。

农业的发展，首先从根本上改变了世居托克托的蒙古族的生活方式和习惯。托克托城的蒙古族自古以来一直是以牧为主，不谙耕耘，虽然 12 世纪后有小型的原始种植业，但农业仅作为对牧业的补充，没有形成大片的农业农

---

[1] 阎天灵：《汉族移民与近代内蒙古社会变迁研究》，民族出版社，2004，第 57 页。
[2] 张军主编：《托克托县志·历史沿革》，1984，内部发行，第 24 页。

田。清初虽然给蒙古兵丁分配了土地，也属牧场性质。

近代以来，随着土默特、托克托地区的农业化，牧场萎缩，难以放牧，牲畜锐减，蒙古族牧民赖以生存的经济基础从根本上被瓦解，不得不由牧转农。但清政府规定，蒙古族兵丁必须"自备当差""从征打仗"，无暇农耕。于是，蒙古族人民被迫将清政府拨给自己的户口地出租给"走西口"来到托克托的汉族农民。

当时，典租土地的形式主要有活约地、活租地、永租地、伴种地等几种。

活约地在契约上写明租种年限，到期由地户收回。活租地租期不定，钱到取赎，但取赎时间约定俗成于每年春季惊蛰之前，秋天在庄禾收割以后（即农历的三、九两月），倘若青苗在地，绝不准抽赎。永租地是永远租种，许退不许夺，这类租地事实上就同于出卖。这几种租地形式多是以双方经"中见人"做证签订契约的方式固定下来。托克托还有用"折子"代替契约的租约方式。折子是一个折叠式的记事麻纸小本，租地双方将相关的协议写于折子上，如同契约。所不同的是，契约一式三份，由地户、租地佃农、中见人各存一份，而折子则由出租地户家保存。如更换租地者，则须共同协议，办理"过租"手续，即在折子上写明转租事由。一些持折的蒙古族贫民，往往将折子也出卖于人，也就是出卖了折子上所记有的土地。买有折子的新主人，可凭折子向原租地者按折子所记收取租银。伴种地是一种以土地所产粮食作为租银的租地方式。地户将土地转让他人耕种，到收获后，双方按协议所定比例分配收获物。有根据土地质量决定分配比例的，有根据具体的耕作方式诸如籽种、劳力及其他支出如何付出等决定分配比例，有二八分成（地户二成，伴种者八成）、三七分成、四六分成、对半分成等形式。伴种地期限均为一年，双方口头协议。其中，以永租地较普遍，约占典租地的70%。

在这个长期的租种过程中，土地所有者发生了巨大变化。原来的土地所有者——蒙古族人民多数生活日渐贫困，无钱届时取赎自己出租的活约地、活租地，因而最终也像"永租地"一样，被承租者永远租种。进入20世纪，多数贫苦的蒙古族将自己的部分户口地由租而卖，成为少地甚至无地的贫民；而一些租地者则由租而买，成为拥有少量、多量，乃至大量土地的所有者。

出卖了大部分户口地的蒙古族，多数既无经商的能力，也没有从事手工业的技术，为了生存，只能向汉族农民学习农耕，渐渐地变成了地地道道的农民。

托克托城的商家，无论经营规模大小，也不分经营商品如何，都在经营农业生产，往往是大商家经营的土地较多。商家经营农业，有的自耕自种，有的将耕地出租于佃农。在20世纪初期托克托城商业兴盛时，商家皆以经商为主，农业仅是商贸的补充辅助。

1923年后，包头取代托克托城的水旱码头地位，托克托城的商业经济衰颓。1938年日本军侵占托克托县，托克托城的经济遭受灭顶之灾。多数商家破产，由商人转而耕田种地，成为聊以谋生的农民。

近代的农业生产纯属自然经济，从种到收，严格遵循传统的耕作习俗，按季节播种，不违农时。耕作使用的都是传统的犁、耧、耙、磨、砬砘、锄头、镰刀、碌碡、连枷、杈耙、木锨等。使役的畜力，小户农家以牛、驴为主，地少饲养不起牛、驴的则以人工换畜力以耕种。农田拉运的多是二饼车。大地户则养着数量不等的骡、马、牛等牲畜，拉运工具早期为二饼车，近代多是花轱辘车。

农业生产中普遍存在着广种薄收、耕作粗放的习惯。山西等内地汉族农民来到托克托后，受自然条件的限制，不得不改变内地精耕细作的方式，转向粗放的旱地农业。农业生产完全靠天吃饭，靠扩大耕种面积增加产量，单产低。这种通过不断扩大耕地面积获取较多产量的经验方式，是当时农业生产落后的集中表现。

二、多元经济的形成

1. 水旱码头的交通运输业

托克托城水旱码头的形成，其一是得益于地理位置的优越。托克托与城南的河口镇相距两公里。大黑河从城西流经河口镇西在镇西南汇入黄河。河口、托克托城就坐落在黄河、黑河交汇的三角台地上。

黄河水运，以河口、托克托城为中点，上行至南海子120公里，经南海子、石嘴山、中卫、五方寺等抵甘肃省兰州市，共约1500公里。下行经喇嘛湾、老牛湾、偏关河口，到河曲大口150多公里。河曲过保德州到临县碛口镇，共计水程约300公里。在这两千公里的水运线上，由于所经地形地质不同，形成了河床迥异的主河道。从河口、托克托城上行至西山嘴，河道较规整，河路人称其为"漕河"。从西山嘴上行至乌加河口，河道主流游移不定，河水深浅变化莫测，形成多条叉河，被称为"破河"。从乌加河以上即为石质河床，统称为"石河"。从河口、托克托城下行至榆树湾，这段水路流经土默川南端平原，河道较宽，水势较缓，称为"沙河"。榆树湾以下统称石河，由此进入晋陕大峡谷。愈入深峡，两岸悬崖对峙，峰岩壁立，水流湍急，河底礁石犬牙交错，险恶异常。历史上，从宁夏、青海到碛口的水运，主要是自上而下的单行线。逆流而上的上行船，多是碛口以上河曲、偏关一带装运轻小货物的小帆船，浑筒皮筏。以此，上自西山嘴下至河曲一段河道，被称为黄河上、中游的"黄金水道"，而托克托城正处其中段。

其二，土默川、后大套的农业开发和发展，在清中叶形成了"塞外粮仓"，可为黄河上、中游地区提供充足的商品粮油，从而促进了黄河上中游漕运和商运的兴盛。

其三，在汽车、火车等现代交通工具未出现之时，黄河水运较依靠驴骡、骆驼为主要运输工具的陆运具有显著优势。

史料记载，托克托城的黄河水运早在12世纪就开始了。金代，"因民食蒙盐和土盐所需，在东胜州（今托克托城）设立榷场。蒙盐通过水路运到东胜州，再经过陆路运往他处。由此可见，辽金时期这里就是货物集散转运之地。元代，宁夏农业得到开发，黄河漕运兴起，宁夏的粮食通过黄河水运至中游地区，济军需、赈灾区、供移民，大宗储运史不绝书。商贩运输也随之兴起，官商船舶之往来都以东胜为集散转运之地。"[1] 康熙三十六年（1697年）（一说康熙三十五年），清政府在托克托一带设立湖滩和硕官渡。官渡的设立，也为托克托成为黄河上中游的水旱码头奠定了基础。

雍正年间，河口、托克托城的码头地位基本确立。

托克托城坐落于土默川南端黄河左岸的台地上，除了水运优越之外，还背负辽阔平原，便于陆路开通。它北距塞外第一大都市归化城仅80多公里。清朝以来，联通中原地区的古驿道经归化在托克托城南过黄河达鄂尔多斯高原。驿道之外，又有驼道、车马道、驴骡驮道等"高脚"陆路从托克托城向周边地区辐射。

陆路运货的畜力车有套子车、大鞅车、"碰倒山"。套子车是托克托县的运输专业户养的二套或三套马车。套子车除往返于托克托县和归化外，常直达张家口、大同、北京、天津、太原等地。来往于托克托城的驼队，除西宁人外，多是归化城的回族。托克托城也有回族养少量骆驼跑运输。这些驼队往往从托克托县运货出发，经归化踏上驼道，越草原、过沙漠，汇入旅蒙驼队。

清末民初，托克托城、河口的水陆运输业发展到繁荣时期。水运码头东自河口镇东东营子，西至托克托城西黑河断水湾，相连十余里。有史料记载，200余艘河运商船、1000多名河路工人来往于码头。排在码头中心地带等待装卸货的船筏舷帮相靠，头尾相连，一排就是两三层，中间只留一条通道供离开码头的船筏出行。

码头岸上，各字号有自己固定的装卸货码头、货场。这些字号码头都有专职的掌柜、记账先生和装卸工人。本字号的装卸工不够用，就到"站码头"的地方雇临时工，每天都有来自镇周围农村的几百个青壮年来"站码头"当临工。

在码头上等待装卸货的不仅是来自黄河上、中游的大小船筏，还有从各条

---

[1] 张世满：《逝去的繁荣：晋蒙粮油故道研究》，山西出版集团·山西人民出版社，2008，第19页。

陆路而来的牛马车、驴骡驮、骆驼练。这些运输工具运送来的货物，一部分在码头交易，更多的则直接在城镇内的各字号商店成交买卖。

码头是一个繁华忙碌的批发大市场。来自京津、冀鲁、晋陕等地"驻码头"的各路客商，在这里办齐货，雇船或车转运回自己的字号。码头也是一个红火热闹的消费娱乐街市。简易帐棚的饭馆、茶摊、小吃店比比皆是。卖艺的、卖唱的、卖小玩意儿的随处可见。

2. 商贸业、土特产加工业及各类服务行业的发展

水旱码头地位的确立和繁荣，吸引了晋陕等地大批"旅蒙商"和手工匠人在托克托定居，建商号、设店铺，从而促进了城镇规模的拓展和人口的聚集，而城镇规模的拓展和人口的聚集，反过来又促进码头运输业的进一步发展。因此，托克托城的社会经济发生了巨大变化。继农业取代畜牧业后，伴随着"水旱码头"的发展，晚清至民国初年，托克托城的经济发展到繁荣之时，镇内行业几乎涵盖了人们社会生活的方方面面。

通过水路运来托克托城的货物，主要是河套地区的粮食、吉兰泰等地的盐碱、内蒙古西部及宁夏、青海等地的甘草、皮毛、红柳、枳芨、木料等。这些商品在托克托聚集，形成了众多的农产品加工销售和土特产加工销售行业。

陆路来托克托城交易的货物各有特色。从北路（大青山区）来的"碰倒山"——一种用硬木料制作的山区使用的牛马车，其运来的是桦木、山杨椽，二架山的杈耙齿料和各种山货；运回的是粮油、布匹和日用杂货。东路从榆次、神木、府谷、忻县、河曲、清水河等地来的驴骡驮驮来的是专供木匠砍犁、打车用的枣木、梨木、杂木，铧炉铸件用的生铁，铁匠用的熟铁、钢条，以及当地的土特产水果、瓷器、石器、花椒、苇席、土布等；驮回的是米面油酒日用品，红柳鞭杆、黑柳制品等。来往于托克托城的骆驼练除本城的外，还有来自归化城和西宁的回族驼队。西宁运来的主要是皮毛、药材、银子、金砂、葡萄干、哈密杏干、哈密瓜干、梭梭葡萄等，而牛马骆驼羊等牲畜是大宗来货；运走的是茶布烟酒糖等各类日用品。归化的骆驼练运来的是绸缎布匹日

用百货，运走的是粮油盐碱甘草土特产。本地的套子车（二套或三套骡马车）将当地加工的粮油盐碱甘草土特产品运到归化、丰镇、张家口、大同、京津等地，运回了布匹、丝绸、茶叶、细瓷器等各类日用品，俗称京广杂货。

同时，水陆运输工具的需求带动了车船制造业；车船制造形成了木、铁、皮、绳等工匠作坊；米面加工，油、酒、醋、酱、粉等作坊产出的麸糠糟浆等下脚料，成了养殖禽畜的充足饲料，从而促进了当地以回族商家为主的牛、羊、骡、马"杀卖行"。仅盐碱、粮食加工所需的大锅就使镇内的几家铸造行炉火通明。四方辐辏的客商、佣工红火了旅店、餐馆，就连木工、柳编作坊的下脚料也成为专为居民提供引火燃料的卖柴人的劈柴原料。而返回上游的放筏工，将已拆卸的羊皮筏卖于城里的皮坊，或熬成胶或做成油浸皮裤卖于镇周围的农民。

托克托城在20世纪初期经济繁荣之时，不少大商号在包头、归化、临河、五原、陕坝以及大同、张家口、北平、天津等地设有分号。而天津、北平、太原、上海、武汉等地的商行在托克托有常驻码头的客商，他们把在托克托贩的货物备齐后，通过水、旱两路长途运回自家字号。

第二节 近现代的特色产业

一、"万水归托"形成的天然渔场

托克托城位于大黑河东岸的台地上。大黑河沿途汇聚了小黑河、什拉乌素河、宝贝河、缸房河、银号河、大沙河等季节河以及哈素海退水，西南流向纵贯托克托县全境，下游从托克托旧城西边擦身而过，于城南约两公里的河口村西海口处汇入黄河。中华人民共和国成立前，黄河、黑河未加治理，每逢农历六七月伏天雨季时，黄河涨潮，河水往往倒扬进黑河，托克托城西一片汪洋。即使到了枯水期河水归槽，城西黄河、黑河岸畔的河滩上、低洼处，依然是"水占鹅飞"的沼泽地。因此，历来有"万水归托"的俗语世代相传。

正是这种"万水归托"的地理位置和自然环境，为托克托城造就了资源优势，绝无仅有的黄河、黑河两相交汇的天然渔场，哺育了一方水域特有的捕鱼风俗文化。

二、历史悠久，颇具规模

据《土默特志》记载，清朝中期以前，土默特地区沿黄河一带尚无专业渔民。人们只是在农牧之余，以捕鱼为副业。

"清朝中后期，沿黄河一带的萨拉齐、托克托两厅居民，逐渐出现了以捕鱼为业者。但政府规定，渔户需在春秋两季每家每季以一公斤左右的大鱼400尾输纳官厅，方准捕捞。民国以后，此项规定予以废除。"[1] 到民国年间，大黑河水量减少，成为随雨季丰枯的季节河。渔业也随之萎缩。据《绥远通志稿·渔业》中记载："托县在二十年前（1915年前—引者注），渔户百余家，鱼店十余家。每年可产鱼五十万斤。之后，因黑河干涸，产量顿减。且物价腾贵，人工较昂，从事渔业，生活维艰，是以多改图他业，而渔业日见衰微……

---

[1] 云海主编《土默特志·上卷》，内蒙古人民出版社，1997，第261~262页。

仅托、河两处有渔户三十五家，渔人约二百五十名。而且，渔民捕鱼还受到诸多限制和盘剥，从而更加剧了渔民生活的艰难。托县所产之鱼，除销于县境者外，其余销于归绥县城。全县鱼店托城四家，河口镇二家，共计六家。每年负担教育捐及牙税共八十五元。渔人捕得之鱼，须尽数售于鱼店，由鱼店再批发于贩商或零售于市民。"[1]

据1931年的调查资料，"托县捕捞1公斤以上大鲤鱼年约2500公斤，每公斤价约6角；一公斤以上大鲇鱼年约1500公斤，每公斤价约3角；0.25公斤左右各种鱼年约1500公斤，每公斤价约2角；0.2公斤以下小鱼约5万公斤，每公斤价约1角。"[2]托克托城的渔民多聚居于北街、南街，渔民不仅在本县水面捕捞，还"春出冬回"到临河、五原、安北等地捕捞。

那时，托克托县所产的鱼类，有鲤鱼、鲇鱼、鲫鱼、白鱼、蛇鱼、拉麻棍（亦写作喇嘛棍）等十多种。网具有坡网、河网、旋网、麻套（挂网）、绞网、罩圈、鱼钩、扎包等。

三、文化内涵显著的捕鱼方式

托克托城水上捕捞，主要是外河（黄河）捕鱼和内河（以黑河为主）捕捞两大场地，按季节又有明河打鱼和冻河打鱼之分。其具体的捕捞方式，既具兵法战术意义，又富有传奇色彩。这些极具文化内涵的传统捕鱼方式，今已渐渐淡出人们的视野。为保存这些颇有价值的资料，在这里予以记述。

（一）明河捕鱼

1. "偷营劫寨"——打旋网

旋网，是一种平展呈圆形的网具。旋网宜在水深数尺的近岸水缓处"喂窝"捕鱼。喂窝有两种，一种是把莜麦和在红胶泥里捏成"泥蛋"置于水中，另一种是将成熟的莜麦禾苗割来扎成"把子"固定在水中。窝子处插一根小木棍指示方位。窝子安置好后，在适当时（估计鱼群正聚食莜麦时），一人扳

---

[1]　绥远通志馆编纂：《绥远通志稿·渔业》，内蒙古人民出版社，2007，第403~405页。

[2]　云海主编《土默特志·上卷》，内蒙古人民出版社，1997，第262页。

船，一人站船头架旋网扔网捕鱼。这种网鱼方式也叫"打窝子"，最紧要的是"静"，站船上撒网，船桨（俗称棹）入水要轻，出水要慢，还不能在桨尾上带出水滴声。船行要稳，棹杆与棹牙不能发出碰撞声。因为响声大了，窝子喂的鱼群就会被惊散。所以称这种捕鱼方式为"偷营劫寨"。

旋网打鱼需高超的技艺。因站在船头撒网，水拍船浮，双脚吃力不匀，船就会疾速移动，从而改变了预测的撒网距离。撒出的网需呈圆形，以窝子为圆心，周边同时落水。偏离一方或"吃水不匀"，都会影响捕捞效果。其技巧要求是：左（脚）踏右（脚）蹬，手高膊、肩平，网出如扣锅，落水一条声。"一条声"就是"锅沿"同时落水，发出一个声音，从而使受惊的鱼群本能地向"圆心"的窝子聚集。

2. "击鼓进军"——拷河网

与旋网打窝方式正好相反的是拷河网。河网由网帐、牌（网帐上端漂浮于水面的小木板）、上、下缰（网帐上下两端系网的长绳）组成。按网的大小分大河网和小河网。大河网长 30~40 米，高 6 米，网眼 8 厘米，俗称"平四"。小河网相对短、低，网眼也小。

小河网多在内河捕捞中（1 斤左右）、小（半斤以下）鱼。拷河网一组 4 只船 10 个人。两条边船各 2 人，两条网船各 3 人。捕捞开始后，两边船一人敲梆（多由十多岁的小孩以两根短木棒击打船舱隔板），一人扳船。边船由中间呈"簸箕状"背向而行，边行边不紧不慢地敲梆。中间的两条网船一人扳船，两人撒网。网全部下水后，边船按大班（拷河网的指挥）的指令，一右转，一左转，呈前进方向同向前进。两条网船在边船之间的"网膛"内移动，护网而行。此时，梆声转疾。行到适当距离，"大班"一声令下："合拢！"两条边船掉头相向而行，网开始靠拢，边船距离愈近，速度愈快，梆声愈疾。此时，两网船离开网膛，前进到与两边船之间的空隙，也敲起了梆子。四船呈弧形边靠拢边向网膛方向前进。当四船攒集，大网合拢后，梆声骤停，除撑船人外，其余的人都急速提网于船舱，然后清网解鱼，一场"河网战"告捷。

河网靠响亮的梆声赶鱼、围鱼,声东击西,因此叫"击鼓进军"或"雷鸣击鼓",它集"围、追、堵、截"诸战术于一役,与旋网打窝时的"偷营劫寨"殊途同归。传说,这两种把兵法运用于捕捞的习俗源于桃花女与周公斗法。桃花女依"偷营劫寨"之战术发明了旋网,周公则偏用"击鼓进军"拷河网。

3. "埋兵布阵"——麻套套鱼

麻套,一种长方形条网,上边绑缚用荛穗杆切成的3厘米多长的短棒,叫"浮子",借此浮水面使网直立水中。下缀用红胶泥特制的"泥鱼儿"。"泥鱼儿"形似枣核,需用牛粪火煨才既不变形又耐水浸。

麻套宜在水面宽阔而又不流动的水塘里使用。麻套捕鱼的方法是"套"。鱼触网后,挣扎摆动,被网线层层缚住,失去活动能力,乖乖就擒。麻套有长有短,网帐有高有低,网眼大小分二占、三占、平四、平五等数种。一般傍晚下套,清晨取套。麻套多了,可根据水面"埋兵布阵",或"一溜长蛇阵",或"九曲连环阵",或"八面埋伏"等。这种捕捞方式是"伏击战",等鱼上网。麻套捕鱼的另一战术是"声东击西""打草惊蛇",赶鱼上网。用麻套"埋兵布阵"后乘船在网区内敲梆惊鱼,使鱼在惊窜中撞网就擒。这种捕鱼方法无论白天黑夜都可进行,效果要比被动等鱼上网好得多。

麻套捕鱼看似简单,却综合运用了多种战术策略。

4. "安营扎寨"——扎包

扎包捞鱼是黑河捕鱼特有的方式,也叫"围城捞鱼"。扎包的材料通常用沙柳、乌柳条、荛杆。

扎包的基本方法是:将柳条或荛杆用枳荛编成长条包片,按一定的规则垂直扎在河中,拦鱼进包,然后打捞。这种捕捞法适宜于水面不太宽也不太深的河道。春季扎好包,可捞至冻冰之时。

扎包的基本形制由城墙、城门、城包、囤子、囤门等几个部分组成。城墙,是用包片(好似篱笆片)直立插入河泥中扎成的两段"长行包",横穿河道直达两岸，以阻鱼通游。城包与城墙斜贴的城门处，是一块水中与城墙相挨立、水下不入泥中的活扇儿短包片，只能向城内开启，不能向外。受到城墙阻碍的鱼顺墙游至城门，可毫不费劲地从外挤开活扇儿城门进入城中。所谓"城门经常开，只进出不来"。鱼进入城中后，只有一门可通囤子。而这囤门亦如城门，只进不能出。这样，渔夫把船拢在囤边，用一个叫捞盉的器具在囤里捞鱼。根据包中圈鱼多少，决定捞鱼次数，一般早、晚各一次，俗称"两水"。依据水面的宽窄、河水的深浅、鱼布的稠稀、材料的多少，扎包的具体形制也多种多样。

"安营扎寨"的扎包捕鱼方式，看似被动，却是"三十六计"中"以逸待劳""欲擒故纵""关门捉贼"以及"诱敌深入"等战术在捕鱼文化中的灵活运用。

5. 打绞网

绞网有袖无帐，网高二三尺，长七丈，每隔七寸织一袖，共一百袖。一条绞网需两船四人，两网四船为一组。打绞网多在凌河的近岸处。凌河打渔又分"生凌鱼"和"开河鱼"两种打法。"生凌"是指农历十月后半月黄河封冻前的流凌之际。渔民从长期的实践中得知，黄河封冻前，每当有寒气从水中上升，就会形成凌柱。较大的凌柱将激流挡住，在凌柱背水处形成"疲水湾"，生凌处的鱼就都攒到了疲水湾。渔民就在疲水湾处撒下绞网打鱼。打"开河鱼"是在黄河解冻前的流凌之际。其时，初融的凌块会聚结为大凌柱，凌柱将顺流而来的凌块挡住，聚积为冰塄，冰塄的背水处渔民们叫"一塄水"，因凌少流缓，鱼聚较多，渔民就在此处用绞网打鱼。

6. 钓鱼

钓鱼多在黄河，根据所钓鱼类的不同，鱼钩分一杆一钩（单钩）或一绳多钩（串钩）。按照所钓鱼类的大小，鱼钩有大有小，有粗有细。小如针钩，大似秤钩。单钩一般是用长杆连线挂钩，如钓较大的鲇鱼、鲤鱼时，则用一条指头粗细的长绳拴钩，不再用鱼杆。串钩是把许多鱼钩等距离拴在一条长绳上，入水的一端用绳缀一块砖头，使串钩沉入水中，另一端固定在岸畔。

昔日在黄河中捕获几十斤乃至一百多斤重的鲇鱼、鲤鱼并不稀罕。这类鱼都是用专钓大鱼的单钩钓上来的。由于这类大鱼在水中"发威"时力量甚大，所以，垂钓的方式非同一般。据说，几百斤重的鲇鱼敢食活人。它们常潜伏于近岸的深水中，如发现有人影映在水面，即疾跃出水，闪电般以"拖泥"（鱼尾）将人打入水中，吞而食之。不过，专钓大鱼的渔人对此传说则谨而慎之。他们下钩以后，就在距水边数米远的地方掏一个可蹲进人的浅坑，作为藏身之处，一为隐身，二为安全。

钓鱼的鱼饵有面食、虫食——蝼蛄、蜗牛、青蛙等。据说，最好的鱼饵是油炸"扳仓"（小老鼠），但轻易不敢使用。因鱼在水中闻此饵的奇香，大小鱼群集而来，掀波搅浪，霎时河岸塌陷，甚至由此而"淘河塄"不止。

（二）冻河捕鱼

冻河捕鱼，主要有两种传承习俗，即打冬网和镩鱼。

打冬网是在河水结冰后，用冰镩打开冰眼下网捕鱼。冰镩镩鱼多在水深1米左右的河汊里施用，而且要选择在冰未冻彻——冰下有不到1米深的活水时进行。方法是用冰镩镩一个直径60厘米左右的冰眼，然后用捞盆伸入冰下活水中旋转，水在捞盆搅动下开始流动。鱼顺水流方向游动，从而网入盆中。

捕捞还有打坡网、揭干锅、排水拣干鱼等多种习俗。

（三）鱼的贮存、销售习俗

贮鱼方式主要有两种。一种是用鱼护存鱼，一种是用鱼坑养鱼。

鱼护是一种用柳条编成的胆状篓子，有大有小。大的可存几百斤，小的存数十斤。鱼护沉入岸边的水中，护口用柳条编的护盖覆盖。条码的空隙可任水出入。鱼护贮鱼要适量，存鱼过满会造成部分鱼挤压而死。大量贮鱼是在近河处挖一深坑，引进河水，作为鱼池。不仅存鱼量大，贮存时间也长。

夏日捕鱼，渔人在船后尾带一个袋状大网兜，叫鱼欢，将捕到的鱼装入欢中，扔进水里，随船而行，可保鱼不死。

托克托城的鱼店贮鱼亦如上述方法。

当时，沿河两岸有众多专事卖鱼的鱼贩子。他们都肩担笼柜或柳条筐篮，或从鱼店，或直接向渔人"成总"（批发）贩上混鱼，自己分类后按大、中、小售往各处。如长途贩运，就炖成熟鱼出售。

托克托城传承经久、特色鲜明的捕鱼产业，造就了托克托城名闻遐迩的地方名吃——"红炖黄河鲤鱼"。

第三节　现代经济变化及原因

一、水陆交通变化带来的经济兴衰

清中叶以来，托克托城与河口成为黄河上中游驰名全国的"水旱码头"。水陆交通运输的发展，直接促进了托克托城多元化经济的兴盛（参见本章第一节）。到清末民初，托克托城是当时塞外著名的商品集散地之一。地方经济的繁荣，对周边地区商品经济的发展产生了一定的辐射和带动作用。这种辐射带动作用主要表现在两个方面：一是为周边农村的农民提供了大量就业机会；二是与周边村落形成经济互动，带动了城郊的一溜湾和东沙梁的南坪、沙圪洞、丁家营等村成为托克托城的蔬菜供应基地。托克托城盐碱加工销售的发展，使县境内的盐房口、盐海子等村的盐碱资源得以开发利用，激活了当地的商品经济。

民国12年（1923年），平绥铁路通到包头。同时，山西境内太原至大同、太原至军渡、太原至风陵渡几条公路也相继通车。铁路、公路运输速度快、运量大、效率高等优势远远超过黄河水运。内蒙古原来通过黄河运往山西各地的货物改由铁路、公路转运。黄河作为晋蒙商品运输干线的重要性随之迅速下降。黄河的水运仅仅对沿河各口岸之地尚有价值。在此情况下，河口、托克托城的甘草码头也移往包头。黄河水运萧条，商业衰落，河口许多商家也随之迁往包头。托克托城因是县政府所在地，多数商家仍留在当地，继续维持营业。

其时，黄河水运虽然较前衰颓，但并未彻底中断，仍有少量商船从上、下河来往于河口、托克托城。托克托城的经济尚可艰辛维持。据民国20年（1931年）的调查材料表明，托克托城、河口共有米面、山货、布匹、药材、手工业等各业大小店铺130家，从业人员2278人；全年进货总值16万元，销售总值11万元。当时，河口的商家已所剩无多，130家商号中，托克托城占绝大部分。

二、匪患、战争导致的经济衰落

托克托城经济在现代由盛而衰的重要原因还有匪患，特别是日本的侵略。

进入民国初年，军阀混战，匪盗横行。托克托城因有"水旱码头"盛名，经济富庶，更是流窜于绥西地区的大小匪伙重点抢掠之地。

民国5年（1916年）1月6日~9日，匪首卢占魁率匪骑3000多人，在攻陷萨拉齐镇后，裹挟其县警察百余人，打着"扶保大清独立大队"的旗号，攻入托克托城、河口。县知事赵震勋携家眷出城逃匿。县警察枪械全被匪徒掳取。土匪占据城镇当夜，疯狂抢掠商店民居、奸污妇女。盘据数日，焚烧抢掠，无所不为。匪众先后放火焚烧了公义昌、清宁当、清凝衣铺、永隆昌、德成厚、广生茂、聚生泰等商号。幸得托克托县士绅霍亮生赶到归化报信。归绥都统派八十团李民山率混成旅骑兵团来托克托剿匪。其夜，李民山率部从今土默特右旗二道河村剿匪伙，黎明时，击毙匪徒10余人，捕获匪首3人，押回托克托城枪决。卢匪率众冰渡黄河，沿途焚烧十里长滩村，南奔而去。

托克托城、河口经此劫难，两镇损失百万余元，钱粮两行，十之八九因之倒闭。甘草商店仅能勉力维持。

1937年，日本侵略军先后侵占绥远、包头、托克托县后，为截断河套、宁夏等国统区和陕北、晋西北八路军抗日根据地的物资运输，日军成立了伪西北水运公司，组成一支50人的护路武装，巡防于绥远境内的黄河沿岸和渡口码头，严禁任何物资出境过河。其时，黄河南岸准格尔地区有国民党马占山的东北挺进军驻守，时称"南军"。日军在河口村南的海口修筑了二层中心炮楼，东南至蒲滩拐，西至沙拉湖滩，十多里的河畔上，每隔二三百米就修一座小炮台，各炮台以交通壕相连，炮楼里有日伪军巡视。这一军事设施主要是防御"南军"进攻托克托城，也彻底阻绝了南北交通。沿河船只全部上岸甚至被焚毁，黄河水运禁绝。日军实行经济封锁，多数商家关门停业，托克托城的社会经济随之进入全面萧条破落时期。

日本侵略军的毒化政策对托克托城社会经济及人民群众造成了严重危害。"日本帝国主义在占领区内除了进行军事、政治、经济侵略之外，还利用鸦片毒化政策，有计划、有组织地进行鸦片种植、生产和运输，牟取暴利，同时毒化中国人民，削弱其抗日意志。"[1] 日军把鸦片种植视为大宗财源，鸦片成为流通货币。日伪从上而下，建立了完整系统的管理、征税、收购机构，强迫、激励农民将大部分耕地种了鸦片。据伪巴彦塔拉盟所辖原绥远省部分县、局1940~1942年间鸦片种植情况的统计可知，"托克托1940年种植100 000亩，1941年种植50 000亩，1942年种植55 000亩。"[2]

在日军占领托克托县期间，托克托城专营鸦片生意的烟土店与日俱增，著名的有义胜泉、祁华堂、兴隆永、金玉堂、公和局等。托克托人在厚和（今呼和浩特市）开设的烟土店有世义成、田之华等，在北京开设的烟土店有成记、集庆商行、福盛公、双盛公、云记、祥顺成等。而专为"烟民"提供吸食鸦片的大小烟馆布满托克托城街头。[3]

鸦片的大量种植，烟土商大发横财，普通百姓则深受其害。粮食作物大面积缩小，农业经济萎缩，农民粮食匮乏。

由于鸦片泛滥，很多人因烟毒丧失劳动能力，变成了懒惰废人，使社会生产者日益减少，因而在一定程度上经济秩序被打乱，影响了资本运转以及工商

[1]　金海、赛杭主编《内蒙古通史·第六卷·民国时期 内蒙古（三）》，人民出版社，2011年12月第1版，2012年10月北京第2次印刷，第932页。

[2]　金海、赛杭主编《内蒙古通史·第六卷·民国时期 内蒙古（三）》，人民出版社，2011年12月第1版，2012年10月北京第2次印刷，第939页。

[3]　《托克托文史资料》第一辑，1991年12月出版，第123页。

业的发展。

种烟农民所收获的烟土，除了交付苛捐杂税，应付明抢暗夺，所剩无几。而日伪政权又用伪币"蒙疆票子"强迫收购农民的鸦片。"蒙疆票子"在市场流通中如同废纸一般，害得农民叫苦连天，可又申诉无门。所以种植鸦片，受害者不仅是吸食鸦片的人们，而且是种植鸦片的普通百姓。

1945年日本宣布无条件投降。又经三年内战，"到中华人民共和国成立前夕，托克托城只有商业、饮食业、服务业73户（内有商号44户），从业人员78人，资本总额0.47万元，营业额19.36万元。"[1]

三、自然灾害的严重影响

"咸丰五年（1855年），黄河在包头东瓦厢处决口，包头以东黄河断航，对托克托商业影响显著。"[2]

昔日的托克托河口官渡

几年后，黄河主流南移，支流归漕。托克托商耆积极筹措复航事宜，南海

---

[1] 朱耀主编《托克托县志·商供》，内蒙古人民出版社，2003，第909页。

[2] 张世满著《逝去的繁荣：晋蒙粮油故道研究》，山西出版集团·山西人民出版社，2008，第123页。

子以东水运又复畅通。清政府曾令萨拉齐、托克托两厅赶造河船 100 艘，以加强黄河运输。

托克托城粮油码头的兴起和发展得益于土默特平原和后套平原的农业开发和发展。

在正常年景，土默特平原和后套平原所产的粮食，是"蒙粮济晋"的主要货源地，也是托克托城"粮油码头"销售、转运的主要货物。

然而，民国 15~18 年（1926~1929 年），连续 4 年，绥西地区水旱灾害接连不断。被誉为"塞外粮仓"的河套（含土默特）地区粮荒严重，就连本地居民食用也远远不能满足，以至于政府不得不对粮食实行管制和配给，大批灾民返回山西等"内地"就食求生。托克托城的"粮油码头"货源一度断档。

第二章 社会变迁

第一节 近现代的社会结构

一、人口

托克托城位于中原农耕区与北方草原游牧区的交接过渡地带。历史上，这里的居民人口构成、变化比较复杂。总体而言，基本由两大部分人群构成：一部分是北方从事游牧的少数民族，另一部分是中原汉族人民。而这两部分人群的迁居相处在不同的历史时期，呈现出截然不同的现象。就民族构成讲，有匈奴、鲜卑、突厥、柔然、契丹、女真、蒙古、满族、回族、汉族等不同民族。就迁居变化的原因讲，主要有自然和人为两方面的影响。自然影响有各种自然灾害和疫病流行等人力不可控制的因素，人为影响诸如战争与屯垦、掠夺与招募、经商与市艺等人力有意而为等因素。

在中国两千多年的封建社会历史时期，今托克托县地区一直是北方各少数民族与中原汉族政权相互逐鹿的征伐之地。当少数民族获胜，这里就成了以游牧民族为主的生息繁衍之地；当中原汉族政权获胜，游牧民族远走大漠，这里又成了中原政权驻军屯垦之地。

纵观托克托城的历史进程，更多的时期是中原汉族人民与北方各少数民族人民长期共处相融之时。

如果以明朝为界，分析托克托城历史上的人口迁居状况，大致可以认为：明朝以前的人口，以各少数民族迁入为主。明朝之后，迁入托克托地区的民众主要是越过长城移居塞外的汉族农民，并且是以晋北的河曲、偏关、兴县、保德、忻州、平鲁、大同、左云、右玉以及陕西的神木、府谷等地的人民为多数。

入清以来，随着清政府"放垦"政策的施行，晋陕沿黄地区的人们大量"走西口"迁来托克托城。有的务农，有的经商，有的从事手工业。清光绪之前，其为"寄民"，在当地无户籍。

清光绪十年（1884年），清政府将口外七厅"寄民"核准落籍，托克托城的"寄民"至此才成为"名正言顺"的当地居民。现在唯一可知的关于"托克托城"的人口记载是："清末，托克托厅有一城（托克托城，2883户，24 393人）……全厅共10 816户，87 353人。"[1]

自然灾害对托克托城人口的变化也产生了较大的影响。

民国17年（1928年），绥远亢旱。萨拉齐、托克托两县灾害更甚。灾民因食田鼠猫犬、苜蓿蒺藜、树皮草根而患病致死者不下数万人。

民国18年（1929年），春夏亢旱，禾苗皆干枯而死。立秋后大雨连降五日夜，山洪暴发，黄河亦决口，大小黑河，混为一流。晚禾淹没，田产冲毁无算，未被水冲田禾，亦经风吹霜冻，颗粒无收。托县经赵半吊子、郭秃子二匪长期搜刮，已极贫苦，经此水旱大灾，人民十之七八日以树皮草根为活，死者相望于道，时山西贩卖人口极多，籍此渔利。半年中鬻出妇女三千余，男女小孩千余人。[2]

民国年间，托克托城的人口有过两次较大的迁徙。1923年，平绥铁路通车到包头，托克托、河口的水旱码头地位为包头取代。托克托城部分商家移居包头等地经商，托克托城的从商人员减少。日本侵占托克托县后，为逃避日本法西斯的血腥统治，大量居民迁居他乡。

1949年中华人民共和国成立前夕，托克托县"城镇6 474人，乡村75 878人"。[3] 近现代托克托城的居民，以农民为多数，其次是商人和手工业者。

[1]　朱耀主编《托克托县志》，内蒙古人民出版社，2003，第147页。
[2]　《内蒙古历代自然灾害史料》，1982年11月，内部发行，第64页。
[3]　朱耀主编《托克托县志》，内蒙古人民出版社，2003，第149页。

二、家庭

近现代以来，托克托城居民的家庭结构经历了由大家族到小家庭、由复合家族到单一家庭的变化。清朝时，托克托城一些较大的家族，特别是独资经营较大商铺的家族，祖孙三代、四世同堂乃至五世同堂家族屡见不鲜。如"兴发源"商号的贾氏家族，截至清末民初，已是五代人的百口之家，有一位四掌柜专职负责管理家务后勤。各家男子各司其职，各房媳妇们三个人或两个人一班，轮流帮厨。逢年过节，各家住房糊窗纸、贴年画、贴对联、挂大字和灯笼，都由四掌柜统一分配。大年初一或初二，给各家送红包（压岁钱）。秋末换季时给大人一个土布（长二十二三尺，宽一尺二寸）和一斤新棉花，小孩半个土布、半斤新棉花。进入民国，随着商号的"化整为零"，贾氏大家族也以血缘亲疏分解为多个祖孙三代或夫妻双方加子女的小家庭，类似贾家的家庭演变在托克托很普遍。

与商家相比较而言，托克托城的农民中，四世同堂的家族比较少，较多的是祖孙三代家庭和夫妻双方与子女组成的单一家族。由此可以看出，家庭结构与社会生产方式的相互依存关系。

三、阶级和阶层

托克托城农业生产的发展，在社会上引起的显著变化是土地私有制的形成和地主、农民阶级的出现。

清中叶以来，随着土地的开垦和农业经济的发展，以游牧经济为基础的土地所有关系不断遭到破坏，土地私有制形成。土地私有制的形成，为土地的租佃、典押和买卖打开了方便之门。土地的买卖引起了社会阶层的新变化，出现了一些新的群体，如地东、揽头、地户和雇工等。他们的不断分化组合，构成了托克托地区的地主阶级和农民阶级。地主阶级对农民阶级的剥削主要是采取地租方式，起初是实物地租，以后又出现了货币地租。随着雇佣、租佃关系及新的剥削关系的出现，托克托原有的封建隶属关系开始瓦解。

进入 20 世纪，托克托城的社会阶级、阶层概况如下：

（一）富豪

富豪属于社会上层的剥削阶级，这个阶级以汉族的大地户、大商贾为主，其中也有少数蒙古地户、回族商家。这部分人在托克托城居民中约占7%，但他们拥有很多资产，生活优裕，主要靠剥削生活。

（二）中等阶层

这类人群包括中等农户、投资经营（独资或合资）中等规模商业的商人及商铺中有身股的店员、小手工业主以及少数中层公职人员等。这一阶层的人家约占托克托城总户数的30%。他们自食其力，既不靠剥削别人生活，一般也少受别人剥削。

（三）无产者和半无产者

这部分人群包括农民中的雇农、佃农，商铺中佣工、徒工，渔民、船工及社会上的无业人群。这一阶层在托克托城是多数，约占总人口的60%。他们主要依靠出卖劳力维持艰难困苦的生活。

上述各阶级、阶层的人群，随着社会的变迁、世事的变化，其中一些人群也在发生分化改变。有的豪富之家，或因天灾人祸，或因经营不善而由富变穷；有的贫困人家，则因发愤图强、勤俭持家而由穷变富。经济状况的变化也相应地改变了其原属的阶级、阶层及其社会地位。

托克托城各社会阶层具有全局性的变化是在日伪统治时期。其时，许多富商大贾生意由萧条而破落，从而由富豪变为中等阶层乃至无产贫民。其中不少商家在商店倒闭后，弃商务农，由商人转变为农民。

四、民族

（一）蒙古族

元朝沿袭辽、金建制，在今托克托地区设东胜州，县境纳入元朝统辖。元军驻扎东胜州，是蒙古族住居托克托城之始。

明朝嘉靖年间，蒙古族部落首领阿勒坦汗率土默特部占据丰州滩，其义子恰台吉驻牧东胜卫（今托克托城）。自恰台吉驻牧今托克托地区以来，蒙古族人民在此地世世代代生息繁衍，延续至今。

清朝初期，诏编土默特为左、右两翼，每翼一旗，设都统、副都统、参领、佐领、骁骑校等官统辖旗众。托克托城其时为土默特右翼。

清雍正、乾隆年间，清政府在归化城、托克托城等地设协理通判厅及管辖厅府的归绥道。设置道厅以后，托克托厅和土默特地区与其他各厅一样，形成了蒙汉分治的行政体制，即满族人由绥远城将军衙门管理，土默特蒙古由都统（后改副都统）衙门管理，汉族和其他民族由道厅管理。民国3年（1914年），土默特两翼合为一旗，托克托城蒙古族仍属右翼管理。

土默特蒙古族人民来东胜卫之始，仍以畜牧为主业。清中叶以来，今托克托地区的社会生产逐步由畜牧转向半农半牧，为了适应这种生产方式，蒙古族的生活方式也相应发生变化。到了清朝末年，托克托城由半农半牧嬗变为以农业为主业，商业、手工业等多种经济并存发展的经济格局。托克托城的蒙古族人民的生活方式发生了根本性改变。多数人由出租户口地到出卖赖以生存的户口地；由靠收租银生活到和汉族农民一样耕田务农，从而由传统的游牧民变为地道的农民。在当地从牧到农的产业巨变历史进程中，托克托城的蒙古族人们，非牧即农，鲜见有经商者。

清朝时，清政府极力提倡喇嘛教，规定蒙古族人民"家有三丁，则度其一为喇嘛，五丁则致其二"，并用提高喇嘛的社会地位和给予种种特权诱惑蒙古人民。因此，很多蒙古人进入寺院当了喇嘛。这样一来，不仅使蒙古人民的劳力减少，而且也严重制约了人口的增长。这种情形一直延续到民国，以至于蒙古族人口下降，生活困难。在中华人民共和国成立前夕，居住在托克托城的蒙古族有云、荣（云）、李、张等几个家族，人口约30人。

随着生产方式的改变，蒙古族人民的生活习俗也在逐步发生巨大变化。蒙古族与汉族、回族、满族等人民长期一城相处，在政治、经济、文化等方面有着密切关系。各族人民杂居而处，在生产生活上互相帮助、互相学习，在文化风俗方面互相吸收、互相融合，久而久之，到20世纪初，托克托地区蒙古族的风俗习惯与汉族已大同小异。

土默特蒙古族的文化一直是很发达的。清朝初期，官方文件中满、汉、蒙古三种文字并行。清乾隆以来，官方文件中汉文文书渐多。加之汉族移民日益增多，蒙古族和汉族之间发生诉讼案件，受理机关均以汉语汉文审理结案。如此诸多因素，使土默特蒙古族对本民族的语言文字渐渐使用稀少，而代之以汉语言文字。

自满族八旗驻防绥远城以后，土默特蒙古族即与满族通婚。一般是满族娶蒙古族妇女为妻。蒙古族娶满族妇女则是从民国初年开始的。蒙古族和汉族在清代一般互不通婚，民国以来渐渐互相婚配，而且以蒙古族娶汉族妇女居多，尤以知识阶层为多。

（二）汉族

今托克托城自唐中宗景龙二年（708 年）修筑东受降城始，历经辽、金、元、明诸朝所设东胜州、东胜卫的行政隶制变迁，居住在当地的汉族人多是由长城以内迁来"戍边""屯田"的军士民夫。由于长期战乱、灾异祸患，人口流动损减较大。

阿勒坦汗占据土默川以来，提倡农耕，兴起"板升农业"，鼓励明朝的汉族农民、手工匠人等来到土默川开发农业生产，时为东胜卫的托克托地区汉族人口增多。

入清以来，清政府出于政治、军事、经济等需求，大量放垦土默川牧地，关内沿黄河一带的汉族人民年复一年源源不绝来到土默川。托克托位居土默川前沿，临近晋陕，加之有"湖滩和硕（亦写作'湖滩河朔'）"官渡和"水旱码头"的优越地理位置，自然成为晋陕"走西口"移民的优选之地。有清一朝，从晋陕冀等地迁来托克托厅由"寄民"而"定居"的汉族人民络绎不绝，有增无减。这些出口的汉族人民，除了有租地垦荒种田务农的农民之外，还有商人和手工匠人以及民间艺人等。

到清乾隆年间，托克托城已形成以汉族为居民主体的人口格局。

民国以来，仍有山西、陕西、河北等地的汉族人民陆续前来托克托城定居。其迁徙方式皆为零散迁来，故而汉族人口一直保持上升趋势。

据 1949 年资料统计，托克托县全县 82 352 人，其中，汉族 80 839 人，占总人口的 98%。[1] 托克托城的汉族人口约占全城人口总数的 95%。

托克托城的汉族人口以山西移民为主。其中，来自偏关、河曲、兴县、保德、忻州、榆次、寿阳等县的在山西人中又占多数。此外，还有少部分汉族人口来自陕西、河北、河南、山东等地。

托克托城的汉族人民绝大部分从事农业生产。他们多租种蒙古人的户口地和广宁寺的香火地。一般年馑尚可度日，若遇灾年荒月，则饥寒交迫，度日维艰。托克托城的汉族人有相当一部分人从事商业、手工业，其中的少数人成为富商大贾。还有部分汉族人民从事水上工作——当渔民、当船工、扳渡口。

民国以来，汉族农民的生产生活状况与清末大致相同。所不同的是，土地兼并更趋严重，少数人拥有大量土地，多数人少地以至于无地可耕，沦为无业贫民。

（三）满族

清乾隆元年（1736 年），清政府在托克托城设协理通判厅，通判由满族官员担任。官员携家眷赴任，此为满族在托克托城居住始端。

清乾隆初年，绥远城修建竣工。清政府将驻在山西右玉的八旗兵调来绥远城驻防。其后，驻防的满族官兵便定居今呼和浩特地区成为当地土著居民。其中，有的满族人便流落到今托克托城。

清咸丰年间，清政府征调八旗兵到山东、河南等地平剿太平天国起义军。战争惨烈，双方死伤惨重。其中一支来自东北的满族旗兵，虽在战争中取得胜利，但军士死亡过半。

统帅这支部队的尹将军出于怜悯之情，未经朝廷允准，就下令让幸存的士

---

[1] 张军主编《托克托县志》（修订稿），1984 年 6 月版，内部发行，第 29 页。

兵到塞外屯垦，以求自养。这批军士中有一个名叫李有德的，原籍沈阳佟沟，满洲正黄旗人，和几个同乡辗转来到托克托。不期尹将军回京复命时，慈禧太后以其"违犯祖制，私自遣散兵营"治罪，斩首于午门之外。接着朝廷又派出官员到塞外收集原营军士，李有德被迫随军回到沈阳。几年后，李有德脱离军籍，回到原籍。清同治四年（1865年），他将家产变卖，携带家眷，又来到托克托城南街定居，即为今托克托城满族李家的先祖。李家人与当地汉族人一样租田务农，自食其力，不再享受朝廷俸禄。李有德自小谙熟骑射，且精通相马之术。定居托克托城后，躬耕之余，与当地回族的马家合伙开创了托克托城的牲畜交易"桥"市。

"定居境内的满族人，从辛亥革命至中华人民共和国成立前，为免遭仇视和残害，有的改名换姓，不敢申报满族身份。1949年，全县仅有满族6人。"[1] 他们的生活习俗与汉族相同。中华人民共和国成立后，许多隐瞒族别的满族人恢复了自己的民族身份。

（四）回族

"清乾隆年间（1736～1795年），托克托县和土默特左旗也开始有回族定居。托克托一带，自康熙年间至民国初年，一直为内蒙古西部地区重要的水旱码头，交通便利，物资繁富，商业发达，商贾云集，为蒙盐（吉兰泰盐）和甘草的主要集散地。……乾隆年间，有河北沧州孟村的回族金家、河北正定府高头镇（现属无极县）白家、山东济南府回族马家先后来托克托县定居。"[2]

河北沧州孟村的回族金家为经商来到托克托城。据金家后人说，金家先在托克托城新阁附近落脚，依然以小买卖维持生计。后来，金家三弟兄先后在托克托城新阁处、河口三道街及头道街开了复兴明、复兴玉和复盛诚肉铺。三家肉铺都在托克托城、河口互设分号，生意日渐兴盛。

---

[1] 朱耀主编《托克托县志·民族》，内蒙古人民出版社，2003，第167页。
[2] 其木德道尔吉主编《内蒙古通史·第五卷清朝时期的内蒙古》，人民出版社，2011，第164页。

金家在托克托城创业兴盛之际，原籍沧州孟村的同族近支也陆续迁居托克托城、河口。其中，金家族人金福贵、金三毛因精通阿拉伯语，在河口三道街创办了福祥号。福祥号是河口仅有的一家专与"西船"——从甘肃、宁夏、青海来河口、托克托城的回商船筏做交易的货栈兼回族旅店。福祥号在托克托城设有分店。

河北正定府的回族白家因从事贩卖牲畜来到托克托城，济南马家则是因逃荒定居托克托城。

从河北沧州孟村迁来托克托城的回族大户还有吴家。清中叶，吴家先祖曾在清军中任过武职。清嘉庆初年，因不堪忍受清政府的民族歧视和迫害，吴居州在愤怒之下，杀死了清政府的一个地方官员，后来吴居州举家老幼逃离老家，出奔口外。吴家和先来到托克托城的金家是姑表亲，于是就来到托克托城。为避清政府追查，吴居州的长子吴莲在托克托城定居，次子吴秀迁到察素齐（今属土默特左旗），三子吴仁在包头落籍。定居托克托城的吴家以捕鱼、种地为业。吴家是武术世家，其后人豪杰辈出，名扬绥远地区。

从"口里"迁居托克托城的回族还有北京马甸的回族马七生，幼年在母亲携带下逃难来到托克托城。七生长年为人佣工，娶一山西逃荒女子为妻。历经艰苦创业，子孙繁衍，人丁兴旺。

托克托城的马姓回族，还有来自天津静海县一族。其家先人拥有精湛的制作干货食品的手艺，凭此高超技艺在托克托城落地生根。后人曾于民国初年在托克托城衙门巷口开设"益和公"杂货店。

原籍山西右玉的回族张家，因逃荒来到托克托城，以小商贩为生。其后人于民国年间在托克托城开办了"万金源""万盛源"杂货店，遂致发家。

随着托克托城回族群众的增多，在乾隆年间，托克托城与河口的回族群众集资在托克托城前街二道巷建了第一座清真寺，为城镇穆斯林礼拜之处。在东梁头开辟了托克托厅回族老坟地。

清末，"托克托有回族49户，河口有回族6户，共107人，全部从商。

（经营饮食、屠宰、小商小贩等）。"[1] 民国初年，迁入托克托城的回族仍有增加。多数回族仍经营商业，少数从事农业生产。

来自各地的各族人民在托克托城长期相邻共处，久而久之，彼此间的社会关系发生了巨大变化。由于生产方式的变革，首先使原居各族人民所从事的职业发生相应变化。

清朝前，今托克托城基本是游牧区，匈奴、鲜卑、突厥、契丹、女真、蒙古等我国北方游牧民族都曾在这里生息繁衍，从而孕育了悠久的游牧文化。

清朝中叶以来，从晋陕沿河各县迁来的汉族人民逐渐成为托克托城居民的主体人群。这些汉族人民同时把自己原籍的先进生产力、生活习俗、民间文艺及信仰理念等，也带到了新的家乡——托克托城。在这里，各种文化现象必然在社会生活中相互碰撞、相互吸收，进而相互融合。这种新的文化具有鲜明的地域特色，她是游牧文化即草原文化、农耕文化即黄河文化等多元文化的共同结晶。她的内容涵盖了托克托城的历史源流、民俗风情、民族民间艺术等方方面面。由于这里形成了以山西人为居民主体，以农业为主导产业的社会经济结构，其文化特征自然而然也以汉族农耕文化为主要元素。

第二节　近现代的职业人群构成

一、厅（县）署所属公职人员

托克托城从清朝雍正以来，就一直是厅（县）署所在地。厅（县）署的官吏及其所属公职人员，属于地方统治阶层的职业群体。这部分人在城镇人口中为数很少。清朝时厅署长官设通判一人，下设管狱巡检一人。厅置六房（后改六科），三班，房设经丞一人，班有总头、值头各一人，另有衙役若干。

民国初年，县署下设财务局、建设局等几个局，后改局为科，各科有科长

[1]　云海主编《土默特旗志·上卷》，内蒙人民出版社，1997，第62页。

一名，科员、办事员几人，托克托城设镇长、街长及办事人员若干人。

县、镇所属办事人员多为本城人充任。少数科长及镇、街长亦为本城人（具体人数不得而知）。公署职员外，从事教育、文化、医疗以及民众团体等职业的人员，据民国26年（1937年，日军侵占托克托县前）统计，全县共有2997人，其中，男性2290人，女性705人。其中，90%的人员集中在托克托城内。[1] 除了上述人员外，地方武装保卫团成员亦属较重要的公职人员。

民国初年，土默特地区匪患严重，为加强自卫，各县乡绅自筹资金，在官方的支持下，创设民警。民国2年（1913年）11月，托克托县各区均创立民警，时为中区治所的托克托城，设民警队警丁20名，设警长1人。民警人员全部来本城居民。民国10年（1921年），成立县保卫团，设团总、保董各1人，有马团丁60名，驻扎托克托城，负责剿除匪患，维护地方安宁。民国12年（1923年），团丁发展到110多名。县保卫团团长、团丁以托克托城居民中之青壮年为主。

1938年，日军侵占托克托县后，成立日伪政权。日伪县公署下设总务科、民政科、警务科，科下分设若干股。其时，托克托城划为托克托城镇，设镇长1人，司计（相当于秘书）、自卫主任、经济主任、总务主任、会计各1人，还有乡警3人，自卫队20人。

日伪县、镇所属一般公职人员多为本城人。

日本投降后，国民党接收托克托县，恢复原中华民国县、镇机构。

二、农民

托克托城近现代以来的农民由两部分人组成。一部分是世居东胜州、东胜卫的"土著"居民后裔。这类居民的成分比较复杂，既有汉族，也有弃牧从农的各少数民族。另一部分是清朝以来从山西、陕西等地"走西口"来托克托城租地耕作的农民，是托克托城农民的"主力军"。

---

[1] 朱耀主编《托克托县志·人口》，内蒙古人民出版社，2003，第158页。

在托克托城由牧变农的历史进程中,世代从事游牧的蒙古族也被迫从事农业生产,成为农民。农民中除了有蒙古族外,还有少数的回族和满族。

根据占有土地的形式和数量不同,农民分化为不同阶层:1. 拥有大量土地,自耕很少或全部出租的地主(大地户);2. 拥有一定数量的土地且全部自力耕种的自耕农;3. 虽有一些土地但不足自耕、尚需租种他人土地的半自耕农;4. 纯赖租种地主土地的佃农;5. 受雇于上述四种农民、纯靠出卖劳动力维持生计的雇农。雇农受雇于人有长工与短工两种形式。长工是一年四季为东家(雇主)干活,按年计酬;短工也叫包月,即在农忙时临时受雇于人,按日、月计酬。在各阶层的农民中,自耕农和半自耕农占有较大比例。

三、商人

近现代的托克托城商业人群,经历了两个较大的变化。一是由"晋商"而向"托商"转变的籍贯变化,二是由少而多、由多而少的数量变化。

世居托克托城的蒙古族历代没有经商者。托克托城的商人,无论行商还是坐商,都是由山西、陕西、河北等地陆续迁徙而来,其中以晋北、晋西北的旅蒙商即后世所称的"晋商"为绝大多数。这些晋籍商人,在清乾隆年间,基本都定居在托克托城、河口,只是他们的户籍仍在原籍,所以被称为"客商"。

清光绪十年(1884年),清政府覆准,口外七厅的"寄民""客商"均将户口落籍所居住地。至此,定居在托克托城的"客商"成为托克托城人,从而也由"晋商"转变为"托商"。

据民国20年(1931年)调查,托克托城商人中,本县籍者占90%,山西籍者占10%。在本县籍中,回族又占5%。[1] 这里所说的"本县籍者",究其原籍,亦是山西等地。

托克托城商人数量的变化是伴随着码头地位转移和经济兴衰的进程而进行

[1] 绥远通志馆编纂:《绥远通志稿·商业》第三册,内蒙古人民出版社,2007,第803页。

的。清朝前期，托克托城的商业处于兴起和缓慢发展时期，其时的托克托城，经商的专业人群无论行商还是坐贾，数量都比较少，社会职业群体以农民为多数。到乾隆中后期，托克托城作为水旱码头的货物中转和销售基地，城镇商业经济逐步发展，大量内地的商人相继来到托克托经商，城镇商业店铺显著增加，原来从事农耕的不少农民也转而热衷经商，托克托城的商人渐成上升趋势。

随着"水旱码头"的兴盛，托克托城的商贸业在清末民初发展到鼎盛时期，镇内的从商人群也相应发展到高潮期。据清光绪三十三年（1907 年）统计数字可知，托克托城有铺伙（商人）2655 人，全城居民 24 393 名，从事商贸业的"铺伙"占全城总人口的 10.88%。[1]

民国 12 年（1923 年），平绥铁路通到包头，托克托城的码头地位渐次为包头取代，托克托的商业日渐萧条，商人明显减少。1937 年，日军侵占托克托县后，黄河水运断绝，托克托城经济日益破败，大量商铺破产停业，许多商家迁离托克托城，托克托城的商人数量锐减。到民国 20 年（1931 年），托克托城与河口两地共有各类商铺 130 家，从业人员 2278 人，比清光绪三十三年（1907 年）托克托城一城的商人还少 377 人。日军投降后，又经三年内战，到1949 年中华人民共和国成立前夕，托克托全县只有商户 44 家，从业人员78 人。[2]

商人中按各自职责分为管理人员和工人。在管理层的人员中，以掌柜（经理）、先生（财务总管）为领导，其余如上街的（负责购销业务者）、站院的（后勤总务）、站柜台的等各负其责，统称为"伙计"。

四、手工业者

在托克托城工商业兴盛时期，镇内从事加工业、商贸业的人员数量仅次于农民。这些手工业者中，少数手工匠人凭借超人技艺和管理技能发家致富，开

---

[1] 朱耀主编《托克托县志·商供》，内蒙古人民出版社，2003，第 909 页。
[2] 朱耀主编《托克托县志·商供》，内蒙古人民出版社，2003，第 909 页。

民国时的托克托城商家家庭照

办作坊，成为大小不等的业主。多数手工业者或三五搭伙，或以师带徒，或独自从业，分布在托克托城的大街小巷。其行业涉及社会生产生活的方方面面。

民国初年，托克托城的各行手工业者约有 1500 人。民国 12 年（1923 年）后，托克托城因码头地位削弱，经济衰落，部分手工匠人迁徙他处。据民国 21 年（1932 年）调查，托克托县 20 多种手工行业，从业人员 1100 余人。到 1949 年，全县个体手工业 653 户，从业人员 688 人。这个"全县"统计数中，90% 的人居住在托克托城。[1]

五、渔民和船工

"傍山吃山，傍水吃水。"托克托城濒临黄河、黑河，镇里有许多人家世

---

[1]　朱耀主编《托克托县志·人口》，内蒙古人民出版社，2003，第 158 页。

代以捕鱼为生。有史料记载，到民国初年，托克托县有渔户约百余家，其中，约60%的渔民是托克托城人。托克托城的渔民多聚居于北街、南街。托克托城的渔民不仅在本县水面捕捞，还在春、夏、秋的"热水季节"到临河、五原、安北等地捕捞。

民国10年（1921年）以后，黑河多有干涸，导致水面大面积缩小，渔产大减。加之社会物价猛涨，渔民生活举步维艰，部分渔民改适他业。

渔民之外，从事"水上生涯"的托克托城人，还有"扳渡口（船）的"。托克托城北端的断水湾黑河渡口，从清朝一直传承至20世纪末。断水渡口是托克托城连接（黑）河西及西北各村的水上通道。断水渡口外，还有城西南骆驼圪卜处的"黑河渡口"。民国以来，两处渡口四五只渡口船，一船一人扳船，另有一人"站渡口"，专管收"河利"——渡河费。

昔日，扳渡口（船）的被列为"四大冤家"之一：住了衙门看了田，扳了渡口卖洋烟。其实，渡口行业的特殊性形成了世代传承的"船上规矩"，即渡口习俗。这些"规矩""习俗"往往是渡河人必须遵守执行的。

托克托城从事"水上生涯"的还有部分河路汉，即黄河水运的船工。清末民初，托克托城有100多户居民以当船工跑河路为职业。这些船工多是跑上水，一般到宁夏石嘴山即返航，从石嘴山西上的业务较少。

托克托城的船主人一部分是专业经营河路运输的养船人家，一部分是大商号自养多少不等的粮船、盐碱船、草船（专运药材、红柳、枳芨）。船主人很少亲自跟船，都是以船顶股份，和船工按股分红。一般是船三股，人一股。如一船6人，即按9股分红。有时，老艄要从"初初"的股份内取些抽头。

正是世世代代的黄河船工们艰苦卓绝的默默奉献，才有托克托城水旱码头的繁荣，也促进了黄河上中游沿河各省地区商品经济的形成和发展。

第三节　行社组织及其活动方式

一、民间结社的历史和职责

据有关资料记载，托克托的民间结社始于清乾隆年间。当时，同类行社多是托克托城与河口两地的同业人员联合起来共同结为一社。因两地比肩相邻，相关行业无论独资还是合资，多在两处互设分号，业务活动形同一体。

清乾隆三十八年（1773年），今托克托城、河口联合成立了当地第一个同乡社——"保兴社"。保兴社原名兴保社，是由山西兴县、保德州的客商和河路工人联合组织的。兴保社负责人是兴县人，名高玉，是兴县、保德州一带著名的"好老艄"（船上掌舵的驾长）。兴保社的船工们常年居住在托克托、河口，承揽黄河上、中游运输业务，生意颇可，从而引起当地一些痞民的嫉恨，多次寻衅闹事。后经保德州著名武师王义昌仗义持护，技服群痞，兴保社方得安然。为感谢王义昌的仗义持护，兴保社改名"保兴社"。

同年，由车行组建了"德胜社"，当时车行的创办者以河曲县人为主。他们的主要业务是用马车将从河套水运到托克托城、河口的粮食、油料运往归化等地。后来，德胜社的成员包括了饲养骡马驴牛的养殖户，并且于清咸丰七年（1857年）成立了"马王社"。

清乾隆四十八年（1783年），由皮匠行成立了"义和社"。

嘉庆年间成立的行社有：嘉庆三年（1798年），粮食加工业成立"碾坊社"；嘉庆五年（1800年），理发行成立"净发社"；嘉庆二十四年（1819年），船主、河运行业办"河路社"；等等。

道光年间成立的行社有：道光三年（1823年），木匠、石匠、木材商联办"鲁班社"；道光六年（1826年），麻绳行办"公议社"；道光七年（1827年），打船木工办"巧盛社"（亦说石工所办）；道光七年（1827年），锻冶业办"金炉社"；等等。

同治年间成立的行社有：同治十二年（1873 年），饭馆办"仙翁社"，厨工办的"合义社"，等等。

光绪年间成立的行社有：光绪十七年（1891 年），皮坊办轩辕社；光绪三十四年（1908 年），山货行办"四合社"；等等。

民国 15 年（1926 年），水果行成立了"恒山社"等。[1]

上列的行社仅是有资料记载的，大量的民间社团无从知其组建时间。

民间行社一经建立，就设有本社的领导人，即"会首"或"经理"。会首或经理由选举产生，任期不定。全城各社又联合组成了"行会"，"行会"在清朝时称"乡耆府（第）"，由若干乡耆组成。乡耆由各社的负责人民主推举产生，多是镇内较大商行的掌柜且在当地商界享有较高声望并热忱为地方办事业的人担任，从乡耆中选举经理。乡耆府设事务会，由正副经理、若干庶务职员、更夫等组成。

乡耆府的职责主要是：

1. 联络、协调会社与地方政权的相关事务。比如：代表商界、业界提出因灾减免税费或其他合理诉求，以维护工商业者正当利益。

2. 商定物价、工资及贸易运作中的所有相关事宜；调解裁判会社内部发生的各种民事乃至刑事案件，对违规犯法损害公益的行为进行惩处，迫其在神像前忏悔赎罪，或给予罚金；触及法律犯重罪者，送交地方法庭判处。

3. 组织自卫民团、维护地方治安。雇用更夫，负责镇内街道夜间巡逻打更，关闭城门。托克托城城门早晨 6 时开启，晚上 12 时关闭。早期，更夫选用有武术之人，夜间巡视以防奸细，白天义务为演戏会场维持秩序。

4. 协助地方摊派承担诸如黑河堤岸整修、庙宇修建、庙会、祭祀、祈雨、唱戏、助学、放饭等公益事业经费。托克托城的东梁头有一块叫"纸匠坟"的义冢地，就是托克托城的的纸业行社"公义社"用公款专为无儿无女的纸

---

[1] 行社成立时间依据日文稿《河口镇》第 260 页。

匠们购买的公墓。

5. 每年春季、秋季组织人员对相关经济业务进行检查。

乡耆在社会上拥有很大权力，与地方政权的镇长、街长同是当地的权威人士，对镇内各项事务的处理起着举足轻重的作用。

当时，托克托城与河口一城一镇有两大共同要务，一是修筑防护两镇共用的城（镇）西黑河大堤，二是修建庙宇。修筑河堤费用共担，重修庙宇亦是相互支援。在咸丰丙辰年（1856 年）榴月（五月）中旬树立的"托城河口镇重修北庙碑记"（碑文残缺）中记载，重修河口"北庙"（河伯、龙王、财神庙）时，（河口）河路船筏捐银三百二十两三钱，托克托城阖街捐银二百一两六钱。

中华民国建立后，乡耆府开始制定各种团体组织法规。原有会社依旧保存，只是将乡耆府改为商务会，成为正式法团。其初实行会长制，会长职权除综理全会事务外，还要联络各县商会交换商情，调处涉外业界纠纷等。商会经费均由各行社或商店按等次以月捐纳。托克托城原乡耆府于民国元年（1912年）9 月改组为托克托县商务会事务所，办公处仍设在县城关帝庙内。民国 2年（1913 年）3 月，呈准立案。商务会机构设会董 18 人、正副会长各 1 人。民国 18 年（1929 年），国民政府修定商会法及工商同业公会法，各县商务会依照新法由会长制改组为委员制。托克托县商会于民国 18 年 8 月亦奉令改为委员制。商会设执行委员和监察委员，由会员大会的会员代表中选举产生。托克托县商会于民国 20 年（1931 年）4 月，依照新颁布的商会法，改选执行委员 11 人，监察委员 5 人。参加者，商店会员 60 家，每月经费 45 元，由各商店按厘股分月摊派缴纳。会址仍设在关帝庙内。[1]

---

[1]　绥远通志馆编纂：《绥远通志稿·政党法团》，第八册，内蒙古人民出版社，2007，第691 页。

二、托克托民间结社的类型

（一）街社

街社是由城镇里的农民自发组建的，其结社的目的主要是祈求年年风调雨顺、五谷丰登、人畜两旺。基于共同的愿望和目的，这类村社的命名也都取吉利之意。托克托城的农民聚居于前街、北街和南街。现在可知的托克托城的街社有前街农民组织的"平安社"，北街、南街农民组织的"太平社"两大社。两大社的具体成立时间不得而知。

（二）商社

商社由城镇的相同、相关商行联办，有车行、家畜行办的"德胜社""马王社"，水运行业办的"河路社"，锻冶业办的"金炉社"，纸业办的"公议社"，饭馆办的"仙翁社"，皮业办的"轩辕社"，粮行办的"聚锦社"，杂货铺办的"杂货社"，京货、布庄办的"醇厚社"，钱庄办的"宝丰社"，医药界办的"药王社"，煤炭行办的"炭行社"，桥牙办的"永安社"，渔业办的"河神社"，小货郎办的"三合社"（亦叫"扁担社"），酒、醋业办的"火神社"，清茶馆办的"聚仙社"，骆驼运输业办的"福庆社"，果品行办的"恒山社"，等等。此外，在东阁的天齐庙内，还有由本县教育界、文化界人士办的"文庙社"。

（三）行社

行社即由各行工匠艺人自办的社，这些社都集中在托克托城镇内。当日有皮匠办的"义和社"，剃头匠办的"净发社"（亦说"罗真社"），木匠、石匠、木材商联办的"鲁班社"，打船木工办的"巧盛社"（亦说石工所办），厨工办的"沾布社""合义社"，铁匠、铜匠、银匠、小炉匠、壶拼匠和铧炉工匠办的"老君社"，红柳匠、黑柳匠、鞭杆匠、麻绳匠办的"公议社"，山货行办的"四合社"，毡、毯匠办的"毡毯社"，黑皮坊办的"意和社"，磨倌儿办的"六合社"，碾倌儿办的"青龙社"，画匠办的"吴真社"，钉鞋匠办的"公义社"，旅店伙夫办的"诚敬社"，裁缝办的"成衣社"，染匠办的"义仙社"，等等。

（四）同乡社

同乡社是指从原籍迁来托克托城定居的同乡人联办的社，这类社多以原籍地名为社名。镇内较有影响的是寿阳巷的"寿阳社"。寿阳巷的居民多是由山西省寿阳县迁移而来，由于其聚居一巷，彼此关系密切，生活习俗相同，也便于组织统一的集体活动，故以原籍命名立社。

除聚而定居托克托城的同籍人结社之外，还有另一种类型，即客居县境谋求生计的同籍人也往往结而为社。

有资料记载，托克托城以原籍地命名的同乡社，有保兴社（保德、兴县人联办）、河曲社、偏关社、祁县社、太谷社、云中（大同）社、朔平社、榆次社、太原社等。这类社的成员以"同乡"为入社条件，不局限于某一行业，而且多是托克托城、河口两镇的同乡人联合为一个社，以扩大其声势和影响。

三、工会

工会为职业团体的一种组织，由各行业工人为维护本身利益而组织，其性质有别于民间结社。托克托城于民国 16 年（1927 年）秋，成立了木业工会，采取委员制。因时局变动，不久便停止活动。

民国 18 年（1929 年）11 月，国民政府颁布了新工会法。本法规定，凡同一产业或同一职业之男女工人，以增进知识技能、发展生产、维持改善劳动条件及生活为目的，集合 16 岁以上现在从事业务之产业工人，人数在百人以上；或职业工人，人数在 50 人以上时，即可组织工会。依照此法，托克托城木业工会于民国 20 年（1931 年）恢复，与河口镇木业工会联合组建，更名为托克托县托城河口木业职业工会，会址设在河口龙王庙。会员人数 56 人，设理事 5 人，监事 3 人，候补理事 3 人，候补监事 2 人。并成立托克托县托城河口铁业职业工会，会址设在托克托城关帝庙。有会员 104 人，设理事 5 人，监事 3 人，候补理事 3 人，候补监事 2 人。两会规定入会费均为 3 角，当年会费每月均为 5 分。[1]

四、托克托城各类社共同的主要习俗

（一）有社必有庙，必敬神

这是信仰习俗在社的组织上的集中反映。社的产生也源于人们对神灵的崇拜。社一经组建，相应的对神灵的祭祀具有了组织性和某种程序性。而祭祀的基本行为便是上庙敬神。托克托城大小十多座庙宇都是在社的组织集资下修盖或扩建的。

托克托城居民所敬奉的神灵除共同祭祀的如观音、关帝、龙王、河神、财神、三官（天官、地官、水官）、奶奶（金花夫人）、土地、真武等神祇外，各社所祀神圣因行业不同而各有所奉的"祖师爷"。

各社都在镇里的大庙里设有自己的社庙，仅财神庙里，就有十多个社庙。社庙里供奉着各自的祖师爷的小型塑像或牌位，每逢农历初一、十五日，都有人自发到社庙敬表上香。每年，各社在自己的祖师爷诞辰日都要"唱社戏"，进行规模不等的集体祭祀。

（二）各社一经组建，就必定社日——庙会

社日，当地俗称庙会，或"闹红火"，是各社既定的集中祀神与举办社火活动的节日。

我国古代的社日为祭祀土神的日子，一年春秋两祭，春祭叫春社，秋祭叫秋社。托克托的社日有别于历史传统社日。社日不局限于传统的岁时节日。绝大多数社日选择在所祀传说之神灵的诞辰日作为其社日。如奶奶庙会在"送子娘娘"金花夫人的诞辰日农历四月初八，老爷庙会定于关圣帝君的生日农历五月十三，观音庙会则择于观音生日二月十九或成道日六月十九等。奶奶庙会、关帝庙会、观音庙会及元宵节、中元节等庙会为全城镇共同举办的大型庙会。

---

[1] 绥远通志馆编纂：《绥远通志稿·政党法团》第八册，内蒙古人民出版社，2007，第670页、674页。

　　此外，更多的小型庙会则是由各行社自办的祭祀祖师爷的社日。这类社日也都于各行所尊奉的祖师爷的传说诞辰日举办。如二月十五日祭老子，三月十六日祭葛洪，三月十七日祭蔡伦，五月初七祭鲁班，七月十三日祭张飞、罗祖真人，八月十六日祭孙膑等。这类社日的规模大小取决于各行社的经济实力，一般均为一天。具体活动主要是为祖师爷奉献供品，焚香叩拜，诉求所愿，多数要邀请戏班唱一天戏，称为"社戏"或"愿戏"。大行社演"大戏"——山西梆子、大秧歌等，小行社演不起大戏，就雇"打玩意儿"的小班儿红火一天，既经济又实惠。

　　社日——庙会一经选定，则代代传承，相沿成俗。

第三章　商　业

第一节　近现代商业历史及规模

一、行商

史料记载，辽、金时期，东胜州（今托克托）就设有榷场，与西夏互市，设置场官，以通二国之货。

元朝时，东胜地区不仅陆路交通畅通，以黄河为大动脉的水运也逐渐开通。

清朝初年，托克托城由水陆运输促成了商贸经济的兴起，当时托克托城乃至内蒙古地区还未形成较多较集中的城镇，以至于"对早期进入蒙古地区的商人来说，还不能长期留住在某一地方，而只能来往于内地与蒙古地区之间，进行流动的商贸活动，他们组成商队，被称为'行商'或'拨子'"。[1] 活跃在土默川一带的行商多为晋籍人，他们由山西贩运货物在杀虎口交纳关税后，到土默特地区销售。

清雍正年间，托克托城的码头地位确立。清乾隆初年，清政府在托克托城设理事厅，托克托城初具城镇规模，商业臻于兴盛，行商往来频仍。清乾隆二十六年（1761 年）设归化关，货物改至此关纳税。

"当时各省商人贩运货物出口，陆路通过和林格尔通晋大道，水路则沿黄河在包头、萨拉齐、托克托三处运入本地。本地区行商的货物，主要分三路行销，一路为前营（乌里雅苏台），一路为后营（科布多一带），一路为西营

---

[1]　郝维民、齐木德道尔吉总主编《内蒙古通史第五卷　清朝时期的内蒙古（一）》，人民出版社，2011，第 269 页。

（北雅尔、伊犁、古城子、红庙子等处）……故人们俗称'蒙古行'或'旅蒙商'。"[1] "旅蒙商"除晋籍人外，还有归化城的回族驼队。托克托的白姓回族和为数很少的汉族养少数骆驼，并加入了旅蒙驼队。

驼 运

清乾隆中期，来自山西保德、兴县的客商驻扎托克托城，用五、七站（专运粮食的大木船）粮船往返于内蒙古后套至山西兴县、临县一代，从事以粮油为主的河运交易。托克托城是这段河运的水陆中转码头。为便利扩展贸易，两地客商联合组成了"保兴社"商团，成为当时黄河上中游颇有声势的"水上行商"。与"保兴社"商团相比肩的"水上行商"还有由河曲客商组成的"德胜社"商家。

清嘉庆、道光年间，托克托城与河口成为闻名塞内外的粮油、盐碱、甘草码头。水运之外，陆路贩运亦为行商的重要业务。当时，托克托城有数十家以骡马车为运输工具，专营往返于托克托城至归化城、大同、张家口、太原、京津地区的养车户。这些养车户是托克托本地行商的主体。

20世纪初，托克托城养车户进入兴盛期，常年活跃在晋绥大道上的三套

---

[1] 云海主编《土默特志·上卷》，内蒙古人民出版社，1997，第283页。

骡马花轱辘车约五六十辆。

1920年12月26日，中国驻军退出库伦后，前后营路的旅蒙商活动逐渐中断，行商至此即渐渐退居次要地位。

1923年，包头通火车后，托克托城的车运行商也进入萧条期。

托克托城的行商还有为数不少的小货郎，他们肩挑"八股绳担"，手摇"货郎鼓"，不分春夏秋冬，往返于托克托城和周边的乡村间，是沟通城乡物资交流的主要商贩。虽然他们经营的仅是人们日常生活中，特别是妇女所需的针线、顶针、木梳、纽扣、鞋帽以及儿童小食品，但在当时社会条件下，小商贩是城乡物资交流必不可少的交易方式。而且，这一交易方式一直延续到中华人民共和国建立初期。

二、坐商

坐商即所谓"居肆列货，以待民来"的商人。

根据托克托城的历史发展进程可知，在清雍正、乾隆年间，托克托城的坐商就出现了。

清中叶，"……蒙古地区的移民越来越多，开始出现定居点。随之有商人择地定居下来。清朝统治者也在蒙古地区的各开垦地方设置厅、县，管理境内商人和农民，不仅允许商人进行相对自由的商业活动，而且对商人的开铺经商提供比较安定的社会环境。"[1]

"随着土地的开垦和汉族的剧增，土默特地区形成了一批城镇，商业和手工业逐渐发展起来。早在康熙年间，内地一些商贾便来贸易，到乾隆初年，工商之民已聚集于归化城、萨拉齐、托克托、河口、和林格尔、善岱、毕克齐、毛岱等地经商或开办作坊，其后又形成了包头和可可依力更等商业城镇，本地区仅商人即有数万人。"[2]

---

[1] 郝维民、齐木德道尔吉总主编《内蒙古通史第五卷 清朝时期的内蒙古（一）》，人民出版社，2011，第269页。

[2] 云海主编《土默特志・上卷》内蒙古人民出版社，1997，第129页。

有资料记载，清乾隆年间，河北沧州的回族金家来托克托城定居后，在托克托城新阁处建复兴明肉铺。不久，金家又在河口开设了复兴玉和复盛诚肉铺，作为复兴明的分号。

清嘉庆年间，托克托城、河口成为蒙地盐碱囤积内运之场，"年运百余船，价值十余万两。道光以后，又为甘草码头，每年运售四五百万斤，价值约四五十万两。又有清水河之粗瓷器，河套之枳芨草、红柳鞭杆，价值约六七万元。乌拉山、大青山所产之松、柏、桦杉等木料，亦多聚集于此，转销各地。历年商业以河运著称，地方繁荣，即由于此。钱粮两业，亦早已发达。当时市廛栉比，论市面殷繁，除归（化）厅、包（头）镇而外，萨（拉齐）、清（水河）、和（林格尔）之城市，皆不及也。"[1]

托克托城由水陆运输促成的商贸经济在 20 世纪初期发展到鼎盛期。其时，托克托城商行遍布，门类齐全。据《绥远通志稿·户口》记载，光绪三十三年（1907 年），托克托城有铺户 81 家，铺伙 2655 人。全城居民 2883 户，男女老少 24393 名。

现在可知的，清光绪末年到民国初年，托克托城较著名的的商号有：

经营六陈行：义成店、东泰店、德兴泉、聚义昌、天德昌、德兴厚、大裕隆、复兴隆、天顺成、天福成、天顺公、天顺厚、天顺泉、复兴明、镒和昌、昌记粮店、世兴店、义和昌、德兴厚、兴盛泉、新缸坊、德厚成、永厚泉、德和兴、庆隆盛、玉龙泰、天荣店、德全店、三义成、白天财粮油店、郑大公米面铺、李太米面铺、王岱米面铺等 30 多家；

绸缎棉布行：兴隆湧、通顺和、德兴全（兼营）、福合全、同义厚、宝盛祥、万盛魁、谦发祥、华成和等 10 多家；

百杂货行：兴发源、福合泉、源生昌、义盛泉、万和成、三盛全、玉盛昌、德升昌、万盛源、万金源、聚生泰（兼营）、德和记、同心玉、公合和、

[1] 绥远通志馆编纂：《绥远通志稿·商业》第三册，内蒙古人民出版社，2007，第 802 页。

和记、益和公、德顺元、刘家杂货铺、马家杂货铺等 20 多家；

山货行：东泰恒、景恒生、三义成、公和源、茂生恒、三和成、德顺元（兼营）等 10 多家；

钱行：大裕成、大德凝、义和永、德厚成、公钱局等数家；

货栈行：大兴店、集义昌、张义店、清华栈、夏三店、傅面换水果货栈、马财理煤瓷货栈、焦公货店、高家货栈、刘家货店、德顺元瓷器店、公和局瓷厂（兼营）等 10 多家。

典当行：惠川当铺、公义当铺、公代当铺等数家。

还有众多的干货铺食品店。

民国 12 年（1923 年），平绥铁路通车到包头，黄河水运萧条，虽然河运未终止，但大宗物资过境者稀少。之后，甘草码头由河口迁移到南海子，托克托城商业开始衰落。

据民国 20 年（1931 年）调查，"托克托城、河口共有大小商号 130 家，经营行业有米面业 20 家、洋货业 2 家、山货业 6 家、布匹、杂货业 26 家、粮油业 6 家，以及药材业、饮食业及各类土特产品加工业等数十家。托克托城、河口共有商人 2278 人，全年进货总值 16 万元，销售总值 11 万元。"[1] 各业商号中最著名的有三家：其一为兴隆涌，为布匹、杂货庄，独资营业，位于财神庙街。其拥有资本 2000 元，商品以土布、棉花为大宗。进货购自归绥城，全年营业总额可达万元，所获利润约千余元。其二为德和永，系洋货行，位于县城中街饮马巷，由山西忻州人武万寿独资兴办，聘请杨富全为掌柜全权代为经营。资本 3000 元。商品多属洋货，购自天津及山西之大同、河北之张家口等地。全年营业额 12000 元，年获利润 2000 元。其三为德兴泉，粮食业商铺，位于县城后街，合资经营，资本 2000 元。商品以收买杂粮转售县内及外省客商为主业。全年营业额可达 20000 余元，年获利润 3000 元。

---

[1] 朱耀主编《托克托县志·商供》，内蒙古人民出版社，2003，第 909 页。

1937 年日本侵略军入侵托克托城后，日军的掠夺使托克托城大小商户损失惨重，难以为继。部分商家移居他乡，留在本城的多数关门停业。

1945 年日本投降，又经三年内战，各商号一时难以恢复元气，托克托城商业仍处于凋敝状态。到 1949 年，全县共有商业、饮食业、服务业 73 家，商户 44 家，从业人员 78 人，资本总额为 0.47 万元，营业额为 19.36 万元。其时的河口已沦落为农业村落，只留下七八家出售日用品的小门市。前面提到的 44 家商户中，30 多户集中在托克托城街面上。

三、牲畜桥市与庙会

除了坐商和行商外，托克托城较大的商贸活动还有"桥市"。

桥是牲畜交易的市场。在托克托城，牲畜交易也是一宗大生意。桥市设在城隍庙南墙外，由满族先人李有德和回族马家的先人创办于清咸丰年间，最初叫"牛桥"。到民国初年，随着托克托城商业的发展，桥市的规模也在扩大。桥市旁是车市，车市上来往着专为买卖牲畜的客商服务的载客轿车。在托克托营业的旅蒙商用茶、布、水烟、糖等日用品从草地牧民处换回牛、马、骆驼、羊等牲畜，其中的牛、马相当一部分要在托克托的牲畜市场——桥上出售。来桥上购买各类牲畜的既有专营杀卖行的汉族肉铺的专职采购员，也有六陈行和其他商号的上街店员，有外地来的"牲畜贩子"，还有大量的城郊农民。在桥上出售的除了有草地贩回的牲畜之外，还有农民出售的退役牲畜。

桥上牲畜交易的传承习俗是由"牙纪"在买卖双方间议价成交，牙纪成为牲畜市场交易的经纪人。当地称这种经纪人为"桥牙子"，多为本城回族。"桥牙子"在交易中，采用一种在衣襟下握手指的方式和买卖双方讨价还价，同时用行外人不懂的"黑国语"（行话）喊价，借此方式获取价格差的酬金。

在商业繁荣之际，托克托城的传统庙会如观音庙会、奶奶庙会、关帝庙会、瓜皮会（七月十五）等也很兴盛。庙会期间都要在庙前的戏台上请名班演戏。城郊的人们从四面八方来托克托城"赶会"。因此，庙会也是商家畅销商品的大好机会。归化、包头和邻近的萨拉齐、和林格尔、清水河、准格尔等旗县的商家届时也来会场摆摊设市。

第二节　商业的经营特色

一、商号资本构成形式

托克托城各商号的资本投资为独资和合资两种形式。独资即由一人或一个家族投资兴办某一字号。托克托城这类字号较多，如德兴厚、兴发源、永厚泉、天顺成等。两个以上的财东投资的字号为合资，也叫"合伙"或"合股"，如复兴久、茂升恒等。合伙出资一般只限于现金和现物，而现物也要换算成金钱计算。

投资字号的人称财东或财主。多数独资的小字号均是财主自兼掌柜，即"带财掌柜"。只有较大的商号或由一独资总号投资的分号才聘请雇用别人代为经营，如德和永、义成店等。

最初的合伙者基本上是以血缘关系组织结合的，如同胞弟兄。托克托的这类合资字号为数较多。在经营运作过程中，家族制的弊端逐渐显现，以地缘关系、同乡关系合资的商号渐次增多，进而发展到完全依据相互信任程度而自愿组合。

财主将字号的经营管理权交付于所聘请的掌柜，平时对字号的具体业务不予干涉，只是定期对掌柜的业绩进行综合考核，决定去留。字号均为股份制经营。股份分为财股和身股。财股是指字号的投资者按其所投资金额的多少折合为若干股份。身股也叫人股，是只以人力顶生意折股，不投入资金财产。身股的获得一般有两种方式。一种是财主在投资创办字号时，就聘请了全权负责管理的掌柜，并签订文字协议，明确了双方的职责权利，确定了掌柜的身股份额，并记入"万金账"；另一种身股是财主委托掌柜任用的各类管理人员，经过一定时间内的工作实践考察，决定正式录用，并根据其所负职责、工作能力、人品行为、对商店的贡献大小等给予相应的身股。这类身股的确定，多是由掌柜提出建议，经财主批准后实施。

身股股额的确定并无定例，也不是一成不变。一般是大掌柜9~10厘（10厘为一股），二掌柜以下者逐级降低，直到1~2厘。拥有5厘以上身股的店员，称"大身股店员"，都在店里担当重要职务，且多是为店里做出过较大贡献的店员。大身股店员有资格参与字号的经营决策。在工作实践中，依据本人的工作态度、业绩大小、品行优劣，其职务有升有降，身股有增有减。增加身股数叫"加身股"，减少身股数叫"降身股"，同样记入"万金账"。拥有身股的店员死亡后，其"故身股"因人而异有不同的处理办法。生前为字号做出过特大贡献的人，其"故身股"和财股一样，具有永久性；一般店员，整股（10厘）以上者，其"故身股"可保留九年，即死后可参与三次算账分红；"破股"（10厘以下）者，酌情可参与两次或一次分红。

财股和身股确定后，参与字号的盈利分红。昔日买卖字号"三年一算账"，有利时，按股分红。无利时，由财东自负亏损。三年算账后，根据业务情况，决定后三年的生意运作和人员的取舍。

实施股份制的商店，除了财股、身股外，还设有"财神股"。财神股都是10厘整股。财神股所分红利，留在字号作为公共积累，实际上就是字号扣留的公积金。

二、店员

店员进店，必须由在社会上有声望的人推荐，并有一家字号作保，经掌柜考察、面试合格，报财东批准后方可进店。财东对掌柜用人一般不予干涉，所谓"报财东批准"只是一种程序而已。

店员刚进店，先当学徒，挣饭没工钱，学徒期为三年。三年内，无特殊事件，不准回家，不准私自离店。（一说两年可回家一次。家在本地的学徒，每隔几月，允许回家换衣服，但必须在晚饭后离店，第二天天不亮就回店）。

学徒期间，既要学习经商必备的业务技能，更要学待客处世的做人常识。所谓"学艺先学人"。

徒工首先是要伺候好掌柜，即为掌柜提好"三壶"：茶壶，酒壶，夜壶。店里对学徒平时的举止言行要求十分严格。无论有人无人，都需"站有站相，坐有坐相"。穿衣要干净整齐，说话要文明礼貌。掌柜等和人交谈，不许多嘴插言。来了客人，要嘘寒问暖，殷勤招待。客人走时，要热情送到院外，招手告别。不论年龄大小，谁先进店谁为兄。吃饭时，兄先弟后；干活时，兄少弟多。店员间要和睦相处，知大识小。严禁粗言秽语，嬉闹打斗。

店员个人身上不许带钱，有钱存在柜上，用时再取。请假回家时，携带的衣物要经他人检查后方可拿走。店员从店里买东西时，须经别人经手取货结算，不得自己拿取。如要赊买货物，则必须经掌柜批准后，才能取货记账。

店里重视对店员业务技能的培养训练。徒工早上伺候好掌柜，打扫完室内外后，如店里无顾客光临，就抓紧时间学习打算盘。晚上结账时，账房先生也让学徒跟着训练算盘技能。午饭后，掌柜先生午休，徒工就在别室静悄悄地练习写毛笔字，不可影响掌柜休息。

徒工能熬到上柜台时，店里特别强调店员对顾客的服务态度。在顾客走进商店时，店员要站直问询，笑脸相迎。面色冷淡，背手旁视，慢条斯理，冷言冷语，为店员所大忌。店员要真实客观、和颜悦色地向顾客介绍货物，严禁哄骗顾客。因为"君看宰客店，门庭何冷落"。店里强调要"留住回头客"。售货时要做到秤平斗满寸足，童叟无欺。为顾客递货时要恭敬客气，算账时要一宗一件向顾客交代得清清楚楚。顾客走时要真诚叮嘱："请带好。欢迎再来。"顾客有时托商店暂存物件，店员为之妥善保存。一些小商贩常将自己所购货物写在纸单上，自己离店他干。店员按照货单足额配好货，连同价格货款另拉清单，交付买主，货足价清，分毫不爽。顾客偶尔将东西遗留在店里，店里如数奉还。商店与顾客互讲诚信，力求建立长久的"相与"关系。为了考验初上柜台的店员，掌柜有时让一个店员不认识的人扮作买货顾客，故意刁难店员，以试店员的服务态度。

店员都在店里起伙吃饭。一日三餐，早上糜米酸粥，中午莜面、荞面，晚上小米干饭，节假日改善伙食。掌柜先生另开小灶，菜里有肉，桌上有酒。

掌柜以下的店员由掌柜决定任用。每年中秋节或春节过后（一般在农历二月二左右），要对店里的职员进行一次年度任免整顿。优者升职录用，劣者降级解雇。被解雇的店员，掌柜需向原推荐担保的人说明原因，对本人，则以"本店本少铺小，不足以留用大才，唯恐贻误前程，请另谋高就"的客套话婉辞。一个被商号解雇的人，声望受损，要再在商界谋差事，就比较困难。因此，那时的商店徒工对掌柜是毕恭毕敬，唯命是从。

徒工三年学徒期满，如被录用后，再经两年试用考核合格，才能顶生意拥有身股，先从最基层做起，顶一二厘身股，随着职务提升，身股相应增加。三年算账按股分红，平时店员花费可向店里借款，到分红时扣除。每年春节，店里根据各人职务大小、身股多少，发放数额不等的"赏金"，每人一身衣服、鞋帽等。此外，店员平时所得的小费，诸如卖破旧废品所获等零钱都交到柜上记存，年终累计平均分给店员。这样做可以防微杜渐，既制止了店员化公为私，也培养了其维护群体利益的自觉性。

店员统称伙计。按其职责有掌柜、先生、站柜台的、上街的、站院的、管库的、打杂的、学徒的等职务区分。大商号根据工作需要，在大掌柜下，又设二掌柜、三掌柜乃至四掌柜。大掌柜统领全局，二、三、四掌柜各分管某一项或几项具体业务。先生也有管总账的、管分账的。站柜台的管卖货，上街的负责采购物资、推销商品。站院的负责店内的后勤总务。这些执事人员因字号大小业务多少而设置人数不等。

店员之外，还有临时雇用的从事杂活的工人。这些工人都以月薪核发工资，称"劳金"或"佣金"。

三、经营之道

（一）忠、义、和、信

为了扩大业务，获取更多更大的利润，商家大都注重信誉、讲究义气，强调"和气生财"。尤其山西籍的商人，家家店铺都供奉着关羽的画像，并把关羽敬为"武财神"。许多字号的命名也取意"义""德""和""信"。商家倡导关公的"忠义"精神，既要求字号店员"忠"于财东，"忠"于字号，也互相讲求"义气"，并使这种精神施及于客户。其最终目的是为促进生意的繁荣昌盛。

（二）兼营农业

托克托城各商号还有一个共同的经营举措是商业兼营农业。镇里的较大商号，都在本镇或镇周围的农村先租后买了数量不等的土地。这些土地的经营方式，多是转租于当地的农民耕种，从中收取租金或粮食。但多数商家在商业字号兴盛时，并不把自家耕地的租金当做重要收入。许多商家在字号倒闭后，剩余的耕地成为后世子孙赖以生活的衣食基地。

为了"将本求利"，商人们多采取审时度势、适时取予的经营策略，千方百计、有利可图的经营手段。如：囤积居奇、明暗价格、让利销售、亏本销售、大甩卖、期口交易等。大斗进、小斗出，或在秤上弄虚作假，也是某些商家寻求利润的手法。

四、"帖子"和"折子"

帖子：以"帖子"代替现金购物，这一交易习俗由来已久。清末民初，托克托的大商号如义成店、兴隆涌、福兴皮坊等都发行过自己的帖子。

发帖子的首要条件是实力雄厚，信誉著称。发帖前，需经商会会同有关方面对申请发帖的字号进行认真的资产评估，根据其资本状况限定发帖数额，不准"发虚帖"。

发帖是一种融资促销手段。商家凭自己的帖子向社会筹措资金，持帖者用帖子向发帖商号购物，可享受优惠。购物所剩帖子，届时向商号兑换现金，有一定利息。在当时的交通运输条件下，以帖子这种信用票据代替银锭，既方便，也可避免长途运送大额银锭可能遇到的意外事故。

在"同行是冤家"的市场竞争中，发帖子的商家也存在着风险。如果帖子被"冤家"垄断，届时不能如数兑款，就有可能被"取而代之"。

帖子的结算方式有两种：一种叫"过算"——每年按春、夏、秋、冬四季四次结算，一种叫"过罗"——一月结算一次。

过去索要欠债，当年以腊月三十日（春节）为限。过了年，正月不要账，欠债也可延期偿还。年关出门躲债，叫"生豆芽"。一些经营不利的发帖商号，也避免不了"生豆芽"。

折子：折子形制为折叠式长方形硬纸本。折子多是饭馆发行。一年开业之始，将折子发送于顾客。持折子的人到馆餐饮，只在折子上记账，免付现款。年中或年底按折子累计欠款一次或几次付清。这种折子实际上是一种使顾客充分信任的记账赊销方式。商家可借此扩大营业额。

五、居间商

居间商在托克托县地区叫"中间人"或"搭帮的"。这是纯媒介式的商俗形成的类型。这类商人的共同点是"买空卖空"，即他们本人不经营任何商品，专门为交易双方做中间人，推荐商品、顾客，协调价格，促成交易，自己从买卖双方中获得报酬，或从交易中渔利。

居间商在商人中为数很少，但对促进商品流通也起到了一定的作用，特别是在交通不便、信息闭塞的时代、地区，居间商的作用显得尤为重要。

居间商虽不经营实业，亦有大小之分。小居间商一般不离集市活动，专为集市范围内的买卖双方"牵线搭桥"，跑腿磨嘴，形同婚俗中的媒人。这类居间商收入也较少，民间称其为"小打小闹"。

大的居间商则活动在城乡间，专为较大的交易做"说合人"。这类居间商所得报酬多，从交易中也可获得较多的价格差利润。

由于职业的关系，从事居间商的人多能说会道，反应敏捷。他们广泛收集市场信息，随时了解市场动态、供求关系、价格趋向，使自己的"生意"越做越活。从这一点上说，市场信息就是居间商的"资本"。

资金富裕的居间商便开始经营"行""栈"，并逐步发展。"行""栈"是居间人协助交易双方成交的组织形式和成交场所。行、栈里设有店房、运输工具，较大规模地从各地将卖方的货物组织、集中到行、栈，再组织买方来行、栈成交，或代买，或代卖。在这种形似市场交易的过程中，居间商只起组织、中介作用，既不买货，也无货可卖。

居间商的产生和存在有其特定的历史、社会条件和交易习俗的传承因素。

第三节　著名商家及商铺

一、义成店——刘字号

义成店是托克托城较大的六陈行商号，兴建于清嘉庆年间。店铺位于前街，临街有6间门市，门市中间有大门供车马出入。大院内一排正房，中间是柜房，两边是客房、掌柜先生等高身股管理人员的住房、伙房等。南房、西房是各类物品的库房。大院西房正中有二门通里院。里院是加工粮食的碾、磨、油、粉、缸等作坊。义成店主要收购从黄河运来的河套地区的粮食、油料，部分加工为米、面、油、酒、粉条等成品出售，大部分粮食原粮转售于山西、陕西沿黄河各地区。在主营六陈行的同时，也兼营药材、杂货。义成店自己有五、七站大船十多艘。

清光绪年间，义成店财东聘任本店店员徐万金为掌柜，在河口二道街又兴建了分号合盛和店，经营皮毛、粮食、药材杂货等；既经营零售批发，又有代客托运。徐万金选贤任能，下属店员共90多人。由于资金雄厚，经营得法，合盛和店成为河口声誉著称的大商行。义成店自养的十余艘大船，常年往返于后套——河曲之间的黄河"黄金"水道，生意甚为兴隆。

义成店的财东是山西省代州阳明堡人氏刘家。刘家发家于托克托县祝乐沁村。刘家先人刘天元，少时家境贫寒，深受生活煎熬。清嘉庆年间，刘天元"走西口"来到祝乐沁村，见该处土地广阔、肥沃，就住了下来。刘天元先向蒙民租种土地，勤奋耕耘，稍有积蓄，就由少而多，购置土地。若干年后，刘天元发家致富，除耕种土地之外，在祝乐沁村兴办了"义兴成"商号，经营粮食加工、土特产、日用杂货销售。之后，在托克托城建义成店六陈行，经营销售本店加工的米面油酒及其他农产品。原属义成店的缸坊因生产规模逐年扩大，后从总店分离，独立核算，命名为新缸坊，成为托克托城酒业大亨。同时，刘天元还在河口头道街办了清宁当铺，兼营钱庄。由于他不忘少时的艰难困苦，对当地的穷苦百姓乐施喜助、广做好事，其善举口碑传诵至今。

刘天元的后人秉承天元遗训，乐善好施。到清光绪年间，刘家在原籍已是名门望族。八国联军侵占北京，慈禧太后和光绪皇帝逃往西安途中，曾驻跸阳明堡刘家。刘天元的后人刘雨田又捐银元又献粮。慈禧很受感动，当即封刘雨田为辅国员外，并许诺：大清天下立一天，尔刘家就可任意发展一天。刘家因此更成为豪门巨富。从山西代州到内蒙古河套地区二分子，沿途都有刘字号的店铺和土地。

民国时，商店伙计在春节时于旺火前合影

刘字号的店铺经营业务城乡有别。在城镇的店铺经营六陈行（兼营药材）、钱庄、当铺和日用杂货；在农村的店铺除经营粮食加工、农具、日用百货外，还经营土地。凡经营土地的字号都备有充足的农具、耕畜、车马等生产用具。

民国5年（1916年），匪首卢占魁抢掠托克托城、河口，"刘字号"树大招风，所经营的店铺成了土匪抢夺的重点。

民国12年（1923年），平绥铁路通到包头。刘家将义成店和合盛和店迁到了包头。

二、兴发源

清朝同治初年，贾步高扶老携幼自山西保德县迁徙到托克托城求生度日。农忙季节务农，农闲时肩挑叫卖，做些小本生意。两年后，他将14岁的长子贾源托人说情举荐到河口镇百货行"广生茂"当徒工。

贾源为人勤奋诚实，学徒期间，很受"广生茂"掌柜的赏识，学徒期满后开始自营小本生意。贾源经几年辛勤打拼，积累了部分资本，于清光绪三年（1877年），创办了独资商店"兴发源"。

商号开业后，经营日用杂货，但还保持边务农边经商的模式，农商互补。贾源是第一任掌柜，他本着将本求利、货真价实、买卖公平、顾客至上的经营原则，批零兼营，生意日渐兴隆，经销范围也越来越大，延及周边旗县。方圆百里内上百副八股绳货郎担子，都是兴发源的顾客。

贾源年过花甲之际，将主持兴发源商业事务的大权托付给长子贾佐清。随着事业的发展以及市场的需求，贾家又在自家大院内扩建了粮食加工的碾磨坊、缸坊（酿造黄酒和白酒）、干果加工的炒锅坊、面食加工的糕点坊、印刷账簿和大字印染等项目。这个大户人家的商业、农耕、作坊、食储和家务生活都是按照祖训立成规矩，代代传承。

第三代掌柜贾梁上任后，仍本着先辈的优良传统，坚持以上乘货物上市，薄利销售，诚信待人，顾客至上，兴发源的社会认可度和知名度不断提高。其时北京、天津、张家口、大同、包头、归化城（今呼和浩特市）等地的一些大商号在托克托城、河口常驻的"坐码头"商人，都与兴发源有商务往来。兴发源曾在经商活动期间担任过托克托县商会的会务成员，对托克托县地区的经济贸易发展起到一定的作用。

1938年日军侵占托克托城后，在征收苛捐杂税的同时，以劣次废旧商品强行给各商号高价配售，致使商家积压滞销，大赔血本，多家商号难以承受，不得不倒闭。兴发源因是较大商号，更是首当其冲，受害严重。在万般无奈的情况下，采取了化整为零的办法，将人员和店铺门市分散在托克托城的北街、前街和南街，开设成 4 个小店铺，分别由贾礼、贾德、贾智和贾荣负责经营管理。其后，鉴于社会和家境情况的多种原因，部分年轻力壮的人远走他乡谋生。五原县的贾璧和贾权开设了"兴发源"粮油店；包头的贾富、贾信、贾懋和贾维英开设了"同兴货栈"，主要为陕甘宁和新疆的客商服务，物流货源以皮毛、木材、药材和生产生活资料为主；归化城的贾维藩和贾维翰开设了"德源泉"货栈，主要为京、津、晋和外蒙古的客商服务，货源物种以布绢、粮谷、药材、皮毛、茶和其他农牧生产资料为主。贾梁在亲朋们的劝助下，于1945 年又与人在当地合资开设了"谦发祥"商号，主营丝绸缎绢、棉布、线棉和其他生活资料用品。

中华人民共和国成立后，历时 130 多年的老字号兴发源各地分号，于 1956 年均响应国家号召，实施了公私合营，经营人员服从政府分配，各行各业的国营单位或集体单位工作。

三、德兴泉

"德兴泉"的前身是"源玉泉"。

晚清时期，山西省一位乔姓财主与一位年轻人邢先生来到托克托城，在后街衙门巷路东投资兴建了一座抱厦式门市大院，命名"源玉泉"，经营六陈行。大院由一座东厅将院落一分为二，前院临街是门市，后院油、酒、糖、粉、碾、磨、炒锅房配套齐全，粮仓库房等设施应有尽有。

民国 5 年（1916 年），匪首卢占魁率匪徒疯狂抢掠托克托城、河口，盘踞数日，祸害无穷，大小商号十有六七倒闭。源玉泉亦未幸免，遭劫后不久就破产了。乔财主将门市院落以及所有不动产业全部卖于毕克齐的一位大财主。大财主又把这些不动产原盘租给了当时在归绥市开"德兴店"字号的王椿父子。

王椿是托克托城人，十几岁时就在归绥（今呼和浩特市）一家六陈行当学徒，四十多岁时他和本街霍亮生合伙经营大烟（鸦片）生意，鸦片暴利，几年后就发了大财。大约在 1910 年，二人散伙单干。王椿在归绥投资创办了一家六陈行商号，起名"德兴店"，在经营六陈行的同时，继续经营老本行大烟生意。生意做大后，就回托克托县寿阳巷置地修建了王家新院。

王椿承租源玉泉商铺后，作为"德兴店"的分店更名为"德兴泉"，依旧经营六陈行。

1920年，德兴店负责烟土生意的店员乘飞机运送大烟，途中遇稽查，货物全部被没收。德兴店遭此重创，几近破产。年逾花甲的王椿，经此沉重打击，不久患病去世。其子王尚义在归绥难以立足，只好回到托克托县经营德兴泉。

王尚义实施的管理制度是东家控股、股东集体监督的大掌柜负责制。大掌柜拥有仅次于东家的身股，店铺运营的策略举措、所有店员的任免升降都由大掌柜提出主导意见，经股东会议决议后，由大掌柜付诸实施。大掌柜以下的各位拥有身股的职员，由大掌柜量才使用，分工负责各自承担的具体业务。

其时较大的六陈行，除自己经营粮食购销、加工外，还要为地方政府收储公粮。

据民国20年（1931年）调查，德兴泉是当时托克托城较著名的经营粮食业商铺，"资本二千元，以收买杂粮转售县内及外省客商为业。全年营业可达二万余元，年获纯利三千余元。"[1]

20世纪30年代初，托克托城的经济大亨张存雄、李如兰参股"德兴泉"。

"七七事变"后，归绥、包头二市相继沦陷，托克托城人心惶惶，不可终日。德兴泉的财东们当机立断，趁着日本侵略者还没有占领托克托县，决定立即算账分红，退股散伙。主要股东张存雄、李如兰退股后另立门户，邢先生退股回了山西，留下丁铭、朱宪其、樊九雄、任忠厚、李文业等店员继续维持德兴泉的生意。

1937年底，日军占领托克托县后，德兴泉在惨淡经营中勉力维持。

---

[1] 绥远通志馆编纂：《绥远通志稿·商业》，内蒙古人民出版社，2007，第804页。

民国30年（1941年），托克托城李桂五从毕克齐大财主名下购得德兴泉的房屋产权。德兴泉重新选了店址，迁往原店址南约50米的"大裕隆"商号。迁入新址后，德兴泉更名为"德新泉"。

1952年，德新泉解体。

四、镒和昌

镒和昌位于托克托城后街，是六陈行店铺，由本县商界名人徐万金独资经营。

徐万金，字镒斋，清光绪十年（1884年）出生于托克托城小商贩之家。徐万金少时就读私塾，十三四岁在本街义成店当学徒。因其勤恳干练，精通商务，20岁就开始做生意。23岁时，义成店财东刘某，聘任徐万金为领本掌柜，于河口二道街建起铺面，兴办"合盛和店"。合盛和店因徐万金诚信经营，顾客盈门。徐万金经营有道，信誉著称，曾被聘任河口商会会长。在他任期内，尽力维护地方居民、商家利益。

民国12年（1923年），平绥铁路通至包头，河口大商家多数渐移包头经商，合盛和店也决定迁往包头。为维护地方利益，徐万金辞去合盛和店掌柜之职，利用自己资金，于民国15年（1926年）在托克托城后街办起了镒和昌粮店。

其时，黄河水运虽通，但往来商船寥落，留在托克托城的商家多数生意清淡，勉力维持。徐万金在逆境中艰难奋进，仍是当地商界的翘楚。

徐万金经商，一向谨慎深虑。某年，店里在后套的业务人员传回信息，陕坝（今属巴彦淖尔市杭锦后旗）一带棺材、门窗等木制品奇缺，价格昂贵。店里各负责人一致主张机遇难得，应倾其全力作此项生意。徐万金虽知此生意必赚无疑，但还是按比例控制投资。当时店里许多人都暗地埋怨徐万金太过小心，误了发大财的机遇。事出徐万金所料，一次，从后套船运以木材所换的粮食返回河口时，不幸中途沉船，360石小麦付之东流，折合现金2万余元。字号虽然损失巨大，但仍可照常运作。

河口、托克托城各商号店铺的进货渠道主要凭黄河水运。徐万金在担任合盛和店掌柜时，经常派人到上游两岸发货点上联络，进货特别注意选地道货，如对鄂尔多斯市西部的甘草、宁夏的羔子皮等，均先期垫款，以招徕货主。他对往来于张家口、集宁、偏关、河曲等地区的转运车脚夫，常常给予资助，热情照顾。凡有婚娶死伤以及疾病等家庭之事，不论赚下与否，一定量情酌予。许多车脚夫与他结为相与，拓展了托运业务。除河路、车马外，托克托县还有一条经清水河到偏关、河曲、朔县等晋西北许多县的攀缘山路，称驴骡大路，这条路是驴骡载运以及商客乘坐骡驮轿必经之路，亦是河口、托克托城两镇内销外运山货的主要陆路通道。晋西北地方虽然多是贫瘠山区，但其地人们以勤俭节约驰名，尚有少量粮食经清水河中转外运。徐万金不放过这一商机，与清水河的德胜泉粮店建立了业务关系，加强了那一方的生意。合盛和店迁到包头后，徐万金凭借原有的业务关系，将"老相与"发展为镒和昌的"新客户"。

民国 16 年（1927 年），绥西旱荒，商业萧条，多数商家守本维持，他的粮店却凭借晋西业务盈利 3 万元。民国 17 年（1928 年），当地旱象严重，灾荒已成定局。徐万金派韩守礼（因身材矮小，人称"韩小人"）蹲点清水河县德胜泉粮店收购粮食。韩守礼将收购范围扩展到山西朔县。山里人不要纸币，只要银锭。徐万金立即派出得力店员四处收兑散碎银两，指定县城银匠万顺子将散银铸造为五十四两一锭的小元宝，送往晋西北购粮。民国 18 年（1929 年），归化城一带大灾，韩守礼将从朔州、偏关、河曲收购的糜、谷、莜麦等粮食运回托克托县，不仅商号大获其利，也解救了部分灾民。

日军侵占托克托县后，徐万金迁居厚和豪特（今呼和浩特市）经营六陈行，店名为益生泉，用以维持生活。

第四章　手工业

第一节　近现代手工业历史及规模

一、清末到民国初期的手工业概况

托克托城的手工业始于何时，史无确切记载。

清乾隆二十七年（1762 年），托克托城兴建了规模宏大的城隍庙。此后，托克托城先后建起了大小十几座庙宇。大量庙宇、寺观的兴建，招来了一批又一批建筑工匠。这些工匠有的是当年参与修建绥远城、召庙和王公府第完工后留住绥远地区的工匠后代，更多的是从山西、陕西、河北、河南等地慕"水旱码头"之名来到托克托城的民间匠人。同时来托克托城的工匠艺人还有泥瓦匠、画匠、雕塑匠等。

清乾隆四十八年（1783 年），托克托城成立了由粗皮、细皮老师傅组建的"义合社"，说明其时的皮革手工制造业已具规模。

"水旱码头"的兴隆，吸引了山西、陕西等地的舟车制造匠人源源不绝地来到托克托城，并落户定居，进而创办了大大小小的木业作坊。在清道光年间，由木工等工匠组建的"鲁班社"应运而生。

随着托克托城镇规模的扩大、经济的发展、居民人口的增加，许许多多各行各业的手工匠人从四面八方聚集在托克托城，托克托城的手工业也伴随着商业逐步发展。

清中叶以来，托克托城的手工匠人遍布各个生产生活领域，有从事民间建筑和生产工具制造的木匠、铁匠、泥匠、瓦匠、石匠等，从事日用品打制和维修业的铜匠、锡匠、焊匠、钉锅匠、壶品匠等，从事服饰和日常生活服务业的裁缝、毛匠、笼箩匠、染匠、皮匠、毡匠、毯匠、银匠、鞋匠、剃头匠等，从事粮食土特产品加工制作的碾磨倌、油粉糖醋酒酱制作匠人、柳匠、囤子匠等，从事餐饮业的厨工、干货匠等，从事文化娱乐业的纸匠、画匠、雕塑匠、乐器匠等。

民间用"七十二行""三百六十行"说明手工匠人门类之多。随着社会的进步发展，手工业行当的分工也更加精细。例如托克托城的木匠，根据其技艺特长或专业特征，可细化为装修房屋的、打船的、打车的、砍犁的、做耧的、做棺材的、割箱柜的、打扇车、割风箱的等，甚至还有专做权耙、木锨等小农具的专业木匠。搞建筑装修的木匠，也有"粗""细"之分。粗木匠装修房屋门窗只做"查罗架"，工艺简单；而细木匠则"动刀工"，雕刻出各种花纹图案，而且还有"仿古"和一般建筑的区分。

各行业的手工匠人，有的几个同行组成一个店铺，共同拟定一个铺名。较普遍的是以家族开设的店铺，这类店铺多以族姓或创建人命铺名。这些店铺发展到一定规模，就形成了"前店后坊"的作坊建筑格局。店铺之外，更多的是临街摆摊或走街串巷上门服务的个体手工业匠人。

托克托城早期的手工业店铺今已不可确知。现在可追溯起来的民国初年的较有影响的店铺如下。

木工作坊：三和成、福荣堂、李森木匠铺、李水满木匠铺、王三狗木匠铺、郭招财木匠铺、赵二碰木匠铺、王家厚板店等；玉生昌造船作坊、隆记造船作坊、张家造船作坊、董贺贵车铺、张家车铺、狗不闻车铺、何和尚车铺、董二元车铺、薛成元车铺、刘富车铺等。

铁业铸锻作坊：王荣铁匠铺、杨旺铁匠铺、贾豹铁匠铺、闫红旺铁匠铺、马家铁匠铺、闫九威铁匠炉、庞家铁匠炉、马命铁匠炉、王三老虎铁匠炉、王家铁匠炉、王家铸铁炉、李家铸铁炉等。从事卷火桶、水桶、水箱等白铁业的有石杰等专业师傅。制作首饰、壶、瓢、勺、匙等物的银匠、铜匠、壶品匠，名艺人有张二换、董闰月、高科、赵四、万顺子、三环、庞二，还有名字失传的蓝银匠、白银匠、王铜匠等。"托克托有铜匠3家，年出产品1千余件。"

"锡匠只托克托有 2 家，年出酒壶、痰盂、供器 1 千余件。"[1]

粮食加工作坊有糖、粉坊，豆腐坊，酱、醋作坊等，具体如下。

糖、粉坊：三和全粉坊、徐三玉粉坊、金双喜粉坊、赵龙个粉坊、邢汉业粉坊、高祥粉坊、翟家粉坊、马家糖坊、王家糖坊、潘三糖坊、徐三糖坊等。

豆腐坊：兴隆盛豆腐坊、申红豆腐坊、武仙婵豆腐坊、郝润豆腐坊、武庆儿豆腐坊、武老厚豆腐坊、王善豆腐坊、赵家豆腐坊等。

酱、醋作坊：郭醋铺、王子富醋酱油铺、王寿山醋酱油铺、张志亮酱油厂、义和永酱菜园等。

而大量的米、面、油、酒作坊多附设于各六陈行商铺，不在此列。

餐饮业有饭馆、肉铺、糕点行等，具体如下。

饭馆：天荣园、上三元、齐盛园、忠义元、三和元、广义元、福和元、福祥号、清真饭馆等。

肉铺（兼屠宰）：乔宣肉铺、卢二仁肉铺、侯成锁肉铺、贾兴旺肉铺、马家肉铺（清真）、二合面肉铺、卢五罗肉铺等。

糕点行：钱来厚糕点铺、张宏伟糕点铺、杨在山糕点铺、钱栓厚糕点铺；卜万金干货铺、张五干货铺、贾林林干货铺、苏家干货铺、王中和干货铺、袁家干货铺、杨猛锅盔铺、王个儿干货铺、王吉眼干货铺等。

其他各行业有皮毛行、毡坊、地毯坊等，具体如下。

皮毛行：福兴皮坊（黑皮）、德隆店、德恒皮坊、鄯家皮坊、义顺皮坊、李喜皮坊、苗家白皮坊、王皮坊、毕皮坊、周皮坊、李皮坊（专门制做车马缰绳）等。

毡坊：逯毡房、邬毡房、李毡房、王三仁毡房等。

地毯坊：刘旺地毯坊、张全禄地毯坊、孔庆才地毯坊。

口袋坊：任家口袋坊、潘家口袋坊、李家口袋坊、王台吉口袋坊、孟三口

---

[1] 云海主编《土默特志·上卷》，内蒙古人民出版社，1997，第 266 页。

袋坊等。

针纺织业：韩老喜专门纺织过滤豆腐浆用的大块纱包布，老王四专门纺织各种马尾毛箩底纱，还有孔庆厚、王守山等。

麻纸坊：如悦永、同悦永、四合泉、杨关锁纸坊、张二定纸坊、苏老虎纸坊、刘纸坊、贾纸坊、杨纸坊等。

染坊：老白三染坊、贾艮万染坊、杜厚生染坊、习关来染坊、霍栓染坊、王二染坊等。

油画作坊（兼做纸货）：张福印油画纸货店、杨吉小油画作坊、薛双全油画作坊、郝双宝油画纸货作坊、韩柱油画纸货店、贾灵兔画匠铺等。

鞋铺：张三旦鞋铺、张三拐子鞋铺、王芝华鞋铺、赵三狗鞋铺、李根子鞋铺、王金狮鞋铺、李成钉绱鞋摊等。

刻字铺：邓坡刻字铺、郭致忠弟兄二人刻字铺。

钉盘碗铺：王绍曾师傅、程利瑞师傅。

理发店：老二娃剃头铺、陈茂天理发店、段称心理发店、赵满喜理发店、赵登明理发店、杨青山理发店、贾子祯理发店、小柴理发店等。

笼箩业：王家笼箩作坊、赵家笼箩作坊、武家笼箩作坊。

柳编业：郝三柳铺、潘柳坊专编黑白柳条簸箕、筐箩和水斗子家常用具；王艮栓、吕二娃、吕正小专编苇席、枳芨囤笆；篓铺专编红柳条箩筐和油篓、酒篓，有张家篓铺、贺家篓铺等。

缝纫行：李双红裁缝铺、华二巴裁缝铺、陈长财裁缝铺、姚生富裁缝铺、杨福林裁缝铺、张家裁缝铺、刘敬德裁缝铺、迟公哲裁缝铺等。

钟表修理铺：陈利端、刘尽业、武占元都是专修店老师傅，有时收回旧表修理好出售。

还有陈云开的镶牙店，为全县独家活儿；康茂才专门制做各种度量衡用具（斗、升、秤、尺等），制作度量衡用具的还有"贾斗铺"。

清朝末年到民国初年，托克托城数十个行当约 300 家店铺、作坊和摊贩约

1500 人分布在北阁内外、财神庙街、老爷庙街、韦驮社至寿阳社的前大街、寿阳社至观音阁的南大街、东阁至新阁的后大街等处。相同或相近的行业一般分布较为集中，从而也便于组织各业行会。

托克托城的手工业产品除满足当地市场需求外，还通过水陆两运销售到县境外各地。

二、民国 12 年之后的手工业状况

民国 12 年（1923 年），包头通火车后，托克托城商业衰落，手工业也较前萧条。但作为社会生产和人们日常生活中不可或缺的服务行业，手工业在困境中尚可勉力维持。据《绥远通志稿·工业》记载，民国 21 年（1932 年）调查，托克托县有各类手工行业铺户约 200 家，从业人员 1100 多人。当时河口的工商业已衰退，在民国 20 年（1931 年）国民政府进行商会改组时，河口因商号太少，不足法定人数，未能依法改组。而农村零散个体工匠均无铺店组织。所以，民国 21 年的这一调查数据，虽以"托县"冠名，实际上就是托克托城的手工业铺户的统计数。

经统计的铺户主要有以下行业：

毛织业：织地毯者 7 家，由各村收买羊毛绒，制造地毯、围兜子、椅垫各品。每年可制 50~60 平方米；织口袋者 4 家，由县属各乡村及包头收买杂毛，年可织粮袋三千余条。

制毡业：毡房 4 家，均由各乡村收买羊毛；毡帽 8000 余顶，毡鞋 2000 余双，毡袜 800 余双。

铁工业：铸铁者 12 家，均就地收买废铁，年可制造火炉、铁钵、犁铧、砧子、铁钟、车键、铁锅等各铁器 1 万余斤；煅铁业 23 家，共有工人 90 余名。铁料均由山西盂县购买，制造镰、锄、勺、匙、刀、斧各日用铁器，年约 1 万余斤。

木工业：木工业有 21 家，共有工人 240 多人。木料多由县属各乡村采购，制造桌椅等各种木器，并承揽外工来建筑房屋。

造舟车业：本城有 4 家，专制舟车，纯用人工制造。且以承做外工赚取加工费为主。因其时托克托水陆两运还可维持，故舟车制造业尚称发达。

柳条编制业：共 15 家，均由河西或后套收买柳条，年可编造篓、筐、筛、篮等用具 1 万余件。

榨油业：共 7 家，资本最多不超过 2000 元。由本县乡村收买胡麻、麻子，年可出胡油 2 万余斤，麻油 3 万余斤。

酿酒业：共 10 家，产品以烧酒为大宗，制黄酒较少。原料以高粱为主。

制糖业：共 12 家，年可制糖饧、麻糖 6 万余斤。

制皮业：共 3 家，原料均由包头采购，年可制各种熟皮 50~60 张，出品销于本地及外县各半。

制鞋业：共 5 家，原料由归绥采购，年可制各类鞋 3000 余双。

五金工业：银炉 10 家，年可制手镯、戒指、耳环等物约 2000 余两。锡工 2 家，出品多为酒壶、痰盂、香烛供器之类。年共用锡 1000 余斤。铜工业 3 家，出品多为盆、瓢、勺、灯盘、酒器等，年共用铜千余斤。

麻绳业：共 5 家，售货兼揽外工，年可制绳 1000 余斤。出品部分销于武川。

染制工业：共 25 家，蓝靛均由归绥购买。

造纸工业：纸坊 6 家，均就地收买烂绳、马莲草为原料。产品部分销于归绥市。

成衣业：共 8 家，每年制衣 4000~5000 件。

制粉业：共 21 家，原料为扁豆、高粱，产品三分之二销于萨拉齐、包头、武川。

日军侵占托克托城后，社会暗无天日，人民生活在朝不保夕的恐怖之中，与人民生活息息相关的手工业亦破败不堪。手工作坊多数倒闭关门，只有少数流动工匠偶尔做些零星小活。

第二节　生产经营内容

一、农产品加工

托克托城农产品加工的原料来源主要有三种途径：其一，粮店从黄河码头收购粮船运来的后大套粮食、油料。一些大粮店自己有粮船，而且在上游的产粮区设有收购粮食的店站。其二，在黑河沿岸附近设点收购土默特地区的粮食，通过黑河水运或陆路车运回城。其三，经营土地的六陈行，首先加工自产的原料，不足部分向市场购买。

农产品加工作坊主要有碾坊、磨坊、粉坊、油坊、缸坊、糖坊、豆腐坊、醋酱油坊等。

（一）碾坊

将糜子、黍子、谷子用石碾碾去皮，再用脚蹬扇车扇去糠（皮），即为成品米。根据米的粗细程度，分为二糙米、三糙米。三糙米是将二糙米中的米皮、米嘴碾去，使米更光滑精细，是米中精品。

（二）磨坊

是用石磨将小麦、莜麦、各种豆类加工为面粉。其中，小麦面粉（俗称白面）颇为讲究。经磨1~4遍的面粉为一等面，是供干货铺做精致点心、蒸馒头、炸麻花用的，也是有钱人家吃饺子的专用面；磨1~6遍的面粉为混面，俗称"一箩打到底"，是二等面，在市场上通销；磨4~5遍的面粉为三等面，顾客多是穷人家，也是干货铺打饼子用的面料。

（三）缸坊

托克托城人称酿酒作坊为缸坊，因酿酒、盛酒都用缸，而且数量很多，故称缸坊。托克托城最早的缸坊约创办于清乾隆年间，由山西寿阳人潘某独资兴建，坊址在托克托城东阁坡下。

托克托城的缸坊以酿造白酒为主产。白酒俗称烧酒，原料主要是高粱。因托克托城水质好，本地产的高粱数量多、质量高，因此，托克托城的白酒清香醇厚，回味绵长，在周边地区享有盛名。

传统的酿酒工艺主要有制曲、备料、上甑、加曲、发酵、蒸馏等工序。每道工序都有严格的技术标准和操作要求。

每座缸坊都有一位"酒大师傅"全权负责监管酿酒工艺的全过程。缸坊酿酒的质量优劣，主要取决于"酒大师傅"的技艺高低。托克托近代较有名气的酒大师傅是温泰及其嫡传后人。温家祖籍山西忻州。清光绪年间温泰携全家来托克托县定居，以其高超的酿酒技艺被本城几家缸坊争聘为"酒大师傅"。温泰根据托克托县地区的水土、气候等自然条件，将山西的传统酿酒工艺加以改良，逐步形成了更具托克托特色的酿酒工艺。温家的酿酒技艺代代传承至今。

（四）油坊

油坊是通过相应工艺提取植物油脂的手工作坊。昔日土法榨油称"楔榨"或"槽榨"。原料有胡麻、麻子、黄芥、黑芥、各种蔬菜籽等。整个榨油过程有选籽、炒籽、磨咖、上亮、蒸咖、和咖、包垛、榨油、烤水等一系列程序，每一道程序不到位，都会影响到油的质量和油籽的出油率。成品油都储存在红柳条特制的油篓里，小油篓盛油几十斤，大油篓可盛两千多斤。大油篓存取油要搭木梯上下。油的种类有胡油、

托克托县城内的油坊

著名画家沈逸千1936年在托克托城写生画

麻油、杂籽油。胡油质量最好，专供人们食用。麻油除了供人家点灯外，也是车、碾等器物轴承的润滑剂。麻油还可熬成桐油，用来油漆木器、炕围、庙宇公案绘画等。质量好的桐油标准是："好漆似如油，照见美人头。摇起虎斑色，拉断钓鱼钩。"因熬桐油的气味呛人难闻，桐油坊都设在城东的梁头上。

（五）粉坊

粉坊是制作粉面和粉条的作坊。早期制粉条的原料主要是高粱、扁豆、绿豆等粮食，后来以山药粉为主，按比例配进若干粮食。

制作粉条的基本程序是：将粮食洗净，在粉磨上磨成糊状，过箩去渣，让粉浆暂存粉缸里，粉渣作为糟牛喂猪的饲料。把粉缸里的粉浆舀在细布做的粉包里，吊起后淋尽水，使包里的粉汁凝固为粉面块，再用礤子将粉面块擦成粉末，晾干后就成了粉面。

做粉条时，将粉面以适量的水和为稠稀适中的糊状，用瓢葫芦壳制作的漏粉瓢漏在沸水里，煮熟捞出后架于粉架上，然后再用手工把为三两左右重的把子，若干把子捆为一捆，即可到市场出售。

粉条以粗细分为宽粉（也叫板粉、片粉）、粗粉、细粉、二细粉、毛粉等类。粉条的粗细取决于漏粉瓢露眼儿的形状和数量：扁眼儿漏扁粉，圆眼儿漏圆粉；眼儿少漏粗粉，眼儿多漏细粉。

以绿豆、扁豆为主原料制成的粉面是粉坊的高档产品，此面卖于冷食店，制作粉皮、粉坨，质量高，价格贵，是有钱人消暑解热的冷食品。

粉坊根据规模大小，饲养数量不等的糟牛。所谓糟牛，就是把无使役能力的老牛以粉坊的下脚料粉渣、粉浆为主要饲料喂养，到膘满肉肥时宰杀，将肉、头蹄、下水（内脏）卖于肉铺，皮卖于皮坊。除糟牛外，粉坊还饲养猪。

（六）糖房

昔日托克托城世面上卖的糖块儿除了从外地进回来的机制"洋糖"外，当地销售最多的是本城各糖坊自熬的米制麻糖。熬糖的原料主要是小米，当地人称作"谷米"，其次是草麦芽。麻糖根据食用需求的不同分为许多形制，并有相应的名称，但总的来说，可归为"灌馅儿"和"实心"两大类。灌馅儿麻糖的馅儿以黄豆炒面为主，还有一种叫"老来红"的植物籽。实心麻糖就是不包馅儿的麻糖，有大麻糖、小糖、占板麻糖、祭灶麻糖、糖蛋儿等类型。

制作麻糖的基本工艺程序是：先将谷米在大锅或大瓮里泡醒后，入蒸锅里焖蒸到适当时候，和进麦芽，再继续蒸到米粒熟烂，然后加水倒入火缸里熬煮。熬到一定时间，米渣浮到水面上，含糖的水通过火缸的出水口流进淋缸里，此即为糖水。然后将米渣取出，作为牲畜饲料。

糖水入锅，加温煎熬，将水分蒸发，留下糖液，根据需要，制作为各种类型的糖。

糖坊的麻糖主要销售在县城及邻近乡村。多数销往晋陕北部地区。

（七）醋、酱、曲坊

醋的原料主要是米，所以又叫米醋。醋有水醋、陈醋之分。水醋现做现卖，色、香、味都较淡，是质量一般的普通醋，也是市场上大量出售的，为平民百姓通用的食用醋。水醋窖藏3年以后，就成了陈醋，色深香醇味浓，是醋中佳品。食用陈醋的，是字号里的掌柜、先生，社会上有钱人家。醋铺和商店出卖陈醋，都放在加盖的瓷坛里，以防"走味"。买陈醋的人，也多是用醋壶而不用瓶装，说是为"保味"。醋除食用之外，也卖到药铺作药引和炮制中药。

制酱的原料以黄豆为主，故称为豆酱。豆瓣加曲密封，在一定的温度下发酵，就成为酱，将固体酱面加适量的水，在单马石磨上磨为流质的酱汁，即可上市。为保存方便，也有食用干酱面的。

酱是人们炒菜、烩菜不可或缺的调味品。普通农家都在自家的热炕头上做酱。其基本制作方法是：将豌豆去皮后将豆瓣煮熟，加适量的曲、面，和匀后攥为蛋状，用瓷盆扣在热炕头上，密封、加温，若干天后，即发酵为豆瓣酱。将豆瓣酱加入适量的水，在手摇小磨上磨成流质酱汤，加盐水煮熟，放在瓷坛里可以随时食用。

曲是制作醋和酱必不可少的发酵剂，所以醋酱作坊也有兼制曲的。而专制曲的作坊多为缸坊兼做，因缸坊用曲量大。

制曲的原料是豌豆或扁豆，还有草麦。制曲的一个重要程序是"踩"，即由多人赤脚按顺序在曲模里将曲渣踩成规格一致的曲砖，便于保存和使用。踩曲的人都是临时雇用。制曲的时间多在农历四月，所以民间有"三月招羊，四月踩曲"的俗语。

二、舟车制造业

（一）造船

船，一面迎水，四面风，当中立的一根棍（桅杆）。好木船讲究"轻、快、稳"，既"吃岸"（也叫"吃水"），又"吃风"。吃岸是船易靠岸，吃风是帆利于张风。吃风船扬帆可使三面风。

打（造）船的技术关键是掌握前后舱的坡度和船帮"翅"的舷度，特别是船头，如果角度不当，迎水阻力过大，上水拉船费力，俗称"熬死牛"。好船乘风破浪，轻快自如，载重大而吃水（阻力）轻。

"打船无卯、全凭钉串。"根据不同用途，船钉有参钉、吊钉、时尾钉、立臣钩、爬头钉、千斤坠、时卡等诸多样式。船钉讲究"大进小出"，"一分钉八厘钻"。扯钻打眼是从上而下的"直眼"，而穿眼而入的船钉却捣成一定的弧度，钉入眼既紧牢又不露钉头，这就需要有相当高的技术。

打船作坊俗称"船厂"，船厂不仅打新船，也"改拆"旧船。船使一年称"一扣"，新船装粮，四五扣的船就被认为是"烂船"，改装红柳、枳芨，叫"条棍船"。条棍船再使几年，就退役到船厂接受改拆。改拆烂船的原则是大改小，即七八站船改为五站船，五站船改为渡口小划子或打渔划子。不能作为打船料的就卖给棺材铺做棺材，这种船板棺材也只能卖给贫穷人家。剩下不能成器物的烂船板，就卖了烧火柴。

打船的木料以柳树为主。当时距离县城较近的柳树产地是清水河大路、浑河漕一带的山沟里。船工们在冬季把沟底的大柳树锯倒，解成船板，放在冰拖上，从沟水的冰面上拉出沟口，再雇用驴骡驮或牛车运回托克托城。有的木料可用冰拖直接从黄河的冰滩上拖回。冬天运不回来的木料，就等第二年河开后，用船逆流放回。

（二）制车

清朝时，托克托县的车有3种：一种是"二饼子"车，这种车车轮用坚硬的木料叠垛而成，车轮与轴嵌为一体，形如牧区的"勒勒车"；一种是"花轱辘车"，有"九辋十八辐""八辋十六辐"等类型，轮与轴以"弧"相合，是"二饼车"的进化；一种是"花轱辘轿车"。前两种车是运输货物的，后一种是载人的。托克托城的木匠铺只能打二饼车，车轮、车辕所需的硬木材如枣木、杏木、杂木等都是晋北地区的驴骡驮驮来的。而花轱辘套子车、轿车因结构复杂、技术含量高，加之原料短缺，所以本城车铺只能来件组合，不能制造。车轮、车轴、车棚等大件都是由榆次、太谷、兴县等地运来的。其运输方式多是由两个驴或骡一前一后共驮一个木架，架上放着车轮等件。这种驮运方式，需组合的驴骡训练有素，配合默契。到了民国，本地的好车匠也能制作花轱辘车了。

三、木工业

木工除制造舟车外，更多的是为人们日常生产生活制作工具。这行匠人在托克托城大致可分两类，一类是在街道上建有作坊、门市的木匠铺，以家族经营为主，雇用数量不等的技工，即师傅，每个师傅又有若干徒工。这些木匠铺都以经营者的姓氏命名，是专业的木业生产店铺。另一类木匠则是流动工匠，哪里有活儿到哪里。这类工匠为数众多，但每个班组则多为三五人，有的一师几徒，有的几个师傅合伙组班。城里居民许多木工活计是由这类流动工匠承担完成的。

四、铁工业

铁匠是社会生产、人民生活不可或缺的手工业行当。托克托城的铁匠炉有坐炉、站炉之分。每盘炉一个师傅带两三个徒弟。制作大件如冰镩、锹、镢、

木匠工具

车瓦等时，师傅掌钳，用小手锤边打边指挥徒弟们用大锤击打物件。其时，往往是 3 把大锤在师傅的手锤指引下依次击打，这就需要相当熟练的技巧。大小 4 把锤在铁砧的方寸之地按序依次击打，锤举高砸下不过眨眼之际，若有一把锤有丝毫延误或抢先，就会引起各锤相撞，以致会伤及人身。

"铁匠没样，越打越像。"他们干活凭借眼力和功力。铁匠技艺的精湛之处是"好钢水"，制作的带刃工具如刀、斧等刃头锋利，经久耐用。这就需要铁匠在淬火（行话叫"蘸刃"）时，根据不同钢质恰到好处地掌握火候。

铁匠是一个特殊工匠行业，它的服务范围包括社会生产生活的各个方面，各行各业的工匠都与铁匠有着密不可分的业务关系。不仅许多工匠的工具要由铁匠打造，而且一些工匠的产品需与铁匠配合才能最终完成来交付使用，比如木匠所制的车、船、犁、耧、耙乃至盖房建屋，皮匠所做的农具等。铁匠在各行工匠中是一个颇受尊重的行业。

铁匠产品种类繁杂，往往根据产品需求按季节来安排活计。春季制作农具，夏秋季做杂活，冬季以"跨掌"为主。"跨掌"是给使役的骡马驴蹄上钉

铁匠工具

铁掌。托克托城铁匠的产品除卖给居民外，也批发到本城的山货铺。

五、土特产品加工

托克托城土特产品加工行业主要有甘草加工、柳编加工、枳芨加工、皮毛加工、盐碱加工等。

（一）甘草加工

甘草加工的工序主要是分类、切割、包装。从上游运来的甘草捆扎为200~300斤的混草捆（当时甘草行使用的老秤特定为18两为1斤，比普通秤每斤多2两）。甘草行工人将混草捆解开，根据草的粗细和长短分类包装。

甘草的分类以粗细、长短和生长地的土质等为标准，类型有特草、一等、二等、三等、刀头（也叫"疙瘩头"）、毛草等。特草又叫铁心草，是甘草中罕见的珍品。还有一种产于宁夏的"粉草"，色白，味甘甜而无苦涩味，见风久时就风化蜕皮。此草质量更高，是专做丸药的上品。

加工甘草在一个特大的房间里，分组包片。一组3人，一个老师傅带2个徒弟，师傅坐中间，徒弟分坐两边，以便于教导。分类剔检出来的各等草苗，按包装规格用铡刀切为 30～60 厘米长的短节，或装箱或打捆。毛草和刀头则装入苇席卷成的圆袋内。因这种包装对苇席的质量要求较高，所以甘草行的苇席都是从山西浑源特定，用驴骡驮运来的。

（二）柳编加工

托克托城的柳编产品不仅供应当地及周边旗县的山货铺、杂货店，而且多数通过船运、驴骡驮销往晋北、晋西北各地。

柳编加工的原料红柳、乌柳主要来自黄河上游的后套地区，有专营草船从原料产地顺河运到河口、托克托城，卖于从事柳编的作坊。

柳编业按使用材料及其制品分为红柳坊和黑柳坊。红柳坊以红柳为原料，编制红柳产品，有油篓、酒篓、鞭杆、椎柳、权杷齿、篓头、筛子、囤笆等。黑柳坊以乌柳为原料，其产品又分为白条制品和黑条制品，有簸箕、筐箩、篮子、水斗、笊篱、马料单等。

柳编业各行以编制油篓的篓铺规模较大。像祖辈从事编篓的

柳编制品

张家，其篓铺作坊都是二十多间大的房间。铺内工人师傅带徒弟约百余人，其编制的大油篓里边可容纳四个人坐着耍钱，可储油两千多斤。

编油篓、酒篓是一个精细的过程。将粗细适用的红柳条棍削去枝叶，垛在作业房内，用热水泼湿，垛上用破布烂毡等遮苫使条棍在汽水蒸发中焖热，如

此反复进行，直到条棍变软变韧，成为"熟条"后，篓匠师傅用特制的刀具把粗熟条按需求劈瓣，用这些薄厚不等的条瓣编成大小不同的篓子。因为篓子是用来盛装油酒等液体物质，所以必须将篓底篓壁严密封闭，以防泄漏。密封篓子的程序较为复杂：预先将烂纸屑烂麻绳用水沤泡腐烂为"纸筋泥"，在纸筋泥里加适量的胶水，以此严实抹平篓壁篓底；在纸筋泥面上裱糊一层优质白麻纸，在纸面上涂抹猪血（以二年生的猪血最好），使猪血逐渐浸透到纸筋泥里；在猪血上面用绸布细裱，然后用桐油将绸面漆封。在这一系列过程中，每一道工序都有严格的操作规程，必须精细认真，确保质量，不得有丝毫疏忽。对座篓的糊裱有两种方法：一是篓匠在篓里逐块逐层作业；一是在编篓时，按照相互"咬口"的结构将篓体编为"公母"两扇，分扇糊裱便宜后，再组合为一体，然后人进入篓里，将接缝按上述程序糊裱好。

裱糊篓壁所需的大量烂纸破绳来自城内外的居民。那时，每家的窗户纸一年换两次：过年换一次，深秋换一次。人们把破旧窗纸和使用断破的麻绳保存好，和走村串巷的小货郎换钱或换物，那时小货郎吆喝生意常用的一句词就是"烂纸麻绳换钱来——"。猪血主要来自镇内的屠宰坊。

（三）皮毛加工业

皮毛加工分为皮坊和毛坊。根据具体的业务差别，皮坊分为黑皮坊和白皮坊。黑皮坊加工牛、马、驴、骡、骆驼、猪等大牲畜皮，产品主要有车马挽具、鼓皮、皮胶等；白皮坊加工羊、狗、狐、兔等小动物皮，产品主要有皮袄、皮裤、皮坎肩等。

毛坊有毡坊、毯坊、口袋坊等不同类型，产品主要有毡帽、毡靴、毡袜、炕毡、地毯、装粮食的口袋、装饲草的草包、装小器物的袄子等。

托克托城加工的皮毛来自三处：一是青海、甘肃、宁夏的皮筏沿河运来的西路货，二是由驼队从武川、百灵庙、四子王旗以及五原、临河等地运来的北路货，三是托克托城、河口以回族为主经营的牲畜卖行所产的本地货。

毡匠制品

（四）口袋坊

口袋坊专制装粮的各种规格的口袋、装草的草包、装小件器物的杈子等。口袋卖给六陈行，草包卖给车行，也零售给镇内外的农户。有一句俗语说："口袋坊的徒弟，走前退后。"口袋坊所用的毛料多是嘴子毛、沙圪兰毛等质次价廉的劣等毛。将毛用条棍反复抽打，剔除毛中尘土杂物，再喷水压实，卷成60厘米左右的毛卷。拧绳时，口袋匠人将毛卷夹在右胳膊下，线头挂在拧绳的车子上，由一个小孩慢慢转动车轴，随着车轴转动，匠人面迎车子，边倒退，边双手撵出毛丝，通过车轴旋转拧成细绳。当毛丝成绳后，距离缩短，所以有"夹粗捻细，

麻绳匠工具及产品

走前退后"的说法。

经拧绳车子拧成的细毛线，再合成为织口袋所需的成品线，用成品线在织机上织成所需规格的毛袋片，再用毛线针将毛袋片缝成各种规格的口袋。

禹王庙街的贺家口袋坊（一说在头道街）是镇内较大的作坊，有三四十个匠人和徒工。徒工拧绳，师傅织袋。

与口袋坊工艺相仿的是麻绳匠，用黑麻制作成粗细长短不等的各类麻绳，是农家、车行、船家、渔家等必不可少的生产用具。

第三节　知名作坊及产品

一、福兴皮坊

清道光年间，李文明从山西阳曲县钱家峥村肩挑"八股绳担"，"走西口"来到托克托城，在北阁儿外安家定居。

李文明由做杂货小买卖起家，慢慢积累资金，创办了"福兴皮坊"。李文明有4个儿子。儿子们长大后，由大儿子李林元执掌福兴皮坊生意。皮坊初创时，规模小，产品少，父子几人以走街串巷、赶庙会的方式销售产品。后来产品渐多，就用一辆手推独轱辘木头小车装载皮货，到远近的周边村庄出售。其时，道路坎坷，一车两人，一人前边拉，一人后边推，一车可装四五百斤农民生产生活所需的各种皮货。

李家父子历经艰苦创业，到清光绪初年，福兴皮坊发展成有二十多人的较大作坊。产品销售到归绥、包头及相邻旗县。运货工具已由独轱辘人推车变成了花轱辘骡马车。

李林元之子李万荣继父亲接管福兴皮坊后，在清末民初，生意发展到鼎盛期。其弟李万贵、李万善分别负责包头、归绥的业务，包、绥两地各有自己的店铺。福兴皮坊的产品远销到山西、河北等地。福兴皮坊是托克托较早发行本字号帖子（银票）的商家之一。外地的业务结算，都以帖子代现金。皮坊规模扩大到数十人。本地皮匠师傅不足，就从河曲、宣化等地雇用老师傅，为本店培养皮业技术人才。

福兴皮坊兴盛时，生、熟皮同时加工，并且建有专制车马挽具的生产作坊。凡车马所用的笼头、嚼子、套缨、座鞯、搭腰、索绳乃至鞭梢、道梢等，可谓应有尽有。

民国17~18年（1928~1929年），托克托城遭遇重灾。福兴皮坊生意萧条，加之家大人多，意见分歧，生计维艰。于是，李家弟兄决定分家另过，福兴皮坊也分开各自经营。分家后的各分店都以"福兴皮坊"命名。

李万善和其长子李尚孝在城内的老爷庙街开设了新作坊，父子辛勤经营，生意一直维持到中华人民共和国建立之后。

二、郭醋铺

托克托城郭氏家庭的祖籍是山西省偏关县草垛乡郭家沟。清嘉庆二十二年（1817年），郭氏的先人过长城，顺黄河北上，辗转来到托克托城定居。

清光绪三年（1877年），郭醋铺的第一代创始人郭华（又名郭三锁）出生。十几岁时他就学会了做醋的手艺，但因没本钱自营，就靠伺候人谋求生计。

一年又一年，郭华渐步壮年，家里终于有了点积蓄。他在托克托城的古城墙西南角盖起一间土房，郭家的第一缸陈醋便在此问世了。虽说靠卖醋养家糊口，衣、食、住有了着落，但一直苦于没有本钱，终究是小打小闹，没有机会发展壮大。十几年内都是靠醋本身的质量和廉价吸引着广大顾客。周围住户叫着顺口方便，就把郭华家称为"郭醋铺"。

据传，郭氏曾得过外财。清宣统二年（1910年），郭华9岁的大儿子郭恺永，在离家不远的大荒城（辽金元东胜州故城遗址）玩"掏窑窑，打蛋蛋"，无意间从土里挖出一只陶罐，陶罐里装有不少的金银首饰、珠宝及银币。郭华变卖了其中一些珠宝和首饰，购置了做醋的工具和盛醋的器皿，随着生产规模的扩大，他开始雇用工人，买车购马，将大批量上乘的好陈醋销往邻近县城，生意越做越大。

20 世纪 30 年代初，郭醋铺的生意渐具规模。这时，郭华已步入暮年，长子郭恺永与次子郭恺诚，开始接管家中的生意。长子主内，主管醋的生产、原料采购等。次子主外，主管成品醋的销售，以及扩大店面等。两个年轻人给这个作坊注入了新鲜血液，他们坚信诚信和质量是郭醋铺的灵魂，始终以上乘的质量和诚信的服务作为作坊生产发展宗旨。

当时郭醋铺所用大缸共有几百只，每一只缸 20 天左右可产陈醋 20 公斤或水醋 60 公斤。夏天的醋叫熏醋，也叫水醋；冬天的醋叫冻醋，也叫陈醋。好陈醋夏天不生蛆，没有白醭。郭醋铺的好陈醋一般要存放 5 年以上。当时万庆堂、仁和堂、瑞生祥、福和堂等药铺都用郭家的醋炮制中成药。郭家的醋好，还得益于古城墙下存放醋的冬暖夏凉的窑洞。成品醋要经过"夏天日晒夜露，冬天捞冰冻醋"，酿好密封后都存放于窑洞内，这时的醋水分越来越少，醋的浓度越来越大，存放时间越久，醋味越好。

郭醋铺装运醋的坛子很先进，呈 O 型，坛上有供搬运的单耳，口和盖儿带粗螺纹，装运时拧紧即可封口，不洒不漏。当时郭醋铺的生意已扩展到了归绥、包头、武川、后套、北平一带。

民国 27 年（1938 年），侵华日军占据托克托县后，烧杀抢掠，无恶不作。托克托经济萧条，民生凋敝。可经常有日本人从厚和市（今呼和浩特市）开着"蒙疆"车来郭醋铺，说着"叽哩哇啦"的日语，要买最好的陈醋。当时的醋和优质胡油一个价，比猪肉贵。陈醋每斤 4~5 毛钱，水醋每斤 8 分钱。

天有不测风云。1943 年，长子郭恺永英年早逝，郭家遭受了巨大的打击，加之兵荒马乱生意渐趋萧条，但还是凭"醋"支撑着这个家族一直到中华人民共和国成立之后。

1951 年春天，郭华老人在弥留之际，取出所有买卖字号和穷人家给自己打下的借据、欠条，在煤油灯下，用颤抖的手全部焚烧，而后含笑而去。

1956 年，郭醋铺加入集体所有制的县食品加工厂。

三、苏纸坊

清朝光绪初年，苏四秃弟兄几人在老乡的引荐下，从山西河曲县坪泉村纸坊沟来到张二疤窑子定居，以务农打短工糊口度日。张二疤窑子地处托克托城南端，早在乾隆年间，就有山西来的纸匠们在这里陆续建起了几座白纸作坊。苏家弟兄因有抄纸手艺，经人推荐，先后进了各家纸坊当了抄纸工。经数年勤俭劳作，买下了新阁外泉子沟口的张秃子纸坊。其时正是托克托各业经济兴盛之时，苏纸坊在一家人齐心协力刻苦勤奋的经营下，一度成为托克托颇有声望的较大纸坊。

苏四秃有 3 个儿子。长子苏满家喜、次子苏喜全、三子苏老虎皆继承祖业，同为苏纸坊的顶梁柱。

苏纸坊一直维持到中华人民共和国成立后。1956 年，苏纸坊与杨纸坊合并，占用原张纸坊院，按照国家改造小手工业的相关政策，成立了托克托县合作纸业社。

四、福荣堂木匠铺

福荣堂木匠铺由托克托城康家所创立。

康家祖籍陕西神木县康家山村（今属贺家川镇）。清道光四年（1824 年），因灾年交不起红粮（农业税），康洪浩弟兄 4 人被迫"走西口"来到托克托城。落脚后，在东胜卫古城西墙外王墓坡下自打两座土窑存身。其处还有神木老乡申姓、屈姓两家聚居，因此，他们的住处便被托克托城人称为"陕西窑子"或"陕西圪旦"。

康家弟兄在"陕西窑子"安家后，便以租种土地和打短工维持生活。

民国 6 年（1917 年），康洪浩的孙子康金钟租赁了文庙巷金石头的院子创办"福荣堂"木匠铺，出售棺材、箱柜及日用木器家具。康金钟懂经营善管理，木匠铺生意颇可。为拓展业务，康金钟又在东阁儿王忠坡下购买了王家和任家的两处院子十几间房，重新修建，临街盖了 5 间栏柜，既有门市，又有库房、居室，统称"东院"。民国 9 年（1920 年），康金钟举家迁居"东院"。

民国16~18 年（1927~1929 年），绥西地区连年荒旱，托克托县地区灾情尤重。许多人家饥寒交迫，卖儿卖女。其时的福荣堂柜有存钱，仓有余粮。当时，有不少农民从福荣堂购买棺材拉到武川等后山地区换粮食。如无现钱买棺材，就以自家土地折价偿还。福荣堂在此大灾之年不仅生意赢利，而且还在古城墙南门西侧（今云中酒业公司院内）买了房院，在城郊南窑子、以肯板升等村置了百余亩地。民国19 年（1930 年），福荣堂的东、西两院装修一新，将临街栏柜扩建为12 间大的门脸，砖石台阶，朱漆明柱，中有通衢大门，飞檐翘角，气势壮阔。

康金钟子女众多。次子康明德，人称"二黄毛"，13 岁就随父亲学习木匠手艺。他对木匠工艺深专细研，精益求精，是名闻城乡的"细木匠"。他雕刻的门窗、屏风、家具等图案，灵巧精致，如画如塑，令人叹为观止。他打的虎头扇车，形、音、风三者俱佳，为业内一绝。他的三弟康俊德，四弟康富德，五弟康有德，都是福荣堂里独当一面的木工师傅。

民国初期，是福荣堂的兴盛之时。东院辟有三间大作坊，康家弟兄及徒工外，还雇有三四个木工师傅。作坊里，常年有十四五人辛勤劳作。其产品以棺材为主，同时制作马车上棚、二饼车、打鱼划子（小船）、扇车、躺柜、各式镜框等。产品不仅畅销本县城乡，还远销到邻县及后山、后套。经营木业的同时兼营农业和农产品加工。掌柜出门、迎客来往有花轱辘轿车。在本街有房产六处，还在归化城、凉城购置了院落。仓库内常年储粮二百余石，胡油两千多斤，还存有大量木材、焦炭、盐碱等。

康金钟作为福荣堂的总掌柜，将这个家族作坊管理得兢兢业业，有条有理。他善于用人，能够根据各人技能特长量才使用。5 个儿子，次子能说会道，兼管"上街"，对外联络业务。三子勤劳本分，负责农业管理。四子、五子都是精通木匠行的"全手匠人"，弟兄两人协同管理木匠铺的作业生产。六子刚从学校毕业回来，曾在托克托县政府当职员，就让其管理财会账目。对雇用的木匠师傅，也都根据其技艺专长，分配工种，既充分发挥了匠人的潜能，又提升了产品的质量和信誉。

康金钟坚持勤俭持家，对家人管教甚严。福荣堂一年只在春节期间放 5 天假。康家人男女老少早起晚睡，各自做好自己所承担的职责。每天晚饭后，儿子们和分管某项业务的"头儿"们，都需向总掌柜汇报当日的作业情况，存在的问题，总掌柜汇总意见后对业务工作进行安排。

康金钟乐善好施，社会口碑甚好。托克托一年一度的元宵节社火活动，福荣堂是积极的布施赞助者。昔日东阁儿的高跷，是福荣堂主要出资创办的。托克托名胜景观之一的东阁儿年久失修，福荣堂出资重新装修彩绘，补塑了天齐、文昌圣像。1939 年 3 月的一天傍晚，侵占托克托城的日军将全城男女老幼强迫集中在东阁儿后沟和附近的几个大院，日伪军包围了人群，屋顶上架设了机枪，扬言要集体屠杀。几百人在日伪军的枪口下，又饿又冷。当时，福荣堂的东西两院都挤满了人。康金钟无视日本鬼子的淫威，让家人用作坊的大锅分几次给乡亲们煮饭吃。直到第二天，在人们的群起反抗下，懂日语的伪县长多方协调，人们才被释放回家。

福荣堂的木匠徒工，都是贫苦家庭的子弟。在"管饭没工钱"的学徒期间，福荣堂对家庭生活特殊困难的徒工，都给予照顾资助。徒工郭六为被国民党抓了壮丁，在战场上负伤，回来后落下残疾，康金钟为其娶妻成家。福荣堂先后招收的徒工数十人，有十几人成为中华人民共和国成立后组建的木业社正式职工。

第五章 城镇布局

第一节 城 垣

一、清朝前城垣建筑布局

从史料记载和境内出土文物可知，托克托城的城镇建筑可追溯到唐朝时期。

唐中宗景龙二年（708 年），朔方道大总管张仁愿在今托克托城境内修建东受降城。东受降城城址已毁无存，建筑规模不得而知。辽朝所建的东胜州就是在东受降城的城址基础上重新修建的。

东胜州故城遗址位于托克托旧城北街东北角的山梁前沿、明朝东胜卫故城内西北隅。因城址屡次兴废，当地民间传称为"大荒城"。

东胜州始建于辽神册元年（916 年）。故城为夯筑土墙，迄今遗址四墙耸立，界限分明。东墙长 630 米，残存最高处 7 米；北墙长 500 米，残存高处约 8 米；西墙长 629 米，残存高处约 8 米；南墙长 470 米，残存高处约 5 米。

金灭辽后，沿用辽制，东胜州仍是金朝的边境重镇，并在州城东侧筑子城，即今"小荒城"。小荒城现存北、东、南三面残墙。

元灭金后，东胜州仍被沿用，成为中原地区通往漠北、西域的交通枢纽和货物中转贸易的重要驿站。

明洪武二十五年（1392 年），统治者在东胜州城外围新建了卫城，即今被托克托城人称为"城圐圙"的东胜卫城。东胜州就此逐年荒废。

新建的东胜卫城，城垣四围迄今保存基本完好。城墙南北长 2410 米，东西宽 1930 米，周长 8.6 千米，墙基宽 14 米，顶宽 6.5 米，残高 9～12 米。四墙中间均建有城门。其西墙外即大黑河，南墙外为险峻高岗，皆可为防守屏障，故西门、南门都为单护门城门。东门、北门外为开阔平原，不利防守，故东、北城门均为双重护门，俗称瓮城。南、东、北墙下掘有护城河，原引白渠水（今宝贝河）注入护城河。

卫城东门内向北约 400 米处有一高土台，民间传为"点将台"，是卫城的附属建筑。土台底长 17 米，宽 15 米，高 3 米，夯筑，历经数百年风雨侵蚀，"点将台"迄今巍然矗立。卫城南墙下原有开阔空地数十亩，民间传为明时"练兵场"，与"点将台"同是其时的军事设施。

二、清朝、民国时城垣建筑布局

明末，东胜卫城逐年荒废，因民间一直有"废城不住"的习俗，城内居民渐渐从卫城里移居西、南城墙外（今托克托旧城处）。清中叶，托克托渐成城镇规模。约清乾隆年间，于城北、南、东、西四方中间处修筑了北阁、南阁（观音阁）、东阁、西阁，又在城东南梁底泉子沟西修建了新阁。清末民初，城镇面积约 6 平方千米。

20 世纪初的托克托县城一角

阁楼是建筑在主街道路口的门楼，五座阁造型风格基本相似，皆为青砖砌墙，筑为拱形门洞，供车马行人进出。门洞顶上，建耸脊重檐、砖墙瓦顶阁楼。阁楼为砖木结构，中间以木制隔扇分为前后两间，内供雕塑图像。前后有门连接台阶式楼道。

北阁位于定丰街北端，西接黑河大堤，东距梁头约百米。北阁是从城北进入大街的必经通衢，也是托克托城通往归化的门户，城门由 5 寸厚松木板制成。阁楼北间祀北岳帝君，南间供真武塑像。阁楼西侧是一座院落，院正面有守护阁楼人的住屋 4 间，东墙下小门内有 36 级石阶梯道供游人上下出入阁楼。

南阁坐落于定丰街南端，城隍庙西侧，阁院与城隍庙一墙之隔。院内有正屋数间。院南墙西侧为上下阁楼的台阶。阁楼南间

托克托县的北阁下

著名画家沈逸千 1936 年在托克托城写生画

供祀三官（天官、地官、水官），北间供观音塑像，坐南面北，故民间称南阁为观音阁。观音菩萨塑像上方、屋顶下用木料支撑起一座悬空泥塑大山。泥塑大山描绘的景象是：崇山峻岭，密林幽泉。唐僧师徒四人在悬崖峭壁间跋涉前行。枯木掩隐的山洞中有面目狰狞恐怖的妖魔鬼怪，祥云缥缈的寺观里有神态安谧慈善的罗汉高僧。出南阁是通往河口镇的大道。

东阁又名天齐庙，位于横穿城中部的东西大道饮马巷（也称德和永巷）东端，出阁洞便是东阁壕。东阁壕是从托克托城上东梁的通道，即今东胜大街西街。阁洞东口的门楣上镶嵌一块砖雕匾额，镌刻着楷书"旸谷"二字。阁

洞北侧有一小门，入门有台阶通上阁楼。阁楼东间供天齐王塑像，即东岳泰山的山神。西间供文昌帝君。

西阁位于饮马巷西口北侧的城西黑河大堤东侧。阁洞西口迎河。阁楼西间塑"水母娘娘"，端坐于瓮型莲台之上。东间塑赤发青面魁星"独占鳌头"，一手执笔，一手捧斗。

新阁位于城东南泉子沟西口，南北向。新阁修筑于北、南、东、西四阁之后，是新辟后街至东梁一溜湾通道而建，故称新阁。阁南路西建一小院，进小院入阁墙开的小门，拾阶而上可登阁楼。阁楼南间供吕洞宾，北间供魁星。新阁是由东南进入大街的主要通道。

据《绥远通志稿》记载："（托克托）县治向无城池。民国十一年夏，匪股窜入扰害后，始议筑城。是年秋，由驻军警备分司令王世林督工监修，由当地民户分担发掘土方工作，空阔处创筑新墙，有民房处增高补阙，接连成围。周七里余，高九尺，底宽五尺，顶宽二尺，四面就原有高阁门洞为门。时因筹款维难，工程因陋就简。（民国）二十年春，由建设局加工补行修筑，并于南门、东门外，均加筑砖洞门一，四围开水道八。又于东梁添挖城壕长一百二十丈，宽一丈，深八尺，共支绥票一千一百余元。此外重要建置，与城防相连带，系全城之安全，作一方之保障者，为城东之炮台，城西之河坝。县城东梁上有南北两炮台。北台经民国十一年驻军警备分司令王世林督工修筑，高三丈，底宽纵三丈四尺，横三丈，顶纵二丈，横一丈八尺。按各村区大小抽派人工，发挖土方，两月余告成。上有守望室一间，下小院，内房四间，院门有额，文曰'保障'。南台系建设局长杜永一于（民国）十九年冬承修，高三丈二尺，底宽纵三丈二尺，横三丈，顶纵横各一丈九尺，两月余工成。上建守望室一间，下小院，内房四间。院门额文'捍蔽'。此两台对城防关系非常重要，历经大股土匪攻城数次，赖有此台居高临下，从事轰击防卫，匪均不得逞云。县城地势居下，西临黑河、黄河，黑河尤逼近城垣。自昔筑坝，以防水患。每遇河水暴涨，全城安危皆赖此长坝，以遏洪流。清光绪三十年，河水决口，托城、河口镇被灾甚巨。（光绪）三十一年，将坝顶展筑加宽，自后水患稍纾，岁修勿替。坝长约十里，自县城北阁外起，沿黑河之岸，渐折而南，经河口镇至东南皮条沟止，作弓形，高丈余，宽约五丈，纯用土筑。并于城之南阁外及河口镇之北龙王庙外，东西各筑横坝一道，均西连大坝，东抵沙梁。北横坝长约一里，南横坝长约三里，所以预防决口泛滥之害。民国十八年，淫雨河涨，大坝决口，水逼两横坝，而县镇两处，赖有横坝保障南北，始未至酿成巨灾。故修坝防河，为县政一要务焉。"[1]

引文中所记河口、托克托城"城西之河坝"，当地人们历来都称为"顺水坝"。此坝北起托克托城北阁外，曲折南行，绕经河口西，迄皮条沟村之东梁而止，长10里，高丈余，宽3丈，中点立石碑一座，为托克托城与河口之分界处。创修年月，今不可考。清光绪十三年（1887年），通判恩承用斗捐款修筑一次。清光绪三十年（1904年），通判孙多煌禀请从赈款项下拨银二万两，因故未能动工修筑。其后魏銎接任时才开工，大加修治。沿堤植柳千余株。民国二年（1913年）又加筑河堤。

关于托克托城、河口顺水坝即黑河大堤的始筑年代，托克托县民间有如此传说：康熙年间，清政府拨款，由河口薛家承包，用二饼牛车拉土，32人打夯，一年仅打2尺高。10多里的长堤，历时2年多才告竣。此事未见史料记载，难辨真伪。

这条黑河顺水坝，不仅为托克托城、河口二镇带来河运之利、水患之御，而且是两镇西边的防护屏障，势若天然城垣。二镇历来以河为城镇之西"墙"。

关于孙多煌与魏銎请款修堤一事，托克托民间至今口碑相传。

---

[1] 绥远通志馆编纂：《绥远通志稿·城市》第二册，内蒙古人民出版社，2007，第436页、第437页。

第二节　街　巷

一、街道

托克托城街道南北狭长，东高西低。东岗脚底昔年的窑洞，至今依稀可见。缓坡上的民居依地势呈阶梯状层层向西倾斜，融入前后两条主街。

主街道东西两条纵向并列。西为定丰街，亦叫前街，统称大街，南起南阁，北至北阁，长2000余米，宽5~7米，是县城的主要街道，1953年更名为解放大街。前街出北阁向北延伸到城北端三官庙前，民间习惯称这段街为北阁外，长1000多米，宽5米，1964年更名为新胜大街。从北阁向南约400米处，路东为财神庙，路西是大戏台，民间习惯称此段大街为财神庙街。由此往南，还有一座老爷庙（关帝庙），这段街道称老爷庙街。定丰街中段，原有一座过街牌楼，俗称"定丰牌楼"。牌楼为四柱三门式木结构建筑。牌楼以红漆圆柱分隔为3座敞口大门，中门宽敞为车马通行，两侧2门稍窄稍低为上、下人行道。中门上方有木雕彩绘字匾。

清朝时，托克托城百姓对历任厅署长官在任政绩都予评定，如果是清官明吏卸任离职后，就在牌楼顶上悬挂的鸟笼里置"官帽"一顶，以示敬仰；如果是贪官污吏，就在笼里放一只旧靴，以示肮脏。另说，民间品行端庄的人，平时可从牌楼的中间大门进出，如果是劣迹斑斑之人，任何时候都不许从大门出入，若此人胆敢走大门，凡是目击者皆可监督，责令其走侧门。

另一条主街道为后街，与前街并列，南起新阁，北至东阁，长1000多米，宽7~8米，1953年更名为和平大街。此街南端原有一条便道，从新阁向南延伸到双墙村，长200米，宽约9米。中华人民共和国成立后，便道两边居民逐年增多；1964年，该便道命名为绿化大街。一条东西大道从东阁经东阁壕向东缓升上高岗，与东胜卫故城南城墙间隔数十米平行而东，清朝时统称东门外，1974年命名为东门大街。此街今已扩建为托克托新城区主街之一——东胜大街。

二、巷道

托克托旧城的巷道，除寿阳巷、西饮马巷、真武庙巷等几条南北巷外，其余40多条巷道均为东西巷，长短不等从东梁底向西延伸横列于前街、后街两侧，巷道将城区切割为一块块规格不一的"井"字型建筑群。

巷道从南至北分别是：

吴家巷：东起东梁，西至绿化大街，长50米，宽3米，1953年命名为民生巷。

新政巷：东起东梁，西至绿化大街，长70米，宽4米，原无名，1953年始命名。

纸坊巷：东起绿化大街，西至南滩，长60米，宽3米。

新阁前巷：东起新阁，西至南滩，长110米，宽4米。

新阁后巷：东起后街，西至南滩，长120米，宽4米。

永兴巷：东起绿化大街，西至南滩，长95米，宽4米，原无名，1953年始命名。

泉子沟：东起东梁，西至后街，长250米，宽5米。

霍家巷：东起后街，西至前街南稍头，长120米，宽4米，1953年更名为永明巷。

周家巷：东起后街，西至城隍庙，长80米，宽5米，1953年更名为光明巷。

陈家巷：东起东梁，西至后街，长140米，宽4米，1953年更名为民众巷。

车家巷：东起东梁，西至后街，长200米，宽3米，1953年更名为新胜巷。

大陈巷：东起东梁，西至后街，长210米，宽3米，1953年更名为大众巷。

营房：东起东梁，西至后街，长 150 米，宽 4 米，1953 年更名为胜利一巷。

营房：东起东梁，西至南街小学东墙，长 160 米，宽 3 米，1953 年更名为胜利二巷。

营房：东起东梁，西至后街，长 170 米，宽 3 米，1953 年更名为胜利三巷。

大裕隆巷：东起东梁，西至后街，长 200 米，宽 3 米，1953 年更名为裕民巷。

礼拜寺巷：东起东梁，西至后街，长 117 米，宽 5 米。

洋人巷：东起后街，西至前街，与礼拜寺巷斜对，因巷北有耶稣教堂，故取此名。

寿阳巷：南起西园王家圪旦，北至兴和巷，长 120 米，宽 5 米，1953 年改为新民巷。

衙门口巷：东起后街，西至前街，长 150 米，宽 5 米，1953 年更名为和平巷。

福林个儿巷：东起东梁，西至后街，长 120 米，宽 5 米，1953 年更名为新乐巷。

史家巷：东起东梁，西至后街，长 110 米，宽 5 米。

赵摆燕儿巷：东起东梁，西至后街，长 120 米，宽 5 米。

后沟：东起东梁，西至后街，长 300 米，宽 5 米。

文庙巷：东起后街，西至前街，长 300 米，宽 5 米，1953 年更名为新文巷。

东饮马巷：东起后街，西至前街，长 200 米，宽 3 米，1953 年更名为文化巷。

西饮马巷：南起寿阳巷，北至前街，长 400 米，宽 3 米，1953 年更名为兴和巷。

真武庙巷：南起后街北端，北交顺城巷东端，长 500 米，宽 5 米，1953 年更名为永胜巷。

王忠坡：南起后街，北至二道巷，长 121 米，宽 3 米，1953 年更名为胜利坡。

二道巷：东起东梁，西至前街，长 182 米，宽 3 米。

三道巷：东起东梁，西至前街，长 100 米，宽 3 米。

小店巷：东起东梁，西至前街，长 100 米，宽 3 米，1953 年更名为新义巷。

顺城巷：该巷为东南、西北走向，东南与真武庙壕北端相接，西北与财神庙巷相接，长 25 米，宽 3 米，1953 年更名为顺城巷。

财神庙巷：东起东梁，西至前街，长 120 米，宽 3 米，1953 年更名为解放一巷。

财神庙前巷：东起东梁，西至前街，长 90 米，宽 33 米，1953 年更名为解放二巷。

官井巷：东起东梁，西至前街，长 200 米，宽 3 米。

官井后巷：东起东梁，西至前街，长 99 米，宽 3 米。

天福当巷：东起东梁，西至前街，长 95 米，宽 3 米，1953 年更名为团结巷。

毡房巷，亦称吕家巷：东起东梁，西至新胜大街，长 110 米，宽 3 米，1964 年更名为新农一巷。

卜玉金巷：东起东梁，西至新胜大街，长 105 米，宽 3 米，1964 年更名为新农二巷。

乔家巷：东起东梁，西至新胜大街，长 90 米，宽 3 米，1964 年更名为新农三巷。

王霸巷：东起东梁，西至新胜大街，长 110 米，宽 3 米，1964 年更名为新农四巷。

福兴巷：东起东梁，西至新胜大街，长 105 米，宽 3 米，1964 年更名为新农五巷。

任家巷：东起东梁，西至新胜大街，长 125 米，宽 3 米，1964 年更名为新农六巷。

王家巷：东起东梁，西至新胜大街，长 110 米，宽 3 米，1964 年更名为新农七巷。

五道庙巷：东起东梁，西至新胜大街北端，长 70 米，宽 3 米，1964 年更名为新农八巷。[1]

托克托城昔日的街道巷道皆为土路。民国 14 年（1925 年），国民革命军驻防时曾修筑一次。民国 20 年（1931 年），晋军驻防时，又将街道整修一次。

三、巷道命名习俗

寿阳巷：这是山西寿阳县的移民聚居之处，以原籍县命名，以示纪念，同时也有着明显的凝聚乡情的寓意。寿阳巷这一巷名，不仅记录着清王朝的农田放垦、土默川由牧到农的产业嬗变，持续 200 多年的"走西口"历史风潮的印记，而且，这里还是托克托社火文化的发源地之一。托克托县的皇杠、为皇杠表演伴奏的"寿阳鼓"以及皇杠表演的社日——五月十三日关帝庙会，就是寿阳巷的人们把原籍的社火文化带到新居托克托，并在这里生根发芽，开花结果（详见"民间社火"）。

陈家巷、霍家巷、周家巷、任家巷、王家巷：这是以聚居巷内的主要住户的姓氏命名的。其实，这类以"原占"姓氏（或姓名）命名的街巷与上列"寿阳巷"的命名缘由相同，只不过是以不同的方式命名而已。这类以族姓命名的街巷，都经历了由"单一家族"聚居到"亲族联合体"再到"杂姓聚居"的发展过程。这种发展过程，就是托克托城镇居民人口发展变迁的历史过程的缩影。

---

[1] 巷道数据源于俞义主编《托克托地名志》，1984 年 12 月版，内部发行。

天福当巷、大裕隆巷：这是以巷内较大的商号、店铺命名。这类命名的巷子还有大陈巷、车家巷、毡匠巷、福兴（皮坊）巷、小店巷等。这些巷名，可向人们提示托克托城其时的某些商贸信息。其中的小店巷，也叫太平巷。该巷从东梁底延伸到黑河岸畔，清朝时，河曲、偏关、保德等山西河路汉在巷东的梁坡上打窑栖身，到秋末冬初河运"收水"后，回老家过冬，第二年河开再来。一些丧身河里侥幸捞得尸体的船工，就在小店巷东的梁坡上掏窑暂厝，等收水时将遗体运回老家埋葬。以此，巷名曾叫太平巷。

文庙巷：文庙建于关帝庙东，以"文左武右"规制布局。文庙内供奉"大成至圣先师"孔子、亚圣孟子、宗圣曾子、述圣子思等木雕牌位。清朝、民国初，文庙依例每年春、秋两祭，由县知事（县长）亲自主持，城里各机关吏员、学校师生、社会名流等都衣冠整洁地踊跃参加，祭祀场面隆重、热烈、庄严、肃穆。平时，这里香火缭绕，祭拜者络绎不绝。文庙也是托克托城办学的校舍。日本军侵占托克托县后，不仅把气势恢宏的文庙先改为草料库，继而彻底毁坏，而且在庙基处建起了存放日军阵亡士兵牌位的"靖国神社"。

以庙宇所在命名的巷道还有财神庙巷、真武庙巷、五道庙巷、清真寺巷等。清真寺巷也是托克托城回族聚居的地方。

洋人巷：以巷西口有美国教会所建耶稣教堂而命名。清光绪二十六年（1900 年），震动绥远地区的托克托县义和团神兵，就是在这里点燃了焚烧洋教堂的第一把火。也就在这里，神兵首领"齐天大圣"姜小红为反帝爱国斗争抛头洒血。民国 3 年（1914 年），用"庚子赔款"，由瑞典教会国内协同会主持，又新建了耶稣教堂。

第三节　城镇建筑风格

一、凤凰单展翅

托克托旧城西临黑河，东依高岗，民居店铺坐落于河水与岗梁夹护之中，整个城镇形成南北狭长的街道布局。在后街东阁儿偏南处的东梁底，一条东西走向的深沟延伸到岗梁深处。一条小溪越沟而出，流入后街，顺着街畔的水道输入城西的黑河。溪水两侧住着数十户人家，因沟命名为后沟。从整个城镇的形态看，后沟是向东凸出的一角。以此，人们世世代代把托克托旧城的地势形态，喻为"凤凰单展翅"，并赋予有趣的神话传说。

传说古时候，大青山的九峰山上有一只凤凰，在山上住腻了，想换个环境，就从山上向南飞到黄河畔，在今托克托城旧城处的山岗上栖息而卧。其时，岗峦起伏，古木森森，清泉潺潺，芳草茵茵。山下，水光潋滟，鱼跃鸭翔。凤凰就选中了这处风水宝地住了下来。500年后，凤凰涅槃。它头南尾北，左翅向东伸展，形成了现在的后沟。再后来，这里有了人家，渐渐形成了村落城镇。

二、前店后宅、前店后坊

托克托城的较大商铺多分布在定丰街和后街两条主街道两侧及东阁儿一带。其共同建筑结构都为"前店后宅"式或"前店后坊"式。布匹丝绸、日用杂货等商行店铺建筑多为"前店后宅"，即前为临街门脸店铺，后为居室。六陈行、山货铺及各种加工业均为"前店后坊"式，即前为临街门市，后为加工作坊。

临街门市，俗称栏柜，并排栏柜或三五间或七八间不等。栏柜都是平房。屋墙多是"里软外硬"，即墙体里层是土坯，外层是青砖包皮，俗称"井八斗"。屋脊分前后两坡，进深7~8米。栏柜前多为出厦，朱红明柱，插飞重檐。明柱为径尺松圆木，外用白麻浸胶密缠，再用桐油漆平，红漆罩面，既美观，又耐风雨侵蚀。为了防潮防腐，柱脚下垫有柱础。柱础被加工成为各种艺术形象，从简单的线脚、莲花瓣到复杂的各种鼓形、兽形，由单层的雕饰到多层的重雕，式样千变万化，柱础成了工匠表现技艺的场所，也是房主人显势夸富的所在。房基高出地表3~4尺，青砖台阶，青石条压边。出厦与柜台间隔数尺，夜间有门板封闭。柜台3尺多高，全木结构。柜台后是货架，货架所陈列的多是样品，顾客看对货，买卖成交，就由学徒店员从库房取货。栏柜的一侧设柜房。柜台前的空间里放着春凳，供顾客暂憩。春凳的数量和大小也有讲究：一间栏柜的小门市，只放一个又窄又短的小凳；三间门市者放一条春凳；五间门市者放两条春凳。栏柜的屋檐下往往吊几个竹编鸟笼，既增门市生气情趣，又可吸引招徕顾客。

规模较小的门市多在栏柜后墙开小门进出内院，有的从栏柜外侧另辟院门，供家人等出入。

较大的栏柜（门市）中间，是通街大门，供车马、行人出入。门洞与栏柜为整体结构，左右两边以砖墙与栏柜相隔。

古代院落的门有罗门、大门之分。罗门低、窄，有的一扇，有的两扇。大门均为两扇，比罗门既高且阔，所用木板的质地、宽、厚度，门的样式、高、阔度，明显地反映着院落主人的经济状况和社会地位。

从大门进入院内，是宽敞整齐的四合院。这是一个外院，或叫前院。一溜正（北）房，砖石高台阶，中间是柜房。柜房多是一进两开，由通体木结构镂雕双隔扇辟为三间屋。中为客厅，正面摆一张琴桌，琴桌三尺见方，四尺多高，四面的装板上雕刻着二龙戏珠、如意灵芝、岁寒三友、龙凤呈祥、凤凰牡丹、琴棋书画等图案。左右两把太师椅，旁配茶柜。琴桌后是上顶仰层，下立地面，高约六尺多的木雕佛龛，佛龛内悬挂关公画像。关公右手持长髯，左手持《春秋》，凝眉静目，不怒而威。关平、周仓伺立两旁。也有人家供奉福、禄、寿"三星图"。佛龛前的供台上，铜蜡台钎上红烛高耸，方斗香炉内香烟袅袅。佛龛两边是竖柜，柜橱里陈列着瓷器古玩，还有账簿、天平等。墙角有被称为"洋箱"的钱柜。

客厅是大掌柜接待宾客的地方，也是字号里议定重大事宜的会议室。待客有名贵的茶叶、精致的茶具。需要以酒招待时，有特备的陈年窖酒。这种专待贵客的醇酒，平时储存于酒坛，木制坛盖上用白麻纸密封，以防酒香挥发。

客厅左右隔扇各有一小门进入两侧室，一间是大掌柜的办公室，一间是其卧室。

柜房两侧均是卧室，有二或三掌柜及先生的卧室，有站柜台的、上街的、站院的、跑外的等有股份有地位的伙计的卧室，还有专为客商食宿的客房。这些卧室，根据住宿者的不同身份，室内用具、装饰也有明显差别。有的字号在前院建有凉亭，是掌柜们夏日乘凉、中秋赏月的地方。

前院的南房、西房是库房、厨房。西墙上有"二大门"通里院，或叫后院。后院里是加工作坊和货仓，有六陈行的碾、磨、油、粉、缸坊，山货铺的土特产加工作坊等。

大字号都自养着一定数量的运输马车，还有供掌柜、先生们出门乘坐的轿车。华丽舒适的轿车也是迎来送往的唯一交通工具。轿车有专职的车倌儿，专用的走骡，因此又有车棚、畜圈、草料房，有车倌儿饲养员们的住房。

掌柜们的家属院有的挨前院另辟一处封闭式的内院，有的则在别处择地单建。

托克托城的富商士绅，居室装饰颇为讲究。特别是在门窗、家具、隔扇等木制品的雕刻工艺上更是分外注重，因为这些部位都是"眼面前"的直观景物，也是显示房主人资产、地位及审美品位的直观具象。

古建筑的窗在没有玻璃的时候，多用纸糊以遮挡风雨，因此需要较密集的窗格。对这种窗格加以美化就出现了千姿百态的窗格花纹。根据窗格花纹结构、装饰形式特点分为粗门窗、细门窗、二细门窗。粗门窗中间的"大晃窗"由正方形小窗格组成，分为上下两扇。耳窗形制简单，俗称"腰三慢二"。二细门窗间于粗、细之间，不动刀工，均为"叉罗架"，即窗棂由木条横竖交叉组成各种图案。细门窗精雕细刻，雕刻手法以透空单面雕为主，兼有浮雕、圆雕、阴雕、彩木镶嵌雕等刀法。

各类手工匠人来自四面八方，尤以晋陕者为多。所以，当地的建筑装饰也自然而然具有了晋陕地区的建筑风格。即如托克托城乃至托克托县地区的居室装饰、木雕题材，无不体现和传承着内地传统的建筑特色。在建筑及其他用具的雕刻绘画上，可以找出许多经常使用、经久不变的装饰题材内容。动物中的龙虎凤龟神兽和狮子、麒麟、鹿、鹤、鱼、鸡、鸳鸯、蝙蝠等，植物中的松、柏、桃、竹、梅、菊、兰、荷花、牡丹等都是装饰中常见之物，此外，还有文字装饰和大量的几何纹样。所有这些题材被用作装饰，不仅在于它们的外在形象具有一定的形式美，而且还在于它们能够表达出一定的思想内涵、文化寓意。这些特征都是我国各族各地人们的共同喜好和乐于接受的。

托克托城门窗、家具、居室隔扇等木雕工艺的装饰表现手法丰富多彩，诸如岁寒三友、丹凤朝阳、鹿鹤同春、喜鹊登枝、犀牛望月、云里卧兔、鱼儿钻莲、二龙戏珠、功名富贵、五福临门、福寿延年、岁岁平安、连年有余、明暗八洞、鲤鱼跃龙门、凤凰戏牡丹、水鸭子卧莲、老鼠盗葡萄、庄户人扛犁、鹿鹤松、杨柳燕、松竹梅、兰竹菊等不胜枚举。

居室的结构不尽相同。有的里外套间，有的一进两开，有的独立成间。一排居室，中间为主房，间架较大，是家族长辈的住房；两旁配房间架略小于主房，为小辈居室。大户人家的居室往往是前后两进乃至三进院落。前院为长辈住处，后院是儿孙辈以长次分房居住。

主房室内的布置庄重而不华丽。粉土刷墙，白纸仰层，青砖铺地。地下正面为红银朱躺柜（或供桌）、八仙桌、太师椅，侧面为竖柜、春凳。墙上挂中堂，柜上摆青花瓷瓶，描金梳匣。炕上二五或三五地毯，放一张油漆炕桌。春凳是一个凳面宽约 1 尺多，长约 6 尺的条凳，是当时仕宦商家居室必备的家具，用途相当于现在的沙发。

以上说的是托克托城较大商家、较富人家的庭院居室。

三、土窑

托克托城东梁是由沙砾组成的坚实土层，且岗峦起伏，沟壑纵横，临河面水，背风向阳，非常适宜打窑居住。当年，"走西口"来托克托谋生的晋陕农民以及贫困的手工匠人，有许多人家就是先在东梁坡上打窑栖身，慢慢才走出窑洞，住进了土木结构的平房。有的人家到中华人民共和国建立初期，还住在

"冬暖夏凉"的窑洞里。

当地窑房为单间组合。大窑每间高、长、宽均为1.1丈。其组合形式有两种类型。一种是里外两间一套,俗称"堂前里外"。窑口安门窗,内有门洞相通;另一种是三间一套。中间一间,左右开"过道"分通两室。内室有窗无门,称"一进两开"。

窑房的炕多为"倒炕",北墙下盘炕或临窗盘炕。

打窑最难掏的是烟囱。烟囱出口必须超出窑所在的的梁头顶,下通炕灶,呈垂直圆筒状,直径约尺余,一般高度都在3丈之外。烟囱只能从下部向上捅,其方法是:先在一根扁担上纵长绑一根木质坚韧的短棍,长3~4尺,上端安装一锋利的犁铧,此为"箭子";在一张板凳上或木墩上横放一块长短薄厚适应的木板,称为"撬板"。将箭子绑扎于撬板一端,便制成了捅烟囱的工具。作业时,撬板两端各有一人操作:一人负责支撑箭子,保持箭子的直立方向和捅戳范围;另一人利用"杠杆原理"一次次使劲撬动木板,使箭头的犁铧捅戳土层。随着烟囱高度的延伸续接箭子。两箭的衔接部位为榫卯结构,使两箭头紧合,外围还用白麻紧扎,麻头用小钉钉牢,以防松脱。窑房壁层深厚,冬不冻,夏不晒,故被称为"冬暖夏凉神仙洞"。

四、土房

托克托城的各条巷道里,居住着为数众多的农民、手工匠人和无业平民。这些普通百姓的居室多为泥抹坯砌墙壁,松、杆、杨、柳木作椽檩的土平房。这类土房高不过9尺,入深不足1.5丈。"装担(梁)"大房宽1.3~1.5丈,窗户为大窗配两耳小窗;单间大者宽1.2丈,小者8尺左右,窗户为一门一窗。老式的大窗户上下两扇,各32眼窗格。上扇夏天可向上开启。民歌"三十二眼窗窗朝南开,眼端端瞭哥哥多会儿来"就是指这种窗户。

进入现代,下扇窗户有的装2~4眼玻璃。上扇窗户的造型图案渐趋讲究。

当地人特别注重"门头窗"的装饰式样。木工也往往在门头窗的结构、雕刻上格外用心,作为展现技艺的"平台"。常见的造型有"盘肠儿""卍字"

"灯笼尖儿""碧纱珠"等。

土房均为"连灶炕",即炉灶与炕连为一体,中无间隔。炕根据家的空间大小和使用需要,有"顺山""倒炕""棋盘炕"等不同形式。

昔日,平房居室装饰相当简陋。墙壁用蒲棒儿的绒毛与土和成细泥罩面,再用白泥或粉土涂刷(其时,托克托城的东梁底就有白泥层,有人靠掏白泥出卖谋生)。多数人家的炕围为"二道眉腰墙":通体一色,中无图案,仅在边角画些简单的几何图形或"蝉儿""蝠儿"等图案,再以桐油罩面。

室内陈设简单,在地上北墙下摆一顶红躺柜,柜上摆一幅中堂,便是家境可以的"好人家"了。赤贫人家,其居室"一门一窗,地下安个水缸。土炕无席,人起炕光"。

托克托城民居以"四合院"为主。或一家族几代人同居一院,或几家杂姓同租一院。

在托克托城,有祖辈靠出租住房生活的"房东家",也有祖辈租房居住的"窜房檐头"人家。

五、厅县府衙格局

托克托厅(县)政府衙署在县城中街,新筑城围之中心,面积宽47步(80米左右),长52步(约90米),始建于清雍正、乾隆之际。光绪二十四年(1898年),同知任秉权大加修建一次。民国初元,改厅为县,历任间有修理,为临时补缀。

县衙坐北迎南,衙门口建在巷道北侧。门南隔巷道的一片空地上,迎衙门建有一座高大的影壁。影壁取"辟邪"之意,也是县衙权势的象征。凡到县衙办事者,其所乘之车、马务必停于影壁之南的空地处。进县衙大门,迎面有大堂三间,大堂也叫公堂、法堂,是县长(知事)升堂议事的办公处,其建筑规格之高为全城之最。两旁正房为科长及秘书办公室,东西房为看守所及法警夫役室。二堂正房为县长(知事)日常办公室兼会议室,东厢房为建设局,西厢房为抵产局。后院东正房为县长休息处,西正房为各科办公室。西通小院花园为承审处，西南院为县监旧地。东院为土地祠，右东院为公安局。

清末民初，厅（县）衙大堂曾悬挂一副精致木刻牌匾，上书"恩民遐迩"四个金色大字。此匾记录了一个清官的事迹。

光绪二十年（1894年），托克托厅通判名樊恩庆，字筱亭，是河南密县监生。

樊恩庆为人诚朴，不饰边幅，蔬食布衣，为政廉简。在任期间，如果百姓有诉讼案件，就当庭评判结案，使其满意而去。守托数年如一日，劝民捐贮籴谷以备荒年。他筑仓储粮，修补河堤，地方民众获益良多。他下乡验案查灾，轻骑减从，惟恐扰民。公余就微行街市，考察民间风俗，或询问乡民疾苦，对所属役吏，约束甚严，而于缉捕盗匪，最为勤谨。恩庆精工技击，飞檐走壁，如履平地，手下又养有壮士，每当午夜，就偕同壮士巡街捕盗，遇地痞流氓必依律惩处，明刑饬法。曾有一个外乡窜来的盗贼，武艺高强，逾墙越屋，疾走如飞，昼伏夜出，扰害民众。此贼不仅劫物，还强淫年轻妇女，若有不从者，竟惨刃致死。樊恩庆为避打草惊蛇，决定独自密擒此贼，一连几夜，衣不解带，目不交睫，终于将贼擒获，就地正法。此后，托厅盗贼屏息，庶民安乐。城中有一不孝子，辱打寡母，街邻皆愤，具状申诉厅衙。恩庆拘捕不孝子，于大街聚众公审，声言要判其绞刑。其母嚎啕痛哭，跪求恩庆宽恕。不孝子良心发现，跪母前，恸哭悔罪。恩庆见其确有改悔之意，痛责后放归。不孝子此后事母如神，以"大孝子"闻名乡里。

樊恩庆治托数年，社会安定，颂声在道。离任时，百姓不约而聚，拥街塞道，泣泪不舍。乡耆送匾，恭书"恩民遐迩"。恩庆将匾留在厅衙。继任者皆悬匾于大堂，以示敬仰效忠。[1]

---

[1] 绥远通志馆编纂：《绥远通志稿·城市》第二册，内蒙古人民出版社，2007，第211页。

第六章 小巷人家

第一节 孝义之家

一、韩二仁

清光绪年间，在托克托城北街一条小巷里，有一韩姓人家，其土屋木门上有官府赐予的匾额，上书"孝义之家"。牌匾记录了这一普通人家的感人事迹。

韩家兄弟二人，兄名双红，弟名二仁。其父早死，二仁 12 岁时就随其兄以捕鱼为业。弟兄事母尽孝，名闻乡里。光绪十三年（1887 年）十月，时值黑河初冻薄冰，二仁与兄同渡冰河去寻柴。行至河中，双红踏破薄冰，跌入冰窟中。二仁急趋兄前，双手抓提双红头发，欲揪其兄出水，薄冰不负重压而碎裂，二仁亦陷冰窟中。岸上人虽然焦急，却不能救助。午后，弟兄尸体漂出水面，众人捞至岸，见二仁紧抱其兄，难以分开。是日，托克托城及城郊来观者数百人，无不哀痛涕零。

双红妻石氏，守节三年，得病而死。双红有一子名海髓，由祖母抚育成年后，对祖母极尽孝道。韩家孝义事迹路人相传，遐迩闻名。厅府将其事禀报上司，垦务大臣绥远将军贻榖亲笔书写"孝义之家"，制作门匾，由厅署亲送韩家，旌以门额，以示嘉奖。贻榖并赐海髓给事行台，使其得以成家立业。同时，嘱海髓兼嗣二仁后裔，以续其宗，且彰扬其义。后海髓生两子，将次子嗣为二仁之嫡孙。韩家两门人丁兴旺，孝义之风世代相传。[1]

---

[1] 绥远通志馆编纂：《绥远通志稿·人物》第二册，内蒙古人民出版社，2007，第 211页。

二、王赵氏

在托克托城的小巷里，一位只知姓不知名的普通妇人，其事迹却被记录在《绥远通志稿》的"人物传"里。她就是"王赵氏"，即她姓赵，嫁到王姓的夫家，在封建社会，"王赵氏"就成了她的姓名。

王赵氏18岁嫁于托克托城王天爵。21岁，天爵病亡，只遗一幼女。王赵氏过继夫兄三岁儿子为嗣子。数年后，县境遭灾，庶民大饥。王赵氏以为人作针线活维持生计，难以满足母子果腹之需，有时一日不举火开灶，王赵氏也一样心平气和，母子相依为命，艰难度日。王赵氏亲爱过继子逾己生，平时教诲，必使其行正道，做正人。儿子长大后，学习经商，娶媳贾氏，为之生育三个孙子后，贾氏病殁。不久，儿子也死。王赵氏衔悲忍痛，含辛茹苦抚育三个孙子，常常寝不能安睡，食不能饱腹。待长孙成年，娶妻高氏，生一子。第二年，王赵氏二孙又亡。三孙长大后，娶妻周氏，周氏生二子。王赵氏长孙47岁病亡。王赵氏苦心孤诣教养诸曾孙，疼爱倍至，俟其成年，使各执一业，家道昌盛，世人钦敬。王赵氏84岁高龄无疾而终。[1]

三、杨起皋

杨起皋家据托克托城近郊，祖辈务农。起皋父亲早逝，遗产不足以自给度日。起皋偕二弟到城镇学习经商，但生意清淡，郁郁不得志，就返回家乡设私塾授读。起皋兄弟五人，皆孝顺寡母。[2]

起皋中年时，为托克托厅佣书（受雇为人抄书，此处相当于厅署文书职务），闲暇时就驰归侍奉母亲。每年元旦，鸡未鸣，就从县城徒步回家为母亲拜年，然后再返回厅衙。

杨母与起皋诸弟尽力躬耕田亩，十余年后家资稍宽裕。一日，杨母上房，

［1］　绥远通志馆编纂：《绥远通志稿·人物》第二册，内蒙古人民出版社，2007，第366页。

［2］　绥远通志馆编纂：《绥远通志稿·人物》第二册，内蒙古人民出版社，2007，第366页。

一脚踏空，从房梯跌落地下，股骨断裂。起皋侍奉母亲伤好后，母成残疾，行走不便。起皋因之辞职归乡，侍奉母亲，扶持出入，一息不敢离开。其母 78 岁卒，起皋哀不自胜，形销骨立。母亲丧葬，竭尽礼仪。

1900 年，有奸人嫉妒杨家殷富，就诬告起皋为教徒。县城 600 余人前往杨家，欲拘杀起皋一家。杨氏一家，危如悬丝，幸得托克托城武师吴英率众援救，才幸免于难。

杨起皋年 71 岁卒于乡里。[1]

第二节　书香之家

一、霍家

霍家世居托克托城，因经商致富，家境较宽裕。霍家祖上虽为工艺匠人，但都注重对子女的文化教育。清同治十一年（1872 年），霍亮生出生。亮生少时便被父亲送入私塾，起学名俊儒，字国祯。亮生在私塾熟读了五经四书，年长后捐为"监生"。

民国初年，军阀混战，社会混乱，匪盗横行，民不聊生。民国 5 年（1916 年）1 月初，匪首卢占魁率匪骑 3000 多人攻入托克托城、河口。县知事赵震勋携家逃匿。土匪盘据数日，焚烧抢掠，奸污妇女，无所不为。霍亮生冒险潜出托克托城，连夜赶到归化报信。归绥都统派八十团李民山率混成旅骑兵团来托剿匪，击毙匪徒 10 余人，捕获匪首 3 人，卢匪过黄河逃窜，两镇百姓得以解救。

霍亮生有胆有识，疾恶怜善，被地方绅商推举为县保卫团团总。他严整军纪，号令严明，所率团丁以维护地方自安为己任，于百姓秋毫无犯。霍亮生对《孙子兵法》颇有见地，且可活用于剿匪战斗之中。他任团总期间，多次围剿

---

[1] 绥远通志馆编纂：《绥远通志稿·人物》第二册，内蒙古人民出版社，2007，第 288 页。

进犯城乡之匪伙，其战例至今为托克托城老者传颂。

霍亮生不信神鬼，对其时民间迷信邪术一律斥之为荒诞不经。托克托城南滩空地，清朝以来成为斩杀死囚刑场，向有"冤鬼出没"的传说。东梁头为墓地，亦有鬼魂现身的传闻。保卫团的团丁慑于此类传说，往往不敢在夜间值班。霍亮生多次亲引信鬼畏鬼者上梁头下南滩"捉鬼"，以释邪疑。

霍亮生对地方民间曲艺戏剧颇为注重喜好，尤其对流行于土默川的"打玩意儿"（二人台前身）很有研究。1953 年，他曾写过《我所知道的二人台》专文，发表于《绥远日报》，对二人台地方戏的源流、演出形式、表演艺术进行精辟阐述，在内蒙古戏剧艺术界颇有影响，该文后被收入《中国二人台艺术通典》。

霍亮生秉承家风，非常重视子女的教育培育。他充分利用自己家资富裕的有利条件，激励培育五个儿子出外求学。儿子们也很刻苦上进，弟兄五人均是大学毕业，社会盛传"霍家五虎"，其事迹在当时的托克托乃至绥远地区也属罕见不易。霍家成为名闻乡里的书香门第。

霍亮生病故于 1961 年。

二、霍家五子

霍世贤，霍亮生长子，清光绪二十八年（1902 年）生，毕业于中国大学。20 世纪 20 年代，托克托城的杨令德应《西北民报》社社长、共产党员蒋听松之邀，在《西北民报》任编辑。杨令德创办《火坑》周刊，作为《西北民报》的副刊。霍世贤积极参与《火坑》的筹办，并是该刊的主要撰稿人。《火坑》是绥远省第一份传播新文化的进步文艺刊物，刊物提倡白话文，歌颂恋爱、婚姻自由，反映民间疾苦，针砭时弊，深受读者喜爱。霍世贤还参与创办了绥远省第一家有声电影院。抗日战争时，他多次为大青山游击队传送情报，运送物资，提供经济资助。中华人民共和国成立后，他先后在包头崇真中学和土默特中学工作，后调任内蒙古文化局从事戏剧工作。1962 年，霍世贤被聘为内蒙古自治区文史研究馆馆员，于同年去世。

霍世休，字佩心，霍亮生次子，1930 年毕业于清华大学中国文学系，毕业后留校在研究院深造。他撰写的《唐代传奇文与印度故事》受到导师朱自清的赏识，并推荐发表于《文学》第二卷"中国文学研究专号"。霍世休后被聘为归绥中学校长，他与大哥霍世贤志同道合，同是《火坑》周刊的主要成员。

1933 年 3 月，归绥地区党的地下组织被破坏。苏谦益、杨植林、韩燕如等被捕。当时，绥远地区危机四伏，政治和文化处于令人窒息的沉闷之中。

其时，在绥远谋生的爱国热血青年章叶频、武达平（时为中共党员）、袁尘影等组织了"托县同乡会"。在中国共产党的左翼文艺思潮的影响推动下，托县同乡会的成员们将满腔的愤慨燃烧起来，化作革命激情，组织了"塞原社"，主办了《塞原》文艺旬刊。

时任《民国日报》编辑、《大公报》驻绥远记者的杨令德，毅然积极支持"塞原社"创办者们的进步活动，并将他主编的《民国日报》副刊《十字街头》作为《塞原》文艺旬刊的创作园地。

霍世休是"塞原社"的主要成员。

"塞原社"虽然不是党直接领导下的文艺组织，但是共产党员武达平在塞原社起了积极的组织推动作用。同时，塞原社一直受到"中国左翼作家联盟"（简称"左联"）领导下出版的进步书刊和作家的影响。苏谦益、杨植林等出狱后积极为《塞原》投稿，对"塞原社"同仁坚持把《塞原》办成富有时代精神的进步文艺刊物给予很大鼓舞。

1936 年，霍世休与杨令德、武达平、章叶频、袁尘影等创办了文学半月刊《燕然》，霍世休任主编。此外，"塞原社"先后创办了《塞风》《塞北诗草》《新女性》《洪荒》《西北戏剧》《西北抗战日报》《国防前线》等抗战救亡报刊，吸引和团结了大批爱国进步青年。他们以笔为武器，在"塞原社"的各个报刊上发表诗歌、散文、杂文等，唤醒民众，鼓舞斗志，激励人民与民族敌人和社会黑暗势力作顽强斗争。

这期间，霍世休先后发表了《我所认识的鲁迅先生》《这时代的痛苦》《我是一湾寂寞的池水》《我愿》《春之踪》《冬夜》等许多散文、诗歌，为抗战疾呼讴歌。

1937年5月，上海"左联"负责人任白戈莅临绥远，和"塞原社"武达平、霍世休等人一起筹备成立了"绥远文艺界抗敌协会"（简称"抗协"）。霍世休被选为常任理事。在"抗协"成立大会上，霍世休代表筹委会宣读了"抗协"的宗旨：以协作精神，实现绥远文艺界的联合，提高人民抗日救亡的觉悟，推动救亡运动。大会决定，把《燕然》半月刊作为"抗协"会刊，以更贴近抗战的内容、崭新的文风，为绥远抗战播鼓助威。

抗日战争爆发后，归绥沦陷，学校解体。霍世休返回北平，后病逝于北平。

霍世昌，霍亮生三子，字耀五，笔名嘉宾，生于民国元年。1931年毕业于南京中央政法大学经济学系。霍世昌曾任绥远省立第一中学教员、绥远省政府民政厅科员。他爱好文学，早在绥远师范学校读书时就给绥远的进步报刊投稿。他是《火坑》的热忱投稿人。大学毕业回到家乡工作后，积极参加抗日救亡运动，曾担任绥远省文艺界抗敌协会理事，掩护帮助过苏谦益、任白戈、李月轩、杨植霖等共产党人。他在《塞风》《燕然》等杂志上发表了《酒杯的故事》《塞外的春光》《压力之下》等多篇诗歌，抒发自己热爱祖国、追求光明的激情。在《归来了，故乡》一诗中，他把故乡"饱经风尘的古城，依然矗立；黄花覆盖的黑河，仍在流荡"的景色和"虎丘山、西子湖、燕子矶、紫金山、苏州玄妙观"等著名景区一一对比，反复咏叹，倾吐了对故乡深沉的挚爱情怀。

1937年绥远沦陷后，霍世昌流亡陕、甘、宁等省，从事抗日救亡诗词歌曲创作。

中华人民共和国建立后，霍世昌在绥远省文化局从事戏曲编审工作，整理了二人台《打金钱》等剧目，并把昆曲《十五贯》移植为山西梆子。他参与绥远省地方史志整理工作及《内蒙古自治区自然灾害史》的编写。1958年，霍世昌被聘为内蒙古自治区文史研究馆馆员，于1984年去世。

霍亮生四子霍世诚，于国立北京大学地质系毕业；五子霍世忠，西北大学中国文学系毕业。霍世忠笔名霍露，有《悼鲁迅先生》《塞上曲》等诗作传世。[1]

第三节　武术之家

一、吴家

吴家是回族，祖籍河南沧州孟村。清中叶，定居托克托城南街，以捕鱼、耕种为业。

清咸丰十三年（1855年），吴永诚的曾孙吴英出生。吴英少时酷爱武术，清同治初年，吴英从山东德州人孙老那里学习太祖拳和大杆子，后又聘请一位陈姓拳师，常年住在家里，他和三弟吴耀同向拳师学习十趟弹腿和四路查拳。

土默特总管衙门放地时，吴英包下两顷，兄弟三人协力经营，使家境渐富，成为托克托厅的名门望族。清同治十二年（1873年），在丰镇二道河（今属乌兰察布市兴和县）巧遇八卦掌创始人董海川（当地武术界通称董老公）。传说董海川曾遇异人秘传《河图·洛书》，精晓易理，从而研创八卦掌，其轻功拳技誉满江湖。吴英早知董海川大名，当即恳请拜其为师。董海川因吴英是回族，出于对回族的偏见，当时断然拒绝。后见吴英功底甚好，且拜师学艺志坚心诚，是个可树之才，就破例收其为徒。吴英聪颖善悟，勤学苦练，在师傅的严谨教诲下，经几年磋磨，对董氏八卦掌的精萃要领心领神会，操练自如。

---

[1] 霍家事迹资料主要参阅：
1. 张军主编《托克托县志·人物》修订稿，1984年6月，内部发行。
2. 章叶频编《塞北文苑萍踪》，1985年6月，内部发行。
3. 章叶频编《内蒙古西部地区三十年代文学作品选》，1992年1月，内部发行。
4. 章叶频编《三十年代绥远新诗歌运动》，1983年11月，内部发行。

八卦的基本功是"走圈"，董氏八卦的"走圈"分上、中、下三种盘功。吴英在师父的悉心指导下，主要学习了中盘八卦，走步恰如趟水趟泥一般。吴英在练习基本功的基础上，对搬、扣、劈、进、推、拖、带、领的八卦要领，苦心钻研，刻意求精。吴英"走圈"时，疾如劲风，快如闪电，脑后的小辫如木桩直立般地撅起，挺而不倒。

吴英在枪术上亦苦练精修，持之以恒。他练枪时，脚穿厚底重靴，手端长枪，在现耕过的地里跑着扎枪。几十年没有间断地苦练，他的枪法精准，劲力突出。他对各项技击认真研究、悉心体会，集各技之长，融会贯通，自成一家。

清光绪二十二年（1896 年），吴英进京为英诚公护宅，被赏五品花翎顶戴。

吴英家教严明，族中女眷未经许可，不得跨出门槛半步。他亲书"耕读传家"四字，镌刻门匾，悬于院门之上。他反对不耕而食，不劳而获，教育后代勤劳耕作，认真读书。

吴英为人豪爽，嫉恶如仇。因不满清政府腐败，痛恨外国列强瓜分国土，他毅然加入同盟会，并矢志择徒授艺，以期培育才俊，报效国家。他遵循中华武林传统精神，制定了"十愿"的收徒传艺准则。这"十愿"是：一愿学此本领，保国安民；二愿学此本领，抑强扶弱；三愿学此本领，救世济人；四愿学此本领，除恶锄奸；五愿学此本领，保助孤寡；六愿学此本领，仗义疏财；七愿学此本领，见义勇为；八愿学此本领，兴旺门第；九愿学此本领，舍身救难；十愿学此本领，传授贤徒。凡来投师学艺者，必须严格恪守"十愿"，违犯者，轻者重罚，重者除名。他的众多弟子中，不乏行侠尚义的武林高手。

民国元年（1912 年），吴英故世，终年 59 岁。

吴英的三弟吴耀，字子雄，又名吴三汉，生于清同治十二年（1873 年）。

吴耀幼读私塾，后与长兄吴英从陈姓拳师学习弹腿、查拳。他虔诚忠实地拜长兄吴英为师，苦练功夫。他在离宅院几里外挖筑约三间房大的地窖，坚持在里边练功。久而久之，他练功的路线在坚硬的土地上，磨出一道一寸多深的壕沟。他"走圈"时双膝间夹一块整砖，一般人休想用手揪出。

吴耀对八卦的仰掌、俯掌、竖掌、抱掌、劈掌、撩掌、挑掌、螺旋掌等掌法，一一精细揣摩。在长兄吴英去世后，他成为吴家武术的传承人。

吴耀尤以轻功名世，纵身跃屋，如履平地。

吴耀崇尚武德，注重德艺双修，一生奉行"非德勿用"的准则。

在武术技艺上，吴耀反对墨守成规，妄自尊大。他以自己从武的长期实践，深入钻研武术理论，总结出自己的切身体会：不论内家外家，不应只练一种拳术，必须在攻克一种拳术的基础上，兼修其他拳种，否则不会登峰造极。他曾阐述自己的主张："练武者，要掌握八卦的步伐，太极的化法，形意的方法，长拳的打法。"

吴耀一生授徒颇多，不仅有托克托县人，也有邻县人，乃至外省区慕名投师者。他对徒弟管教严格，徒弟"未曾学艺先学礼，未曾习武先习德"。他赠送学生的座右铭是"艺好不如人好"。

民国7年（1918年），托克托县回教俱进分会成立，吴耀被推举为会长。托克托县清真小学创建初期，吴耀任校董，为办学东奔西走，出资出力，直至该校改为县办小学。他为托克托县民族教育所作的不懈努力，受到当地人们的广泛赞许。

吴耀的徒弟吴桐、宋标、白永昌等均为当时武术名家。

1960年，吴耀因车祸病逝。

吴英之孙吴桐，字子琴，乳名旺小子，是吴家武术骄子。吴桐出生于清光绪二十五年（1899年），幼年即在其祖父吴英及三祖父吴耀悉心传授下学习拳技。吴耀擅长八卦掌法和杨家枪法。吴桐在祖父故后，主要从师三祖父。

吴桐在小学、中学读书时，文武并进，已具备了武学基础。所练长拳短打，十八般兵器，样样已具门路。在绥远第一中学毕业后，吴桐考入北平体育专科学校学习。在体专学习期间，他拜太极拳名家吴鉴泉（满族）为师，早晚练武，师必亲临指点，因而得其要领，造诣较深。

在北平体专毕业后，吴桐被聘为绥远省第一中学体育教师，又得与该校武术教师、著名武术家阴把缠枪能手云连生（蒙古族）研究枪法和剑法，从理论和实践上充实了阴把缠枪的内容。

1928 年 10 月 10 日，中央国术馆在南京举办第一届全国国术国考（旧称打擂）。吴桐受当地武术界一致推荐，代表绥远省出赛。其时，绥远省被视为偏远地区，绥远武术更不为内地注重。吴桐受命后暗下决心，要为绥远武术界争光。传说，在赛前，他专程去北京拜见师傅吴鉴泉，请求师傅指点。师傅叫他先和师妹演练，以便观察其功力状况。首场对练，吴桐对年仅十六七岁且体质纤细的小师妹并未十分在意，以为几个回合就可速战速决，结果败在了小师妹的手下。师傅对羞愧不堪的吴桐笑了笑，告诉他八个字："不顶不碰，引进落空。"叫他细细揣摩。吴桐谢过恩师，静处一室，对照八字口诀，边苦练边推敲，终于悟出师傅的授意：高手较技，不是猛冲硬打，而以养精蓄锐为主，以柔克刚，伺机引蛇出洞，予以狠击。拜别师傅，吴桐赴南京打擂，已是胸有成竹。他遵照恩师教诲，在擂台上沉着迎战，以"三战三捷"的优异成绩击败了强力对手，获得甲等奖。吴桐载誉归来，名闻遐迩，为全国武术界侧目，也让内地人对绥远省之武功刮目相看了。

从此，吴桐被誉为"塞外武豪"。

1929 年 4 月，绥远省国术馆成立，吴桐任副馆长（省主席兼任馆长），主持馆内日常工作。国术馆为绥远地区培养了不少武术新秀。

"七七事变"后，吴桐受时任绥远省主席傅作义密遣，以托克托县回族代表身份参加日伪"西北回教联合会厚和回教支部"，以便作抗日地下工作。1939 年，吴桐担任日伪"厚和回教青年学校"校长。他以这些公开身份为掩护，积极从事抗日秘密工作。1940 年，吴桐将截获的日军将进攻五原的情报电告傅作义将军，为五原战役重歼敌军起到很大的作用。

厚和回教青年学校有个日本顾问叫小村八二男，在校专横跋扈，目中无人。他凭借日本柔道的一技之长，以教习摔跤为名，对中国青年学生任意摔跤，致使多人鼻青脸肿，伤痛难忍。学生中虽有摔跤好手，但慑于日伪权势，不敢使高招，怕其报复。学生们把小村的暴行告诉吴桐，吴桐决定伺机教训这个日本顾问。一天，小村又让学生在操场陪他摔跤。吴桐站在旁边观察，见学生们都不愿陪练，他就主动进场，提出与顾问求教日本柔道。小村也知道吴桐武术高强，但未必精通日本柔道，就欣然应允，心想借此降服吴桐。吴桐虽然不谙日本柔道，但他熟悉蒙古摔跤。他把中国武术的"千斤坠""泰山压顶"等招式灵活运用于摔跤中，以强劲的手臂功力铁钳般地紧抓小村双肩，使其两臂酸麻，无力使劲，不经几个回合，小村便被吴桐扔在地上，一时爬不起来。吴桐走过去，伸手将其提起，笑着问："顾问先生还赐教否？"小村满面羞愧，低头走了。从此，小村不再狂妄了。

1949年绥远省"九·一九"和平起义，吴桐以绥远省回教协会理事长的名义在和平起义书上签字。中华人民共和国建立后，他担任了绥远省政协委员、民族事务委员，后又任内蒙古体委办公室副主任，多次参加全国、华北及内蒙古运动会武术表演比赛，并多次获得各种奖。

吴桐一生为弘扬中华武术、培育武术传承人才不懈努力，并做出了重大贡献。他研究总结自己几十年来在武术活动中的心得体会，把"阴把枪"的内容与家传的杨家四十枪揉合在一起，创编了《阴把枪》套路，并在理论上加以充实，对该枪术的发展做出了贡献。他练的太极拳实质上融进了家传的八卦手法，使动作更为细腻。他将云连生传授的阴把剑巧妙地与太极剑相结合，使该剑术在体用方面更加完善。人称吴桐"拳、剑、枪三绝"的真功夫，就是在长期刻苦练习和不断总结中获得的。后来吴桐著有《靠身捶》一书，公开出版。

1962年10月，吴桐病逝，终年63岁。

吴桐次子吴秉孝，是吴氏武术的当代传承人，系全国武术协会会员，内蒙古自治区武术协会副主席，呼和浩特市武术协会秘书长。吴秉孝在对本地区武术的挖掘、整理、研究、传承工作中成绩显著，被评为先进个人，中华人民共和国体育运动委员会为其颁发了荣誉证书。

吴家武术，桃李盈门。其异姓弟子，多有佼佼者誉闻武林。

（一）宋标

字玉节，回族，清光绪二十六年（1900 年）生于河口。祖籍河北省宣化，清咸丰年间，宋家迁居河口。

宋标幼年因家贫无力读书，但他喜爱武术，便拜吴耀为师，开始习武。

宋标聪明好学，很得老师吴耀先生的赏识。吴耀爱徒心切，将自己平生所学毫无保留地尽授于宋标。宋标在老师特备的地窖里无视阴暗潮湿，刻苦勤练，日复一日，年复一年，苦练数载，在八卦掌、枪术、轻功等方面，打下了坚实的基础，成为吴家武术的得意门生。

年轻时的宋标血气方刚，颇有报国雄心。他闯荡江湖，目睹旧中国腐败黑暗、民不聊生的现实，和社会上武术界同仁相互联络，以习武卖艺为名，行侠尚义，劫富济贫，在绥西地区颇负盛名。

1928 年 10 月 10 日，宋标和吴桐等作为绥远的代表赴南京参加国民政府在南京举办的全国第一次武术比赛。其时，全国武林高手云集南京。吴桐、宋标力博群英，分别获甲、乙优胜奖项，二人为绥远地区争得殊荣，深得当时山西著名武术大师李德懋的钦佩。

1929 年 4 月，绥远省国术馆成立。时任绥远省主席的李培基亲任馆长，吴桐任副馆长。宋标被聘为教练之一，所传授的术科主要有太极、八卦、长拳、弹腿、刀、枪、剑术等。1933 年，宋标辞去国术馆教练，在归绥、包头、伊盟师范学校任武术教员，后又在归绥中学、正风中学任武术教员。

1937 年"七七事变"后，日伪在包头成立了西北保商督察公署，主要任务是保障包头向日本占领区运送货物的安全。宋标被任命为该署大队长。宋标以此为掩护，对支援抗战的物资大开绿灯。日军发现了宋标的行为可疑，就撤销了宋标的大队长职务，并下令不允许其再以习武为生，违令严惩。之后迫于生计，宋标在包头开办了回民旅店，艰难度日，直至中华人民共和国成立。

1954 年，内蒙古第一届那达慕大会在呼和浩特市举行。宋标被聘为大会的裁判员。

在武术之外，宋标还精通医术，尤以按摩技艺高人一筹。凭此技艺，他为许许多多的患者治好了病，但他从不为医资斤斤计较。对于家贫患者，他不收任何报酬。他的医术医德深受人们崇敬颂扬。

1980 年，宋标在包头病逝，享年 80 岁。

(二) 刘恩绶

刘恩绶，字梅林，生卒年不详，河口人，亦是吴耀的得意门生。其父刘兆安自幼喜好武术，十五岁时拜一位道士为师，学练拳术，曾参加义和团，斗争失败后，远走大库伦。

刘恩绶自小失去了父亲。他八岁时在托克托城清真小学读书，喜欢舞拳弄棒，被托克托县的武术家吴耀看中，便主动教过他两趟弹腿。后因家贫失学，但他不愿就此与书无缘，14 岁那年，他到归绥中学给校长班育武当差，以期得到学习知识的机会。其间，适逢当时颇有声望的武术家云连升在该校任教。云连生曾投师托克托城吴家，以此关系，刘恩绶又拜云为师，学习了弹腿及阴把枪的基本功夫。其后，他入国术馆深造，在名师程全忠的悉心传授下，苦练了黑虎拳、八法拳、长拳、三路查拳以及阴把枪、青龙刀、春秋刀等多种武术技艺，之后，他又回托克托县，向启蒙师傅吴耀系统地学练了八卦掌搬、扣、劈、进、推、拖、带、领等武艺，初入门厅。

一次，他在观音庙练功，遇到了云游四方的高僧体正方丈。数次倾谈，彼此甚觉投缘。体正离托赴包后，恩绶特意专程到包头吕祖庙，拜会体正方丈，受戒皈依为佛门弟子，在体正方丈的教授下，学习了燕青钩（主要技巧有：二虎登山、左右开弓、鹞子翻身、海底捞月、清风扫叶、燕子穿林、白鹤晾翅、拨草寻蛇、二龙出水、白蛇吐芯等），方便铲即禅杖（主要技巧有：推、铲、踏、平等），双头枪（有里撩、外撩、正刺、左右刺、黑虎坐洞等技巧），峨眉剑（有正仰鱼、穿背嵌腰、童子背等）。

之后，他博采众长，优势互补，精益求精，自成一家。

1931年，南京中央国术馆要为全国各地培养专业国术人才，让绥远省推荐两名学员，每人学费二百块现洋，学期二年。当时绥远省国术馆的学员多是商人或富家子弟，都不愿离家远走。于是，就派刘恩绶去就学。在中央国术馆，他师从马文奎、常东升学习了摔跤；师从朱国福学习了拳击；师从李元志学习了刺枪和击剑。同时还学习了形意、八卦、太极、查拳等传统武术。器械有三才剑、青龙剑、猿白棍、断门枪等。1933年毕业后，他在南京参加了全国国术比赛，获银盾大奖。同年回到归绥，先后在农科职业学校、奋斗中学（时在陕坝）任国术教员。

中华人民共和国成立后，刘恩绶曾多次担任内蒙古自治区武术比赛总裁判长。任内蒙古师范大学体育系讲师，内蒙古政协委员。

（三）杨荣

杨荣，河口人，幼年爱好武术，后从师吴耀。他深得吴家家传技艺，八卦掌术造诣尤深。成年后，曾为巨商当过保镖，来往于宁夏、甘肃等地。保镖护商中，屡经匪徒拦截，均被他击败，货物无损，以此，他的武技在当时的商界倍受推崇。

1929年前后，在筹建绥远省国术馆的过程中，曾举行了绥远武术史上唯一的一次擂台赛，规模较大，有绥、包及各旗县的100多名选手参加，杨荣以正式代表的身份参加比赛，并取得较好成绩。

杨荣在50岁那年，被绥远省立第一师范学校校长刘汉聘为国术教师。他对参加国术课的学生要求很严，先教基本的十趟花弹，爱好武术的学生还可以选修太极剑、大刀、八卦拳等。

学生刘继志身患皮肤病，杨荣发现后，让他和自己搬到一起睡火炕。从此，他要求刘继志每天课余时间跑八卦，这样就可以达到强身健体，抗御疾病的目的。刘继志听从老师的教诲，每天下午课毕，坚持跑八卦。跑前必须饮开水一大碗，十分钟左右即出一身大汗。休息一会儿，再喝一大碗开水，又跑出一身大汗。就这样坚持了几个月后，刘继志不仅皮肤病痊愈，而且身体健壮，抗病力增强，虽被蚊虫叮咬也不害疮了。以后，刘继志又练了太极剑、大刀，还在学校体育运动会上作武术表演，受到师生们一致称赞，并得到校方的表扬。

1937年日军侵占归绥前，刘继志送家眷回托克托县，曾到河口镇探望杨荣老师。杨荣老师再三嘱咐刘继志：你年轻，应参加抗日救亡斗争，我年事已高，虽不能亲赴战场杀敌，但绝不当汉奸。刘继志遵循老师的教导，参加了抗日斗争。

铁砂掌是杨荣练就的一门特技。他有一个布口袋，内装药水泡洗过的铁砂子，将其挂在墙上。他坚持每天用双手去硬拍硬打，由于练铁砂掌，10个指头变得粗壮有力，如伸一指头捅人，轻则致以重伤，重则即可使人致命，但他与人交手，轻易不用这一绝技。

出生于托克托县黑水泉村的刘汉兴，跟从杨荣练过武术，且有一定功夫。后来刘汉兴入黄埔军校学习，毕业后跟随国民党部队，参加过南口、台儿庄等抗战，后任国民党台湾国防部高参。

简师七班学生吴殿甲也跟杨荣学过八卦掌，后参加革命。中华人民共和国成立后曾任吉林省军区副司令员。1997年师范建校75周年时，吴殿甲曾在校刊撰写了《忆大青山地区抗日运动》的文章，并询问杨荣老师的情况。他十分感激杨老师对他的教诲。在革命战争的艰苦斗争岁月里，吴殿甲通过练八卦掌使他有了一个健壮的体魄，成了他坚持革命斗争的本钱。

杨荣从事武术教学多年，跟他学武的弟子数不胜数。他教学生武功，又教学生做人，高风亮节照后人，堪称教师之楷模。卒年不详。

（四）李盈旺

李盈旺，名楷，字蕴实，清光绪七年（1881 年）出生，托克托城南双墙村人。其父李天渊，颇通武术，是吴英的好友。李盈旺幼年随父练习武功基础。13 岁时，其父将其引至吴家，正式拜吴英为师。盈旺从师学艺五年，粗通吴式太极、八卦的基础功夫。其间，经吴英推荐，曾去天津拜京津名武师尹福学八卦掌。

1901 年，李盈旺在父亲、师傅支持下，到北京拜武术名家董海川的秘传弟子梁文斋为师，潜心学艺。他白天在店铺当小小打杂，晚上店铺关门后便苦练武技。他勤奋颖悟，很受师傅器重。三年出徒，武功大有长进。

李盈旺精通各门武技，尤以轻功著称，号"清风秀士"。他练轻功方式与众不同。在一个柳条编的大筲箩内盛放半截沙土，他缘筲箩沿转圈。沙土随着他转圈的速度如劲风吹卷般地向外迸溅。筲箩内的沙土飞溅殆尽，他依然如故转圈不已。筲箩还如盛装沙土时一样丝纹不动。

冬天下雪，李盈旺上房顶扫雪，以扫帚为大刀，在房顶演练刀法。几个回合下来，房顶的雪上几乎无脚印痕迹，真可谓"踏雪无痕"。

李盈旺持有接骨秘方，曾为许多乡亲无偿医治。侵略托克托的日军指导员闻听这一信息，强迫他交出秘方。李盈旺删除秘方中两味主药，将一个残缺不全的"秘方"交给了日本人。

李盈旺在家乡精心授徒，其"徒子徒孙"多达十余人。

二、梁底武术世家

托克托城武术行业人才济济，门派众多，名家辈出，各领风骚。吴家之外，南街梁底张二疤窑子亦可谓是托克托武术的孕育之地，张二疤窑子是托城南街所属的一个几十户人家的小村庄。人虽不多，但习武成风，其中，以张守智较为著名。

（一）张守智

乳名二栓马，祖籍山西河曲县。清光绪二年（1876 年）出生于武术世家，五岁从祖父习武，聪颖好学，悟性高。16岁家学圆满，出外游学，拜谒名师。

本县人李天元与王玉玺，师从山东张锁儿及孙老，学得太祖门法，精通杨家大枪、双八卦刀等诸门技击，张守智与同邑人刘长富、王泽同拜李天元、王玉玺为师，尽得师门真传，且将自己所学传授于西安张相成、河曲樊六等60余人，其徒多为当时武术界名人。

清光绪二十五年（1899年），张守智参加山西太原武术科考，获胜录取，从此以"武秀才"之名声闻乡里。

据其后世人传说，张守智曾参加过在天津、南京举办的武术比赛，并取得优异成绩。

张守智曾经在山西大同，内蒙古包头、五原、萨拉齐等地创办武馆，广收弟子，以防身健体、弘扬中华武术为宗旨。其时，包头有一武师名姚大奇（一说姚大可），在包头设武塾收徒授技，人众势盛，意气颇豪。姚大奇闻守智之名，坚持邀请守智与他角技高下。守智应允，两人临场竞技，姚大奇败于守智脚下。从此，守智名震包头，青年习武者争拜守智门下。

民国6年（1917年）冬，守智回托克托城，驻军八十团团长王石清设公武艺厂，后数年，司令马凌云设武术会，团长梁冠英设体育会，都聘请守智为教练，教授兵士武技。

民国16年（1927年），张守智任省党部武术教师。民国18年（1929年），张守智在绥远国术试验中获优奖。当年，土默川大旱，托克托县灾民求食草根树皮而不得，卖妻子儿女者不可计数。时任托克托县县长王兰友与地方士绅决定开掘民利渠，"以工代赈"，解救了大量灾民。张守智被任命为总监工，为民利渠的修筑辛勤操劳，颇受民众赞颂。

日军占据托克托县后，托克托县人民备受凌辱。张守智对日军的暴行深恶痛绝。1939年秋天的一天，张守智带领本街人韩长寿、巴金寿等在大岱村劫持了一辆日本军车，车上装载着粮食军火等物资。押车的5个日本兵被张守智等制服，连车押到五申村。此时正遇五申唱戏，张守智将粮食等物资发散于众人，大快人心。张守智就此到五原投奔傅作义，被聘为军中武术指导。随后，为避日军追杀，张家分散迁居五原、萨拉齐、包头等地。

1959 年，张守智卒于五原。

（二）李祥

李祥，1909 年生于托克托城东阁，少时拜武秀才张守智为师，30 年间，李祥苦练弹腿、大杆拳、太祖拳、少祖拳、鞭杆拳、八卦掌、三指弹功乃至春秋大刀、天罡剑、四十枪等武功，最擅长太祖拳一、二、三路。

李祥一生授徒颇多。最为人敬仰传颂的，是他传艺不"留一手"，倾心磬技，诲人不倦。他对徒弟要求严格，丝毫不得苟且。

中华人民共和国建立后，为保存、传承中华武术的传统精华，李祥打破武术界的门派偏见，经年累月，劳心费力，将自己所理解、掌握的各类武术精髓一丝不苟地详细记录成册，特别是许多被武术界各派视为不可外传的"秘诀""绝招"，他都毫无保留地完整记录，并公诸于世。

1993 年，李祥病逝。

（三）贾家

梁底的贾家亦是托克托城的武术世家。贾智的先祖在托克托城定居后，开始经商，随着家业的扩大，贾智在社会上声望益高。儿子贾克诚，又名贾五，生于 1880 年，在其五岁时，贾智就聘山东、河南、山西等地武术拳师在家教其习武。贾克诚从小练就一身童子功，动作敏捷、犀利，人送绰号"锦毛鼠"。他最擅长十二趟弹腿、端拳。杨家四十枪在贾克诚的深钻细研中得以创新发展。该枪法攻守兼备，枪枪都从实战出发，枪锋凌厉，疏密有章，贾氏的四十枪为人赞不绝口。贾克诚曾参加过托克托县义和团。年长后随父在天津、北京、山西等地经商，任过保镖。其后在绥远国术馆任教。

中华人民共和国建立后，贾克诚曾先后在呼和浩特一中、包头二中当过武术教练。

贾克诚有二子，长子贾江、次子贾湖，均为托克托县武术名士。贾湖武艺尤为高超，名闻乡里。贾湖曾参加自治区武术比赛，获醉拳、端拳两个优秀奖项。其徒弟多为托克托县武术界重要传人。[1]

第四节　杏林之家

一、侯兰天

侯兰天，清光绪十二年（1886年）出生于山西孟县。他的爷爷是满清御医。爷爷将平生所学传授于兰天姑父霍如城。侯兰天从小拜师于姑父，尽得家学精萃。霍如城出家五台山，僧名惠登和尚，将诸多良方秘传于兰天。

25岁时，侯兰天到山西太原并州国医讲习馆深造，在讲习馆结识了不少山西中医名家，兰天虚心求教，医艺益精。民国初年，侯兰天迁居托克托县河口，在公义昌草店开设医馆，坐堂行医。数年后，应托克托城德合堂掌柜诚邀，聘为该堂坐堂先生。1942年，侯兰天又到托克托城仁和堂坐堂，一直到中华人民共和国成立初。1956年，托克托县成立中医研究小组，侯兰天为负责人。1957年托克托县中医院成立，侯兰天任副院长。

侯兰天先生精通中医"望、闻、问、切"，尤以色诊精准独到，有时真能决生判死。

某年，托克托城福合全药铺掌柜广智，正月十五请侯吃饭，饮酒叙话间，侯兰天不住审视广智面色，不时蹙眉唏嘘。广智察觉兰天异态，就询问原因。兰天神色庄重地告诉广智，我观察你的面容肤色，到秋后将有重病发生，此疾后果不良，你可得存心在意。广智不信，说侯酒喝多了。兰天摇头叹气，未再深言。时到仲秋，广智果然牙疼难忍，请侯医治。侯看后，为其开了几剂草药，以缓解剧痛，并嘱咐其家人为之准备后事。家人都不相信，以为牙疼绝非要命之症。未至秋末，广智死于牙疼。

---

[1]　"武术之家"资料来源于《托克托县志》《托县政协文史资料》。

有一人平日多病，又患梗阻，肚疼难忍，不能平卧，饮食不入，水入即吐。病家多方求医诊治，均无效。后请侯治疗，侯开出处方，病人家人持处方到药铺抓药，药铺以"药剂量太重，平生未见如此峻猛之方"为由，拒绝抓药。病家一再恳请，又告知是侯先生之方，药铺才肯付药。病人服药后，约数分钟，开始呕吐，两小时后连续矢气，便后腹痛立止，如常饮食。其后又服药调理，几日后，病愈无恙。

有一小孩患风疾，抽搐频繁，请多方医生医治无效，拖延日久，病情恶化。危急之际，请侯诊治。侯兰天诊断后，安慰病孩父母不必焦急，只用一剂草药，药价不到一角即可药到病除。

侯兰天专攻《伤寒》《温病》，多读《医宗金鉴》《医学心语》，心得颇多。他治外感伤寒，擅用麻黄汤，麻黄用量有时过两。侯兰天曾著《医学江登录》一书，内容以治疗杂病为主，积临床心得验方于一册。此书留给徒弟，在"文化大革命"中被毁。

侯兰天于1959年病逝。侯兰天的徒弟荣治安，亦是托克托县的名医。荣治安的儿子、孙子均从事医业，祖师医艺得以传承发扬。

二、杨德义

杨德义是与侯兰天同时期的名医，乳名继毛，清光绪十七年（1891年）生于托克托县鲁家伙盘村。其叔父杨三满仓为当地名医，厅府曾赠送"术如此和"牌匾。杨德义从小随叔父学医，20岁独立为乡间患者治病。民国8年（1919年）于托克托城开同义堂，坐堂行医。

杨德义博览医著，精攻《医宗金鉴》《伤寒论》《金匮要略》，擅长治疗妇科、外科。他用"三品一条强""红升丹""蟾酥条"等方剂治疗骨结核、脉管炎、溃疡脓腐等久治不愈顽症，屡见奇效。曾有一外地骨结核患者，多求名医久治无效。到归化医院就诊，认为已是不治之症。后来家访得继毛之名，远道来托，经继毛用"蟾酥条"等方剂治疗，创口很快愈合，病人转危为安。

杨德义擅长针灸疗法。当时，伊盟林场一妇人患骨槽风病，口不能张，四十多天不能大口进食。杨用针灸在其脸上只取六穴，灸罢，病人便张口自如。

一妇人患了子宫瘤，县医院动员其做手术切除。病人已上手术台，因害怕而拒绝手术，求治于杨继毛。杨用中药疗治，用药剂量多便用铁锅炖药。服药半月，瘤消病除。消息传出，医院外科大夫深感神奇，不可思议。杨先生有一专治脓肿的偏方，用几味中药，捣为粉末，塞入纸烟里，病人吸几口烟，剧痛立止。连续吸几天，伤口即痊愈。可惜此方已失传。

杨德义对治疗斑疹伤寒、精神病，有妙用方剂，其为独家绝艺。

中华人民共和国成立前夕，杨德义与托克托城同仁成立同和诊所，他被选为负责人。1956年任托克托城第一诊所所长。1957年成立托克托县中医院，杨德义任院长。

杨德义于1960年病故。其儿子、孙子都继承家学从医。杨德义悉心传授培育出的众多徒弟，不乏医界佼佼者。

三、董相儒

董相儒又名鸿喜，生于清宣统元年（1909年）。其家族原籍山西寿阳县，晚清时期迁居今土默特右旗二道河村。董相儒的曾祖父董万余，祖父董应筑，都以医术闻名。董应筑5个儿子，起名董宽福、董宽德、董宽富、董宽旺、董宽厚。五子都继承家学，成年后分居各地行医。董宽德迁居归化城，设堂坐诊。其长子董树山后在内蒙古中医研究院任职。次子董树林是当时巴彦淖尔盟医院的主治大夫。董树山之子董正英，任内蒙古中蒙医院副主任医师。董宽旺之孙董正洋为北京朝阳医院主任医师。董宽厚仍居二道河，其子董树茂、董树森在家乡行医。

董相儒的父亲董宽富，又名三疤，民国年间携家眷到托克托城北街顺城巷居住，于前街正一坛南侧开设万应堂药铺，后更名万庆堂。董宽富自己坐堂。

董相儒从小跟父亲学医，30岁时，已是当地颇有名望的医生。他擅长调理脾胃，对妇科、儿科诊疗颇有专长造诣。他精细研读《黄帝内经》《难经》《伤寒论》《金匮要略》《医宗金鉴》等中医传统经典著作，结合自己长期的临床医疗实践，形成了一套较完整的医疗体系。

任××，女，45 岁，托克托城北街人，自觉脐下胀痛，倒血，血色昏暗。县医院大夫为其确诊为子宫肌瘤。当时交了押金，决定了手术时间。就在等待手术期间，患者求董相儒治疗。董用攻下消瘤汤治疗，患者服 8 剂汤药后，不再倒血，胀痛由缓而止。到医院再次检查，肌瘤消失。医院西医大夫都觉得不可思议，亲自到董家与董相儒求教。

张××，男，托克托县张全营村人。身患肝腹水，肚腹胀满，呼吸短促，久治不愈，病情转危，家里人已为其准备棺木后事。无望之际，患者请求董相儒作最后治疗。董相儒用地龙龟板汤中药，服用几剂后，病情有所缓解。董相儒根据病症变化，对症下药，患者终于病愈康复。

清水河县喇嘛湾村有一张姓女子，患子宫出血，严重时唇冷、昏迷，不省人事。经人推荐，病家请董相儒去救治。董相儒去后，仅用几服中药，病人转危为安。

郝××，男，38 岁，托克托县下滩村人。下肢右侧小腿大面积腐烂，部分部位白骨暴露。因家贫无钱医治，只能听天由命，任其自愈。董相儒听说后，托人捎话，让病人来家诊治。董相儒诊病后，为其配了中药粉末制剂，嘱咐其带药回家后，每三天用药粉涂抹疮面一次。约月余，患者去腐肉、长新肌。病愈之时，正是豌豆角"白背"（豆粒即将成熟）之际。郝某摘了一柳筐豆角，送到董家，作为对董大夫治病救人之恩的报答。

似此事例颇多。得救病家常敲锣打鼓、披彩鸣炮，为其奉送牌匾。匾上多写"妙手回春""救死扶伤"之类颂词。

1973 年，董相儒去世。城关镇革命委员会副主任胡永福亲自为董大夫主持葬礼，北街小学等单位送了挽联。灵柩所过之处，自动前来路祭送行的人们挨肩继踵，络绎不绝。许多人哀情不禁，失声痛哭。

注：侯兰天、杨德义、董相儒资料来源于李鸿主编《托克托县卫生志·民国日伪时的中医》，1986 年 4 月，内部发行，知情人口述。

董相儒的儿子、孙子亦成为了颇负声望的医生。董家迄今已是六代传承的中医世家。

四、仁和堂弓家

清末民国期间，托克托城的药铺有仁和堂、万庆堂、福永堂、万长玉、德和堂、岁生祥、石玉昆药铺、永胜药铺、徐世义药铺、张成药铺等。这些药铺均为医家独资经营，有的药铺掌柜自兼坐堂先生，有的聘请名医为其坐堂。

清末民初，弓俊随父亲从山西寿阳县来到托克托城，开设了药铺仁和堂。弓家是世代医家，在原籍寿阳，传至弓俊的父亲，已是五代医家。弓俊继承父亲接任仁和堂掌柜后，于20世纪初将药铺迁到新建的西洋式门市，地址在托克托城最繁华的前街中段，二道巷斜对面，距老爷庙约150米，坐西向东四间大。这是一座全城唯一的西式大药店。

仁和堂药铺门脸的窗框上有一副刻在木板的对联：

> 药无十辈不出门，
>
> 医有一技行天下。

这幅联语是弓氏家族的家规家训。弓氏祖祖辈辈以开药店卖药兼行医看病为业。家族规定，孩子从念小学始就背诵药性、药赋、十八反、十九畏、妊娠禁忌歌、针灸歌诀等，还要学捣药、抓药、制药等基础技能。

托克托城街巷传说仁和堂有三宝：第一宝是书宝，仁和堂藏书多。既有医药书籍，也有四书五经、诸子百家、古典文学作品等数百本。这些古籍很多都是珍贵的古版线装书，码放在小西房的书架上，简直像个小图书馆。第二宝是验方宝。仁和堂药店内柜台上常放着两大本用白麻纸装订、毛笔抄写的《经验良方》。字迹清秀工整，是祖上几代人积累留存下来的行医用药的奇效验方，是医学实践的宝贵结晶，多有"一把抓"的妙手回春效用（可惜未能印刷保存传留后世）。三宝是马宝。它是仁和堂的镇店之宝。此宝为石质，外形酷似一个长圆形土豆。其一头有断缝裂开，从中可看见不同色泽的断层带。另外还有几十个黄豆大小的小马宝。平时，它们都被装在一个特制的红布小袋里珍藏。袋中还放着小米"喂养"。

马宝是马胃中的结石，非常罕见，极具药用价值。比牛黄、麝香还要珍贵，其价值难以估量。

弓俊人称老掌柜，是仁和堂托克托县分店的第二任掌柜，也是仁和堂第七代传承人。他在售药（俗称"抓药"）的同时，也为患者治病。

弓俊抓药不用戥子，俗称一把抓不用称，保证分厘不差。有些贵重药，上戥子称一称，也是为了让顾客看着放心而已。

弓俊抓药异常认真谨慎。每服药抓起药后都要与处方详细核对：一看味数；二看药名；三看质量分量，比如处方上写明高丽人参，就不能抓成小红参和普通人参；四看炮制，比如处方上写的"炙甘草"，就不能抓成"甘草"；五看是否有另包的药品，如"车前子""木香"之类药，都需另包，不能散装；六看是否有需要捣碎的药未捣。如龙骨、牡蛎和一些矿石类药，必须捣碎方能煎透；七看每味药分量是否与处方相符，不能或多或少；八看有无反畏药，如有马上联系大夫更换处方，以免因医生一时疏忽而酿成大祸。待核对无误后才能打包。弓俊包药既迅速，又严密，而且形体规整，四角分明，就像一块方形砖茶。

弓俊治病亦有自己的特点：一是问病开药，也就是不见病人，只听病人的家属来药店讲述病人的各种症状后，便依情判病给病人开几剂药拿回去服用。过后反馈效果很好。二是治疗伤寒有独到疗法，即九味羌活汤的灵活应用。在伤寒初期（太阳、阳明、少阳），他不用麻黄汤、桂枝汤等常用方剂，而用九味羌活汤加减，往往一剂而愈，疗效神奇。

弓子荣，又称弓大富，小名福小，是弓俊的长子，仁和堂第八代、托克托县分店第三代继承者，人称大掌柜。

弓子荣不仅深谙药学药理，专营卖药之际，还会把脉看病，又会针灸，在托克托城医药界也颇有名气。人说他常能一针病除，神奇莫测。弓子荣的医德很好，被世人公认并称道，表现在两个方面。一方面他在卖药的同时，经常为街坊邻里、亲朋挚友，甚至陌生的顾客号脉、诊病、开方、抓药和针灸。他从来不收诊费，针灸也是白扎。他常说我的本行是卖药，不是医生，号脉看病是捎办，怎么能收人家钱呢？另一方面，卖药看病不是只谋挣钱，首先是为患者着想，尤其是为贫穷人着想，能用便宜的药治病就不开贵重药。有时处方上开的贵药，他发现是乡下穷人，就与坐堂先生商量换成能起同样药效的贱药。还有一个与别家不同的做法是熟人可以赊欠。穷人或有特殊情况者，虽不认识，也可以赊欠。有时乡下人突发疾病，为了抢救，干脆白给用药。日伪时，一位东村农民突然晕厥倒在街上。弓子荣切脉判定是中暑症状，用人抬回柜房进行针灸服药，不久便好转，临走还给拿了药。

1950年秋，一位河西农民要水过河来仁和堂抓药，家里有危重病人急等用药，不料装在衣袋里的药方和钱浸成了棉团，急得小伙子抓耳挠腮不知所措。老掌柜和弓子荣详细询问了小伙子有关病人的症状后，给抓了一副药让很快回去煎服，如见效次日再来抓一服。次日，小伙子一进药店便向弓家父子跪下磕头，感谢仁和堂救了他父亲的命。遇有个别欠账不还的，弓子荣也不介意，他常说，看病救命给药治病本来是应该做的善事，钱不钱无所谓。

弓子荣炮制中药技术精湛。他切的槟榔片薄如蝉翼。抓一把放在掌上，用嘴一吹能像干榆钱一样飘飞升空。他用小簸箕簸出的水丸如高粱粒大小，且均匀一致。做密丸前先用铜锅将蜂蜜熬到能挂住竹筷为止，即将竹筷垂直插入锅中，提起后筷上的蜜汁如果形成水珠状向下滴，方可加入药粉制成不同份量的药丸，然后再用蜡纸包裹。炼蜜为丸所做的大小蜜丸（分9克、6克、3克重）放入瓷罐中，三五年后拿出来仍不变形，不粘连，不变质，如新丸一般。至于土炒白术、麸炒杏仁、蜜炙甘草、滑石粉、炒阿胶珠等，制作流程和方法都非常专业标准，符合正宗。

药品都要地道药，河口、托克托城是甘草码头，药铺用甘草，必选阿拉善左旗或阿拉善右旗的。炮制时去皮，用粉草先在锅内炒开，再加用水调稀的蜂蜜炒。一般一斤甘草加足一两蜂蜜，炒到用手抓甘草不粘为宜。

托克托县当地产野生草药约 70 种。药铺店员在本地采集中草药，都熟练地掌握了采集和炮制技艺。如采根类药，在每年春季植物开始发芽时采，秋天在将枯萎时采。茎、枝、叶在花开叶状时采，花在初开时采，果实在完全成熟时采收。

制药偷工减料，以次充好，是弓家世代大忌。做假药被认为是损德事，既害人也害己，弓家断不可为。

弓子荣的弟弟弓子斌（又名弓寿高），是著名中医，擅治伤寒杂症，曾是仁和堂的坐堂先生，后被日军以"抗日分子"抓走杀害。

弓文魁是弓子荣的长子，在孙辈中排行老大。他是仁和堂的第九代继承人，托克托县分店的第四代传人。公私合营后他成了托克托县医药公司的一名职员。

弓家医术的第十代传人，不乏有内蒙古医科大学的教授、专家。

托克托县的名医侯兰田、云治安、张斌等先后都在仁和堂当过坐堂先生。[1]

---

[1] 仁和堂资料由弓家第十代传人、内蒙古医科大学附属医院教授、专家弓文忠提供。

第七章　节庆祭祖及行业习俗

第一节　节庆风俗

一、春节

农历正月初一，为一年之始，古称"元日""元辰""元正"，南北朝时始称"元旦"。辛亥革命后，改称春节，将公历 1 月 1 日称为新年元旦。

春节，是一年中第一个传统节日。清晨，家家于"灶君""天地"等神位前焚香礼拜、鸣炮，祈求新的一年人寿年丰，平安通顺。人们就是在这企盼祝愿的祥和氛围中进入了新年新岁。

春节这天的早饭，家家吃饺子。个别人家因许愿"把斋"而吃其他素食。饭后，大人小孩均要穿上新衣服，梳洗打扮得干干净净、整整齐齐后开始拜年。有"容"（"容"是人们祭奠祖宗的一种牌位式的画轴。其形制大都是在一块一米多长二尺多宽的白布上，内作坟园形式，上绘牌位，按辈分次序，上、下数排。下绘宫室、石坊、石案、供具等，而辅以树木风景。在人亡三周年后，依世次，恭书亡者姓氏、名讳于牌位内）的家族，举行拜"容"仪式，无"容"人家，家族晚辈先给自家长辈跪拜后，就相约相随，按本家族辈分长次，分拜本族各户长辈。本家族拜年毕，还分拜本城的亲戚长辈乃至朋亲近邻。无论多少，长辈均赐晚辈"压岁钱"。乡谚有"二八小子过大年，又吃好的又赚钱"，即反映了这一年俗。

春节为一年中头一个好日子。大人娃娃这一天都讲究"消消闲闲，喜喜乐乐"。不干任何活，尽情享受过年的乐趣。乡情们在街上见面，必拱手致礼，互道"过年好""见面发财"等节日祝贺。即使平时互有成见芥蒂者，此日见面，也都衷心问候，借机消除隔阂，重归于好。

春节这天上午迎喜神。当地风俗是迎喜神的时间也可选在初一至初五的任何一天。具体时间和迎神方位，由阴阳先生从宪书上查阅或推算确定。迎喜神时，凡有牛、马、驴、羊等家畜者，都将家畜赶上，用一木制条盘端上点心等供品，相聚于城外迎神处，各自撮土插香，敬表叩拜，"泼散"供品。参与迎喜神的，都是各家主事的男人和小孩，妇女是不准进入迎神场地的。迎拜完毕回村时，人人沿途拣少许柴棍，拿回放于自家天地神位前。

初一是接财神的日子。这日午夜，家家点燃旺火，然后到财神庙接神，礼仪如除夕夜接神。商家对接财神礼仪尤重。当晚，彻夜灯烛不熄。

蒙古族春节拜年，进屋先给财神叩头，后作揖施礼拜长辈、献哈达，称"迎新礼"。

满族在春节除祭祀祖宗、叩拜长辈、亲友互相谒贺等如汉族习俗外，则于此日接神。接神礼仪亦如汉族。

二、破五

破五即正月初五，传为"送穷土"的日子。其日，忌出远门，妇女忌针钱活儿。

送穷土须在破五日出之前，但当地多在初四日落时即送之。初四下午，家家拆旺火架，清扫院落。傍晚时，将家中炕席底、地上的尘土清扫后，撮到院外，倒成小堆，上插黄香，鸣炮，有的人家还在炮上用线绑一个纸剪的人形"穷神爷"。点燃炮竹时，口中还念道："穷土穷土离我门，一炮炸在你半天云。"

三、人胜

正月初七为人胜节，亦称"人日""人生日"等，当地俗称"人亲"。

此日家家通夜不熄灯。房檐下、院门口都挂灯笼，如同除夕夜。此夜还特别在居室门头上点一盏灯，因此日是灵魂回家的日子，门头点灯，为灵魂指示回归方位。

人胜节源于古代的占卜活动。古人相信天人感应，以岁后第七日为人日，看此日天气阴晴，占终岁的灾祥。亦说为女娲创世造生灵之时。

四、十指

正月初十为十指日。此日家家该吃莜面。同时用莜面捏 12 个碓臼状的"卜卜"，臼沿上以月数分捏 1~12 个尖角，顺序排为环形，与莜面同蒸笼内。蒸熟后，看臼内存水多少，以此预测年内各月雨水大小。

此日还传为老鼠娶媳妇的日子。晚上，家家于水瓮内、墙角、箱柜底点灯。意为老鼠办喜事张灯结彩。

五、元宵节

正月十五日为传统的元宵佳节。

元宵节是托克托城一年一度最红火的传统庙会节日。从十四日开始，到十六日结束。三天中，有观赏花灯、燃放焰火、演出社火节目等活动（详见"民间社火"）。

六、填仓

正月二十日为小填仓，二十五日为老填仓。填仓是祀仓神的日子，同时祀箱、井、臼神。

填仓节的主要习俗是打窖。其日，各家在自家院内用草木灰画圆圈，一圆为一窖。打窖没有一定之规，自出心裁，各显其能。圆接圆，圆套圆，圆中有圆，从而形成了结构纷繁、各有特色的"圆组图案"。有的还在圆中画出梯型图形，以表示窖大且深，需架梯储取。每一窖圆心处，挖一小坑，埋进少许粮食。一般是小填仓窖小麦、莜麦、扁豆等夏季作物果实，老填仓窖糜黍之类的秋粮。晚上，粮窖上均插三柱香，并用蒸熟的黄米面捏成糕灯，贮油浸捻，一齐点燃。且于窖前摆供叩拜仓神。是夜，水瓮、粮仓、油罐、箱底、墙角等处都要点糕灯，俗称"照虚耗"。

照虚耗含有驱邪求吉之意。一说是把一切不吉利的东西驱除干净，使新的一年吉祥如意；一说"虚耗"即老鼠，点灯照明意在驱赶老鼠；还有说"虚耗"是一种虚耗财物的鬼祟，燃灯照明以驱除之。

当地还有用糕灯预测当年雨水的习俗：把窖上的糕灯放在笼内蒸一段时间后，看糕灯内存水多少。存水多则雨水勤，否则当年主旱。

是日，家家将水瓮务须担得满满的，以取"填仓"之意。

填仓日，镇内各六陈行都优惠销售粮油，其意许是以行善事回报仓神，求个吉利。

七、二月二

"二月二，龙抬头"，民间传为祭祀龙神的节日。

二月二这天清晨，人们争先到井上挑水。走时，在水桶里放一枚铜钱（清朝后期以"乾隆通宝"钱为好），到了井边上香敬表，对井口跪拜后挑水回家，将水连同桶内预放的铜钱倒入水瓮，称为"引钱龙"。

当地满族人则用草木灰从水瓮边一直洒到井沿，灰道呈弯曲状，象征龙形，然后人们再挑水回家，称为"引龙"。

关于"引龙"习俗的形成，当地流传着这样一个传说：有一个妇女，在离水井不远的地方洗衣服。忽然间，天空乌云密布，雷声大作。在雷鸣闪电之中，一条鳞光闪闪、见头不见尾的长龙腾云驾雾般向女人的方向卷来。那女人害怕了，急忙用一条脏裤子挡在头顶。其实，那条龙正与雷公一起忙着布云行雨，猛觉一股秽气从地面冲空而来，龙心一惊，情急之中缩身钻进井中。不料那是一口枯井，龙身陷在污泥中出不来了。洗衣的女人惊恐地把情况告诉闻讯赶来的人们。大伙儿听了，就叫那女人跪在井边向龙神叩头赔罪，众人赶紧担水倒入枯井中。井里的水渐渐升上来了，困在井里的龙凭借水势腾空而起。那龙当即在空中重新布云，为当地普降甘霖。这天，正是二月初二。从此，民间就传下来二月二井水引龙的习俗，并由此衍变为祭井神的风俗。

这一天，居民们聚钱献牲，叫"扶龙头"。当日，男人都要剃头，称"剃龙头"。

二月二将过年供奉的枣山山在干锅上烤干，全家分吃，或炒些豆子、瓜子、麻子吃，叫"咬苍蝇头"。

二月二是下画的日子。人们把过年时贴的年画取下，妥善保存，次年过年时再度张贴。

傍晚，家家用灶灰将房舍院落围住，称为"围舍"，据说可防止鬼怪邪魔进入人家。

八、惊蛰

惊蛰是反映自然物候现象的一个节气，其含义是春雷从此开始响动，从而惊醒了蛰伏在泥土里的昆虫之类的冬眠小动物。过冬的虫卵开始孵化了。此时，气温回升，春意渐浓。

当地传统习俗，惊蛰这天要吃梨。如无梨时，就以胡萝卜替代，称为"打糙气"。其意是人们经过一个冬天相对消闲的日子，身体较少活动，肠胃对食物吸收较差，人体内容易积淀致病杂物淤气，因此，在惊蛰这春回大地、万物开始复苏之际，吃些梨、萝卜之类，可借助其清凉水汁清理腹内淤积，以便身强体健，投入新一年的繁忙劳作。由此习俗，在惊蛰这天，镇内水果店成为出卖"香水梨"的专卖集市。镇郊东沙梁的农民，把特备好的胡萝卜洗得干干净净，用箩头或笆篮挑进城里沿街转巷叫卖。久之，相沿成俗。

惊蛰这天中午，人们兴吃油炸糕。养牛的人家用素糕蘸麻油喂牛，叫"撑百折"，据说，可防止牛生病。惊蛰过后，已近"犁牛遍地走"的农忙之时了，作为农业主要畜力的耕牛即将大显身手了，所以，为之消灾祛病是理所当然了。

九、春分

据老年人口传，清嘉庆年间，当时的托克托厅曾于每年的春分这天，举办类似内地传统的"打春"劝耕活动。其具体活动形式大致为：

厅辖各大行政村每年按序轮流，各主办一次。轮到主办当年劝耕活动的行政村，由村正、甲头、会首负责，于当年春分前先选好精通农事、能言善辩的老农一人，膘肥体壮的耕牛两头，新犁一张，吆牛鞭一条，以及全套耕地绳索。届时，老农穿着整齐，耕牛披红挂彩，择地举行"打春"仪式。

某年，托克托城南街后双墙主办劝耕活动时，地点选择在托克托城西郊熊家营村附近的通衢大道十字路口。

春分这天早晨，后双墙的村正、甲头、会首领着选好的老农扛着犁、赶着牛、驮着绳索提前来到十字路口。各村的村正、甲头、会首也领着本村的农民代表，邻村看红火的都陆续来到现场。

春分这天傍午时分，城里三声炮响，全副执事的托克托厅理事通判乘坐四人小轿，从厅衙出发，前呼后拥来到十字路口。

此时，老农嘴含长杆大烟袋，旁若无人地站在当道，牛犋歇在路旁。衙役鸣锣吆喝开道，老农置之不理，悠然自得地打火吸烟。小轿被拦停住。通判问道："什么人挡道？"人役回禀："庄户人挡道。"通判说："不必惊吓于他，待本官亲自问过。"通判走出轿，来到老农面前，与老农围绕农事耕作，有一番问答。问答之后，通判说一些鼓励农耕，尊崇农民的嘉奖之词，并手执牛鞭，轻抽耕牛三下。老农执犁耕田，众人恭谢通判，通判乘轿回衙。各村活动亦如此而已。

春分劝耕活动延续在清朝末年，在进入民国之后渐次停办。县境黄河岸畔，春分节后开始播种小麦。

十、清明

清明节为祭祖节日，家家在此日上祖坟墓祭。坟堆矮平，也于此日填土增高（若是闰月年，则忌填坟）。

托克托城城南高土丘，当地人称南梁头，原是沙丘漫漫、荒草丛丛的小土山。清光绪以来，清政府允许"走西口"的晋陕等地"寄民"在当地落户，并可衾坟埋葬死者，而县境农村蒙古族牧民的土地不准作坟地。于是，南梁头就成了县城及周边村民坟莹集中的埋葬地。清明节上坟的人来来往往，久而久之，就衍变为带有踏青游乐的"逛梁头"风俗。

"逛梁头"是清明踏青古俗在托克托独有的民俗风情。其时，梁头上杨柳吐绿，嫩草初生；沟壑间泉水淙淙，岚雾濛濛。墓祭结束时的男男女女，结伴而行。远眺黄河点点白帆，近视黑河只只渔船。俯瞰托克托城、河口，房舍鳞次栉比。梁底岗湾，农舍疏离，青烟袅袅，间或有山曲儿声飘起，梁头上阵阵欢声笑语。此情此景，即便是痛悼新亡的上墓人，也会情不自禁舒展愁颜。

清明节时，小孩要戴"花串串"。花串串是用蓝、红、紫、黄、绿五种颜色的布铰成拇指头大小的圆片，两片中间夹一寸左右长的一节秫茷杆儿，用线串成一串，下端饰以五彩丝穗。几串拼为一组。布的五色分别象征蓝天、红日、紫气、黄芽、绿草。魂不全（不满 12 岁）的孩子戴上可辟邪气侵伤。另一种花串串，布片数与所戴孩子的岁数相符，形制如上。

当地在清明节前，普遍蒸"寒燕燕"。史料记载，寒食节为冬至后 105 日（或 103 日），亦说清明节前两天或前一日。民间此日纪念先贤介子推。

介子推，春秋时期晋国人。晋公子重耳走国，作为谋臣，子推随之流亡国外 19 年，曾"割股救君"，为重耳复国颇建功勋。

重耳返国执政为文公。赏赐功臣时，子推认为重耳得国授之于天，诸臣不应贪天之功据为己有，因而负母隐居绵山山谷之中。后晋文公想起介子推功劳，亲往绵山访求子推。子推避而不出。为逼子推下山，文公令人放火焚山。子推与母抱木而焚。文公痛悔，改绵山为介山，立祠祭祀。焚山之日是农历三月初五清明之时，后世为纪念介子推，在其亡月有禁火熄烟，冷食数日的礼俗，传为寒食节。

托克托城近代以来，不过寒食节，更无禁火之俗。但是，寒食节名传承至今。"有心拜年，过了寒食也不迟。"还有"清明花儿，寒食糕"之俗语。"花儿""糕"都是预做好的年货，冷冻保存至清明，寒食节食用，亦为"冷食"之俗。

清明时节打秋千，是托克托城传统习俗。不仅有秋千，还有"糊游游""地游游"。昔日清明打秋千，是一大盛事。其时，居民各家自动捐出三五个鸡蛋，让栽秋千的人们饱餐一顿。清明荡荡秋千，一年心明眼亮。前街后街都有秋千架，"大家闺秀""小家碧玉"，梳妆打扮，在秋千上崭露风姿，亦为节日一俗。晚上，秋千架要用灰围住。据说，是怕鬼晚上打了秋千后，次日第一个上秋千的人要出事。

清明时节放风筝，亦是当地人们传承经久且深为人们喜好的节日活动。昔日，当地并无专门出售风筝的人。小孩儿放的风筝，都是大人们自己用枳芨、荬杆等作架，用彩纸裱糊而成，种类繁多，形式各异。托克托城的孩子们多在南梁头上放，彼此相互比赛，既比风筝制作技巧，又比放风筝的技能，是一项融娱乐、竞技、民俗风情为一体的群众性活动。

清明节是一个特殊的节日。人们把对冬去春来、万象更新的欣喜与祝愿，对逝去亲朋的哀思与悼念用既截然不同而又内在相关的民俗活动形式融集于一日，可谓有悲有喜，悲喜交加。它把人们对生与死、兴与衰的深沉豁达的态度体现于具体的活动形式，凝聚和浓缩了人们处世待物的丰富的感情色彩。

晚清至民国初年，托克托城在清明节还举办"城隍爷出府"的活动。

十一、端午

五月五日为端午节，亦称"端五""重午""端阳"等。

关于端午节的起源，众说纷纭。根据当地风俗，这个节日的活动内容主要是围绕禳灾辟邪而进行的。这种习俗倒是与端午源起于三代的兰浴一说一脉相承的。据资料记载，周代以来，端午节素有朱索桃木饰门，艾人悬户，系五彩缕、挂赤灵符等祛邪风俗。而端午节吃凉糕的食俗，又与南方地区为纪念爱国诗人屈原而吃粽子实为异地同俗，只是食物的原料、制作方法因地区不同而相异。凉糕初四傍晚做好，放于阴凉处。吃时，拌以当地用粮食熬制的小糖儿。

托克托城端午的节日活动从初一便开始了。家家用红纸剪成对头公鸡，用黄纸剪虎，分贴在院门、家门上。公鸡的嘴里还含1~2个"五色缕"（亦称"五色丝""长命缕"等，当地俗称"麻刷刷"）。麻刷刷是用五色丝线绑扎白麻而成的寸许长的小刷。麻刷刷还为小孩佩带于胸前或手腕，可以免除灾疫。有的人家还用彩纸剪蛇、蝎、蛤蟆、壁虎、蜈蚣之类贴于门上公鸡剪纸下，称五毒符，取镇邪扫灾之意。民间传说公鸡能啄掉五毒、消除病疫，辟邪驱恶的习俗由来经久。

初五日日出之前，人们到预先找好的地方挽艾蒿，将艾蒿置于家门头上。晚上沸水煮艾，用艾水洗身。据说可防蚊蝇叮咬，祛灾防病。

端午早上吃凉糕，中午多吃油炸糕、喝黄酒。传说妖邪最怕雄黄酒。"白蛇娘娘"就是因端午节喝了雄黄酒现了原形。

当地还有"疥蛤蟆躲端午"之说。民间传说，蛤蟆是法海和尚投胎转生。白娘子的儿子中了状元，祭母拜倒雷峰塔，救出母亲，全家团圆。法海自知罪孽深重，怕许状元和白娘子报仇，就投胎转世成为疥蛤蟆。端午这天，是他和白娘子结仇之日，所以就畏罪潜逃。可民间百姓出于义愤，也不放过他。"俗于是日黎明，赴水滨、池畔捕蛙。蛙至端午日，寂不鸣声。捕颇难。得之者用香墨塞其口，悬檐前，爆干，作药锭，用研敷毒疮甚效。"[1]

端午这天，婆家准假，让年轻媳妇回娘家过端午。

十二、七月七

七月初七日，传为牛郎织女会面之日。民间传说，这天，牛郎带儿女上天会织女。初七日会面，十五日分离。在这几天内，织女要为牛郎洗净一年间吃饭用过的碗筷。她边干活，边与牛郎诉说一年来的别情离绪。夫妻二人边叙话，边哭泣。故此，这几日内往往要下雨，那是织女与牛郎辛酸的泪水。牛郎走时，织女将给儿女及丈夫做好的一年的衣服交给牛郎，夫妻痛苦分离。

七月七，天下的喜鹊都飞往天河，为牛郎织女驾桥。回来时，每只喜鹊头顶上都要掉一小片毛。

此日为乞巧节。传说，天空中灿烂绚丽的云霞就是织女织出来的。养女之家，在此日供奉应时瓜果祭双星（牛郎、织女星）。七八岁的小女孩，在母亲的指导下，持新针、引新线，在一小块新布上学针线活。有的画一个简单刺绣图案，教女儿认色配线，为缝纫始日。

[1] 绥远通志馆编纂：《绥远通志稿·民族·汉族》第七册，内蒙古人民出版社，2007，第88页。

满族人于这天有预测女儿巧拙的习俗：把一碗清水放在日光下，让自家幼女在碗内投进一根绣花新针。如果针影一头呈尖形犹如毛笔、针锥状，则预示此女手巧；如影呈方柱形，则为手拙之兆。

十三、中元节

七月十五中元节，在托克托城是个颇为兴盛的节日。其时，新麦入仓，无论商家农家，都于节前或多或少蒸面人送亲赠友。特别是定亲未过门的儿媳，男家必于节后以面人馈送女家。雇有牛羊倌的人家，则蒸一面鱼犒赏。

中元节家家必墓祭祖灵，故有"鬼节日"之称。

七月十五夜，托克托城放河灯

中元节是托克托城传统的"瓜皮会"社日。届时，会有大戏班连日在城内演戏。当日，托克托城有"城隍爷出府""逛梁头"等活动。

晚上，托克托城、河口于黑河岸上举办"盂兰盆会"，河面放河灯（详见"庙会"）。

十四、中秋节

八月十五日恰值三秋之半，故名"中秋"。此日夜，秋高气爽，月圆而亮，故民间谓之"团圆节"。是日，凡离家在外者，都习惯回来阖家团聚，共度天伦之乐。否则，月圆人不圆，也是人生憾事。

中秋节烙月饼为主要食俗，月饼也是节日间亲朋相互馈赠的礼品。新婚夫妇于节后到岳父家"送月饼"是传统风俗。中秋节前后，是县镇干货铺专销月饼的时机。商号在节日期间要为店员分发数量不等的月饼。

入夜，每家于院中放一小桌。桌上供献月光、兔兔以及西瓜、葡萄等应时果品。有的还将西瓜镂刻为花篮、花鸟虫鱼各种形态，称"玩月"。月出东山，清辉满院。家家于供桌上焚香，全家拜月。祭月后，月光按全家人数分切，忌与外人分吃。兔兔则留给小孩。

城镇商贾士绅，中秋赏月食品更丰富，情趣更浓。富商大贾院中都有凉亭，供月食品摆放于厅中供桌上，掌柜、先生及高身股店员围坐供桌前，边赏月，边品茗，边闲谈。

十五、重阳节

古人以"九"为阳数，日月数皆逢九，故称九月九日为"重阳"。

此时，地里的庄禾都已收割上场，乡谚有"牢场不牢圈"之说，即牲畜可"撒野"到田野任意觅食，以故此日是牛、羊倌下工之日（从二月二上工至九月九为一季）。故有"九月九，放牛小子扭一扭"之谣。

重阳为预测当年冬季气侯和下年年景的始日。农谚有"重阳至十三，不下一冬干"。又说："九月九，天河走，回来早，年景好。回来迟，粮欠收。"民间迷信说法，天河"老人家"于重阳节去玉皇大帝处为民间讨要第二年一年的口粮。如果回来得早，说明玉帝很痛快地答应了天河老人家的全部要求；反之，则是事情办得不顺利，需多费唇舌，延误时日，也就预示明年粮食可能欠收。

十六、送寒衣节

农历十月初一，是给亡人送寒衣的节日。其时，已是初冬时候，天气渐冷。人们用各色纸剪为衣裤鞋帽等形状，同时携带食物、香烛冥币等祭品，到祖茔祭祀先人，将剪粘好的"衣服"墓前焚烧。

十七、腊八

农历十二月俗称腊月。腊八即农历十二月八日。佛教说这天是释迦牟尼得道之日。在他成佛之前，曾有一位牧女进献过乳糜。因此，腊八这天，佛寺中做粥供佛，并施舍于人。此习传于民间，便形成了家家吃腊八粥的节日习俗。

托克托城居民过腊八，在"腊七"便开始了。腊七下午，人们推车挑担，到黑河冰滩上凿冰为人形，同时拣取洁净的冰块运回。冰人立在粪堆上，称"腊八人"。净冰块倒入水瓮，融水煮"腊八粥"。

昔日托克托城"腊七"时，请和尚、道士在关帝庙念经、打醮。道场称"打善令"，意在祛邪祈吉。其时，商铺、大户人家用黑河里凿来的冰块垒成一座冰山。冰山上有沟壑，有幽洞，还有寺观庙宇、柴舍茅棚模型。用莜面捏成的虎豹豺狼、蛇蝎蜈蚣，各类飞禽遍布山上，茅棚

河口渡头的担粪者

著名画家沈逸千 1936 年在托克托城写生画

里还有合什打坐、虔心修道的比丘。商家晚上要垒旺火。

满族人对腊八颇注重。其日，将腊八粥互赠亲友，并有"相互品尝腊八粥，一年过结一笔勾"的俗语。

十八、小年

腊月二十三日为过小年，也叫小大年，是民间祭祀灶神的日子。

灶神为"一家之主"，家家供奉。昔日有专卖的灶王神像，印有灶王及其"夫人"画像。画像糊贴于用木质较好的木板（如柏木）特制的佛龛内，置于正屋北墙下的箱柜上四时享祭。二十三日为"灶王爷"上天向玉帝汇报人间，

特别是供奉之家一年间善恶所为的日子。其日，家家以主妇为主，恭行祭灶仪式；面对家中炉台，上香敬表，跪拜，祷告灶神上天只说好甭说赖，并将当年供奉的灶王神像用"祭灶麻糖"（一种特制的一寸见方的圆形米制糖块）把嘴糊住，然后焚化。同时，在炉灶口上方也糊上一些祭灶麻糖。之后，鸣炮，送灶王上天。

"二十三，祭灶麻糖把嘴粘"的俗语，不仅指粘灶神夫妻的嘴，家人分吃祭灶麻糖，亦有"为人多说好话，少搬弄是非口舌"之意。

"二十三，洗灯盏"，昔日民间点灯用瓷灯盏，有大小之分。大如拳头，半圆形，中空，上覆圆盖，与盏沿烧为一体。圆盖中有约手指粗一大孔，供注油用。边沿有一细孔纫捻。小灯盏叫"灯瓜瓜"，盆状，高寸许，中间有一圆筒状"灯芯"可穿捻。点灯时，以棉花搓捻，以麻油为燃料。二十三这天，要把当年用过的灯盏全都洗得干干净净以备在过大年时使用。

"二十三煮猪头"，当地汉族凡是杀了猪的人家，这天下午都要煮猪头，晚饭便以猪头肉为主美餐一顿。

早先，蒙古族人们对其他民俗节日不同汉族人一样有节皆过，但对过小年却比汉族人分外隆重。蒙古族过小年合家团聚一堂，吃团圆饭，喝团圆酒。蒙古族对灶神格外敬仰。平时任何人不许坐于灶上，更不许用脚踩踏炉灶。二十三祭灶时，要特意宰羊，选取胸腔肉配以干果、祭灶麻糖等盛贮盘内作为供品。同时，要燃木祭旺火，并把祭灶麻糖、羊骨扔入旺火中，全家人焚香叩拜。主妇将麻糖在灶口糊抹少许，并叩拜灶口。祭灶罢，家人按辈序叩拜。当晚，煮肉熬粥，粥以肉汤为汁。由此看来，当地汉族的"二十三煮猪头"或许是效仿蒙古族传承的。

满族人过小年亦有祭灶之俗。礼仪与汉族和蒙古族大同小异。

十九、大年

当地至今还流传着这样一段话：一进腊月，八天一个节，七天一个节，紧收拾忙打扮，大年就来了。

腊月初一、初八、十五、二十三这些节日，可以说是过大年这一中国人最隆重的节日的前奏。初一、十五虽无节日仪式，但人们都要吃顿好饭好菜，上上香，响响炮。

腊八一过，人们便开始置办年货。昔日白面（小麦面）货少价昂，一般人家年货以米食为主：炒炒米，摊玉米面"花儿"，炸油糕、炸油圈圈。用白面蒸些花花、点心，并必蒸一个"枣山山"，以备除夕供神。置办年货除食品外，还包括购置神祇杂货、香表炮杖等节日用品。

一年一个大年，大人娃娃都该穿节日新装。有钱的全套新衣，没钱的翻新旧衣。年节不穿的破旧衣服也要在年前拆洗干净。

一过小年，节日的气氛便更浓了。从腊月二十四日开始，人们便着手清扫房舍、院落。住屋的墙壁用白泥、粉土粉刷，屋顶的椽檩用抹布擦净。尤其是窗户，用窗花、剪纸、红绿草帘糊贴成各具风格的图案。窗户一经窗花裱糊，即使低矮破旧的土屋也显得五光十色，喜气洋洋，可谓是"蓬荜生辉"。

糊窗之后，便在居室墙壁上挂画。无钱买年画的人家便贴剪纸。

门框、窗框、牛棚马圈都要贴春联。居室梁上有"抬头见喜"，院口有"出门通顺"，粮仓有"米面如山"，甚至牛角上也贴上"耕千顷地，打万石粮"的小对联。

腊月三十上午安神。一般人家都有灶神佛龛，用彩纸剪成门、窗、帘、幔等，精心将佛龛"打扮"得如同庙宇华室，内供灶神夫妇。并贴对联一幅，多写"上天言好事，回宫降吉祥"。横批"一家之主"，并配左右两"耳"，分写"皂、君"二字（"皂"即"灶"）。灶神佛龛供于居室正面箱柜上，前置香炉。

灶神之外，还供天地神像、全神图。如无神像，就用黄表纸折成牌位，写明"供奉XX之神位"。天地供于居室门外门、窗之间的窗框前。全神供家正面墙下。

腊月三十下午，家家垒旺火、糊灯笼。多数人家的旺火都有预制好的旺火架，是一个二尺多高的木制长方体框栅，外糊彩纸，正中贴一写有"旺气冲天"或"香烟缭绕""上接天神"等吉祥语的春联，内点油灯或蜡灯。旺火顶上罩着用彩纸剪成各式花纹的帽子，叫"利市"，取"吉祥、喜庆"之意，俗称"旺火帽"。入夜，屋檐下、院口悬挂灯笼，所有房间都要点灯。灶神、全神前供奉枣山山和花花。花花三个一组，一般三到五组。上供之后，不得再开箱揭柜。

晚饭后，全家共聚包饺子。人们往往在某个饺子里包上硬币，讲究谁吃着此饺，为有福之人。

除夕午夜接神前，人人穿上节日新衣。孩子们准备好炮杖，大人们点燃旺火。旺火讲究着得越快越旺越好，否则就视为不吉。旺火点燃后，炮杖齐鸣。人们敞开院门、家门，迎接神圣。全家男女老少，围烤旺火，取新一年兴旺发达、阖家安康之意。若有次年"逢九"者，把提前缝好的红布"腰子"（背心）在旺火上烤烤，然后才穿在身上。旺火上烤些点心，吃了会消灾祛病。男性成人和儿童，在神位前、旺火旁、门洞内、畜圈外上香、作揖，敬表跪拜后，男主人端上供品（点心）香表炮杖等，孩子手提灯笼上附近的庙宇接神。

庙院也点燃了大旺火。神圣塑像前满斗焚香，跪拜的摩肩擦背。整个庙院香烟缭绕，炮声不绝，气氛肃穆，神秘而又热烈。从庙上回来，人们再在家中、院中焚香叩拜。

迷信说法是人间诸神在腊月二十三日上天后，根据玉帝新的"工作安排"，于除夕返回人间。在未赴各自岗位前，先在庙中聚会，待接神后各就各位。

托克托冰河野渡

著名画家沈逸千 1936 年

在托克托城写生画

接神后，全家吃饺子，称"捞元宝"。有的还要烙"翻身饼"。翻饼时，丈夫问："翻过了没?"妻子答："翻过了! 可翻好了!"这叫"接口气"。

除夕晚上，人们通宵"熬年"，不得睡觉，彻夜灯火通明。接神后，神龛前的香炉香烟不断，直至早晨。

蒙古族在除夕晚饭前，晚辈给族中长辈叩拜，行"辞岁礼"。满族在腊月三十下午，祭祀祖宗板。傍晚，有提灯笼上坟请祖宗灵魂"回家过年"之俗。其他礼俗亦如汉族。

第二节　祖先崇拜及相关礼仪

一、墓祭

墓祭是在祖先坟墓祭祀。墓祭在当地称"上坟"或"烧纸"。

墓祭的时间主要是春节、清明、中元、农历十月初一、冬至。

祭祀的方式是根据时令季节携带应时祭品和冥钱，进坟地墓前焚烧纸钱，供奉食物祭品，跪拜祭奠。祭品的数量以"四"为常规。焚冥钱后，将各色祭品均掰取少量在墓地四方扔撒，俗称"泼散"，其余堆放在墓门前。十月初一日墓祭，除如上述外，还有"送寒衣"之俗。

平时，墓祭须是成年男子。男孩不满十二岁，认为"魂不全"，能"看见鬼魂"，故不许进坟。出嫁的女儿，除在丧葬时"送灵"进祖坟墓祭外，平时不得进父族坟茔祭祀。

二、家祭

据考察，托克托城民间家祭的形式基本有三种类型。

一是设置祖宗神位以祭祀：托克托城还未考查出营造宗族祠堂、家庙的事例。少数家族逢年过节，在居室正面东北角建龛，设置祖宗神位（俗称牌位），如有遗像则悬挂于墙上，摆供食品与神位。后代子孙在遗像前，早、午、晚焚香叩拜，并将家人所食饭菜少许于开饭前先供神位前。所供祖宗多以祖父母、父母为多。年节过后将牌位焚化，遗像收藏待祭。

二是在节日、宴席祭祀：托克托城较普遍的家祭方式是在节日或红白事宴、建筑房舍等时，将刚熟的饭菜首先盛一碗供于居室正面或屋顶上，并另将少许饭菜在院中向四方"泼散"，然后人们才开始吃饭。这种祭祀方式，除祭祖先外，同时也祀"过往神灵"，以祈保佑诸事平安通顺。这种祭祀方式简便易行，且包容多种信仰寄托，所以一般人家习以为常。

三是拜容：一个家族的"容"一经修立，便成为这一家族的祖先的象征，对祖先的祭奠，也通过"拜容"的仪式来具体体现。

托克托城较大的家族，原籍都有祖容。许多家族在来托克托城定居后，都从原籍的祖容择其嫡系祖先录出，重新绘制新容。托克托城民间对容的礼拜，一般不去坟地"请容""送容"，基本仪礼是：容平时由族中长房长子传承保存。拜容时，由长房长子请出容当堂悬挂，并主持拜容仪式。异地居住的谱系旁支拜容时，需该支长房长子前往存容家请云，祭拜后仍送归原保存处。

家族拜容，集中于新春元日（农历正月初一）。在除夕夜，保存容的族长子将容请出，悬挂于自己居室正面墙上，然后摆供品、敬纸焚香后跪拜。

农历正月初一上午，本城男女齐集容前，按辈分年龄列序依次跪拜。拜容之后，晚辈分别跪拜各长辈，称"拜年"。各长辈分赐晚辈"压岁钱"。此时，由族中长者向晚辈"读谱"，讲述家族历史，颂扬祖先功德，传训家规家风。

族中如有婚丧事宴或重大喜庆活动，亦请容礼拜如上。

三、路祭

路祭是在街镇外的十字路口撮土插香，摆设祭品，焚烧冥钱以祭祀亡灵。民国以来，冥钱装在白纸糊成的信封内，以邮信格式写明亡亲坟墓所在地址、亡亲姓名、祭祀者所居地址。

采用路祭方式祭祀亡灵，多是平时不准进祖坟墓祭的出嫁妇女。此外，由于坟地太远墓祭不便，暂居、常居外地的异乡人，也多采用路祭。路祭的时间亦如墓祭。新亡至亲如父母的出嫁女儿，在至亲埋葬后，可随时用路祭这一方式哭诉对亡亲的思念之情。

四、蒙古族的祖灵崇拜

蒙古族早期实行火葬、天葬，据传约在清中叶，土默川的蒙古族逐渐与汉族同俗，施行土葬，亡者有了墓地，祭祖亦如汉族，有了墓祭习俗。过年时上坟祭奠，祭品为年节食物。节祭多为清明、中元节。祭品为羊背子或羊肋骨。

古代蒙古族认为神灵无处不在，无时不存。认为人世间的一切都是天父的安排，从而产生了天命观。蒙古族崇信祖先辞世后，其灵魂升天成为神灵，因而，祖灵崇拜和神灵崇拜、祭祀祖灵和祭祀神灵融为一体。

崇拜佛法，供奉释迦牟尼，是蒙古族普遍的信仰。聚居之处盖有佛爷庙，家中供有佛爷像。

五、祭火

蒙古族对火的崇拜敬仰由来已久，认为天、地、火是人类繁衍的三大要素。蒙古族祭火仪式蕴含有明显的祭祖因素。一个家族，晚辈成家分户另居，要从父母家的祖火中引去火种，点燃分居的灶火，以表示祖先圣火永传不息。

腊月二十三过小年，蒙古族都要在院里点燃旺火，把羊背子等祭品投入火中，全家人围着旺火焚香叩拜。聚居的蒙古族人家，选一合适地点，垒一个大旺火，各家自带祭礼，聚到大旺火周围，共祭旺火，同时举办一些娱乐活动。

第三节　行业习俗

一、崇尚技艺

工匠是"吃技术饭"的行业，每一个匠人都是凭自己的技术承揽业务，挣钱养家糊口的。一个工匠，只要拥有本行业务的精湛技艺，就会在同行的竞争中占有绝对优势。行内有一句话："凭艺术叫人，营生自上门。"即所谓"酒香不怕巷子深"。

昔日有句俗语："爱好不过手艺人。"就是说，任何行业的工匠，都会自觉地要求自己在技术上精益求精，在服务上慎独诚信。他们崇奉一条真理：营生都是给自己做了。就是说，只要把自己承揽的每一项业务都当做给自己做一样认真负责，一丝不苟，而不是偷工减料，瞒哄欺骗，那就会招徕更多的回头客，并且凭借回头客主动传播良好的声誉，从而带来更多的业务，开辟更大的市场。民国时，托克托城北街的名木匠郭招财，割的风箱既风大，又拉时手轻，还不磕背杆。人们宁肯多给些手工钱，也争着买郭招财的风箱。同是鼓风器具，东阁儿的木匠康黄毛，打出的扇车就分外音大、风足，脚蹬起来还省力。

同行业的竞争也迫使工匠们竞相拥有自己的独门绝技，从而使自己成为行业中独一无二的技术权威。一旦拥有某种"绝技"，视为技术绝密，轻易不传授于人，不仅不传授于徒弟，有的甚至拒绝传授于儿子，担心儿子将技艺传于别人，使自己的"绝技"不再是"绝技"，从而影响自己的行艺市场。

正因如此，形成了工匠们崇尚技艺的良好行风。许多匠人在投师学艺时，对师傅毕恭毕敬，唯命是从；对技术刻苦钻研，精益求精。对师傅不肯轻易传授的绝技，就千方百计地"偷"，所谓"学艺不如偷艺"。正是这种行行都有的"偷艺"法，使许多精湛的绝艺得以传承。

二、祖师信仰

相同行业的工匠之间有许多同一性，他们也自称或被他人称为"同行人"。同行人因为利害关系的一致性，形成了一些独特的职业特征，其一就是祖师崇拜。

几乎每一个工匠行都有自己的祖师爷，有的一行一师，或几师。有的几行一师。如：铁匠、银匠、铜匠、铧炉等炉火匠人和窑匠共拜太上老君，因为老君会用八卦炉炼丹，是炉火之神。木匠、石匠和许多相关匠人拜鲁班。干货匠的师爷是汉宣帝，传说他曾经卖过面饼。医药行拜华佗、孙思邈，华佗是神医，孙思邈是药王等。有祖师，就有祭奠祖师的节日和祭奠仪式，例如，木匠、瓦匠、泥匠和石匠行每年农历五月初七纪念祖师。届时，由"掌火的"

（把头）率众工匠对祖师鲁班的神主牌位祭酒、磕头，然后各人把一件工具放在神主牌位前，焚化黄表纸祈祷祖师赐巧。同行人认为，纸灰落在谁的工具上，就是祖师爷当年向谁恩赐巧慧。

平时，行业中人也对祖师绝对恭敬，言谈举止格外谨慎，否则会认为要遭灾受罚。

铁匠行忌讳犯祖师爷李老君的小名"吹儿"，于是，每逢农历九月初九老君生日那天，禁止吹哨子。

清末民初，托克托城造纸业较发达。当时，由纸业行组成的"公义社"有"八大会首"。每年农历三月十六，相传为蔡伦的诞辰。其时，各纸坊纸匠师傅及徒弟在会首的带领下，齐集供奉祖师爷蔡伦的山神庙，为祖师爷庆寿。蔡伦的塑像头戴王冠，身披黄袍，巍然高坐于锦帘彩幔之中。一幅对联悬挂于塑像两侧，上写：

凭祖先水内生金

托仙翁池中取宝

会首们领着众纸匠依次在祖师爷塑像前上香敬表，行叩拜大礼。

从农历三月十六日起，山神庙前唱戏三天，各纸坊放假三天，纸匠们也聚会吃喝三天。

农历十月初十，传说为蔡伦的忌日。纸业行的财东、掌柜们还要举行小型的祭奠。

各行手艺人依靠虔诚的祖师信仰，确定同行的结缘与认同关系，维护同行共同的经济利益。

三、师缘传承

民间工匠技艺都是通过师缘传承而得以代代延续。这种师承关系既有父传子承的工匠世家，更多更普遍的是异性师徒的传承关系。传统的师徒关系是一种终身信誉关系。所谓"师为衣食父母""一日为师，终身为父"。徒弟拜师入行，必须有保人介绍，由师傅、家长、本人三方商定，举行拜师仪式，在祖师爷牌位前立规矩，履行口头合同，也有立字据的，这样才算正式学徒。一般三年为学徒期，三年出徒，还需"谢师"一到二年。谢师期间，从艺所赚收入，归师傅所有，师傅酌情给予衣服或其他少许待遇。学徒期间，师傅传艺要根据学徒时间长短循序渐进，由疏而精。如木匠从拉锯解树、劈砍荒料入手，铁匠从拉风箱、扛大锤开始。学徒第一年要为师傅家干家务，伺候师傅，为师傅"提茶壶，倒夜壶"。未曾学艺，先懂行规。有句行话叫"教会徒弟，饿死师傅"。因此，一些工匠师傅往往对徒弟"压一手"，将自己的绝技保留不传，或不完全传授于徒弟。于是，有许许多多工匠绝技随着持技者的辞世而永远掩埋在坟墓之中。托克托城干货匠杨猛的锅盔遐迩闻名，堪称"绝技"，可至死未传授于人，以至于技与人亡。

四、成立行会

各行工匠为了维护自身的利益，协调彼此的关系，都要结成自己的行业组织。行会又联合为工会、商会等统一机构（参见本书相关章节内容）。

五、订立行交

不同行业组织之间也有往来互惠的关系。但哪些行业能让利交往，怎么交往，要依传统而定。理发业、饭馆业与戏行就素有行交：理发的用饭馆或戏班里的热水不给钱；开饭馆的和演戏的剃头理发也不给钱，据说这是祖宗积下的缘分。行交讲究职业道德，崇尚"人敬人高"。像理发师傅去打热水，必须在脸盆上搭一块毛巾，不然就不礼貌，俗话说像没穿衣服一样，对方可以不给热水。

工匠组织对内论尊卑，讲诚信；对外论交情，讲义气。其基础界限是维护自身利益。

六、行话

几乎所有的行业都有自己的行话。上面说的理发行收费，从一到十，就有一套专用行话："百万军中无白旗（一），夫子无人问仲尼（二），霸王失了擎天柱（三），骂倒将军无马骑（四），吾今不用多开口（五），滚滚江河脱水衣

（六），皂子时常挂了白（七），分瓜不用把刀持（八），丸中失去灵丹药（九），千里送君终一离（十）。"顾客不知情是听不懂的。同行相遇，要讲行话，以免第三者或外行人插入，影响生意。

再如：纸匠行叫肉为"尸黴子"，酒为"火扇子"，茶为"染沾子"，米为"碾细子"，油为"漫水子"，白面为"金锁扑尘子"，莜面为"银锁扑尘子"等。

七、行规

传统社会行业众多，各行业都有一些规矩，用以保护自己，如规定"不得跨行"（即不能兼做两样生意）、"不得跳行"（即不能任意改行），"生行莫入，熟行莫出"，说"改行三年穷"等。他们依照这些禁约，形成了攻守同盟，个中内幕，除非他们自己说破，否则外人看不透也插不进。

托克托城纸业行有一个特殊规矩：外地来到托克托城的同行手艺人，只要能说出本行业的行话，若是过路的，当地纸坊掌柜就要供其食宿；若是缺乏路费盘缠的，纸坊掌柜就要安排本纸坊纸匠轮流歇工，让来人顶替上工，付其工资以助行资。

第八章　饮食文化

第一节　日常饮食结构及其主要饮食风俗

一、日常饮食结构

人类的饮食文化，历经由简单到复杂、由粗疏到精细、由低级到高级的发展阶段。在这极其漫长的发展过程中，人们在追求肌体本能的需求的同时，也在尽力满足精神的需求。千百年来民间形成的食俗，将"吃"与社会礼仪、宗教信仰、岁时节日、婚嫁丧葬、治病养生、地理环境、艺术审美以至历史人物故事等社会生活的方方面面千丝万缕地联系起来，甚至融为一体。

历史上，托克托地区的食品种类不是很多，其特点是"种甚吃甚"。在交通运输条件非常不便利的时代，人们的食品只能以当地所产的粮食、瓜菜等为主。晚清以来，托克托人们的饮食结构基本为：

主食以米为主，面为辅。米有糜米、黍米、谷米、高粱米等，其中糜米又为主食中的主食。面有莜麦面、玉米面、豌豆面、扁豆面、高粱面、小麦面、大麦（广麦）面等，其中，莜面、豆面为多。当地称为"白面"的小麦面，普通庶民百姓除过节、待客外，日常生活中极少食用。原因是小麦对生长条件要求高，托克托地区产小麦极少，以至白面被尊为"供佛东西"，成为非常人所常食的高档食品。

副食的蔬菜类有山药（马铃薯）、白菜、芥菜、圆菜、萝卜等，其中的山药为人们一日不可或缺的副食中的主食。山药之外就是白菜，当时，托克托城人家家在秋天用粗瓷大瓮腌制酸白菜，与山药一起熬成"大烩菜"，拌米饭、就面饼、余莜面鱼鱼，此为日常所食。若款待客人，便做大烩菜加豆腐、粉条，则为"杂烩菜"；若能加少许猪肉做成"肉烩菜"，再蘸吃黄米（黍米）

面素糕，一口一块儿，一咽一"咕噜"，大人娃娃吃得满头冒汗，香得满嘴流油。圆菜、芥菜、萝卜多混合腌制为咸菜，俗称"烂腌菜"，早晚就饭吃。黄萝卜（胡萝卜）镲为丝丝，是饺子、包子的馅料。

肉食类有猪、羊、牛、马、驴等家畜肉，鸡、鸭、鹅等家禽肉，黄河、黑河的各类鱼等，其中以猪肉为多。那时，当地流行一句俗语："口里人穷死也念几天书，口外人穷死也喂一口猪。"喂猪，就是为吃肉、油。每年冬季时过"小雪"节令，天气寒冷，猪肉可以在粮房冷冻保存，喂猪的人家就开始杀猪了，因此，当地有"小雪流凌（黄河封冻前流凌），猪儿头疼"的俗语。杀猪的当天，主家要吃"杀猪糕"。杀猪糕就是如上所说的猪肉烩菜蘸素糕，只是菜里肉多了，山药少了，而所烩的猪肉是"猪槽头（猪脖颈）"肉，别有一种味道，这也是当地传统的食俗。杀猪糕不仅招待屠家和帮忙杀猪的，同时请本街近亲、家族中的老人聚餐，并且要给左邻右舍馈赠。杀猪糕成为一道融祝贺、情谊、会餐为一体的地方风俗大餐。

蛋乳类主要是牛、羊乳，鸡、鸭、鹅蛋。

油脂类有胡麻、黄黑芥、菜籽等所榨的植物油和猪、羊等家畜动物油。

瓜果类有番瓜、倭瓜、西葫芦、黄瓜、西瓜、杏、苹果、葡萄等。

托克托城南四五里的花圪台，所产倭瓜遐迩闻名，自然成为托克托人瓜类中的首选。在土默川至今依然流传着两句顺口溜："花圪台的倭瓜碱池的蒜，喇嘛湾的闺女不用看。"

花圪台的倭瓜肉厚瓤少，脆而不疏，柔而不黏。其甜味胜蜜而不似蜜，有一股难以言表的清纯"瓜香"。

花圪台的倭瓜和在糜米酸粥里，使原本金黄的"金珠米"更加晶亮，其味酸中有甜，甜中有酸。两种托克托县名产相辅相成，共同成就了托克托县一盘主副搭配的名餐——窝瓜酸粥。但是，熬粥的工艺不到位，也难品尝到个中该有的色香味。

花圪台的倭瓜精心保存，可越冬放到过大年。人们在过年时熬一盆"倭瓜汤"，冻在粮房里，再拿回家融化冰凌，瓜脆汤甜，冰凉透体，又解渴又泄火，是调和年节油腻食品的绝好饮品。

托克托城南一溜湾，城东近郊东沙梁的丁家营、姜家营、沙圪洞、南坪、狼窝壕等村，在化肥、农药未发明时，其地所产的西瓜、香瓜、黄瓜，是纯"绿色食品"。农民种菜种瓜所施的肥料全是"茅粪"即人粪尿。一溜湾、东沙梁临近托克托城、河口的农民，几乎每天清晨就担着茅桶进了城，用瓜菜豆类等小农副产品向镇里的居民换茅粪。可以说，当时的托克托城、河口，是临近农村的"肥料基地"，而临近农村来镇里"担茅子"的农民，是镇里的"清粪工人"。这些"清粪工人"，不仅不要工资，而且还是花钱买粪。特定历史条件下所形成的这种城乡"双赢互惠"关系，既清洁了城镇环境，也优化了农村耕地，更重要的是培育了纯绿色的高品质食品。

那时的瓜，其香甜酥脆简直无法形容。当瓜开园后，离瓜地一里多远，就会嗅到扑鼻的瓜香，令人垂涎欲滴。

正因如此，托克托城的大买卖字号在瓜粒座成时，就派人到瓜农的瓜地里一颗一颗地"号瓜"。所谓"号瓜"，就是商家向瓜农预购瓜，其预购的方法是：商家派去号瓜的人到了瓜地，听取瓜农对自己所种的各类品种的瓜的性能、特征、成熟期等情况介绍，考察瓜的长势，商定瓜的价格及相关事宜。买卖成交后，商家就用商号的印戳在选中的瓜上盖印、计数。根据上市的时间及其他需求不同，盖印的位置方式也有特定的讲究。因为售购双方多为"老相与"，所以，关于交易的所有议定事项，均为"君子协定"。

瓜熟了，瓜农就按照与商号号瓜的协议，将瓜送到商号。未号的瓜就可由瓜农自主出售。当时，瓜农还有一种特殊的种瓜售瓜方式：瓜农选出少量园子好地，打春后就铺一层羊粪，以提高地温，经过分外的精工细作，把上年精心培育的良种西瓜籽在清明节后就下种。幼苗出土后，每晚都用早已捏好晒干的半圆形泥饽饽一窝窝扣在瓜苗上，以保温护苗。这样精种的西瓜叫"铺沙瓜"，在端午节就可上市。瓜农们把饱熟的、颗粒大小适中、形状颜色好看的瓜擦抹得油光锃亮，用一个编制精巧的小篮子装上，特意送给一些字号的掌柜、先生，并殷勤地说一些诸如"×掌柜、×先生，今年多亏老天照应，也沾光你老的福分，咱们的瓜比往年结得又大又多，养得又香又甜。我挑了几个瓜王，特地拿来孝敬你老，分文不要，只求你老甭嫌弃，赏个脸，尝尝鲜……"之类的奉承话。那些掌柜、先生会高高兴兴、客客气气地把瓜收下，还会赏一碗清茶，然后以特高的价格付给瓜农钱。

买主高价尝鲜，卖主以少胜多，双方皆大欢喜。

当地吃西瓜，还有一种特殊的吃法：西瓜熟透后，瓜瓤都化为汁水，人们把瓜切开，把瓜籽从汁水中捞尽，把炒熟的"什拉米"泡进瓜壳的汁水中，然后将瓜壳放在阴凉处，待汁水和米几近冰凉之时，用小勺就瓜壳内舀米和汁水吃。水甜米酥，分外清香，入肚后"前心打到后心凉"。这样吃不仅可口，还清暑泄火、提神养颜。

中华人民共和国成立前，托克托县地区自产水果极少。那时，托克托城市面所销售的各类水果多是由山西、陕西运来的。夏、秋之际，从山西来的驴骡驮，从陕西来的二饼车（板板车、大样车）把当地的黄杏、白灵沙果、苹果、海红果、清枣、海棠、梨、柿子、柿饼、黑枣、脆枣等源源不绝地运来托克托城。这些晋陕客商都有自己久住的旅店。这些旅店不仅为客商提供食宿便利，同时还代为本镇的小行贩儿收购水果等小吃食品。这样，这些晋陕来的驴骡驮、板板车，几乎不出旅店就将自己的货批发出售。很快，这些水果便在托克托城的街巷、码头、货场竞相上市了。此外，去大同、天津的花轱辘车队也在返回托克托城时贩回一些当地水果。

饮料以砖茶、白酒、黄酒为主。

托克托城的普通人家，昔日还有一种特殊的饮料——苦菜汤。春季，人们把田地里的嫩苦菜掏回来，剔去枯叶老根，洗净后入锅煮熟，捞在清水里，淘去苦汁，将菜苗攥成拳头大的圆蛋挨个放在粗瓷大瓮里，再灌进酸米汤，务必使米汤将菜全部淹没，然后用高粱穗杆（俗称"葖箭箭"）缝制的"瓮拍拍"

（瓮盖）将瓮口盖严实。六七天后，苦菜就发酵为颜色金黄、汤水清凉的"苦菜汤"饮料。人们晨昏旦暮、饭前饭后、疲乏之时，燥渴之际，随时可用瓢、勺舀汤饮用。那汤酸甜爽口，尤其是凉爽如融冰之水。暑伏天喝一碗苦菜汤，打凉又泄火，再吃些苦菜，解渴又止饿。因此，当地民歌中至今仍有一句唱词："半夜喝了一碗苦菜汤，家菜不如野菜香。"

长期以来，人们利用有限的食品发明创造了数不胜数的烹调方式，基本有煮、蒸、炒、烤、烧、煎、炸、烩、炖、焖、调、拌、馏、汆、扒、烹等。不同的烹饪方法不仅增加了食品的种类，调剂了食品的营养成分，而且在食物的形态、色泽、味道等方面也取得了赏心悦目、增进食欲的良好效果。

二、日常饮食风俗

省吃俭用，艰苦朴素，是托克托城居民世代传承的民风；粗茶淡饭、家常便饭，是当地居民尤其是普通人家的食俗惯制。在这里，祖祖辈辈流传着这样几句俗语："过光景要细水长流。""在瓮沿上节省，不要在瓮底下节省。"这些俗语都形象生动地说明了人们崇尚勤俭、鄙弃奢侈的良风美德。

劳动人民一日三餐传统食俗的形成，与他们的生产生活方式密切相关。"日出而作、日落而息"的生产劳作规律，要求人们的饮食习惯也必须与之相适应。繁重的体力劳动，造成劳苦大众体力的大量消耗。为及时补充精力，以承受繁忙的劳力支出，就必须有相应的进食时间和食量。

事实上，一日三餐制在一年之中往往是随着农时季节不同而有所变化的。农民在农忙时，不仅日食三餐，而且量多食稠。一般早饭以酸粥为多，或米中加山药，或拌炒面。中午或米饭或面饭，晚上稀粥。农闲季节，特别是天寒日短的冬季，早、晚饭便成了稀粥，有的人家干脆改成了午、晚两餐。其他体力劳动群体也基本沿袭一日三餐食俗。就是五谷丰登的好年日，人们也不会"有了一顿，没了不动"。"常将有时思无时，莫到无时思有时"是当地世代相传的"教子经"。

大字号的掌柜、先生，社会上的乡宦、士绅等有钱有势者，早上在茶馆品茶吃早点，午饭有小菜佐酒。饮食不再追求"吃饱"，而是讲究"吃好"。

第二节　特色餐饮及制作

一、节日食品

托克托城的节日食品传承悠久，自成风俗。这里记述的是 20 世纪上半叶的节日食俗。

大年初一，家家吃饺子。饺子由饺皮和饺馅儿组成。饺皮用白面加水和为软硬适中的面团，再撅为大小适中的"饺剂"，用面杖擀为中间稍厚，周边略薄的圆片，即为饺皮。将饺馅包入饺皮内，捏紧边口，一个饺子就制成了。饺子的基本造型为元宝型，口边可捏为多种花纹。饺馅多为猪、牛、羊肉和黄萝卜丝及胡油、盐、花椒、香油等调味品混合搅匀而成。饺子因"饺"与"交"谐音，和面的"和"与"合"谐音且意同，寓意和合团聚；"交"有交子更岁之意。所以，大年初一全家人围坐一起吃饺子就有阖家欢聚，辞旧迎新，其乐融融的吉祥寓意。饺子捏为元宝型，象征"招财进宝"，祈求家业兴旺。饺子亦名扁食，当地有串话说：穿得烂，走得慢，肚合（里）装的扁食蛋。昔日贫困人家，初一吃不起白面肉馅饺子，就是莜面素馅也要捏成饺子型，以取吉利之意。

商铺字号因人多，初一这顿饺子都是在节前就由伙计们抽工余时间包好，冷冻后存放。初一吃饺子时，允许伙计们喝些小酒。所谓"小酒"，就是适量而止，不许酗酒。

初一午饭，多是炖肉或炖鱼，主食为黍面油炸糕或白面点心，并佐以烧酒，讲究"肥酒大肉"，以庆贺一年开首第一天。年糕取"年年高升"之意。"鱼"与"余"同音，寓意"年年有余"。

二月二，是"龙抬头"的日子。人们把过年摆供的"枣山山"在锅里烘干，全家人分吃。吃炒黄豆、炒大豆，叫"咬龙头"或"咬苍绳头"，有趋吉辟邪意；吃"长豆面"，长豆面是把豌豆面擀薄，用刀切成又长又窄的面条，叫"龙须面""龙筋面"。

清明节前几日，托克托城人家普遍蒸寒燕燕。寒燕燕是用白面捏成一个个小巧的各种飞鸟形象，因鸟形以燕子为主，统称寒燕燕。捏制寒燕燕都是现和面现捏，和面较硬，捏时便于成型，蒸熟亦较少变形。蒸熟的寒燕燕用颜色染画嘴、眼、尾、羽，形成层次鲜明的色泽对比。

托克托城流行姥姥给外甥、奶奶给孙子送寒燕燕的风俗。送出的寒燕燕，清明这天太阳未出宫时，要在井槽上清水"饮过"。据说，饮过的寒燕燕，孩子吃上消食，可免灾病。

寒燕燕除赐送晚辈小孩外，还作为家庭节日装饰品。常见的是饰为"寒燕燕架"——选一株枝杈丛生、错落有致、二尺多高的"圪针"树枝，将寒燕燕精心布局，插在树枝上，组成一幅群鸟聚树的景观，寓意春暖花开、百鸟争鸣的景象。由于各家所选的圪针树形态各异，插法的构思不同，因而插出的图案千差万别。插好的寒燕燕树，有的吊在屋顶上，有的摆在箱柜上，以供人欣赏。

另一习俗是把寒燕燕用线吊在一个十字或多角小棍架上，组成了另一种风格造型的"寒燕燕架"。因这种架上的寒燕燕可摆动，故多吊在襁褓中的婴儿头顶，"哄戏"婴儿。有的还在架上配上几朵纸花。

端午吃凉糕。托克托城的凉糕用较黏的黍米（黄米）做成。人们把黍米在碓臼舂细，把米中带壳的黍粒一颗颗挑出，于五月初一用清水浸泡至初四傍晚，再倒在锅里，反复用清水将米淘净，然后加水熬煮成粥——这样加工做出的粥精细可口。将米粥一层层摊在用高粱穗杆缝制成的圆形器物（当地人作"拍拍"）上，中间夹上豇豆、果脯等馅泥，放在阴凉处晾凉。

托克托地区吃凉糕的风俗，据说是由南方人吃粽子纪念屈原的演变。

端午中午吃油炸糕，喝黄酒，可辟邪气。

中元节，家家于节前蒸白面人，作为亲友互送的礼品。

面人分大、小两类。大面人高尺余，小面人五六寸。面人造型有立、卧、仰、爬等各种形态。无论大小，个个形体俱全，且配以头饰、衣饰，以及象征吉祥如意的花卉图案。

面人中的形象取材广泛，除常见的人物造型（多为胖娃娃）外，神话中的"观音踩莲"，"二十四贤孝"中的"安安送米""王祥卧鱼"等也会成为面人中的创作题材。

捏面人要考虑上笼时间，蒸面人要掌握火候大小，发面中兑碱多少要适度。只有各道工序都恰到好处，蒸出的面人才不变形。

蒸熟的面人稍待冷却，用红色颜料依形点染，显得形象生动，颇具艺术欣赏性。

中秋节烙月饼。昔日农家以铁鏊自烙月饼。月饼面用白面加胡油、白糖和匀而成，一斤面和二两油二两糖叫"二油二糖"，和三两油三两糖叫"三油三糖"。捏月饼要圆，饼面要光，取"圆满平和"之意。月饼的上面用梳齿扎成各式花纹，圆心处用捆扎为一束的细荛箭蘸红颜料戳印为圆形花瓣图案，或用木刻的"月饼戳"盖印成图案。同时，每家必烙一个大月饼，称"月光"。月光正面要勾勒出月宫、桂树、玉兔形象，画一个大大的"月"字。此外，还烙一对儿对头兔兔。

中秋节前，托克托城的大小干货铺都停止其他打饼业务，集中人力专烙月饼。其时，大街小巷里扑鼻的烙饼油腥气终日不息。

月饼是亲友互赠的节日礼品。字号的伙计们，中秋节也都要分数量不等的月饼。月光由家人分食。兔兔分给孙子、外甥等晚辈。

腊八吃腊八粥。腊八粥要偷吃。腊七晚饭后，即将冰水煮佛，内浸豇豆、红枣。腊八粥务于腊八日出前做好吃罢。早上做粥，旧城人要以老爷庙的钟声为号令。倘若在日出后再做粥，家人就会得"红眼病"。偷吃腊八粥，据说是源于"铁拐李腊八偷锅"之忌。粥熟后，首先将锅底的稠粥挖一勺倒入炉灶内，祭灶神，再供一碗粥祭天地诸神。祭毕，家人开始抹红糖吃。

腊八凌晨，预将少半碗腊八粥汤盛碗底冻成圆形冰砣后，置于腊八人头顶上，称为冰人戴红缨帽。如汤冻不成砣，亦将冰汤倒于冰人"头"上，并焚香敬表叩拜。

春节前，家家开始置办年货。传统年货有油炸糕、油圐圙、炒米等。据考察，油圐圙和炒米本是蒙古族游牧民的日常食品，是为适应游牧生活习惯而特制的便宜食品。吃时，只要滚一壶奶茶，将炒米、油圐圙泡在奶茶里，又方便，又可口耐饥。后来在汉族和蒙古族长期相处中，这两种食品就慢慢变成当地人们过年时家家必备的年货。只是由于当地农业取代畜牧业，乳食品减少，将奶茶演变成了膏子茶或红茶。

腊月二十三，家家或多或少都要买点麻糖祭灶。中午都吃油炸糕。

除夕夜，每家吃完晚饭后，主妇将家中的箱柜擦抹干净，男人将提前蒸好的点心分组供奉在正墙（北墙）前摆的箱柜顶上，枣山山供奉位置应对着佛龛神像。

枣山山是当地居民春节时家家必蒸的一种祀神的食品。

枣山山有造型大小、构图繁简之分。小型枣山山图案也简约，多以硬面手搓成指头粗细的面条，用竹筷在面条上纵压成沟，然后从两端呈反方向盘卷为两个相连的云团形。用三个这样的云团拼成一个三角形的枣山山。较大的枣山山可以称作是一件寓意颇深的面塑艺术品：在一块圆形面片上，精心捏制各种花朵，组成各式图案。花朵上再横盘一条鳞角分明（用剪刀剪出鳞甲）、昂首摆尾的长龙。龙嘴衔一枚铜钱（清朝后期以乾隆通宝为好）。在云团眼儿或花芯处嵌进枣肉，蒸熟后再以红色水彩点缀装饰。

午夜接神后，全家围坐吃辞旧迎新的团圆饺子。

有的人家在接神后还烙"翻身饼"，取生活年年变好之意。

二、仪礼食品

把食品作为礼品在亲友间互相馈赠由来已久。这种交往形式，馈赠的是食品，传送的是情谊。有道是"有来无往不成礼""来而不往非礼也"。这不仅是指礼品的往来，而且也反应着"礼"在人们交往中所负载的深厚情感和良好祝愿。人们用这种交往方式维系着亲戚、家族、朋友、社会的关系，营造着彼此之间和谐友好的相处氛围。这应该是食品作为礼品交往的真实目的。同理，婚丧宴席以食品待客，亦是亲友间"礼尚往来"的交往方式。

食品作为仪礼礼品，种类颇多。上文所提到的诸如春节祀神的花花、枣山山，中元节的面人、面鱼，上庙敬香的点心等，其实也可属于仪礼食品。

仪礼食品伴随着人一生的生老病死阶段。

孩子出生后，"三朝""半月""满月""生日""圆锁"等时，亲友们都有相应的食品作为礼品馈送，主家也都以相应的食品设宴招待来客。其中，以"面锁"较有特色。

托克托城传统的习俗，孩子过生儿、圆锁时，姥姥、奶奶、姨姨、姑姑等为其蒸一盘面锁儿，届时带之至家祝贺。

面锁儿圆型中空，以圆周面片作底，上面以花卉或寿桃围成圆圈，圆圈上依序排列十二生肖，在 12 个动物形象间，间配石榴、佛手。蒸熟后，以颜料装点。

婚礼中的探话点心、茶、酒、肉、娶女羊、离娘馍馍离娘糕、哄婆食之类，老人过寿的寿桃、长寿面，丧葬礼中的三牲、大供等，都属典型的仪礼食品。

托克托城办红（婚礼、寿礼、小儿生日等）、白（丧葬）事宴，早饭豆腐、粉条汤，油炸糕蘸白糖，一桌一盘黄豆芽。宵夜酒席和中午宴席碗面相同，有三盘、四盘、硬四盘、六六、八八、罐子席等档次。三盘是一盘绿豆芽披细粉，一盘红烧猪肉，一盘杂烩菜；四盘是三盘再加一盘肉丸子或清蒸羊肉；四盘再加一盘黄焖鸡即为硬四盘。六六、八八均是在四盘的基础上加鱼、鸡、牛、羊等肉盘，碗面数凑够六盘、八盘；罐子席红炖肉不限量，用瓷罐盛着炖肉转桌面添肉，主食均为白面点心。

第三节　地方风味食品

一、小吃

民国以来，托克托城的地方风味小吃品类繁多，数不胜数。

干货是当地人对各类面制糕点、饼子的总称。制作干货的作坊叫干货铺。干货铺根据其所制作的干货品种、工艺不同而分为白货铺、黑货铺、饽饽铺。白货铺专做精点心。精点心又有精馅和笨馅之分。精馅的馅料有桃仁、杏仁、果脯、红白葡萄干、青红丝；笨馅有糖、葫芦丝等。由于配料和制作工艺的不同，精点心有几十个品类。

黑货铺制作精点心以外的各类干货，又有蒸、炸、烙等不同制作工艺。蒸的干货有四瓣甜点心、甜窝窝等；炸的有麻花、油饼、麻叶等；烙的有锅盔、月饼、馅儿饼、油旋儿、提江、三角儿、酥馍、炕板等。

白货铺和黑货铺所制作的干货不仅出售给本镇的各个零售点、小商贩，也向相邻旗县大量批发。

饽饽铺是一种规模较小的干货铺，其制作的干货以"白皮饼"为主，还有牛舌头饼等。饽饽铺的干货主要是零售，其销售法比较特殊：都是在院落迎街巷的墙壁上开一个3尺见方的窗口，营业时把堵窗口的木板悬放在窗口下作为售货柜台。干货之外也兼售大豆、麻糖之类的小食品。

其时，托克托城的大小炉干货铺遍布在各街巷。

在诸多干货中，有几样名品至今为人们啧啧称道。

精点心酥甜精美，表皮薄如羽翼，稍一触碰，便层层跌落。在干货铺现买现吃，店里特备一个精巧的小木碟，用来接盛跌落的点心皮。如买上带走，店里就用纸包好。精点心是当时高档的礼品，其包装虽不像现在的礼品盒精致，但包装纸也是颇为讲究的特制纸。

干垫儿是一种与当时所用的瓷灯盏大小形状相类似的椭圆面饼，这是一种经过特别工艺制作而成的发酵面饼，不放油糖而酥甜可口，且有一种特殊的香味。边薄中厚，表皮硬韧而酥，里层柔脆而空。刚出锅放在面案上，像不倒翁般左右摆动。如果用手按扁，过一会儿，瘪塌的部分又慢慢复原为原来的椭圆形。

甜窝窝是用谷米面、草麦芽配适量的碱发酵蒸制而成。清末民初，甜窝窝是用口面直径 1 寸多、高不足 2 寸的小盅放在大笼里蒸出来的。体型小巧玲珑，色泽晶黄光亮，口感精细绵甜，而最诱人的是有一种特殊的米香味儿。

说到小吃，人们自然要想到那些推着车儿、挑着担儿、吆喝着曲儿走街串巷卖小吃的"小行贩儿"。

"小行贩儿"是当地人对小商贩的称谓。小行贩儿不仅卖小吃，也到镇周围的村里卖些日用小杂货。而在镇里沿街叫卖的，则是小吃车或担。

旭日初升，晨曦满天，街巷里便响起此起彼伏的小贩叫卖声："锅盔——麻花——糖麻叶儿——油旋儿——酥馍——干定儿——"这是卖干货的吆喝声。一根光溜溜、颤悠悠的榆木扁担，挑两个 2 尺多高的木笼柜。前边的笼柜分为 3 个抽屉，后边的直筒加盖，笼柜里分装着各类干货，还有大豆、麻糖、花生、黑枣、果丹皮等。他们边吆喝边摇着右手里的货郎鼓。吆喝声合辙押韵，句句入耳；货郎鼓鼓脆锣铮，声声和韵。不仅叫卖声悦耳好听，那踏着笼柜颤动的潇洒步伐，也叫人看着动情。

托克托城干货行，老范家的糖油饼儿，钱来厚的满口酥糖干轮儿、糖麻花，张宏伟的一捏酥四瓣甜点心和满口酥锅盔，是行中精品。而杨猛的锅盔，则是精品中的精品。杨猛的锅盔三固定：卖货地点固定——王忠坡下；数量固定——不多不少，每天 50 个；时间固定——冬天八点，夏天七点。想吃王猛的锅盔，就需早早在固定的时间前到固定的地点排队等候。"碗大捞得稠，浮头漂的油。喝油油了。"这是卖杂碎的叫卖声。杂碎就是用羊的头、蹄、脏腑、血或加上少量山药条熬成的杂肉汤。托克托城人就爱喝"全羊下水"杂碎。杂碎只能趁热喝，冷了，既不好喝，而且喝了容易引起肠胃病。因此，卖杂碎的肩挑上街叫卖的杂碎担，桶盖封口严严实实。卖杂碎的都有各自固定的地点，担子一落地，人们立刻围过来。揭开盖后热气腾腾，只见红艳艳的辣椒油花漂浮在碎肉上面，未曾动口，一股馋涎便窜上舌尖。

"喝油油"中最香的，是张大山和卢二石头的猪、羊杂碎。

卖粉皮的小车上（或小担上）架一块油光水滑的摊粉皮的案板，上面整齐地摆着一卷卷粉皮、一沓沓凉粉、一坨坨碗坨。很值得一提的是，托克托城的粉皮不仅是纯粉面（从山药中结晶而成）制作的，而且有别处少有的"菱角粉皮"。这菱角是黑河里的一种水生植物果实，外壳坚硬，两头尖尖。内核色白脆甜，做成粉皮薄如纸、色如银、晶如冰，三伏天吃一碗菱角粉皮，口香如滑，入肚那一刻，前胸后背透心凉。卖粉皮的也有拿手活：左手横卡一卷粉皮，右手用一把薄薄的竹刀，高举左手，用竹刀灵敏疾速地将粉皮卷切为薄厚均匀的圆片，左手稍倾，顺势一扬，那卷粉皮犹如瀑布倾泻，齐刷刷落入碗中，随着"瀑布"倾泻，左手也自然下垂，手近碗沿，手中的粉皮也全到了碗里，恰好装得满满一海碗。这一全过程，也不过几秒钟而已，而且姿态潇洒优美，看了叫人浑身舒服。就凭这一手，围观的人不吃也得吃。其中，民国年间李四娥做的绿豆粉大卷粉皮，可谓行中之魁。

与粉皮相似的名品是畅家的荞麦面生糊凉粉和"自撩儿"的碗坨儿。所谓"自撩儿"是畅家也是托克托城独特的碗坨儿售货法儿：吃碗坨者一人一根小竹签，用竹签在碗坨上横划几道，再竖划几道，然后根据自己的口味用小勺在众多的调料小罐中"自撩儿"，让你满意到舌头尖上。

晚清、民国初期，托克托城的东阁儿是忙人、闲人集中的地方，诸物杂耍、踢拳卖艺、三教九流者在这里汇聚，因而也是风味齐全的小吃摊贩荟萃之处。小吃如上所述外，榜上有名的，还有吴旺财的牛肚子、牛头肉，老康旺的卤腐沙鸡，贾六的江米粽子，肖三和畅福小的米面茶汤，老陈二的手擀长豆面，乔四罗和命坨旦儿的绿豆粉浆，贾二钱的黄豆炒面，潘三和邢汉业的黄豆炒面灌馅麻糖、豆棍儿、粘板糖……诸多传承经久、制作精巧、风味独特、乡土气息浓厚的风味小吃为地方饮食文化增添了亮丽的风采。

二、酸米饭

托克托城的汉族居民大多于清朝年间及民国初年从山西河曲、陕西府谷等地迁来定居。他们把当地的"酸罐子"也同时带来托克托。久而久之，"酸罐子"（当地称"浆米罐"）便成了托克托各族人民、几乎是家家炉灶上必备的食具，而且由于当地水土之异，形成了风味独特的托克托县酸米饭。

所谓酸米饭，是通过特定的方法使米在容器发酵后再熬制而成。同是托县地区，同是酸罐子，县境南部沿黄河岸畔一带的酸罐子"浆"出来的米，熬出来的饭，黄中泛亮，酸中带甜，又软又精，清香扑鼻，越嚼越"油香"。而县境中、北部黑河两岸，东沙梁、沙河圈一带的酸米饭都"糟皮不塌"，色白无光泽，吃在嘴里还有一种粗涩的感觉。为什么呢？原来，关键是米的质量差异所致。

"傍河十里涠。"黄河岸畔的土质多为"瓦碱地"，表层沙土下是几尺厚的红胶土，常年耕作，沙土与红土搅和，形成"二黄土"。由于河水涠浸，土中含盐碱较多，成为俗称的瓦碱地。正是这种特殊的瓦碱地长出的糜、黍、谷类不仅产量高，而且质量好。当然，精耕细作至为重要。当地农谚说，耕三耙四锄搂八遍，打下的糜黍八米二糠。这样的米又黄又亮，软而精，油而香。这种米经酸罐子一浆，精度更甚，爽口无涩感，且别具一股清香味儿。

托克托县黄河畔的糜米香名遐迩皆闻。民间有一个神乎其神的传说，令人闻之咋舌。

传说清朝光绪初年，黄河发大水。朝廷派了一位姓尹的钦差大臣奉旨来托克托查看黄河水情，那时的河口是塞外著名商埠，又位居黄河岸畔。一天，这位钦差大臣走在河口的大街上，忽然闻到一股特别的米饭香味儿。他引了一个护卫循着香味前去寻找，在镇中一条胡同的深处找到了米香散发的地方，原来是一户人家正熬糜米饭。尹大人便问煮饭的人，这叫什么米，那家主人说叫金米，尹大人情不自禁赞道："真是满街香啊！"

经了解，这种糜米颗粒大，质地细，煮出的米饭金黄，味道香甜，精细爽口。而且还有清凉泻火、通肺理气等医疗作用，常年食用，可以健胃养肾，强身健体，延年益寿，具有较高的营养价值和保健功能。而这种米只有黄河岸边的瓦碱地才能种出。

几天后，尹大人奉旨回朝，要为光绪皇帝操办婚事。临走时，他就把这满街香的金米当作礼品带了些回到京城。

尹大人让人带着米袋进宫还旨，恰逢英国大臣送来英国女王的贺礼——一座精美的自鸣钟。女王还让人写了一幅对联：

日月共明报十二时吉祥如意

天地合德庆亿万年富贵荣华

尹大人也不甘示弱，他要用塞外的土特产同英国的洋玩意儿比美，便也写了一幅对联贴在米袋上：

和帝同姓舍上三旗颜色

与民共食包下里巴香味

这幅贺联的意思是：我这米与皇上同姓"爱星（新）"，满语称"金"为"爱星"，（金）是上三旗的颜色——黄白色；君王与老百姓共吃金米，与民同乐，分享普通百姓的特产香味。

就在光绪的婚礼大宴上，御前大臣用这"爱星苏苏"（金米）蒸了一碗八宝饭。一揭蒸笼，满堂飘香。大伙一尝，又精又爽口。光绪皇帝大加称赞：塞外珍珠米，香飘十八里。

于是，皇帝重赏了尹大人，还下旨将这托克托黄河畔上特产的"金珠米"列为每年的贡品。

对于这一民间传说的史实我们未做考证，也无需考证，但托克托县沿黄河岸畔所产的糜米品位高档这一事实是实实在在的。托克托人世世代代酸罐里浆的就是这种被誉为"珍珠米"的糜米。昔日城镇"六陈行"里卖的，县境其他区域人们量的、换的，多是这种米。

酸饭的种类主要是稀粥、焖饭、粥三大类。熬饭时，保持原汤，米熟后，连汤带米舀入盆内，叫稀粥；熬到米粒疏散时，撇干米汤，将米翻过再熬至熟做成的干饭叫焖饭；拍汤适量，熬成稠于稀粥，稀于焖饭的则为粥。酸饭要做得美味可口，关键是火候、汤量恰到好处。乡谚"紧火焖饭慢火粥，獗死赶活熬稀粥"便是经验总结。所谓火候"紧、慢"也要适度。火太紧米则焦，俗称"上山"；太慢，米在温水浸泡过时，则失去精气。做好粥的诀窍在"鬻"——用铁匙将温火煨炙的糊状汤米反覆搅动到一定的程度，熬出的粥才又软又精，否则便绵而不精了。

稀粥有清、稠、二不溜之分。"二不溜"就是介于清、稠之间。同样，粥也分稠粥、二不溜。这样区分主要是出于节俭用米。农忙时食稠，农闲时多吃二不溜。当地的顺口溜"早起酸粥圪垛垛，晌午莜面推窝窝，黑夜稀粥不溜溜"中的"圪垛垛"，"不溜溜"便是指二不溜的粥和稀粥。

酸饭中放入山药，称"带蛋"。带蛋的粥、焖饭，光滑细腻，分外"精着"。山药与米相拌，沙酥可口，别有一番滋味。

酸饭中放入蓄瓜、倭瓜（尤其是花圪台的倭瓜），称"杏干儿饭"。色如熟杏，红黄晶亮，酸中有甜，甜中夹腻，向为酸饭中的上品。

酸饭中还可拌炒面。当地的炒面多以莜麦或高粱和黄豆搭配炒熟磨面而成。酸饭拌炒面，讲究一个"拧"字，即用双筷用劲转碗沿旋搅，据说，如能转到"九遭一出子"，吃时绵甜利口，香气浓郁。

熬稀粥时拌少许高粱面，则为酸糊糊。喝时，光溜爽口。

酸焖饭佐以山药箭箭（细条）凉菜，是伏天消暑败火的美味饭菜。

酸饭就烂腌菜，为常食之法。根据各人胃口，还可抹油葱、辣椒等调味品。俗语"辣椒抹粥——挺抖"便是对这种食法的赞美。

酸饭，既是托克托的风味食品，也是当地人们的常年主食。昔日当地民间有"一斗米顶二斗面"的说法，因为托县米精道、耐吃，从而成了当地食品的一个品牌。

三、红炖黄河鲤鱼

黄河鲤鱼为鱼中精品，色、香、味俱佳，为世人所欲。红炖鲤鱼尤为烹调美肴，而托克托的"新糜米焖饭开河鱼"堪称肴馔一绝。

这里所说的"新糜米"并非指每年秋天新收的糜子，而是碾去糜子皮的现米，与旧米相对而言为新米。因为开河鱼与当年产的新糜米无论如何也不会同时出现在餐桌上。

黄河开河鱼以"鲜"显美，香味特灵特浓，肉也分外"精着油气"。吃时"粘嘴粘嘴"，余香久久不息。这是由特定的气候、地理和鱼的生长习性使然。鱼肉如此，而鱼汤也相应地格外肥美。开河鱼的鱼汤稍待冷却，便凝为一坨，表面为一层厚厚的油脂覆盖，可保鱼汤的香味不致挥发。

黄河开河鱼所以分外鲜美，据有关资料记载：冬初河冻，鱼在冰冻期不食不动，至来春冰开取之，极肥美。据传，黄河开河鱼曾为皇帝御用贡品。现代科学证明，在冬天冰封水面以后，鱼处于休眠状态，很少进食和活动，经过一冬的净化，鱼体中的一些异味物质渐渐溶于水，鱼体内储存的营养物质，尤其是脂肪、肝糖的转化、消耗，让鱼的肉质更加鲜嫩和纯净。黄河鲤鱼是我国四大淡水名鱼之首，素有"诸鱼之长，鱼中之王"之美称。而黄河鲶鱼更是珍稀鱼种，向有"五月鲶鱼赛如人参"的美誉。

鱼汤所泡的焖饭，为甜焖饭，即将米淘洗干净后，直接倒入沸水中熬、焖。黄河畔上的糜米焖饭再以黄河的开河鱼汤浸泡而食，其香不言而喻。

托克托县的红炖黄河鲤鱼所以驰名，除鱼、米之外，还因有托克托县特产的小茴香、红辣椒作为佐料。托克托县辣椒色鲜味灵，香而不尖辣，历来是托克托县的品牌特产。而托克托县的小茴香碧绿透黄，气味清悠芬芳。在红炖鱼中，小茴香是"当家"调料，舍此，鱼肉腥膻难吃。

鱼、米、茴香、辣椒四佳俱全，加以精巧的红炖技艺，才成就了托克托县这一方美食。

第九章　服饰文化

第一节　近现代服饰演变

一、由实用性向观赏性的演变

服饰产生的初始，其作用主要是遮身护体、防寒保暖。随着社会的发展，人类物质文化生活的进步，人们对衣服的功能有了新的追求，就是在满足衣饰保护身体作用的同时，具有赏心悦目的观赏价值。自古以来，人们用许许多多的典故、词汇强调衣饰的观赏价值，如"衣绣昼行""衣锦还乡""衣冠楚楚""衣香鬓影"等。托克托民间流传着这样的俗语："人是衣裳马是鞍。""左右好看，再加上打扮。"民歌中有诸如此类的唱词："要穿蓝来一身蓝，走上好比水漂船。""要穿白来一身白，好像仙女下凡来。"这些唱词都说明了衣饰对人体形象至关重要的作用。

衣饰的观赏习俗，要受到消费生活水平的严格制约。在贫苦和战乱中维系生命的人们，衣服的观赏意义无人顾及。只有在正常的消费生活环境中，衣饰的观赏习性才被提升到重要的位置。特别是在人们的社会交往中，衣饰的观赏价值具有更大的影响力。

衣服的观赏性不仅体现在造型款式的新颖、颜色雅丽的映衬、质地优劣的对比、佩饰组合的协调等诸多方面，而且特别表现在衣饰制作的加工艺术上，即衣服的缝纫工艺。

衣服的缝纫工艺多姿多彩，这里只略说刺绣和纳绣，从中即可窥见人们对衣服观赏价值的愿望和追求。

在衣服上刺绣各种花纹图案，是托克托各族人们共同的审美希求，其中，以蒙古族人们的刺绣尤为见长。

　　蒙古族刺绣艺术在衣饰中应用广泛，像衣服的袖口、领边、襟边、蒙古袍的边布、帽子、耳套、鞋、靴等。

　　蒙古族民间刺绣的工艺表现手法多种多样，常见的有对比、夸张、添加等。

　　对比手法的运用内容十分丰富。概括言之，主要有形体对比、布局对比、格调对比、虚实对比、形象对比等。而对比色的运用在蒙古族民间刺绣中更为常见。设色喜用退晕的方法减弱色相、纯度，形成逐渐过度的色泽效果。

　　所谓夸张手法即对画面主体形象的主要特征予以夸张式的表现，淡化、弱化，乃至省略其次要方面。同时，运用渲染、烘托等艺术手法突出主体形象，造成鲜明强烈的直观效果。

　　添加的方法就是刺绣中常用的"花中套花、叶中套花"方法。在动物刺绣品中，常在边角处绣些花草加以点缀。添加手法的运用在突出主题的同时适当丰富了内容，强化美感。

虎头鞋

面锁

虎头帽

蒙古族民间衣饰刺绣图案异常丰富，诸如蝴蝶蝙蝠、鱼虫、草纹、龙凤、佛手、寿字、方胜、云头、如意，以及各种几何形纹样等。

蒙古族民间衣饰刺绣色彩朴素而鲜艳，线条粗犷而明快，绣工细致中见粗疏，针法活泼而紧严。取材源于现实生活，具有自己鲜明的民族性和独特的艺术风格。

托克托城传统的汉族刺绣在衣饰的应用范围与蒙古族刺绣相比，范围相对狭小，多集中在青年男女、小孩的一些用品方面，如绣鞋、鞋垫、腰爪爪、裹肚肚、虎头帽、狗狗帽、虎头鞋等小物件。

昔日汉族刺绣的图案多为传统题材，以花草瓜果为主，间有"四时吉庆""连年有余""鸳鸯戏水""喜鹊登梅""水鸭子卧莲""鱼钻莲""日月同天"等。图案的选用根据绣物的形制、用途各有相应的造型。

昔日汉族成年男子的外衣绝少有刺绣装饰，当时托克托地区盛行在"腰爪爪"上精心修饰。

"腰子"是托克托城人对贴身上衣的称谓，相当于后世的背心。"腰子"的一种款式是前襟的遮胸部分缀成一对左右对称的"腰爪爪"，"腰爪爪"的形制主体为长方形，下端呈梯形角。上端与后襟搭肩部分缝为一体，下端缀一桃疙瘩扣，与圆筒式的兜肚上的"扣门"扣接。腰爪爪是当地服饰中的工艺品，它融刺绣和纳绣于一体。腰爪爪的边框纳绣为"卍"字纹、"水纹"等图案，中间主体部分用各色丝线绣出各种图案，诸如花卉、鸟兽、人物等。这种腰子男女咸宜，是普通汉族百姓衣饰中比较高档、讲究的服饰，可谓"拙中藏巧，朴中显美"。

纳绣是汉族妇女的基本针黹技艺。昔日托克托普通百姓都穿家做鞋，家做鞋的鞋底里面用面浆把破布层层粘贴，叠垛后外罩一层新布，再用细麻绳缝纳。纳鞋底在保持鞋底结实耐用的前提下，麻绳"针脚"所构成的图案也很讲究艺术性。针脚的长短、疏密、排列组合，技法不同，图案各异，常见的有"实纳钵""疙瘩底""花格格""跳针针"等针法纹样。

纳绣工艺还多用于补袜。补袜是一套完整的工序，由袜底、袜头、袜后跟三部分组成，每个组成部分都有经过纳绣的工艺制作。青年妇女往往通过纳袜底的工艺表达对丈夫的深情厚爱。故此，妇女们在纳绣袜底时，精心构思，竞展才艺。

纳绣袜底不用彩色丝线，而用一色棉线。图案造型虽千姿百态，但基本上由花边纹饰和主体形象两大部分组成。花边纹饰常见有"卍"字纹、水纹、云纹、几何纹的二方连续等。主体形象图案内容的选择，多是围绕"情爱"的主旨，像鸳鸯、蝴蝶、蜂采蜜、鱼钻莲之类。有的还大胆地纳上"蛇盘蛋""鹰踏兔"这类具有人类早期崇拜生殖的原始文化积淀意蕴的民俗造型。

二、由鲜明的民族服饰特色向各族服饰渐趋一致性的转变

明、清之际，托克托县地区经历了由游牧到半农半牧再到以农为主的产业嬗变。生产、生活方式的改变必然影响到服饰习俗的变化。在这漫长的数百年间，境内的各族劳动人民在共同生产、共同生活中，服饰习俗互相影响，互相吸收，异中有同，同中有异，你中有我，我中有你。由于当地逐步形成了以从内地（山西、陕西、河北等地）迁来的从事农耕的汉人为绝大多数的居民格局，因而，境内的服饰习俗也在不知不觉中呈现以汉俗为主体的的变化趋势。决定这一变化趋势的关键因素是当地生产方式的改变。当农业取代畜牧业后，适应游牧的长袍马靴已不适宜田间劳作，于是，已成为农民的蒙古人们也脱下长袍马靴，仿照汉族农民的服饰，穿上了短袄布鞋。其时，地广人稀，冬季气候严寒，游牧民习惯系袍的腰带，也成为一些农民御寒取暖的服饰部件，但是，已简化为仅够围腰的几寸宽的布带，也没有蒙古族腰带原来都配带的蒙古刀、小餐具等。

入清以来，满族的一些典型的民族服饰渐次普及，成为汉族和蒙古族等各族人民普遍欢迎的衣着。如旗袍、马褂、红缨帽等。至今，托克托境内仍可听到当日流传的俗语："过大年，响大炮，爷爷戴的红缨帽。""长袍马褂"则是当日士绅商家男子的时装，穿此以显示自己不同于平民百姓的身份、地位。马褂、红缨帽于清末以来逐渐消失，而满族妇女的旗袍以其优雅端庄，美观适体，成为汉族和蒙古族等各族妇女共同喜爱仿制的世代传承的服装。

进入民国，托克托各族人们的服饰基本上趋于一致。除了回族男子的礼拜帽、蒙古族老年妇女的头饰具有鲜明的民族服饰特征外，单从服饰上看，已看不出民族间的区别。

第二节　性别服饰特征

一、性别服饰的一般差异

服饰习俗历来就存在着性别上的明显差异。传统的衣饰观念，男子以简为尚，女子则以华为美，也就是托克托人所说的"女花男素"。而昔日"女花"亦有年龄限制：三十不穿红，四十不穿绿。

进入 20 世纪，男女服饰的差异，主要表现在质地、款式、颜色、等各个方面。

在衣服用料的选择上，无论"上衣"还是"下裳"，男人以厚实耐磨为主，女人则相对以薄活轻便为先。这种差异的习俗惯制，除性别上的审美需求外，也与男女各自所承担的劳务职责不同密切相关。男人在外从事体力劳动，对衣服的磨损较大，劳作中，对衣服的观赏性也不甚讲究。女人较多从事家务活儿，衣服的损伤程度相对较小，而且，社会上人们对妇女的衣着修饰评头品足较多，就连丈夫的衣着整洁与否，也都归责于妻子。当地有俗语说："男人的衣，女人的脸。"

在衣服款式上，男子以实用为基本要求，女子在实用的基础上，更注重美观。

在衣服色泽上，男人无论棉衣、单衣，外衣都以黑、灰、蓝、白等单色素面为习俗，所以，男子刺绣花饰的衣服仅见贴身穿的腰子（背心）上胸襟部分的"腰爪爪"和鞋垫等内衣。女人的外衣，特别是夏衣，则喜欢用色彩艳丽的花布制衣。家境富裕者，则穿绸着缎。

二、佩饰

男子穿衣，基本没有佩饰，妇女则十分讲究衣服和饰物的搭配映衬。与衣服密切相关的饰物如头饰、耳环、项链、戒指、手镯等，虽然不是衣服，但其观赏价值是与衣服相辅相成、交相辉映的。当然，饰物的佩饰是与消费水平相适应的。当地一句俗语："穿衣吃饭看家当，搽油抹粉趁人样"，很客观地说明了衣饰消费观念、习俗与消费条件的内在关系。

二十世纪四五十年代托克托县妇女合影

第三节 职业服饰特征

一、体力劳动者

托克托城农民普遍穿粗布短衣，色用蓝白，冬天穿棉布及羊皮袄裤，戴毡帽。夏秋农作期间，多赤脚。

托克托城的农民中，有家境较宽裕的人家，在衣着上较普通农民讲究。因为托克托城的农民与"市民"同住一街，生活习俗基本相同，只是各自消费水平的不同而导致衣饰习俗的差异。家境较宽裕的农民，往往兼营一些农业之外的辅助性行业，因此，这类人群的职业身份介于农民与"士吏"之间。他们虽因有农民的主要身份而不习惯穿长袍，但其衣着装扮比纯粹的农民整洁讲究上档次。

托克托城有不少船工。那时的船工叫"红腿艄公河路汉"，因为他们从开河推船下水到霜降时收水停船，一年八个来月的水上生涯中，几乎是在赤身裸体中度过的。除非停船上岸，他们基本上是不穿裤子不穿鞋的。有几句通行的俗语形容船工的形象说："扯船汉，真难看，浑身上下一身泥，死人脊背骆驼蹄。朝前不能看，朝后看，两颗蛋。"上了年纪的船工，有的在人多时将裤子系在腰间，用裤裆遮在前面。以此，传说不知是哪朝哪代的皇帝发了善心，给河路汉封了"三丈官道"，即河路汉浑身一丝不挂，行走的 3 丈之内，无人干涉，无人指责。

托克托城的渔民虽然不像船工那样赤身裸体，但夏天多是赤膀短衫半截裤，头罩毛巾遮阳，赤脚或踏一双破鞋。

二、士吏

托克托城昔日由职业不同而形成的衣饰特征简如上述，且在本章其他节、目中已有涉及。此外，尚有一些具有鲜明地方特色的职业衣饰习俗需要补述。

托克托城在民国年间"衣灰布袍，黑布鞋帽"的"士吏"阶层包括商铺的掌柜、先生、学校的教员。而穿长袍，戴礼帽、瓜壳帽的，也有商铺的管理人员，如上街的、站柜台的、站院的等"顶生意"职员。只是，一般职员的长袍在布料的质量上明显差、劣于掌柜、先生等高级职员，而且也不像掌柜、先生那样一年四季冬棉夏单作为常服。

布袍的颜色也不只是灰色、黑色、棕色，白色也为常见，大致是夏季衣浅色，冬季衣深色，春、秋两季常在袍子上套坎肩。

民国年间的小学教员生活清贫，但由于职业身份，也都穿长袍、戴礼帽，脚蹬市布软底鞋。

"士吏"阶层的年轻人，也有少数人穿西服皮鞋的，但多是在比较庄重的场合偶尔穿之。

第四节　民族服饰

一、蒙古族服饰的主要特征

蒙古袍为蒙古民族的传统服装。长袖高领，长而宽大，右开襟。下端左右一般不开衩，领口、袖口和衣襟多镶红边，图案各异。男袍多为蓝、棕色。女袍多红色、绿色、紫色。暖季穿浅色，寒季穿深色。棉袍多以羊皮制作，单夹袍以布、绸缎为料。

穿袍需配系腰带。男子扎腰带时，为骑马便利，把袍提上束短。女子则袍襟向下拉展，以体现身体曲线。

腰带是游牧民族传统服饰。《史记》《汉书》匈奴传中记载的"黄金胥纰"以及"鲜卑郭洛带"是北方少数民族腰带的早期形式。蒙古族腰带继承了"胥纰""郭洛带"习俗，并改进之。用腰带束腰，是马背民族骑乘的需要。

同为束腰之带，蒙古腰带在传承中显示了独特的民族风格。其长丈余，颜色与袍子形成醒目强烈的色彩辉映效果。男子的腰带上常挂一把蒙古刀。刀鞘上挂一小口袋，内装小餐具。左侧又挂一小锁链，链上装有打火石，腰间别有烟袋或荷包。腰带以上袍襟内装有较贵重的某些用物。男子系腰带除有实用价值外,还是权威的象征。故而,袍与腰带是不可分割的一套服饰。

蒙古女子腰带需紧扎,以显出身材的苗条。婚后便不再系腰带,表示服从丈夫的权威。当然,这种习俗也不是绝对的。

重头饰、项饰也是蒙古族服饰的传统习俗。头饰、项饰不仅有实用价值,它还是一个人社会地位、财富、尊严的象征。

蒙古平民戴各色扁帽,帽缘稍鼓起,唯帽后垂缘,用两条细带系于颔下。带下复有带,随风飘动。蒙古妇女头戴固姑冠,亦名姑姑冠。这种固姑冠上至皇帝后妃,下至平民妇女均戴之,只是其用料装饰贵贱繁简不同而已。

作为头饰的蒙古花簪,更是珠光宝气,艳丽异常。蒙古花簪是一种以珠宝精工细琢的发簪。有以金银丝线串联各色珍珠、珊瑚而成的凤凰及各种飞禽,有以玛瑙、珊瑚、松石雕琢的甲虫,有用金、银、翡翠、宝石制成的各种圆、方、三角形的花簪。逢年过节、喜庆宴会或贵客光临时,妇女们便将花簪插于头上。一般是将头发束于头顶或脑后,插上花簪,前额缀上串串珍珠,两鬓挂较大的珍珠或珊瑚等结成的串串长穗,垂于耳边。

与中原农耕民族相比,游牧民族以脚穿长筒靴为其显著特征。蒙古靴的基本形制是靴头尖而上翘,靴体宽大,以便于靴内套裹腿毡、棉袜或毡袜、包脚布等。靴面的不同部位以贴花、缝缀、刺绣等工艺装饰各种花纹图案。蒙古靴具有骑乘时护腿、护踝、踏雪、踏沙、防虫防露等诸多实用功能,同时也是技艺精良的工艺制作。这是与高原游牧民族的生活相适应的服饰。

蒙古族的传统服饰随着时代的变化而发生巨大的变化。

"清初,土默特蒙古除官员穿满服外,一般人仍着蒙古袍服。其后,服饰渐趋满化,方领变为圆领,窄袖变为箭袖(马蹄袖),贾哈也被马褂代替。到乾隆年间,随着大规模的垦殖,服饰又为之一变。据土默特文献档案载,贫苦蒙古多有穿汉式衣裤者。如蓝布夹袄、小白布衫、白单裤、布袜、黑鞋等。故清朝中期以后,其服饰既有传统的蒙古袍服,也有满式、汉式服饰,服饰呈多样化，且穿着汉式短衣裤的愈往后愈多。""民国以来，土默特人的衣服又有较大变化，即由满式转向汉式。"[1]

引文所述完全符合托克托蒙古族人民的服饰演变情况。

二、汉族主要服饰特征

20 世纪以来，从事农耕和其他体力劳动的汉族人民衣着简朴，以"耐穿、省钱"为服装主旨。手工缝制的中式袄裤为传统服饰。上衣袄或褂分对开襟（俗称"对门门"）和大襟式两种。衣扣以布条挽结，其形如桃，故名"桃疙瘩"。裤为大裆，无前后之分，故穿时可前后调换，以避单面摩擦损甚。夏单冬棉。棉衣里外两层，内装棉花或羊毛。棉裤可里外翻穿。春秋穿夹衣者甚少。多数人家天大热时，脱去棉衣即穿单衣。天冷，脱了单衣即换棉衣。所谓换季，也只是冬棉夏单而已。

皮袄是当地居民冬季通用的皮衣。以羊皮缝制，也分对门、大襟两式。皮袄寿命特长，"新三年，旧三年，缝缝补补又三年"。旧皮袄如在皮外缝布，做成"调面子皮袄"，其寿命又可延长。

上身内衣俗称"腰子"，型似坎肩，无领无袖，对襟。男女老幼皆同。即后来所称的"背心"。

大人小孩都戴帽子。中老年春、夏、秋季均罩手巾。男子所罩手巾在后脑打结，使手巾两端通过结扣一上一下显露出来。中老年妇女则将手巾呈圆形围于头上，圆周棱角分明。老年男子冬天多戴羊毛擀的毡帽，有的还在毡帽上绷上猫皮或狗皮、羊皮，做成耳罩。如能绷上兔皮特别是狐皮，那就十分讲究了。

中华民族崇虎文化传承经久。虎在民间，是人们心目中的保护神。虎作为吉祥物，与娃娃为伴，可为孩子祛灾、赐福，使其茁壮成长。这种浓郁的崇虎文化现象，与我国原始社会虎图腾文化有着不可分割的血缘关系。由此，在托

---

[1] 云海主编《土默特志·上卷》内蒙古人民出版社，1997，第897页。

克托民间，小孩子不分男女，穿虎头鞋，戴虎头帽，蔚然成风，世代传承。

虎头鞋、虎头帽的具体形体虽因人而异，但其共同特点是突出"虎头"形象，特别是眼睛、须毛、耳朵。眼睛以"光芒四射"为主旨，虎须、虎耳要显示出"虎虎有生气"的虎威气势。

普通人家男女老少均穿家做鞋，有板绵鱼、牛鼻子、把把鞋等样式。冬天，男人们穿棉鞋或毛鞋。毛鞋由毡匠用羊毛擀制，分长腰、短腰两种样式。

袜子只在冬天才穿，多数男人的袜子是自己用羊毛捻线挑成的毛袜子。家境较好人家在过年时穿线袜。无论线袜、毛袜，破了都要用布补缀。因此，几乎家家的成年男子都有自己依脚型修制的袜楦子。依楦补出的袜子既合脚好穿，又整型美观。

"缠足"时期，年轻妇女的"三寸金莲"多为绣花鞋。老年妇女的小脚布鞋呈"锐角三角形"，鞋帮中间缀"搂鞋带"，从鞋上部挽结，以防鞋脱。

衣服用料多为手工纺织的"土布"。白色原布叫"生布"。贫苦人家用生布缝衣时，用草木灰、锅底黑为汁，在铁锅中沸水煮染成灰黑色。夏秋时，也有用草汁浸染成黄绿色的。因汉族人以白色为孝，因此穿衣时，除夏衣单衫，一般不穿白色外衣。

当时，托克托城有几家染坊，专为生布染色，以黑、蓝两色为主。有"一水""两水"之分。一水色浅，两水色深。一般人都穿一水布，因其染色省钱。如在染色前，于一块生布上按简陋的排列式样折叠并用线缝缀些摺块，入缸浸染时，造成生布着色的深浅浓淡图案效果，则被称为"花布"。

妇女的首饰主要有：

叉针：有单股和双股之分，多为银质。单股的叫银麻花，插在发式正中；双股的叫叉针，插在发式四周，用来固定发型。

耳环：多为银圈耳环，可以镀金。耳环可以下坠玉片、珊瑚、玛瑙等。

手镯：以白银、镀金、玉为多。银手镯以单股较普遍，有数股缠为绞丝状的，叫"麻花手镯"。

戒指：以银质为多见，带金戒指的为富豪人家的贵妇女眷。

汉族服饰从晚清到民国初，变化不太大。较明显的变化是，普通人家的布料以市布（当时俗称洋布）取代了土布。布袜变为针织线袜。中山制服和西服在仕宦阶层中流行。富豪之家的中青年妇女也有穿旗袍的。

三、满族典型服饰的主要特征

满族服饰喜蓝色，常年穿袍服。袍服有单、夹、棉、皮等式样，随季节而换穿。

满族的服饰分为礼服和常服。

礼服：男子四开衩长袍，外套大褂或马褂，披肩，马蹄袖，束腰带，上系褡裢、荷包。女子长袍不开衩，有挽袖，袖口绣花卉。外套锦绣镶边，对襟绣花坎肩。

常服：男子四开衩长袍，套马褂，不套袖头，清时戴红缨帽或瓜皮帽。进入民国，礼帽、火车头帽取代了红缨帽，束腰带。

女子常服也穿长袍，外套坎肩，绣花平底鞋。

进入民国，满族服饰发生很大变化，长袍已不多见，马蹄袖几近绝迹，腰带也不常系。女子平常也穿短衣，多不套坎肩。

满族的典型衣饰是旗袍，旗袍流行传承中，在保持基本款式的基础上，从用料、花色、局部造型到襟边等处的镶、嵌、滚、绣多种工艺加工，可谓花样翻新，风采宜人。它以端庄大方，清淡雅致，充分显示人体曲线美感的艺术魅力，为各族妇女分外青睐。中华人民共和国成立前，托克托县地区只有城镇家资颇富的年轻妇女以此作为礼服。

清代，男子辫发，挽辫梢，帽式有纬帽（凉帽）、毡帽、坤帽等。女子结髻，老幼喜在髻上插花。进入民国，男子不再梳辫，留平头、分头。女子也不梳"把头"而梳短发。男子帽式逐渐与汉族无异。

四、回族代表性服饰

回族受伊斯兰教的影响，男子戴号帽，妇女戴盖头，成为回族在服饰上最普遍，也是最显著的标志。号帽也称礼拜帽，大多平顶圆形，因做礼拜扣头时要求前额和鼻尖着地，所以没有帽檐。号帽以白色和黑色为主，托克托县回族男子的号帽多为白色。

伊斯兰教把头发、耳朵、脖颈等除手以外的躯体视为羞体，不得外露。尤其认为在室外把头部不加遮盖地对着天空是一种亵渎行为，所以，回族妇女一般都披戴盖头，忌穿短袖衫和裙子。盖头称古古，多用纱、绸等质地讲究的细料缝制。盖头较常见的有白、黑、绿三种颜色。老年妇女戴白色盖头，清净老成；中年妇女戴黑色盖头，素雅端庄；少女和少妇戴绿色盖头，且在盖头上绣上金边或花草图案，更显得清新秀丽，青春洋溢。

回族爱整洁，衣着喜欢白色、黑色。白色象征着纯洁、明亮，黑色象征沉着、深奥。黑白二色并用，相互映衬，对比分明，从服色上表现了回族的爱洁心理和审美情趣。

第五节　婚丧礼仪服饰及信仰服饰

一、婚礼服饰

婚礼中的新人礼服属于礼仪服饰，与其他服饰的习俗惯制有所不同，它是完全出自社会礼俗的需求，并不一定去考虑服装的实用性或某些观赏性要求。即使有的与观赏需求结合起来，也依然以礼仪为重，这是礼仪服饰的基本特征。

清时，娶亲均用花轿迎娶，新郎被誉为"状元之体"，新婚日称为"登科之日"。晚清时，新人的妆新衣服要向专营婚嫁事宜的鼓坊租赁。新郎的礼帽、袍褂俗称"硬衣硬靠"，冠上有插金花的孔隙，到女方家时，由其内弟分左右插两支金花，加之肩披十字交叉的红绿彩绸，骑上高头大马，俨然是新科状元游街夸官的风光气势。新娘凤冠霞帔，彩绣红鞋，脚踏红毡，前呼后拥，确也不逊于"状元夫人"的风姿。当然，这是有钱人家娶妇媵女的派头。至于穷苦人家的婚礼，新人妆新衣服就只能尽其所能了。

普通人家娉女的妆新衣服，多是自家缝制，用料或绸或缎或布，因家境贫富而定，但有两点习俗是托克托人共同遵循的：一是衣服的颜色特别是外衣，必须是红色。红色象征吉庆，新娘穿大红嫁衣，寓意婚后日子红火兴旺；二是穿得"厚成"，即使婚期择在夏天，也必须穿棉袄棉裤，以期婚后光景厚实，有新有旧，有余有存。再有一点："三寸金莲"的红绣花鞋，再穷的人家也都是红缎鞋面，金花绿叶，绣得"满联满扇"，饰以蜂蝶、鸳鸯，寄托情爱寓意。因世人对新妇人材好赖的评价标准首要的就是看脚大小，只要是"小脚妙手"，那就可"一好遮百丑"。所以新娘的绣鞋，是绝对不能"凑乎""将就"的。

新娘的妆新鞋垫满绣莲花、桂花、牡丹等艳丽花卉。——这一风俗，既有信仰方面的"祛邪求吉"，也蕴含"连生贵子""富贵长久"的美好祝愿。绣花妆新鞋垫以其精巧的刺绣艺术，美好的象征意义为人们世代传承，经久不衰。

花轿娶亲的习俗曾沿袭到民国年间。但在社会动乱、灾异频仍的年月里，普通人家很少用花轿娶亲，婚礼中的礼仪服饰已不能按传统的习俗惯制讲究，只能因陋就简，以常服代替礼服了。正如民间所流行的俗语："礼仪出自富豪。"

二、丧葬服饰

丧葬中代表性礼仪服饰就是孝服。

古代的丧服制度极为复杂。按照生者与死者的亲疏关系，丧服一般分为斩缞、齐缞、大功、小功、缌麻五个等级，称"五服"。"外无期功强近之亲"（李密《陈情表》）中的"期""功"，"共指亲戚大，缌麻百夫行。"（杜甫《遣兴》）中的"缌麻"即借丧服名指亲戚关系。服制不仅规定了不同的丧服和服孝期限，而且对丧服的用料缝制，乃至服法亦有明确的规定。仅以"五服"中最重孝服的"斩缞"和最轻孝服的"缌麻"为例，足可见其礼繁缛。

斩缞是五服中最重的一种，缞，指丧服上衣，用最粗的生麻布制服，衣旁和下边不缝边，所以叫斩缞。斩就是不缝缉的意思。衣不缉边，且用最次衣料做成，表示无心修饰，取痛甚之意。斩缞披于胸前，子为父、孙为祖父，未嫁之女为父母均服斩缞。斩缞服丧期均为三年（实际两周年）。

缌麻是五服中最轻的孝服，用最细熟麻布做成，是为从祖父母、堂伯叔父母、堂姑、外祖父母所服的孝服。服孝期为五个月。

古代丧服礼制原则，突出地体现了嫡庶尊卑、血统亲疏的封建伦理。这种陈琐的丧服制度在实践中不一定都能按律执行，但其基本精神对后世的影响却是直接而深远的。

五服制在托克托的丧服习俗中的影响也显而易见。

托克托近代以来流传至今的"破孝"规矩，其实也是五服服制的简约沿用。托克托孝服均以白布缝制。昔日乡俗，本族孝子孙自备孝，族女出嫁后，和其他姻亲一样，由东家按服制供给。破孝历来视东家财力有大破小破之分。大破者依礼随俗，来者有份；小破者酌情减免；一般人家，小破则已。

白事宴小破孝，姻亲中，别支亲戚可以无孝，而亡人主家（男舅家，女娘家）则务须有孝；主家旁系可无孝，而直系亲则需有孝；直系亲中，又沿袭古之"伯、仲、叔、季"之序区分长幼行次，仲、叔、季（排行二、三、四）可以无孝，而伯（长子）则不可无孝。家族服制亦如此俗，而孝服轻重亦遵循此礼。以本族亡人子侄辈服孝习俗为例：儿子服全身孝（孝帽、孝衫、孝裤、孝鞋），亲侄可只服孝帽、孝裤；而从侄则只戴孝帽即可。家族中媳妇辈，与其丈夫孝服同，只是孝帽有"眼纱"，哭灵时，将眼纱放下，可遮住脸面，许是不使人看到泪眼婆娑的模样。儿子、侄子及儿媳、侄媳均腰系麻繛。

孝服中，为能够让旁观者从孝服上识别亡人的孙辈、外甥辈，其所服孝服有传统的特殊标志。族孙辈的孝帽上缀红十字，外孙辈缀蓝十字，曾玄孙辈加缀二三十字。族孙腰系红腰带，外甥系蓝腰带。

服孝期间，孝服里面的衣服颜色也必须是素色的，最忌"里穿红，外戴孝"，即白色孝服里穿红色衣服。"里穿红，外戴孝"不仅是对亡者的大不敬，而且也是戴孝者本人的大忌讳。戴孝妇女里穿红色内衣，据说要得"倒血"病。

三、信仰服饰

信仰的服饰习俗是把实际生活中的服饰习俗转移到信仰的习俗中的某些惯制，如亡人所穿的寿衣。寿衣既无实用价值，也无观赏意义，它只是作为亡人消费生活的延续，是纯属灵魂不死信仰的需求。

托克托城称亡人的故衣为"装穿"或"装老衣裳"。子女在父母进入古稀之年，就为其缝制故衣，称"寿衣"。故衣讲究在亡人咽气前穿好衣服，亡者才算穿上衣服走了。咽气后，灵魂离体而去，虽穿上衣服，也认为是"赤身露体走了"。装老衣裳忌用皮毛质服装，以蓝色为多。无论死于何季，均着棉衣。

托克托城与信仰、仪礼相关的一种特殊的衣饰习俗是"逢九年"穿大红衣服。"逢九年"是一个人的年龄逢"九"的倍数之年，即36、45、54、63、72、81岁之年。历来信仰，"逢九年"诸事不利，其中尤以63岁为"凶九"，民间有"七九六十三，不死鬼来搀"的说法。为了破解"逢九年"的凶煞厄运，传统的做法是在这年穿红色衣服，系红色腰带。男人一般穿个红布腰子或红色内衣，女人可穿红袄红裤。而且，所穿红衣需在"逢九"前一年除夕接回神时，在旺火上反复烤热后即时穿上。

信仰服饰习俗从古延续至今。

第十章 教 育

第一节 家教和私塾

一、家教

家教，主要是家族长辈对晚辈子女的口头教育所形成的传统教育方式。民间传统的家教既重育才，更重育德。

从古至今，我国的家教就有着优良的传统。家族不论贫富，职业不分尊卑，家教中均以育德为首，即教育子女如何做人。

民间家教育德的内容可谓无所不包。从言谈举止、待人接物的细微末节，到为人处事的道德规范，建功立业的精神气质。家教的主旨是中华民族的传统美德：勤劳、勇敢、诚实、善良，"勤俭持家""忠贞报国""耕读传家""和为贵"等世代传承的格言，犹如人生的座右铭，随处可见于普通百姓的院门横披。

民间家教不仅言传，更重身教。"上梁不正下梁歪""教的不会看的会"等俗语朴素而深刻地总结了身教重于言传的真谛。

育才是家教的另一个重要内容。昔日劳动人民家族在儿子少年时期便开始传授力所能及的劳动技能。民间有"小子不吃十年闲饭"的俗语。一味贪玩，不事家务的少年，会被人讥为"浪荡子""失荒条"。少年女子，则由母亲教习女工针黹，培训料理家务的技能。民间女子过去最忌讳不事家务。"拿起剪子不会铰，拿起针线不会缝"的女子出嫁后，将会受婆家歧视，俗称"擩圪捞"。乡俗，出嫁女儿不会干的针线活，要由母亲代做，即所谓"女儿不强贴上娘"，是民间公认的家耻。

以儿歌、童谣、谜语、小故事对幼儿进行启蒙教育，是传统的家教教材。

知识家族则在子女入学前便教诵唐诗中的五言绝句和七言绝句，练写简笔文字。

家教是培育德才兼备的家族继承人的重要教育手段，也是家族向社会输送有用人才的必经阶段。家教是社会教育的基础。历史的经验证明，社会的进步与落后，文明与愚昧，社会风气的好与坏，在很大程度上取决于家教的质量。

家教的另一种方式是办家学。过去一些大家族或一户或数户出资请先生办家学，家学的扩展便成为私塾。托克托的公立学校就是在家学也就是在私塾的基础上发展而成的。

二、私塾

清中叶以来，随着城镇的形成，人口的增加，经济的发展，托克托城的私塾教育也相应发达。因无文字资料记载，现在只能根据口传，简述其梗概。

私塾办学有多种形式，有家族办的，有若干家联合办的。托克托城早期的私塾教室多设在庙宇禅堂，或借私人住宅的空房。

私塾的教学时间不固定，一般是冬春季节，叫"春书""冬书"，无星期日。常年办的私塾在入伏到七月十五"闭伏"，相当于放暑假。过腊月初八后到第二年正月十五"闭冬"，相当于放寒假。

每年二月和八月上旬的丁日，各放假一天，叫做"丁祭"或"祭丁"，是祭祀孔子的节日。这一天，学生要给先生送礼物，或钱或食品。

学生付给先生的报酬称"束修"，无定数，或钱或粮食。逢年过节，如端午、中秋、春节及孔子诞辰，学生都要给先生送礼。私塾受师资、教室、设施等条件限制，每所"私书房"多不过二三十人，少则十几人。私塾先生收入微薄，生活清贫。

私塾的课程只有一门汉语文，按不同程度分为识字读物（习惯称"杂字"）也称为启蒙读物：有《百家姓》、《三字经》、《千字文》、四七言、《诸子治家格言》、《名贤集》、《弟子规》等；四书：《大学》《中庸》《论语》《孟子》；五经：《诗经》《尚书》《周易》《春秋》《礼记》。教学程序一般为先杂字，后四书，再五经。学习杂字时，先生只教学生认字，背熟课文，并不讲解内容含义。一本杂字书从头至尾背得滚瓜烂熟，对老师的考问应对如流，即可"合本"，相当于现在的单科结业，然后再开新书。

进入学习"四书"阶段，先生就"开讲"，即讲解课文的含义。因"四书""五经"都是文言文，故都是先讲解字句，再讲篇章大意。到学生能够理解文意时，便开始指导学生进行写作，写命题作文、对对子，然后练习作诗。

私塾教育特别注重毛笔习字，每天写仿（习中楷）、抄书（习小楷），有的先生也教珠算。

私塾教学有相应的程序。教授新课程叫"号书"，即先生用红笔标出当天要求背会的课文，定期检查，如达到要求，就布置新课文。一般是早饭前背生书（前一天号的课文），饭后检查、号当天的新内容，午饭后习字，后半晌温书（巩固以前学过的课文）。

私塾都是"独人班"，一个班里的学生所学课程参差不齐，随来随教，各人是各人的学习进度。所以，先生往往采取"大学长"教"小学生"的教学法，即读经书的学生教读四书的学生，读四书的学生教读杂字的学生。"大学长"还同时负责协助先生管理学生，维持课堂纪律。

私塾先生都备有专门用来责打不能按要求完成学业的学生的戒尺，一般打手心，也有打屁股的，罚站罚跪亦为常用的责罚手段。

其时，托克托城私塾"书房"（当时人们对私塾学校的俗称）的数量已难以确定。在众多的私塾先生中，有几个至今仍为人们说起。

薄方畴，祖籍山西，清末秀才，出身于书香门第。清末民初，曾在托克托城营房五道庙内设馆教书。其子薄子清亦为私塾先生。

杜淑林，托克托县补还岱人，民国初年，在托克托城前街大兴店院内开办私塾。他擅长教授《二论典故》，尤其严谨教字正音，对多音多义字讲解得尤为详尽，学生于此终身受益。其子杜汀、杜渚均为私塾教师。

樊生明，曾在托克托城东阁设馆授课。他教《三字经》，不仅要求学生背会书，写会字，而且依据书中内容，给学生讲述相关的历史故事，既加深了对课文内容的理解，又向学生传授了历史知识，教学效果也很突出。

刘秉威，祖籍山西繁峙县人，民国初年在托克托城文庙内设塾教书。他熟谙"五经四书"，教学认真，很受学生崇敬。

发福礼，蒙古族人，在托克托城北街设馆教书，其子贵小子，也是私塾教师。

武天顺，土默特旗郭廷贵营村农民。自幼勤奋好学，自学成才，闻名乡里，被聘在托克托城教私塾。他教学认真，态度和蔼，有很高的社会声誉。

靳永贵，山西人，民国10年（1921年），在托克托城东门外袁姓院内开办私塾，除让学生背诵"四书五经"外，每天上午带领学生到院子里操练齐步、跑步、前后左右转和一些简单的四肢运动，以锻炼学生体质。下午教珠算，让学生比快、比准确、比熟练。还教学生唱歌，选择"四书"中的警句格言作歌词，用流行的曲调歌唱，既活跃了学习气氛，又巩固了学生记忆。[1]

三、科考

清朝时，各县童生在读完私塾后，可按清政府规定，参加归化厅学考试（秀才）。光绪十一年（1885年），始设归化厅学，兼管萨拉齐、丰镇、宁远、托克托、和林格尔、清水河六厅。并置总学教谕一员。每厅应试文武生童人数，各至20名以上，取进一名。每厅取进文武生，至多各不得过二名。如人数不敷取进，即分别停考缺额。据记载，从光绪十三年（1887年）至光绪三十一年（1905年），归化厅学每三年科考一次，共取文生172名，其中托克托厅民籍文生19名，占录取文生总数的11.1%。这19名文生的姓名依次是：崔佐廷、冯昌龄、贾丕显、邵继周、刘玉瑞、邬荣、张澍、刘钲、刘荣、赵铎、范震、贾万选、王祯、武敏、班旺、陈公明、刘瀚、余钦诏、张玉琼。这些人

---

[1]　私塾教师资料来自张睿主编《托克托教育志》，1990年7月，内部发行，第26页，及知情人口述。

中，托克托城的有几名，已难确定，只好全录待考。[1]

第二节　小学教育概况

一、清末民国初期

托克托城现代小学教育是在清朝私塾、学堂的基础上兴起的。

清朝末年，在"废科举，兴学堂"的舆论倡导下，清政府开始兴办学堂。光绪二十七年（1901年），清政府下令将全国书院改为学堂，设在州县的改为小学堂。托克托县于光绪二十九年（1903年）始创学堂，其时，托克托城有3座学堂，均属蒙学。光绪三十年，经归绥道学务局批准，3座学堂中，有1座设为两等官立小学堂，其余2座改为初等官立小学堂。当时的学额规定，每座学堂收学生31名。学堂经费由托克托厅筹办，按月致送。两等官立小学堂每年修费钱96千文，初等小学堂每年修费钱48千文。两等官立小学堂教习附生为原私塾先生郜荣。郜荣是清光绪十九年（1893年）文生秀才，是清末民初时托克托城的私塾名师。他教学严谨，讲授"四书""五经"，释义清晰，由浅入深，学生易以理解接受。对学生管理颇严，但不以体罚为主。他特别重视学生的习字和写作训练。他规定每个学生每天必须写大、小楷各一仿。大楷字用"尺八大白纸"一仿写24个字，由易到难，先照仿引写，然后写配格，再临字帖。小楷用"六行二十五格"纸，临小字帖，练习写小字，为开笔作文打基础。学生写完后，先生要认真评判，好的贴堂示范鼓励，学生很受教益。著有《托克托厅采集录》九集（可惜失传，只留书名）。

清宣统二年（1910年）正月，将高初两等官立小学堂改为托克托县官立高等学堂。校址迁到洋人巷耶稣堂内。

---

[1]　绥远通志馆编纂：《绥远通志稿·教育》第六册，内蒙古人民出版社，2007年8月第1版，第14～27页。

当年，由回教绅商倡议组织，以托克托城、河口回族人民为主，集资兴办了清真初级小学。校址先设在托克托城后街德兴泉商号院内，一年后迁往大裕隆院内。不久该校因经费困难而停办。

民国元年（1912 年），县国民政府将官立高等学堂改名为托克托县官立第一高等学校。学制定为：初等小学为四学年，高等小学为三学年。后又改为"三三制"，即高等、初等各为三学年。课程设置规定为：小学废止读经一科，初高等小学均设修身、国文、算术、手工、图画、唱歌、体操、缝纫等科目。高小另设中华历史、中华地理、博物、理化、外国语、农业、商业。初小的手工、唱歌，高小的唱歌、外国语、农业和商业均为随意科。

民国 12 年（1923 年），《新学制课程标准纲要》颁布，其中规定：初等小学设国语、算术、社会（包括公民、卫生、历史、地理）、自然（包括自然工用艺术、形象艺术）、音乐和体育；高等小学设国语、算术、公民、历史、地理、卫生、自然、园艺、工用艺术、形象艺术、音乐、体育。之后，课程科目屡有调整变动。但在实际教学中，初小常授国语、算术、音乐、图画、体育 5 科，三、四年级加授常识；高级小学常授国语、算术、历史、地理、自然、音乐、图画、体育 8 科。

民国 12 年（1923 年），私立清真初级小学恢复，请准以屠、牙两税及驼捐附加款为办学经费。后因税款锐减，濒临停办。

民国 17 年（1928 年），新学制规定：初等教育为 6 年制，即初小 4 学年，高小 2 学年。后来，清真小学迁到托克托城城隍庙内，占用东西两廊坊做教室。

民国 19 年（1930 年），根据国民政府决定，将县办官立学校统一改为县立小学。托克托县官立第一高等学校改为县立第一小学。同年，清真小学经县教育局批准，归为县办，改名为县立第四小学。县内回族子女入学人数显著增加。同年 11 月，在县教育局局长曹富的倡导下，建立县立第一女子小学一所，校址设在托克托城文庙内。

民国 19 年（1930 年）11 月，托克托县教育局局长曹富在县城文庙院内创办县立第一女子小学。民国 23 年（1934 年），该校迁入洋人巷口县立第一小学旧址。"七七事变"后停办。该校校长为张应富（字厚庵），教员先后有王殿勋、王国珍、刘得茂、李彩霞（女）、高步义、杜映莲（女）、田金梅（女）等。该校从建校到停办，仅毕业过一届学生，约 20 人。该校毕业生有赵彩仙、靳友琴、郭久敬、乔登霞、乔宪莲、杜映花、杜映皎、张桂香、田金梅、李敬义、董彩林、忻有青等。前排左一为张应富。（照片/文 张福全提供）

民国 22 年（1933 年），县立第一小学迁入建在托克托城东饮马巷的新校址。县立第一女子小学随之由文庙迁入第一小学旧址。

民国 24 年（1935 年），经县政府批准，在托克托城文庙内设立义务学校。义务学校免费招收贫民子女入学，由县政府发给学生课本文具。

民国 25 年（1936 年），初级小学改称国民小学，高等小学改为中心国民学校，并规定学生学龄为 6~12 周岁。

这一时期的教育经费主要来源为：学田租、地亩捐、鱼捐、戏捐、粮捐、屠宰捐、鼓乐捐、婚帖捐、田房交易捐、船筏捐、烟锅捐、甘草捐等。

教师薪金：初级教师月薪最高 26 元（银币），最低 12 元，普通 16 元。高级教师月薪最高 32 元，最低 22 元，普通 26 元。

二、日伪统治时期

民国 26 年（1937 年）底，日本侵略军占领托克托县，县内城乡小学全部避乱停课。第二年，第一小学和第二小学勉强开学，托克托城第一女子小学、第四小学（清真小学）、义务小学均因学生人数太少被迫停办，三个学校留下的师生合并到一校。

民国 31 年（1942 年）秋，吴业任教育股长为振兴教育，将县立第一小学、县立第二小学等改为模范小学，以期为全县小学教育做出示范。由于这一时期日伪在学校推行奴化教育，以日语取代国语及历史、地理等课程，引起广大师生的强烈愤慨。被迫留在学校任教的老师，对日语采取消极怠工的方法进行抵制。他们删去语文、修身课中关于"中日亲善"等反动内容，将中国古文学中思想、内容均好的《师说》《卖炭翁》《捕蛇者说》《桃花源记》《苛政猛于虎》《出师表》《岳阳楼记》等优秀散文刻印成补充教材来教授学生，在潜移默化中培养学生的爱国思想。

在日军侵占托克托县的 8 年中，托克托的教育事业处于瘫痪状态。

1945 年 8 月 15 日，日军宣布无条件投降，日伪政权垮台。国民党绥远省政府发布了《收复区、县、市，整理初等教育应注意事项》的指示。托克托县教育科根据省政府规定，对托克托县城乡小学进行接收整顿。同年，将托克托县行政区划为 1 镇 11 乡，城关镇县立第一、第二、第三小学首先复课。

民国 35 年（1946 年）3 月，县立回教（清真）小学复课，校址设在托克托城清真寺院内，时有学生 60 多人，教师 2 人，设校长 1 人，由张正元担任。学校有一~四年级 2 个复式教学班。秋季开学时，学生增至 100 多人，新设 1 个高级班，3 个初级班，教员增至 5 人。同年，托克托城由一贯道筹办，地方士绅捐款资助，又办了两所私立小学。一所为明德小学，校址在托城文庙巷西口，初创时为四级初小，校长王继，有教员 8 人。秋季开学时增设五年级，实有教学班 4 个，一、二年级复式，余皆单式；另一所是中和小学，校址在托克托城北街李广外院，校长武培光，教员 2 人，设三年级一个复式班，学生 50 多人。

同年秋季开学时，县政府下文将四所县立小学校更改校名：县立第一小学改为县立托城中心小学，县立第三小学改为县立托城南街小学，县立回教小学改为托县回教小学。同年，四所县立小学共有教职员 35 人，教学班 21 个，在校学生近 600 人。根据绥远省教育厅指示，托克托县政府令专人负责筹建"省立托县小学"。该校址设在托克托城后街南段原侵托日军营房旧址。1946 年 9 月初开学，设一～六年级 7 个教学班。校长朱亨由省府任命，教员由校长聘任，当年招生 200 余人。1949 年春，该校因经费断绝而停办。

民国 37 年（1948 年），中和小学和明德小学合并。同年，县立四所学校一律改为中心国民学校。托克托城中心小学改为第一中心国民学校，托克托城南街小学改为第三中心国民学校，托克托城回教小学改为第四中心国民学校。

三、托克托县人民政府成立后

1948 年 9 月下旬，中国人民解放军晋察冀第三兵团和晋绥警卫团向绥远省进军，一度解放了托克托县，成立了中共托克托县委、托克托县人民政府。新组建的托克托县人民政府，通知县城小学教师贾静德等多人，举办短期学习班，号召教师们解除思想顾虑，积极投身革命事业，为新中国办好人民教育事业。学习班结束后，随即着手筹建新学校。由于当时教师、学生人数较少，县人民政府决定将几个学校联合起来，组成联合学校。联合学校校址设在托克托城洋人巷口，委任贾静德为校长，张志凌、张守约、荣芳、朱宪玺等为教员。教师们挨门逐户动员学龄儿童上学，学校即将步入正常教学秩序。11 月下旬，托克托县人民政府奉命向绥东转移，撤离县城，联合学校不得不停办。在驻托克托县的中国人民解放军撤离时，联合学校的教师张志凌、张守约、张映华及进步青年李秀成等多人也随军东撤，参加了革命。

1950 年 4 月 20 日，托克托县人民政府正式成立。托克托县文教科遵照绥远省文教工作方针，结合本县教育界具体情况，对全县的小学教育进行了整顿。同年5月中旬，县文教科召开县城各学校负责人会议，宣布了文教科对教育界整顿调整的决定。在不影响教学工作的原则下，将明德小学和第四小学裁撤，两校师生分散安排在第一、第二小学内。原第一小学改称为托克托县第一完全小学校，校长杨立中；县立第三小学校改称为托克托县第二完全小学校，校长王广统；按照党的"团结、教育、改造"知识分子的政策，除对个别因观点糊涂、工作消极的教员暂时不予分配外，其余全部录用为新中国的人民教师。整顿后，县立三所小学共有教学班36个，在校学生1755人，教师56人，工勤9人。

经过整顿调整的托克托县小学教育，在县人民政府和上级教育主管部门的领导、重视、支持资助下，教育教学面貌焕然一新，步入了健康发展的历史新时期。

第三节　托克托县名校和名师选介

一、名校

（一）托克托县第一完全小学

托克托县第一完全小学的前身是托克托厅启蒙学堂。启蒙学堂建立于清德宗光绪二十九年（1903年）。学堂设在托克托城东饮马巷孔庙内，学额规定为31名。光绪三十年（1904年），改名为高初两等官立小学堂，学额未变。清宣统二年（1910年）正月，改高初两等官立小学堂为官立高等学堂，校址迁到托克托城洋人巷耶稣堂内，将堂内房舍改装为3个大教室，3间教师办公室以及传达室、库房、男女厕所等设施。首任校长刘耀，教师有杨捷三，托克托城人。另有一名教师是外地人，姓孔，名字失传。首届学生70名，不分年级。学堂开设课程有国文、算术、自然、历史、地理，此外，还开设《古文释译》《幼学琼林》等。

民国元年（1912年），县公署将校名改为托克托县官立第一高等学校，学制基本未变。

民国6年（1917年），刘琳接任校长，对学校的课程进行了调整，对教学程式管理等进行了整顿，学生人数从70多人增加到100多人。

民国10年（1921年），刘琳赴北京参观，学习"五四"以来的新文化。返校时，购置了宣传提倡新文化的进步书籍，还购置了铜鼓、铜号等新乐器。此后，新文化、新思想、新学风在学校传播开来。刘琳组建了鼓号队，活跃了学校的文娱生活。

民国11年（1922年），学校改称托克托县立第一小学校（简称一校）。同年，学生增到150余名。

民国12年（1923年），曹富接任校长，开始分班授课。

民国13年（1924年），学校开始使用教育部审定的新版本教材。初年级开设国语、算术、公民、音乐、图画、体育等课程，高年级开设国语、算术、公民、历史、地理、自然、音乐、图画、体育等课程。

民国14年（1925年），上海爆发震惊全国的"五卅运动"。消息传到塞外的托克托，县立第一小学和河口的县立第二小学师生，在托克托城城隍庙滩集会，声援上海各界反帝爱国运动。会后，由托克托城旅绥同学田尚智和一校的年轻教师演出了《孔雀东南飞》《顾正红没有死》等现代剧。演出结束后，师生排队上街游行，沿路高呼反帝爱国口号，得到广大群众的支持和响应。

民国16年（1927年），学校发展为六年制完全小学，初年级四年，高年级二年。同年，清真小学的一批初年级学生也转到一校，学生增加到200多人，其中，女生有20多人。学校增聘杨令德、耿正模、刘桂等到校任教。

民国17年（1928年），毕业于绥远师范学校的王世重任校长。为加强师资力量，王世重聘用师范讲习所毕业的薄玉璧、薄万金、杜永一和北京师范大学毕业的乔殿重、民国大学法律系毕业的李显当教师，学校教学水平显著提升，学生人数有所增加。同年，高年级增加了党义、英语课程。

民国 18 年（1929 年），刘清任校长。

民国 22 年（1933 年），学校迁入托克托城东饮马巷新建的一校校舍。至民国 23 年（1934 年），在校学生 270 余人。

民国 24 年（1935 年），吴业担任校长兼训育主任，并继续担任两个高小班的数学教师。同年，组建了童子军，全校设 1 个小队，分为 3 个班。同年，一校应届毕业生赴归绥报考中学、师范，取得优异成绩，18 名考生无一人落第。托克托县一校考生在本届绥远地区中学、师范招生考试中，多数进入前十名。归绥一中第一、第三名，归绥师范第一名，包头二中第一名，都是托克托县第一小学的学生。全省 18 个县考生的中考成绩，托克托县一校名列第一。当时绥远的地方报纸纷纷报道了这一消息。托克托县教育的优异成绩轰动了绥远地区，受到了省教育厅厅长闫伟的通令嘉奖。

民国 30 年（1941 年），张应富担任校长。托克托县日伪政权强制取消了学校的历史、地理、公民等课程，增加了日语。汉语课本的内容也成为"大东亚共荣圈""中日同文同种""中日亲善"等奴化教育的工具。学校设一~六年级 6 个教学班。为抵制日伪奴化教育，许多学生纷纷退学。不少高年级学生在部分教师的引导下投入抗日运动中。学校在校生下降到 180 人左右。

民国 31 年（1942 年），学校更名为托克托县第一模范小学。

民国 33 年（1944 年），刘秉仁任校长。

民国 34 年（1945 年），抗日战争胜利后，学校更名为托克托县立第一中心国民小学。

民国 35 年（1946 年），秋季开学时，县政府下文将四所县立小学校更改校名，县立第一小学改为县立托克托城中心小学，学生增加到 240 人。

民国 37 年（1948 年），县立托克托城中心小学改为第一中心国民学校。杨立中任校长。到民国 38 年（1949 年）上半年，学校发展为 8 个教学班（一、二年级为双班），学生共 254 名，其中女生 48 名。开设的课程有国文、算数、珠算、历史、地理、自然、手工、音乐、图画、体育等。

1950 年 4 月，学校改名为托克托县第一完全小学校（简称一完小）。杨立中任校长。同年，私立明德小学并入一完小，学校改为六级双轨制小学，设12 个教学班，有学生 550 多人。次年，增设了政治课，采用原解放区的政治课本，并结合当时的形势和政治运动选编了临时教材。同时，开办民校，开展扫盲教育。学校建立了工会、青年团和少年儿童队组织。

1980 年，托克托县第一完全小学校改为城关中学，归县教育局直接领导。原有小学生转入城关南街、北街小学就读。

托克托县第一完全小学建校后转制为初级中学，历时 77 年。其间，学校为社会培养、输送了 2000 多名学生，其中，有许多杰出人才。如早期革命者武达平、章叶频、袁烙、袁尘影等；著名爱国报人杨令德；"塞外武豪"吴桐；名医张斌以及社会各界名人，如阎迦勒、刘继尧、霍世休、刘桂、张满乐、贾殿英、乔殿励，段勇、陈绍业、张连维等。

二、名师

1. 刘琳

刘琳，男，汉族，1885 年出生于托克托县帐房坪村，字昆山，祖籍山西繁峙县，少承父教，勤奋读书，以"白衣秀才"名闻乡间。

刘琳自小熟读儒家"四书五经"，成年后思想开放，崇尚民主，相信科学。1911 年，刘琳被河口育才小学聘为第二任校长。在他任职之前，社会上囿于守旧思想，对"新学"一时不甚理解，育才小学学生人数不多，河口本镇不少家庭对学校持观望态度，不愿让子女入学。时值清帝逊位，民国成立。刘琳深入镇里一些在社会上有影响的家族中讲解社会发展形势和新学校的课程设置、教育理念、教学管理，动员其让子女入学。同时，他亲到贫寒之家，鼓励帮助他们让学龄儿童尽快上学。由于他的辛勤努力，加之时事所趋，人们纷纷送儿子上学。学生人数由 20 多人增加到 60 多人。学校规模扩大，校址也迁到了房舍较宽广的关帝庙。

根据当时的形势所需，刘琳对学校的课程设置做了调整，取消了"四书五经"，在高年级增设了历史、地理等课程。刘琳加强学校的教育教学管理，使得育才小学在社会上获得了很好声誉。

1913年，归绥中学堂附设的师资讲习所在省内招生，学制4年，公费待遇。但是，一个先决条件是"必须剪掉长辫"。当时人们还怕清朝复辟，不敢剪辫子。刘琳不顾家人反对，毅然决然剪掉辫子，考取了师资讲习所。

1917年，刘琳从师资讲习所毕业回到托克托县，被聘为托克托县第一高等小学校长。他根据当时的形势、教学需求，对学校进行了重新整顿。在已开设的国语、算术、自然、历史、地理、《幼学琼林》等课程基础上，又增设《孟子》《古文释义》。他亲自讲授古文，受到学生和家长们的普遍欢迎。学生人数由70多人增加到百余人。

刘琳热衷于社会教育事业。他经常带领学生到托克托城、河口的大街上开展民众教育宣传活动。宣讲的主要内容是破除迷信，提倡科学，妇女解放。他用地球仪演示讲解日食、月食的科学道理。他积极筹建"天足会"，号召并深入到户家劝告家长们为妇女们放脚，让女孩子上学，走向社会。他让自己的女儿刘彩霞率先放脚，这在社会上引起了很大反响。

1921年，他受县劝学所所长卢植甫的委派到北京参观，吸收"五四"运动以来的新思想、新文化。并从北京购买了梁启超所著《饮冰室全集》《胡适文存》等新图书，同时还为托克托城、河口两校购置了铜鼓铜号。此后，每当节日或开会期间，各校师生敲鼓吹号，整队上街，宣传科学民主、新思想、新文化。此时的学校学生人数骤增，当年达到150多人。

刘琳经常深入课堂听教师讲课，征求学生对任课教师的反应，发现问题，随时和教师交换意见。他态度和蔼恳切，从不摆"校长"的架子。教师尊敬他，诚恳地接受他的建议。他所领导下的教师队伍齐心协力，心情舒畅，大家都为教育教学尽职尽责。

在教学方面，他践行因材施教，鼓励支持学生学有所长。学生杨令德爱好文学，和几个志同道合的同学自发组织起来，用毛笔书写，在班内出新闻小报。刘琳高兴地鼓励他们说："你们将来要争取成为报社的主编，充分发挥自己的特长，那就不愧为托一高的学生了!"杨令德后来真的成为绥远省级报刊的主编，又是《大公报》在绥远的著名记者。他在《塞上忆往》中撰文回忆刘琳先生的师恩师德时，感慨不尽地说："刘先生是一位令人永远崇敬怀念的好校长!"

另一位刘琳的学生吴桐，回族，其家族是托克托县的武术世家。吴桐自幼秉承家传，学生时就有一定的武功基础。刘校长很欣赏吴桐，就聘其为学校的课外武术指导。学生中课余习武者甚多，并从中获益匪浅。吴桐中学毕业后上了体专，其后成为绥远地区的武术名家，曾代表绥远省赴南京打擂，获得全国冠军，后任绥远国术馆副馆长。1949 年绥远省"九·一九"起义，吴桐是签字人之一。中华人民共和国成立后，吴桐任内蒙古政协委员，每当与人谈及自己的成长经历，他总对刘琳先生赞叹不已。

刘琳先生知人善用，用人唯贤。他任职期间，严把师资质量关，不仅重视教师的学识，更重视其品德。他聘任教师，在调查了解的基础上，必和其促膝交谈，从多方面考察之。他先后所聘任的教师，有曹富、曹明、焦保国、杜还吾、卜玉璧、王世重、刘清、乔殿重、耿正模等，这些教师有的毕业于归绥中学，有的毕业于归绥师范，有的是北京师范大学的毕业生。其中，还有从"一高"毕业的学生从师范院校毕业后应聘重返母校任教。

其时，军阀混战，社会动乱，托克托县教育经费严重不足，教师工资多是半年一发。且物价飞涨，教师入不敷出。刘琳先生生有一子五女，家境清贫，节衣缩食，未得温饱。终因积劳成疾，患上严重的肺结核，但无钱治疗，以至于吐血不止，于 1927 年 6 月逝世。他从教十多年，培养出学生 500 多人，其中多为社会栋梁之才。刘琳先生逝世的噩耗传出，闻者痛心疾首。县政府及地方士绅捐赠棺木、葬资。他的学生近百人从县内外前往灵前沉痛吊唁。大家公推杨令德拟写祭文并宣读。读者声泪俱下，闻者饮泣呜咽。祭文大意如下：

吾师传三民主义之道，授文化科学之业，解迷信愚昧之惑。拓聋启聩，奠定学子报效神州之志，掌握建设祖国之技。吾师创业维艰，任人唯贤，以身作则，诲人不倦，惜贫病交加，中道而逝。在吾师鞠躬尽瘁，毫无怨言；在吾侪实意外不幸，诚教育界之巨大损失！呜呼痛哉！呜呼悲哉！音容常在，功垂不朽。受业者誓志砥砺奋发，继承遗志，有所建树，以期报答恩师之德于万一焉！

2. 曹富

曹富，字萃珍，男，汉族，托克托县中滩村人。清光绪十八年正月初八（1892 年 2 月 6 日）出生。

曹富生于普通农家，幼年放牧，勤于力所能及的农家劳作。1903 年，入本村杜淑林先生就教的私塾读书，数年苦读，学完"四书"、"五经"、《古文释义》、《幼学琼林》等经典古诗文，打下扎实的古文基础。

1912 年，曹富以优异成绩考取了归绥中学。1915 年中学毕业，被托克托县县立第一小学聘为教师，从此开始了一生的教育生涯。

1925 年 1 月，曹富受县政府委派，接任县立第一小学校长。任职后，根据当时学生教学现状，他改革教学规程，将全校高级班学生按学业程度分为五、六、七 3 个年级，实行高级分班教学，取得显著效果。

1927 年，曹富离职，转入政界。

1928 年，曹富任绥远省党部录事，半年后改任干事。1930 年 9 月，根据《绥远省各县教育局组织暂行章程》规定，经地方士绅推荐，省教育厅委任曹富为托克托县教育局局长。

曹富担任县教育局局长后，基于当时社会封建观念浓厚，多数家长不愿女孩和男孩同校上学的现实，经多方努力，征得省教育厅同意，于 1930 年 11 月，在托克托城文庙内创办了县立第一女子小学。从此，县内女子就学人数日增。

县立第一小学人数增多，原洋人巷校址院落小，房舍少，又无活动操场。曹富通过与地方士绅多次协商，多方筹集资金，于 1931 年，在托克托城东阁附近，购买民房旧宅，建设第一小学新校舍。新校舍按照标准设计图纸施工，共计3排6个教室，1个办公室，另有教员室、游艺室、传达室、库房、男女厕所等设施建筑。从选址到设计、施工，他都亲自操劳。校门仿照教堂洋式设计，美观大方。校门正中书"托克托县立第一小学"，两侧书有对联，上联为"顺应世界潮流"，下联为"采取适当教育"，横匾为"培植俊彦"，落款为"曹富题"。同年，曹富组织举办了托克托县首次学生体育运动会，有14所城乡小学参加，参加活动的学生达1000多人。从此，全县学校体育运动有了较快发展，每年举行一次同样规模的全县运动会，已成惯例。

民国27年（1938年），日伪县公署成立，强令原公教人员登记，否则以抗日嫌疑论处。曹富登记为科员。一次，他酒后大骂日本汉奸，被日本特务追查，险遭不测。民国28年（1939年），他被分派到冠盖乡（乃只盖）任事务员，其间，通过吴耀联络，与吴桐取得联系，秘密从事抗日活动，直到日本侵略军投降。

民国35年（1946年），国民党政府筹建民众教育馆，委派曹富为馆长。他对国民党的腐败深恶痛绝。一次，县长张淑良召集单位负责人开会，在天荣园饭馆聚餐。曹富借酒讽政，大骂贪官污吏而受到处分，他被撤销民众教育馆长一职，改任教育科员。

1951年元月，曹富回乡务农。同年2月，"肃反"运动开始，曹富以"国民党党团骨干分子、一贯搞党务、进行反动宣传"罪，判"群众管制"一年。"文化大革命"开始后，曹富从县城迁回中滩村居住。

1970年10月30日，曹富因病去世，享年78岁。

1983年6月8日，托克托县人民法院对曹富案重新审理，撤销原判，予以平反。

3. 贾存仁

贾存仁，字静德，男，汉族，1895年12月生于托克托城。幼年丧父，家境贫寒。本人自小敏而好学，不耻下问。童年时，他借阅书籍并背诵了大量诗文，在县城以勤学多知而闻名。十几岁因生计所逼，他应聘到乡村当私塾教师。不久，他以优异成绩考入归绥中学。一年后，贾存仁因家庭生活困难，无力筹措学费而辍学回家。

其时，河口商会会长阎懋闻其名、赏其才，聘任贾存仁为商会文牍，负责商会的一切文案及涉外事务。贾存仁提笔成文，出口成章，而且胆识过人，见解独到。1917年，河口商家因受灾害，普遍营业不佳，而税捐繁重，有增无减。阎懋派其代表河口商会赴绥远面见当时的都统蔡成勋，为商家申请减税。贾存仁见到蔡成勋，据实陈述商家苦衷，言辞恳切，情理感人。蔡都统为之所动，当即应允，为河口商界减免了部分税捐。由此，贾存仁更受到了阎懋的赏识、商界的赞誉。为让他培养更多的人才，阎懋让他兼任河口商业学校的教师，并负责教学管理。河口商业学校是由阎懋于1917年创办的，办学宗旨是为托克托县培育商业管理人才。该校开托克托县创办职业学校的先河，也是绥远地区职业教育的始创之举。它比被誉为"绥远有职业教育之始"的"绥远省立职业学校"还早建6年。从教商业学校，贾存仁就此开始了终生的教育生涯。

1926年，贾存仁任河口商业学校（后改称为职业学校）校长。

贾存仁把教书育人作为自己的终身事业，勤恳奉献，诲人不倦。他对学生，无论出身贫富贵贱，均一视同仁，爱如子女。在教学上，他善于因材施教，循循善诱，举一反三，触类旁通。他精通文言文，尤其擅长背诵优秀古文、古诗词。他不仅教学生知识，更注重教学生如何做人。诸葛亮的《出师表》、岳飞的《满江红》、文天祥的《正气歌》等，他不仅要求学生将其背诵得烂熟于心，并以此培育学生的民族气节和爱国情操。

为人师表，率先垂范，是贾存仁恪守不易的师德。他渴求知识，勤学不倦，可谓"攻文朝矻矻，讲学夜孜孜"。他在教学之余，坚持逐日用毛笔写两千字的学习心得。他以自己的求学精神感化学生，以自己丰富的知识哺育学生。他坚持每天早晨背诵古文、诗词，并用民歌曲谱吟唱古典诗文。学生们爱听他的课，从他的教诲中获益匪浅。他的人品、师德，在学生中留下了不可磨灭的烙印。

1948 年秋，华北野战军第三兵团等部队在向绥远进军途中，解放了托克托县。新组建的托克托县人民政府将县城几所学校组成联合学校，委任贾存仁为校长。

中华人民共和国成立后，贾存仁虽然在家养老，但还不忘以自己的知识教育前来向他求教的学生。他的家距离托克托县第一中学（旧校址）不远。每天下午学校放学时，他就带一个小凳子坐在学生们经过的路畔，为学生们解答古文方面的疑难问题。不少学生绕道来到他的"路畔补习班"，专心致志地听他讲课。学生们从中受益良多，他以此为荣乐而不疲。他和人们说："给学生们义务补课，是我最高兴的时候。"

1962 年，他随长子下乡到三间房村。进村不多时，他就把 5 个因故失学的孩子（3 个初中生，2 个高小生）组织起来，在自己家里办起了补习班。当时正是农民生活困难之时，也是他们一家由城遣乡生计维艰之际。补课期间，他没在学生家里吃过一顿饭，更别说收学费。授课之余，他用毛笔为学生每人书写了一本厚厚的《辞汇本》，有诗词，有成语，有典故，有优秀文言短文。收集在《辞汇本》里的词语、诗词、文章，没有资料，都是他凭记忆写出来的。所选诗词文章都是思想内容好，有教育意义而又文采优美的经典诗文，如诸葛亮的《出师表》，杜甫的"三吏""三别"，范仲淹的《岳阳楼记》，陆游的《书愤》《示儿》，辛弃疾的《永遇乐·京口北固亭怀古》等。在学生的《辞汇本》封面上，还写有"学以致用，体用相接"的嘱言，而且在"学以致用"字旁加了圆圈，以示重要。诲尔谆谆，溢于文辞，师道良知，铭感五中。经他补习而复学并成才的学生写文章回忆说："贾老师的辛勤教诲，使我们终生受益，终生难忘。"

贾存仁的女婿辛勤任教 30 余年，"文化大革命"中，被批斗，被毒打，被罚跪。每次批斗结束，他就继续为学生讲授课、改作业。贾存仁看在眼里，既心疼，又欣慰。他开导女婿说："忍着点，往远看，总会过去的。教书育人，任何时候都不会错。"

晚年，贾存仁潜心阅读毛泽东著作，尤喜背诵毛主席诗词。

原内蒙古政协副主席兼副秘书长、中国人民政治协商会议第六届全国委员会委员、中国国民党革命委员会内蒙古自治区委员会主任委员杨令德（托克托县城关镇人），于 1924 年，曾和贾存仁在报刊上有过关于文言文和白话之争的"笔墨官司"。1925 年，杨令德回到托克托县，曾在商业学校当过教员。杨令德在 1984 年写的《五四初期新文化运动在绥远地区的传播》中，回忆了他和贾存仁的交往："静德对我自然很不满意（指"文白之争"一事——引者注）。真是不打不相交，当我也在商业学校一度任教时，我们很快就成了知己。后来我当了新闻记者，离开家乡几十年，他在家乡勤勤恳恳当了一辈子教员，桃李满门，功在桑梓。60 多年来，我们始终保持了深厚的友谊。中华人民共和国成立后，他拥护党的领导和社会主义制度，拥护祖国的统一。在党的培养下，他的儿孙辈成为了优秀的共产党员，他以'鞠躬尽瘁，克己而已'勉励之，高风亮节，老而弥笃。晚年受聘为内蒙古自治区文史馆员，1983 年初以近 90 岁高龄而逝世。"

贾存仁一生培养出了不少优秀的学生。中华人民共和国成立之前，他的学生大多参加了革命，地市级以上的干部就有六七个。原内蒙古自治区政协副主席武达平和杜如薪都是他的学生。

4. 曹明

曹明，字孔显，男，汉族，托克托人，1898 年出生。

曹明自幼聪明好学，曾在托克托城寿阳巷住宅修建房舍，开办私塾讲学。经过一年多的教学实践，他深感自己学识局限，不能更好胜任教学工作，于是，于 1915 年考入归绥中学师资讲习所深造。1919 年，他毕业回到托克托县，应刘琳校长的聘请任县立第一小学教师。他讲授习字、自然、历史等课程。他擅长乐器，弹风琴，吹口琴，音韵优美，引人入胜。他利用课余时间，指导学生练习鼓号。他教的音乐课，极大地活跃了学校的教学气氛，为托克托县学校开展文娱活动开了先河。

1934年秋，曹明调任设在中滩村的县立第五小学校长。到任后，为解决校舍不足的困难，他与地方群众协商，拆了村里的庙宇，利用拆下的旧砖坯木料等建材，新建了校舍，满足了教学需求。他还带领学生修整操场，增设篮球、排球、单双杠等体育活动器材，充实了体育教学活动。他推行新教育教学法，吸引了周边各村私塾的学生到中滩上学。学校由原来的2个教学班增加到一~六年级4个复式班。县立第五小学很快成为托克托县（黑）河西驰名的中心小学，为河西的教育事业发展奠定了良好的基础。

1981年2月，曹明病故，享年83岁。

注：名师资料来源：

1. 张睿主编《托克托教育志·人物》，1990年7月，内部发行。

2. 张军主编《托克托县志·人物》修订稿，1984年6月，内部发行。

3. 知情人口述、文字资料。

第十一章　宗教和信仰

第一节　宗教类型及信众规模

一、佛教

托克托城的佛教徒有黄衣僧和青衣僧的门派之分。黄衣僧称喇嘛，其教俗称喇嘛教，为北传佛教中的藏传佛教，其经典为藏文系统。青衣僧称和尚，其教俗称为沙门佛教，为北传佛教中的大宗，其经典为汉文系统。黄衣僧和青衣僧同以释迦牟尼为始祖。

二、喇嘛教

喇嘛教的信众主要是蒙古族。蒙古族最早信仰萨满教。元代藏传佛教传入蒙古地区。明嘉靖年间，阿勒坦汗经营土默川，于万历年间从西藏引进藏传佛教，亦即喇嘛教，从此，喇嘛教传入托克托县境内。

入清以来，清政府统治者出于维护统治的目的，有意识地大力提倡鼓励民众信奉佛教，政府投入大量资金大规模兴建寺庙，提高僧人待遇，为寺庙拨放香火地，以便吸引促使更多的蒙古族信众当喇嘛。并规定蒙古族人民"三丁抽一、五丁抽二"要入庙当喇嘛。于是，尊佛教建寺庙成为社会风潮，在土默川出现了"七大召，八小召，七十二个免名召"的景观，托克托也于乾隆年间建起了广宁寺。

广宁寺位于托克托城南约15里的召湾村，建筑规模宏大，装饰壮丽辉煌，占地面积80余亩。全寺分为外、北、南三大院，外院空阔无屋舍，北院为喇嘛精舍，南院为佛殿所在。殿前建有40多间大的诵经堂，后进为佛楼，楼下供阿尧什佛，楼上供旦利坚佛。另有藏经楼、观音庙、仓房、白塔等设施建筑。

广宁寺相传为北京嵩祝寺下院，一说是章嘉呼图克图三世的家庙之一。召庙是县境蒙古族佛教信徒崇尚佛法的中心，亦为县内及邻近旗县喇嘛修禅、善男信女拜佛礼圣之处。因其处依山傍水，风光秀丽，故此成为名播遐迩的浏览观光胜地。

广宁寺的盛衰历程正是托克托喇嘛教盛衰的缩影。

广宁寺兴建到第一次鸦片战争前是托克托喇嘛教的鼎盛期。其时，境内蒙古族几乎是全族崇信喇嘛教。许多青壮年出家当喇嘛，未出家者，在居室供佛像、念藏经。广宁寺每年定期举行规模盛大的经会。农历正月十五前后为第一会，会期3天；五月或六月十五前后为第二会，会期3天；九月十五日后为第三会，会期10天。此外，四月还要念半月的牛泥经。在经会期间，除举行隆重的诵经仪式外，还有跳布战（俗称"跳鬼"）、请乃崇、送巴令、迈达尔出巡以及活佛放头、信众膜拜、布施祈福等多项活动。香火旺盛之际，寺中有两代活佛，有喇嘛200多人。经会期间，寺中为前来拜佛的信众免费供饭。传说，煮饭之锅最大的可盛12石粮食。一次经会，一口锅里煮了一头整牛和几只整羊，仅此可想而知其信众之多，规模之盛。

鸦片战争后到民国初年，广宁寺的佛法活动有所衰落。寺内不再请活佛，住寺喇嘛也减少。民国初年，跳布战所需喇嘛尚可齐备，其后，参与人数渐渐不济，且资金也入不敷出，以至于在民国10年后，就不再举办跳布战了。至中华人民共和国成立前夕，寺院仅留下10多名老喇嘛。喇嘛教进入衰落期。

三、沙门教

据史料记载及文物佐证，沙门教早在北魏时就传入今托克托县地区。历经世事沧桑，其教时盛时衰。明朝时，阿勒坦汗崇奉喇嘛教，沙门教无跻身之地。历经清朝，以至民国，沙门教在托克托城一直未形成信众规模，也无专为沙门僧徒住持的伽蓝佛寺。出家和尚多为汉族人，散居于非佛刹之庙宇中。托克托城陆续建起大小庙宇20多座，都是地方民间各业社团集资及民间募捐修建。较大的庙宇如城隍庙、关帝庙、财神庙住庙和尚多者五六人，少者三两人。而原住住持祖师，多是从山西云游到县境而招徒传禅，以承香火。如城隍庙的住持和尚，其祖师为山西寿阳县张村庆恩寺的方丈，清乾隆年间云游到托克托，入住城隍庙任住持。到 1949 年，共传递七代，以寿、山、洪、福、海、戒、定为辈分法号。

民国前，托克托境内的沙门教与内地相比，其组织规模、教规教义相对简约，信徒仅披剃而已，以虔诚精进，视弘扬佛法为毕生之任者，鲜有人在。信徒中，若有传承住持，应付拜忏为职志，能诵金刚、放焰口的，即可称为有道和尚。民国 10 年（1921 年），归绥市和包头县聘请山西五台高僧数人来绥宏开道场，宣扬佛法，历时百日，每日听经者五六百人。托克托僧众亦争相赶赴道场听经。自此后，托克托始有正统宗派可守。但取类仍简。

托克托城沙门教以莲宗一派为多。阿弥陀经为此宗的主要经典之一。所谓"不修今世修来世"。除诵弥陀经外，还诵念金刚经、观音经、忏悔经、药师经、楞严经、大悲咒经等，心经为早、晚诵经结束时的必诵之经。心经宣扬以"般若"（智慧）观察宇宙万能"自性本空"，而归于"无所得"，不承认客观世界的存在。

托克托城各庙宇和尚的生活来源主要靠为丧家诵经赚取经钱及庙地、布施收入。因此，和尚除念经外，每人都需学会一二件乐器的操作，如笙、管、短笛、鼓、镲等，以便为丧家办道场之用。

托克托城沙门教的佛法活动值得记述的是每年农历七月十五举办的"盂兰盆会"。"盂兰盆"为梵文音译，意为"解倒悬"。源于释迦弟子目连求佛救度母亲亡灵的神话。当夜，托克托城、河口各庙的和尚齐集黑河岸畔，搭起水陆道场，举行诵经法会。同时举行放焰口、放河灯等活动。前来看河灯会的四方人群，有不少人在道场中焚香跪拜，祈福求吉。

四、伊斯兰教

伊斯兰教是回族群众信奉的宗教，回族人对伊斯兰教的信奉特别虔诚，尤其是老年教徒，尊奉教义，礼拜频繁，凡属本教节日，均应时庆典。

穆斯林的重要宗教仪式都在清真寺举行。清真寺也叫礼拜寺，凡回族人聚居之地，规模不等，均建礼拜寺，以便穆斯林举行聚祷、礼拜真主、念真功等仪式。

清乾隆年间，河口镇与托克托城的的回族集资在托克托城北街二道巷东端梁畔建了托克托第一座清真寺，为城、镇穆斯林礼拜之处。本寺有聚礼大殿、水房、教长居室等设施建筑。

清嘉庆年间，由河口人金五阿訇主持，将原清真寺迁建到托克托城礼拜寺巷东端的梁畔上。建寺经费由本县回族捐资，不足部分由归化、包头、天津等地募捐。寺院占地约 1300 平方米。该寺依山傍势，建为东高西低上下两院。两院层次分明，错落有致，阶梯为路，直通梁底巷口。下院西部有 8 间大殿为礼拜堂，可容 200 余人同时进行礼拜。东为一排库房。正面有教长室、水房（沐浴室）。上院地基与下院东房顶平，有正房 7 间供阿訇及海力凡起居，东为一排 8 间厢房。上下院以花栏矮墙间隔，站上院可依墙远眺。

伊斯兰信徒唯以真主为崇奉，不同于佛教的多神教。最隆之典，莫重于五功，即念清真言、礼拜、斋戒、纳天课、朝觐。

穆斯林对真主自觉虔诚笃信，殷勤礼拜。除每年各一次的开斋节拜和古尔邦节拜外，还有每周一次的主麻拜和每日五次的时辰拜。节日拜和主麻拜时，穆斯林均须"大净"，即到礼拜寺的淋浴室全身淋浴。时辰拜则需"小净"，即洗手、脸、肘、鼻孔并漱口。

清朝时，穆斯林男子从 12 岁起，就开始礼拜朝主，念经听讲。女子自 11 岁始，每逢主麻拜日，在家中一人礼拜，不与男子同赴一堂。

每届斋月，穆斯林于教内规律，遵行尤加严谨。每日于闭斋、开斋及应祷应拜之时，为防止穆斯林因事烦或酣睡而延误失时，寺内阿訇必择一嗓音洪亮者届时于高处大呼："时候了——"以警示穆斯林勿失时机。

日军侵占托克托县后，穆斯林虽然仍坚持节日、主麻等礼拜，但一日五次的时辰拜不是人人所能坚持不辍的。

五、基督教

基督教传入托克托县地区的为天主教和耶稣教两派。耶稣教又名新教。

六、天主教

清朝后期，西方教会势力进入中国内地，天主教由西湾子（今河北省张北县）向内蒙古传播。第二次鸦片战争后，西方列强取得在中国内地"自由传教"和在各省"租买田，建造自便"等各种特权。从此，天主教在内蒙古地区的活动也成为"合法"行为。约清光绪年间，天主教传入托克托县。

天主教传入托克托县后，利用清政府给予教会的特权，大量强购县境内农村的土地，将土地租于信教的教民，以此吸引人们入教。天主教在托克托县的传播以农村为主，在教民较集中的村里建设教堂，早期的教堂有托克托城教堂、什拉乌素壕教堂、南坪教堂（在今托克托新城）、黑城教堂等，教民数以千计。

光绪二十六年（1900年），托克托城兴起义和团"神兵"，教士教民闻风丧胆，非死即逃。义和团运动失败后，天主教再度发展，被烧毁的教堂利用地方为教会的赔款重新修建，并有所增加。教民也有增无减。

七、耶稣教

光绪十九年（1893年）（亦说光绪十八年），耶稣教始传入托克托县。耶稣教的传教区域重在城镇，在托克托城建一教堂，有教徒48人。义和团运动中，教堂被团民焚烧，教士逃匿或被杀。义和团运动后，又有瑞典籍教士来托克托城重新传教，在托克托城南街建一简陋的协同会分堂，名福音堂，后改为耶稣堂，因之，教堂所在的巷子就称为"洋人巷"。民国3年迁建于寿阳巷，有房27间，有瑞典教士4人。

耶稣教在托克托城从布教始至中华人民共和国成立前夕，一直无多大发展。先前，教徒们于每周的星期日集中在教堂里举行礼拜仪式。每年圣诞节，教徒们举行庆祝活动。约民国26年（1937年），瑞典籍牧师归国，教务由中国牧师主持，托克托耶稣教基本处于停止状态。据中华人民共和国成立初统计，托克托城共有耶稣教徒 106 人，其中男教徒 59 人。

第二节　民间信仰

一、信仰风俗

民间信仰不同于宗教信仰，它没有信仰组织，没有一定的至高信仰对象，没有宗教的教义、教规、源别、创教人等完整体系。民间信仰是社会成员自发的或者盲目的群体性信仰传承。信仰对象呈多样性、多重性，信仰的目的具有狭隘、愚昧的功利性。

民间原始信仰的范围极其广泛，像大自然的日、月、星、辰、风、雨、雷、虹、土地、山岭、水火等，许多动物、植物，冥冥中的神鬼、祖灵，都成为顶礼膜拜的偶像。这里记下的，是托克托晚清到民国初年较普遍的信仰事项。

二、神灵信仰

民间信仰的迷信事象，集中地体现在对神灵的崇拜方面。

昔日祭祀神灵，贵在心诚。民俗认为"心诚则灵"。焚香前需洗净手，心除杂念，所谓"洗手连心净"。燃香后，香头火苗需轻摆自熄，不得以口吹熄火焰。香数最少同燃三柱，谓之"尊三清"。大型的祭祀，要"满斗焚香"，即整把黄香一齐燃着插于香炉。香取奇数，因阳为奇，阴为双。且"双"与"丧"谐音，不吉。焚香时，敬黄表。焚香必叩头，重礼三跪九叩首，一般先奉揖后双膝齐跪，双手托地，叩头挨地，起来再深揖。作揖需双手合十。

拜神要有祭品。许愿领牲要整羊、整猪、整鸡（三牲）。一般祭祀"小三牲"——以蛋代鸡，以块肉代猪羊，或用果品、糕点，或蒸白面花花（一份15 个）。

昔日祀神，除一年一度的春节，定时的社日（庙会），平时遇天灾人祸许愿、还愿，向奶奶庙、观音庙求儿求女等仪礼外，较大规模的祀神行为是向神灵祈雨。

祈雨仪式有文祈、武祈之分，具体仪式不尽相同。

传说，托克托城早年间的祈雨多由街社的"会首"主持。共聚数十人乃至数百人，皆赤膊、赤脚，头戴绿树枝编成的帽圈。用四人彩轿舁着龙王塑像，轿前有鼓乐班导引，轿后跟两个预选好的 12 岁男孩，各捧一个用红头绳连接的空玻璃瓶。两个小孩的选择也有讲究：年龄必须是 12 岁——"魂刚全"一个是水命，一个是金命；其出身须是善良有德、和睦邻里的家庭。祈雨队伍由主持人前引，一路敲锣打鼓，到附近的泉或河边求水。到了泉或河边，齐跪焚香敬表，叩头拜泉神或河神。捧瓶的两个小孩跪在水边，用红头绳将瓶连接，将瓶平放水面，双掌合什，虔诚跪地。如有蛤蟆等水中动物爬上瓶颈，瓶口下倾进水，或风浪摆动瓶口进水，即鸣锣击鼓，爆竹齐燃，欢天喜地，群拜神灵赐水。然后，簇拥着龙王、水瓶一路鼓乐回到龙王庙，安神供水。民间认为，瓶中一寸水，天降一尺雨。并许愿谢神，多是领牲唱戏。

如在数日内下了雨，即在龙王庙前唱戏宰牲还愿。其时，龙王像前，满斗焚香，跪拜者比肩继踵，络绎不绝。

昔日托克托城、河口的龙王庙里有专供祈雨请奉的"出府龙王"。出府龙王的塑像，形体较小，便于移动。庙里还专备了供出府龙王乘坐的四人小轿。

传说，托克托城的"出府龙王"很灵验，以至位于托克托城黄河南岸的十二连城、巨合滩、蛮汉壕等村的农民在天旱时，常相随数十人，皆赤膀短裤，一路敲锣打鼓，来托克托城龙王庙恭请出府龙王回村祈雨。如祈雨应验，就赶着几只领牲肥羊，同样敲锣打鼓将出府龙王送回龙王庙，还要请和尚坐坛念经，感谢龙王救度民生的大恩大德。

所谓武祈雨，是指用较残酷的伤身手段以向神灵表示极度虔诚。有光背在烈日下长跪曝晒，有裸胸跪抱被烈日炙烤得滚烫的瓷瓮，有用炭火炙股肉，跪铡刀床等。

民间还有寡妇祈雨的习俗。

7个寡妇各用手指共顶一个簸箕，簸箕中放一把尺子，一面镜，于烈日下在院中转圈子。亦有7个寡妇用布蘸清水洗碾磙子祈雨的方式。

寡妇不仅可祈雨，如果久雨不晴，寡妇还可"扫晴"——也是由7个寡妇如祈雨般共顶簸箕在院中转圈，只是簸箕中不再放尺子、镜子，而是放一把扫帚。寡妇们边转圈边念"圪老天，圪老地，寡妇要个好天气"。

民间神灵崇拜不仅表现在顶礼膜拜、求福消灾的具体行为，更多的是意念上的崇信。一般人深信因果报应：善有善报，恶有恶报，不是不报，时辰未到。而主持公道、报应的，就是冥冥中无处不在、无时不存的神祇。

三、天象信仰

昔日民间的天象信仰主要表现在对天、地、日、月、星、云、雨、雷等的信仰方面。传统信仰认为，天象的异常往往是吉凶祸福的预兆。上自国家大事，下至家庭个人。这些预兆的产生，是神灵的意旨体现，非人力所为。人们只能顺应"天意"，不可逆天而行。迷信观念把天、地、日、月、星宿、风雨、雷电等都当作一种神灵而顶礼膜拜，并由信仰而产生了许多相应的禁忌。

四、对天、地的信仰

托克托城民间春节供神，把天、地合为一体而敬奉。其时，有两尊圣像几乎家家必供，一是"皂王爷"，二是"天地爷"。每逢春节前夕，有人专卖皂神、天地神像，人们把买神像尊称为"请神"。请回的皂神供于居室的正面，还专为其制作了"佛龛"，用彩纸精致装饰为"宫殿"。而天地并尊为"天公""地母"，供于居室门外的窗台上，将神像贴于窗墙上，配以红纸对联；天地三光上下四方，或天得一以清、地得一以宁，横批为"天地之神"，并以两个小方块纸作耳，分别写上"天""地"二字贴于横、竖联之间。无钱买神像的，便用黄表纸叠成一个"牌位"，写上"供奉天地之神位"。

城乡普通人家，一年或隔二三年，在春天或秋季，都要请阴阳（二宅）先生"献土"。所谓"献土"，就是请阴阳书符念咒，代表东家（献土的人家）

向土地爷赎罪祈恕，认为平时在院里或院外邻近之处挖土、打窖、修建等，无意间"动了土气"，得罪了土地神灵，因此，借"献土"的道场求得土地神的宽恕。

五、对日月的信仰

太阳在人们的观念里，是神圣不可亵渎的神灵。昔日，不少人家在院中的正房顶上垒有小巧的"太阳庙"，里边供着太阳神的黄表牌位。逢年过节，要上香摆供加以祭祀。人们平时说到太阳，都尊称为"阳婆爷"，忌直呼"阳婆"，更不能咒骂。人们大小便，不得朝着太阳。女人们早晨倒尿盆，不得朝太阳所在的方向泼，以至朝太阳倒脏水、扔污物，都被视为对太阳的不敬。大人教小孩不得以手指指点太阳，否则，指头会起疮。人们相互发生争执纠纷，往往会指日发誓，以表清白，或跪地叩日，以求申冤。

日食被人们认为是一种不祥之兆。日边出现异样，被认为是天将降祸于人间的征兆。"天上三环套，地上人头落"的俗语，曾在民间广为流传。

对月崇拜信仰不弱于日，以至中秋节成为传统的祭月节日。

月食被人们认为是天狗吃月，为救月，人们随手敲响一切可以发音的器物，如锅、碗、瓢、盆等，边对月猛敲，边大声呼喊，其意是用这种方式惊吓天狗，使其不敢吃月。

六、对星宿的信仰

昔日民间对星宿的信仰以慧星为甚。人们视慧星为灾星，以慧星的出现为人间灾难的星兆。这种信仰在我国各种古籍上屡有记载。民间认为，彗星出现的方位，即是灾难将要产生的地方，亦说彗星在不同方位出现，预示有不同的灾难。如说彗星东出，干旱少雨；慧星西出，瘟疫流行；慧星南出，天下兵起；慧星北出，匪盗横行。人们把慧星殒落，与人间的帝王将相等大人物相对应，认为天上每一颗慧星的殒落，地上必将有一个大人物伤亡。

慧星之外，太岁也是人们信仰的星宿之一。"太岁头上动土"的俗语即表示这是非常凶险之事。

太岁的来源说法不一，多数人以为太岁即岁星。民间传统的习俗，在兴建房舍茅厕、迁徙住址等，必须避开太岁运行的方向，如果触犯了太岁。那就会带来凶煞报应。因为太岁行凶施恶，是针对触犯者个人，所以，比之慧星，人们对太岁的恐惧禁忌更甚。至今，民间一些老年人，对太岁依然"敬而远之"，取土、搬家、婚嫁等，仍要阴阳择个吉日，远离太岁。

七、对虹、雷的信仰

天象信仰中，对虹、雷的敬畏极为普遍。

雨后天空出现彩虹，本属正常的自然现象，但是，由于人们不理解其成因，因而赋于其很多迷信色彩，有说雨后天空放出彩虹，是龙神向江河吸水，是龙神现身；有说虹是神旨天意的显示，预示着人间将发生某些异象，因而对其产生敬畏心理，并有不少禁忌，如不许用手指点虬，否则手指会患毒疮等。

在传统的天象信仰中，雷神是一尊伸张正义、惩恶扬善的善神。民间有许许多多关于雷"抓"人、"抓"牲畜、"抓"毒虫等的传说、故事。故事中被雷抓的人，均是行凶作恶、大逆不道、为非作歹、天怒人怨之人；被雷抓的其他动物，或是前世为人造孽深重，或是将要成精为祸于人。而且，凡被雷抓的，总在其尸身上，现出表明其罪恶的文字。当地广泛传说的一个叫"雷抓黑牛"的民间故事，说一头黑牛被雷击死，在牛角上有"黑牛白肚膛，上辈子打过娘"的字样。

对天象的种种信仰及其相应的禁忌，是人们在科学落后的条件下，对客观存在的自然现象不能正确理解，从而产生的迷信观念。随着科学的进步，许许多多的俗信事项，必将从人们的观念中自然消亡。

八、灵魂信仰

民间的迷信说法认为，人都有"真魂"。真魂是主宰一个人生命的无形的灵气。灵魂一旦离开身体，短期内可使人致病，长期离身，人就会死亡。人死后，灵魂不灭。由此，民间传承着"叫魂"的习俗。

叫魂，多为母亲为子女叫，因"娘吼千里远"。就是说，儿女的魂走出千里远，只要娘在家连吼三声，魂就会听见娘吼叫应声而归。

托克托城民间母亲为子女叫魂，常见的有三种方式。

一是为未曾出门的婴儿叫魂。

在婴儿的上衣后背心处缀一块红布，母亲手提衣服，先在婴儿身上左转三周，右转三周，然后提衣绕炕四周，同样左转三周，右转三周，边转边喊："天灵灵，地灵灵，小魂魂上身身。"衣服要衣领朝上，底襟挨着炕。转完后将衣服穿在身上。如此连叫三天。

二是小孩出外玩耍，在某处受了惊吓，回家后病倒，往往会认为是把魂丢在某处。于是，父母将孩子上衣缀上红布，同时要扛一把扫帚，相随到丢魂处，母亲提衣高吼："XX（孩儿名字）回来！"父亲拖着扫帚应声道"回来了！"如此三呼三应，然后将衣服裹在扫帚把上，一路拖拉回到家中，将衣服穿于孩子身上。

三是子女受到意外惊吓，以至精神异常，或久病之人神思恍惚，亦有母亲为之叫魂之举。其叫法是，中午时，母亲站家门槛上，将病人缀有红布的上衣提右手中高高举起，面向门外，高呼"XX回来！"家中父亲或别的亲人接应："回来了！"呼三应三，然后母亲将手中衣由门槛处放低至地面，边向炕慢步缓动，边低声叫"XX回来"，然后上炕将衣服盖在病人身上，或穿上。如此复叫三天。

儿女也可为父母叫魂，叫法是提衣罩于父或母所住屋子的烟囱上，双手合抱烟筒，高吼"妈（或大——托克托人称父亲为'大'）回来！"家中有人应道"回来了！"一样三呼三应，也是连叫三天。

九、命运信仰

民间不少人相信命运，他们把人一生的贫富穷通、祸福寿夭等都归结于"命运"，相信"命中只有三合米，走遍天下不满升"。"胎里穷，命里穷，一吃好的就肚疼。"相信命运的人往往能自得其乐，自我满足，自我安慰，自我解脱。他们相信，命运的好坏取决于一个人的生辰八字，也相信行好积德会改善命运。相信命运的人亦信"流年运气"，并认为人的"厄运"可以通过人为的举措得以避免改变。正是"命运信仰"，衍生出了对占卜、巫术等的信仰。

第三节　庙宇和庙会

一、庙宇

（一）昔日托克托城庙宇

入清以来，托克托城先后建起了20多座庙、观、寺、堂。这些庙宇具体的建筑年代多不可考。但无论建于何时，都是宗教与民间信仰的产物。

托克托城内庙宇的位置，绝大部分坐落在定丰街两侧，由北而南，有三官庙、五道庙、财神庙、关帝庙、药王庙、龙王庙、马王庙、老君庙、韦陀庙、文庙、奶奶庙、河神庙、岱王庙、城隍庙、三圣庙、风神庙、观音庙等。在东阁南北两侧的梁坡上，有清真寺和玉清观（俗称真武庙）；在文庙西侧饮马巷南有吕祖庙（正一坛）；在寿阳巷东有耶稣堂。

托克托位于祖国北方，属典型的大陆性气候带。一年之际，四季分明，多风少雨。为适应这种自然环境、气候条件，托克托城庙宇的建筑师们，匠心独运，强化了建筑的实用性，突出了地域风格的建筑结构和艺术风采，具有强烈而鲜明的地方特色。

托克托城的大小庙宇统属单层砖木结构。整体构筑充分体现了庄重敦厚、宏伟壮丽的北方建筑风格。与南方高耸轻巧的庙宇建筑相比，托克托城的庙宇都较低、缓、平，以减少风力的侵袭。南方雨水充沛，因而建筑多雕刻少彩绘，而托克托城的庙宇则反其道而行之，以浓墨重彩彰显庙宇的辉煌华丽。在保证建筑适用、坚固的前提下，突出美观的建筑要素。

托克托城紧傍黑河，地层属河流冲击平原，地基松散潮湿。考虑到这种地形特点，庙宇的地基下均埋有一米多深的大块"码头炭"作为暗基，因炭耐潮耐腐蚀。炭基上是按我国传统的台基营造法迭垛的明暗石基，转角处立有一米多高的角柱石。所有柱基都砌有预制好的鼓儿石柱顶石。台基石面和柱顶石上刻有各式图案花纹。台基所用的码头炭、青石条、柱顶石都是按设计要求在炭、石产地预制好，由大船从山西运回来的。

托克托城的庙宇主体建筑综合融汇了我国古代传统的宫观庙宇的建筑技艺和艺术风格。屋面造型硬山、悬山、歇山等应有尽有，单檐、重檐、斗拱、卷棚、攒顶、吻兽、仙人座等各得其工。可谓"五脊六兽"变化无穷，飞檐翘角巧夺天工。青砖砌墙，白灰抹缝；银灰瓦顶，兽头瓦当；石条高阶，红柱回廊；画栋雕梁，富丽堂皇。

托克托城众多的庙宇中，以关帝庙、药王庙、城隍庙等具有典型性和代表性。

关帝庙约建于清嘉庆初年，坐落于西阁东侧定丰街西侧，殿宇屋舍28间，供神像36尊。以关帝庙为中心，在其左邻右舍又建筑了财神庙、龙王庙、老君庙、马王庙、药王庙、五道庙、韦陀庙，从而形成了一个规模宏大、气势辉煌的庙宇建筑群。每年阴历五月十三的关帝庙会，是托克托城的民间盛会。而且这里也是托克托城各行业社庙集中的地方，各社规模不等的社日连续举办，或演戏，或办红火，以至关帝庙滩成为托克托城以庙宇为主线的文化娱乐中心。

位于关帝庙西侧的龙王庙，塑像森严可畏，加之似真似幻的一些传说，更增添了神秘感。近山门正口的青石台阶上，有一处似足爪的印痕，称为"龙爪印"，传说是龙王出殿腾空时留下的足迹。因此，人们出入龙王庙，都不敢脚踏此"龙爪印"，以至于此印痕能经久清晰留存。

龙王庙东侧的药王庙，规模虽不甚大，但雕塑彩绘，金碧辉煌。其中有一块形如屏风的大型木雕假山，上面精雕细刻着《八洞神仙》《西游记》中的神话人物。而雕刻画面的主旨内容是药王孙思邈为虎治病的情节。画面上，一只斑斓猛虎前跪后踞，扬首张口蜷伏于药王面前。药王右臂套铁箍，伸进虎口为其取骨。画面形象突出了老虎的雄猛身姿、血口钢牙。而其疼痛不堪，急不可耐的情态与药王的神情专注、从容不迫形成了强烈的反差映衬。

这一故事取材于民间传说。相传，一只老虎被一块尖利大骨卡于上下腭之间，使其口不能张合。老虎跋山涉水来到药王家，跪求药王为其取骨。药王为防取骨后，被虎合嘴时伤了手臂，就在前臂上戴了一个圆筒铁箍，探手进虎口，将骨取出，敷药疗伤。

那只老虎得救后，无以为报，愿为药王看守杏园，且终生不再食人，故画面亦有"虎守杏林"之情节。

画中假山雕刻布局丰满，形象众多，但多而不乱，井然有序。浮雕镂刻深浅有致，搭配相宜。保留平面，不伤整体，突出了主题，表现了情节。这一佳作出自县境张贯一间房村的名木匠"谢哑巴"之手。根据其后代年龄推测，谢哑巴约为清朝咸丰、同治年间人。由他主持建造的托城老爷庙戏台，其精美的建筑工艺传为经典。

昔日民间走方先生手腕上戴一个空心圆铁环，内装芯子，称为"响环"。每到一地，摇动响环，是行医的标志。这一习俗即来自药王为虎治病的传说。

城隍庙位于南阁北侧，始建于清乾隆二十七年（1862年），后经几次整修扩建，成为托克托县规模最大、形态最壮观的庙宇。以城隍庙为中心，形成托克托城又一个庙宇建筑群。在这个被人们称为"城隍庙滩"的地方，汇聚了城隍庙、三圣庙、风神庙、观音庙四座大庙。而且，这里又集中了三座大戏台。一年一度名闻遐迩的托克托城"瓜皮会"就在这城隍庙滩举办。平时，大戏、打玩意儿你来我往，连连不断。

托克托城清真寺始建于清嘉庆年间，由河口镇阿訇金五主持，托克托厅回族群众以及归化城、包头、天津等地的回族群众共同捐资修建。清真寺坐落于托克托城后街东侧之梁畔上，是托克托城、河口回族群众礼拜的寺院。以此，寺院下的东西巷道命名为礼拜寺巷。

（二）庙宇功能

庙宇，是民间信仰的产物。敬神拜佛，祈求神灵为人们消灾赐福是庙宇的基本功能。这种功能虽然是虚妄的，但可让虔诚信奉者得到心理上的满足。

庙宇在无言中对信奉敬拜的人们起着教化的作用，使其自觉约束自己的不轨行为，以至于有"暗室亏心，神目如电"的箴言传承于世。

庙宇也是人们祭奠祖先的场所，人们在这里寄托哀思，希求祖先的灵魂和意念中的神灵一样荫庇子孙，造福后代。

庙宇的用途其实是多方面的，不仅仅是用于祭祀或迷信活动。

庙宇常被用作当地民间各会、社的会所——办公处，托克托城各商社、街社、行社各自在财神庙、关帝庙、城隍庙、真武庙等庙中辟建小庙，供奉自己崇信礼拜的神灵或祖师。如关帝庙中的西偏殿老君庙，供有太上老君、鲁班、蔡伦等塑像。太上老君是铁匠、银匠、铜匠、糊拼匠、铧炉行尊奉的祖师爷，鲁班是石匠、木匠、屠家的师祖，纸匠、纸坊供奉"蔡侯"。关帝庙东配殿是马王庙，供有三头六臂三只眼的马王爷，是农民、养车户、桥牙行的社庙。财神本来就是各行各业共同敬奉的圣神，可托克托城的杂货社、扁担社（小商贩组织的行社）还在赵公明的塑像旁供了自家的牌位，许是特求财神爷额外施恩。龙王庙东侧的药王庙，供奉药王孙思邈、医圣张仲景和华佗、李时珍的塑像，可想而知，这是医药界特奉的社庙。而奶奶庙西侧的河神庙，不仅是河路汉、渡口船工、渔民供奉的船神晏公庙，河神也是托克托城人人人敬畏必供的神灵。如此等等。凡在某庙宇建有社庙的会社，某庙宇也就成了会社开会议事的办公处。托克托县商会的办公处设在正一坛。

庙宇往往是办学的地方。托克托城的文庙、城隍庙、五道庙、真武庙以及清真寺、耶稣堂等都曾为学校所在地。

庙宇更是乡间文化娱乐的中心。因为有了庙宇，也就相应有了庙会。托克托城一年之际，各种庙会连连不断。托克托城的民间结社集商社、行社、街社于一镇，各社均有祭祀自己所敬奉的神灵的庙会——社日。祀神与传统的岁时节日合而为一，形成一年间接连不断的大小庙会。

托克托城的大庙如财神庙、关帝庙、奶奶庙、龙王庙、河神庙、土地祠、观音庙、城隍庙、山神庙都有戏台，而城隍庙的戏台更是相隔数十步并排两座。过时过节都要在各戏台演戏。戏台设在庙宇里也有历史原因。首先，因为演戏起源于巫术，从傩戏演化出来。唐代诗人顾况在《永嘉》诗里写道："东瓯传旧俗，风日江边好。何处乐神声，夷歌出烟岛。"乐神的夷歌就是后来戏剧的源头。神是人们根据自己的形象和性情造出来的，既然演戏能娱人，必定也能娱神，所以酬神的重要活动就是演戏。演戏的最理想场所当然就是各庙宇的戏台了。其实，演戏也不是一座庙宇、一个镇里的事，它是镇周围许多村落共同参与的事。庙宇在这个场合成了一个大范围里的民俗文化娱乐中心。

传统的庙会——社日为社火的举办和戏曲演唱提供了表演竞技的平台，从而促进了社火文化和戏曲艺术的发展和繁荣。

传统的庙会——社日活动及其兴盛，不仅是当地社火文化和民间戏曲产生和发展的一个重要基础，而且是促进地区商贸交易、经济发展的良好机遇和有力举措。托克托城举办大型庙会期间，归绥、包头、大同、张家口等地的一些商人也要来设摊布市。

庙宇、戏台、庙会三位一体，成就了庙宇的多种社会功能。

庙宇融建筑、雕塑、绘画、书法、镂刻、冶铸等综合艺术于一炉，寄寓了俗信民众的观念、理想、愿望、诉求。

有人把庙宇称为"综合性博物馆"，诚如是。

庙宇就在实现它多种多样的用途时，来到人间，卸去神圣的光环，世俗化了，现实化了，这才是真正中国乡土社会中的庙宇。

二、庙会

(一) 奶奶庙会

托克托城奶奶庙会在农历四月初八日举办。传说碧霞元君生于农历四月初八日，民间故于此日举办奶奶庙会。以此，托克托民间有四月初八家家开窗户

"放儿女"的传统习俗。

顾名思义,奶奶庙会是在奶奶庙(亦叫娘娘庙)滩举办的庙会。迷信认为奶奶是主管人间生儿育女的神灵。托克托县二人台剧目中有诸如"年年有个四月八,奶奶庙上把香插""人家插香求儿女,我和哥哥求个啥?"之类的唱词,反映了昔日奶奶庙会的一个重要内容:求儿女。

托克托城原建的奶奶庙中,正殿塑像除正面的奶奶外,两旁还有怀抱婴儿的"送子奶奶",满脸麻疤的"痘儿哥哥"。另有一个面目狰狞恐怖,手里卡的、怀里揣的、袋里装的全是婴儿的恶煞,当地俗称"只拣子"。据说,"痘儿哥哥"专管孩子们牛痘、天花之类疫病。而"只拣子"则是专"拣"婴儿的凶神恶煞。因而,奶奶庙降香,既为求儿女,又为婴儿祛灾避邪。

奶奶庙会多为三天。庙会期的文娱活动主要是唱戏、社火节目演出(无龙舞)。

庙会期间,在奶奶庙殿内,终日香烟缭绕氤氲。妇女们往来如梭。奶奶塑像前跪香的挨肩擦膀,都是"许愿""还愿"的妇女。庙中和尚有的端坐念经,有的接收油香牲礼,忙得不亦乐乎。

奶奶庙会求儿女,有诸般礼仪和形式。求儿女的,来时需洁衣净身,以表虔诚;携带几两胡油,一把黄香,几张黄表,俗称"送油香"。进庙后,于奶奶塑像前焚香敬表,叩拜祷愿,祈求生儿或育女。求子的具体形式,有的用红线在"送子奶奶"怀抱的娃娃塑像上"拴儿女",有的在和尚特备的泥娃娃上拴红线或干脆"偷"一个泥娃娃带回家中(生育后还愿时再送回),有的"偷"和尚扎好的纸花:红花生女,黄花生男。还有的欲生男孩,就请和尚当场用和好备用的莜面捏一男婴"莜面鸡鸡",粘在"娃娃"塑像两股间,求子者取下"鸡鸡",当场吃下。新婚不孕的少妇,碍于情面,往往由其婆母相伴代述心愿。求子时,同时要"许愿",如如愿以生后,如何报答奶奶——多是年年送油香、花花(捏成各式花卉的面馍)"跪香"等。跪香还需许明跪几炉香。届时必须按许还愿,直至孩儿十二岁圆锁。因而,奶奶庙会跪香者,既有求子的，也有还愿的。求子还原的同时，当然不敢冷落怠慢"痘儿哥哥"和"只捞子"，因为他们手中直接拥有对婴儿的生杀大权。因此，奶奶庙的香火鼎盛。住庙的和尚、老道仗仗奶奶受益尤多。

庙会期间，当地居民们邀亲唤友，家家亲朋满座。来托克托城奶奶庙求儿女的还有邻县的妇女们。在外工作的公职人也纠合亲戚朋友前来赶会凑热闹。

庙会也是贸易集市。小商小贩摆摊销售日用杂货、各色小吃。

（二）观音庙会

观音为中国佛教四大菩萨之一。民间尊奉观音，不仅认为她能救苦救难，普度众生，而且尊为"送子观音"。

据称，农历二月十九日，是观音的降生日；六月十九日，是观音的成道日；九月十九日，是观音的涅槃日。昔日托克托县城乡在这三个日子里都择一举办观音庙会。庙会日既是人们焚香许愿、祈求大慈大悲的观音菩萨赐福保佑的吉时良辰，也是妇女求儿女的日子。故此，观音庙会的香火更旺，赶会者无论男女老少，都要在圣像前焚香祷愿，以求观音保佑，降福祛灾。观音庙会亦如其他庙会一样，是文娱活动、商贸集市之地。

托克托城的观音庙会在农历二月十九日举办。

向送子观音求儿女的礼仪与向三霄奶奶求儿女的礼仪基本相同。有的求子并得子者，还于次年观音庙会期，抱子至观音圣像前献礼还愿，皈依寄名，以求儿女健康长寿。

（三）老爷庙会

老爷庙会也叫关帝庙会，是于农历五月十三举行的传统社日，专为祭祀关羽。

在封建社会，关羽被认为是义结千秋，忠贞不二，历代被尊崇为"义"的化身。宋代皇帝追封其为"义勇武安王"，到了明朝，更将其加封为"关圣大帝"。五月十三，传为关羽诞日。另说，这天是制造荒旱的魔怪"旱魃"现身之日。关帝庙会举办之日也就成了祈求关圣大帝显灵驱邪，保佑一年风调雨顺的祈福之日。民间还把关羽敬奉为"武财神"，因此，老爷庙会就具有了多项功能，以至于分外红火热闹。

清朝时，由托克托城"寿阳社"主办的关帝庙会名闻口里塞外。届时，从五月十二日至十四日，连唱三天"大戏"。所谓"大戏"，即指晋剧、道情等戏剧。"寿阳社"的关帝庙会，特聘山西、河北等地的名剧团来托克托城献艺。演戏之外，同时有皇杠、抬阁、脑阁、车车秧歌等社火节目演出。寿阳巷是托克托县皇杠的诞生处。其抬阁的工艺也引人注目。老人们传说，当日"寿阳社"置办皇杠、抬阁等社火，原取为关帝庆寿献礼的寓意，故其社火装饰多有寿桃、寿帐、寿匾之类。

五月十三为当地农民祈雨之时。是日如果有雨，被称为"关老爷磨刀雨"。这一风俗又为关帝庙会增色添彩。庙会期间，关帝庙正殿，帡幪绣帔，幔亭寿幛，香雾绕梁，灯影幢幢。关帝圣像披红挂绿，供案上牺牲叠覆。敬香的人从早至晚，川流不息。经声盈殿，细乐袅袅。

正会（十三日）的社戏，也需上演为关羽歌功颂德的剧目，如《单刀赴会》《斩颜良》《古城会》等。同时，社火节目也于庙前集中演出，间以诸般杂艺，红火热闹得令人目不暇接。

关帝庙会同时也是物资交易的大集市。来自口里口外的富商大贾，下河（河曲、府谷、清水河等地）盘山缘涧来的驴骡垛，宁夏、青海从黄河顺流而下进泊黑河沿岸的"上河船"，归化城（今呼和浩特旧城）的回族骆驼商队……会前便云集托克托城。真可谓"会聚四方客，货自八方来"。庙会，成为促进地区间物资交流的有效形式。

（四）瓜皮会

七月十五日的"瓜皮会"，曾是昔日托克托城传承经久的社日。实际上，这个社日的活动内容并不仅仅是"瓜皮会""，而是有着多项活动。

首先是"唱大戏"。

聘来的戏班都是当时在土默川上很有名气的剧团。晋剧（当时称"山西梆子"）之外，还有大秧歌。有的年头，同定两班对台演出。七月十三起唱至十六，戏场设在城隍庙滩。七月十三的戏是专门为风神演出的，其意是祈请风神不要在社日期间刮大风、煞风景。七月十五正会，演出的剧目多是《目连救母》或《劈山救母》。这是庙会年年必演的两出戏。

其二是"城隍爷出府"。

据史料记载，周代天子祭祀的八种神中，城隍是其中之一。唐朝中期，城隍神被正式列入国家祀典。明太祖朱元璋参照王朝和行政机构建制，曾重新决定了城隍的封号和爵级、各级城隍的冠带服饰、庙中侍神的序列，以及城隍庙的建筑形制、规格都有严格规定。

县级城隍按"规定"应该是"七品官"。但托克托县的城隍神爵级特殊，是"一品大员"。其原因，据民间传说，是因为元顺帝时的贤相脱脱曾被贬驻牧东胜州，由此，托克托县在元朝以后城隍爷也就沾了大光，其塑像服饰为丞相冠带，并以一品爵级享祀了。

托克托城城隍一年三出府，其时间分别为清明节、中元节和农历十月初一日。出府的城隍是一尊特塑的可移动的塑像，平时放在城隍庙的后寝宫。出府时，人们把城隍塑像从后寝宫焚香请出，放在特制的无顶"明轿"里，由8个头戴红缨帽、身穿黄衫紫裤的轿夫异着。前有两个人手执飞虎黄旗导引，旗后4人鸣锣开道。轿后是一班和尚吹笙吸管，细打细吹紧紧相随。满街满巷的人们随着轿、拥着轿，由城南的城隍庙起程，转前街，入后街，巡城一周，然后"打道回府"。当日，人们争看城隍的脸色。据说，如果城隍脸色"恼怒"，就预示当年年景好，风调雨顺；如城隍面戴"笑容"，则要遭年馑，或起瘟疫，人不稳。因而，县境中至今仍流传着一句俗语："不怕城隍三出府，就怕黄河卖豆腐。""黄河卖豆腐"是指因久旱无雨，黄河水量减少，近岸河床干裂为一块块豆腐状的泥巴。

其三是"瓜皮会"。

"瓜皮会"是庙会的主要活动项目，七月十三至十六每天上午举办。七月十五的"瓜皮会"是在城隍出府巡城结束就开始了。

所谓"瓜皮会",说来很简单:用三根木棍绑成一个三角架,上搁一块平板,板上放一特制的莜面捏的大面人(俗称"鬼头鬼首"),将其稳立于观音阁前的空场上。人们站在观音阁的廊道里,用西瓜皮掷打面人,称"打面首",一直到打倒面人为止。这种别开生面的社日活动,虽然形式简单,但却格外风趣热闹。掷瓜皮的,运瓜皮的,乃至啃瓜存皮的,一个个忙得手忙脚乱,汗流满面。观音阁上上下下,人如潮涌,欢声笑语不绝于耳。一些轻薄男儿,借"打面首"之名,把目标瞄准了阁下围观的大闺女小媳妇。此时,闺女媳妇再好的衣服被西瓜皮弄脏,也是不会嗔恼的。于是,瓜皮会上"打面首",不知不觉"另辟蹊径",成为一些青年男女传情送爱的特殊方式。

掷瓜皮"打面首"的都是青年男女,这一活动究竟有何寓意?至今不得而知。"面首"一词,本义是指强壮姣美的男子,后引伸为男宠男姜。"面首"被鄙称为"鬼头鬼首",寄寓了人们对其厌恶之情。但何以要用西瓜皮掷打,以至于有"瓜皮会"的传承,还有待考究。

其四是"逛梁头"。

七月十五俗称"鬼节日",是传统墓祭先人的日子。托克托旧城左傍的土梁上,清朝以来成为县境城乡居民的祖茔地。七月十五日上午,上坟的人们成群结队,断断续续,跋上梁头。此时,站在梁头,登高望远,梁头脑包,烽火遗址,如峰似峦,起伏绵延,莽莽苍苍。俯视梁底,远有青青农田,疏疏林木,清幽村舍掩隐于丛绿之中;近处,托克托城、河口鳞次栉比的街市尽收眼底,纵卧梁底的大黑河,静静的河面上,黄花片片,帆船点点……久而久之,该日如同清明节一样,而扫墓的习俗也衍变为"逛梁头"的传统风俗,同时也成为外地人来托克托城赶会时的一项观光内容。

其五是"盂兰盆会"。

晚场戏结束后,西阁外大黑河东岸的河堤上,来自各寺观的和尚、道士,在临时搭起的法坛上唪经念佛,超度野鬼孤魂。旗幡飘飘,钟钹声声,烛影幢幢，神秘兮兮。这便是一年一度的"盂兰盆会"道场。

此时，庙会的夜市由城隍庙滩移到了河畔。卖小吃杂耍的货摊上，彩纸裱糊的麻油灯笼在人影中时明时晦，时稳时现。摇货郎鼓的，敲小锣的，打木梆的，以及各色各调的叫卖声此起彼落，饶有情趣。

其六是"放河灯"。

河灯会在七月十五日正会晚上举行。其时，城南的河口镇也同时举办河灯会。晚场戏结束后，人们都争先恐后涌到城西的黑河岸畔，挨挨挤挤，观赏"放河灯"盛况。当日，河口、托克托城两镇形成约定俗成的放河灯习俗，托克托城从城北的三官庙处放起，河口从镇北与托克托城交界的骆驼圪卜放起。两镇的河灯间隔相随，飘过"海口"（黑河流入黄河交汇处）进入黄河。

据说，托克托城、河口的河灯会是从山西河曲县传来的。清朝年间，从山西偏头关、河曲、兴县、保德等沿河地区来托克托、河口跑河路的人成百成千。河路生涯，瞬间生死难保。有不少船工葬身黄河的惊涛骇浪之中，尸体不见踪影，成了黄河里的孤魂野鬼。河曲的放河灯风俗就是借河灯为河中的孤魂野鬼招魂。一次放 365 盏，一盏灯代表 1 个孤魂，365 盏灯也表示一年 365 天，天天为这些可怜的亡灵招魂。来自河曲的船工们将这一风俗带来河口、托克托城，他们更相信、更盼望那些身殁异乡河中的野鬼能魂附河灯，顺流回到家乡。开始放河灯时，由德高望重的老艄公主持放灯仪式，放灯的同时，请和尚、道士唪经念佛，以超度亡魂。放完灯后，船工们还要到孤魂庙里烧纸钱祭奠。放河灯的同时，在黑河岸上高搭法坛，举行盂兰盆会。

后来，放河灯逐渐成为一项当地人人喜爱的节日娱乐活动，在保持祭奠亡魂的传统习俗的同时，更多的强化了娱乐的内容。主办河灯会的不再是河路社一家，放灯的数量也不是 365 盏，而是 3650 盏或更多。放河灯时增加了锣鼓、打玩意儿小班。其时，河口贾圪卜和托克托城北街、前街的渔民们有 100 多艘渔船，届时，船家不请自到，可谓是满河小舟满河灯。河灯也渐渐演变为人们良好祝愿的寄托。人们自制河灯，或乘船，或在岸边水畔，将承载着自己美好愿望的河灯亲手放在水上，看着河灯在水面顺流而去，心里感到无限欣慰和快意。

　　放河灯及盂兰盆会这一古老民俗娱乐活动在托克托流传着一个"常遇春祭母"的传说，所以，"河灯会"正会演出《目连救母》《劈山救母》这类戏剧就顺理成章了，它从戏剧内容上突出了庙会的主题。

第十二章　民间戏剧

第一节　打玩意儿——二人台

一、托克托县是内蒙古西部二人台的发源地之一

任何一种艺术形式的产生、发展，都必然要受到社会历史条件、地理环境的深刻影响。

历史证明，商业经济的发展，城镇集市的形成，市民阶层的聚居，是戏剧文艺产生和兴盛的重要社会基础。

托克托县从云中建城始，具有约 2400 年的文明史。迄于清，河口成为口外五厅（归化、萨拉齐、托克托、和林格尔、清水河）中，归化之外的第二商埠。托克托城与河口一水相连，相距仅 2 公里，形同一体。而托克托城历史上又一直是当地行政机构的所在地，是本地区的政治中心，必然也是经济中心、文化中心。

清末民初，托克托城、河口镇商业臻于极盛之时。商业的繁荣必然导致市民阶层的辐凑。内地士农工商慕名而来托克托城、河口者源源不绝。在这一特定的历史、地理条件下，一城一镇的文化也相应空前繁荣起来。

清朝以来，从内地迁来托克托县、土默川地区由年年"春出秋归"到渐次搭伙定居的移民多是山西、陕西人。随之而来的是当地的晋剧、道情、大秧歌等戏剧和民歌、社火文艺等民间艺术。这些异地而来的演唱艺术之所以能在托克托县乃至土默川的平原上流行，"他乡遇故知"是一个很重要的原因。

晋剧、大秧歌、道情等戏剧在土默川一带广泛流行后，一些由成名演员组建的戏班便成为社日、庙会聘请的对象。清朝以来，托克托城、河口镇民间结社成俗，每年社日、庙会接连不断，成名戏班你来我往。一些庙会和戏班相约

为相对稳定的演出协议。一城一镇，传统庙会往往前后错时举办，以延长两处庙会活动时间。加之城镇较大社团的传统社戏、愿戏，以至于托克托城、河口一年间从正月到九月，几乎月月隔三差五便有戏剧演出。一些大型庙会同聘两班戏对台演出，也是常有的事。

在晋剧等"大戏"如此红火兴盛之际，活跃在托克托县地区的民间艺人"打坐腔"活动，也是人们生活中不可或缺的娱乐项目。

二人台的前身"打坐腔"，虽然不登大雅之堂，但在民间广大劳动人民中却是颇受欢迎的演唱形式。它不受时空限制，无论人多人少，随时随地都可演唱。没有道具，手持一把苕帚即可；没有伴奏乐器，就双手击掌"打拍子"，"干咋梆子"唱了起来。人们在劳作消闲之时，串门"打塌嘴"之际，兴趣所致，便你一句我一声地红火起来。这种劳动人民自娱自乐的清唱，当然也无内容限制，谁会什么唱什么，能唱几句唱几句。于是，爬山调、码头调、蒙古曲儿、道情、花儿、江南民歌乃至戏曲唱段……可谓南腔北调"大杂烩"，诚如当地俗语所说的"揪烂席片"。一些民间演唱艺人便是在这样的群众性自我娱乐的基础上脱颖而出，成为半职业的、职业的演唱者。也正是这一特定的文化土壤，孕育了二人台这棵兼容并蓄，水乳交融着晋、陕、冀、内蒙古等地综合民间艺术的文艺新苗。

托克托城、河口历来是农业与商业并举，农民与市民共处，商社与村社同街的城镇。这里既是"大戏"大显身手的地方，也是"小班儿"小打小闹的处所。那些被人称为"打小班儿"的艺人们，既是镇上资金有限的村社活动雇用的适宜人选，也是风雨天"拴了船"的河路汉们排忧解闷的娱乐所在。而一些商号开张，建筑奠基，喜庆筵宴，也常请打小班儿艺人临场。比比皆是的赌场、烟馆更是艺人们经常出入之地。由此可知，当日托克托城、河口镇经济繁荣之时，也是"打小班儿"艺人们常年活跃之处。于是，二人台发展史上一个关键的里程碑——"化妆演出"形式，便在河口镇诞生了。

1986年，《中国戏曲志·内蒙古卷》编辑部编印的《内蒙古戏曲资料汇编》（第一辑）内载有杜荣芳所著的《二人台表演艺术的发展》一文，文中写道：二人台如何由"打坐腔"发展为"化妆表演"，过去文字上没有确切记载，我只听老艺人有以下几种说法。

清朝光绪初年，二人台创始人之一老双羊（萨拉齐人，蒙古族），从年轻时起一直"打坐腔"，唱到六十多岁时，年老气衰，嗓音不济，渐渐地失去了观众。于是他便和他的儿媳妇想出一个办法，把"打坐腔"变成"化妆演唱"，结果大受欢迎。这是 1955 年二人台老艺人吴虎兰和 1969 年老艺人岳明讲的。

本书所载的另一篇文章——乌兰杰所著的《蒙古族古代戏剧传统探源》中则说：光绪初年，蒙古族艺人们首先在托克托县河口镇将"蒙古曲儿"改为带有故事情节的演唱形式。由此以后，这种新兴的演唱形式在内蒙古西部地区流行起来。当时蒙古族著名艺人老双羊在民间坐唱基础上创造"二人台"，标志着蒙古族戏剧由民歌走向歌舞剧，由业余演唱走向专业化的开始。[1]

"光绪初年，蒙古业余艺人首先在托克托河口镇将蒙古曲儿改为演唱形式。"[2]

类似的记载，在其他一些有关二人台的著述里也可看到。如榆林地区文化局编写的《二人台音乐》中也提到，光绪年间，由一位蒙古族老艺人老双羊和几位汉族老艺人的共同实践，创造了简单的化妆形式。演员由两人担任，一个扮抹粉的小旦，一个扮滚边的小丑；扮旦者头戴凤冠，身着红袄绿裙，和戏剧头戴一样，手拿花扇或彩绸；扮丑者头戴毡帽，八字胡，鼻梁画一蛤蟆状图案，身着长襟白边黑袄，红裤白腰带，手执霸王鞭或扇子，边歌边舞。剧中人物多时，则由小丑扮演多种角色，俗称"抹帽戏"。

托克托城的老艺人说，扮丑者借鉴晋剧丑角"三花脸"的脸谱、装束，

---

[1] 《中国戏曲志·内蒙古卷》编辑部编印的《内蒙古戏曲资料汇编》第一辑，1986 年 9 月，内部发行，第 88 页、第 38 页。

[2] 余元庵著《内蒙古历史概要》，上海人民出版社，1958 年 1 月第 1 版，第 130 页。

以此，丑角也叫"三花脸"，俗称"丢丑的"。

综上所引资料，可以明确地看出：

一、二人台走向戏剧化的最关键的一步——由民歌演唱的"打坐腔"到"化妆演出"，发端于清朝光绪年间。其创始人主要是蒙古族艺人老双羊。地点是托克托县河口镇。

二、光绪年间的二人台演出，不仅化了妆，而且形成了自己的角色行当，一丑一旦。同时，演唱也有了具体的故事情节，以至于成为"抹帽戏"。

也就是说，作为一种地方剧种，二人台在清末的托克托乃至土默川一带已初具雏形。水旱码头河口、托克托城是以艺求生的老双羊等民间艺人经常演出的地方。老双羊等于光绪年间在河口镇创兴"化妆演出"，应该是不争的事实。

但当时并不叫"二人台"，而是叫"打玩意儿"或"蒙古曲儿"。

出生于清同治十一年（1872年）的托克托城人霍亮生，字国祯，于1953年曾撰文《我所知道的二人台》，该文发表于《绥远日报》，文中写道："'二人台'这个名称，是近年来才有的。据我所知，远在晚清时期，绥远各地区有丑、旦两角色扮演歌曲小戏，并随丝弦伴奏，因为这种戏曲是伊克昭盟准格尔和达拉特两旗人民最喜爱、最流行的歌曲，人都称它为蒙古曲儿。后来汉族和蒙古族人民相处日久和互相演唱，汉语和蒙古语的语句也两相并用。于是，蒙古族演唱就用蒙古语，汉人单演就纯用汉语。又由于那时口外所设五厅是归山西省管辖，所以接近伊克昭盟各厅（口外）、县（口里）的人民，经常互相来往。他们结合着当地民谣，也增加了许多曲目。当时，最盛行的地区是河曲县和托克托厅，人们多去伊克昭盟经商或种地。还有多数以船运为业者，往来于宁夏和包头之间，每只船上都有五六个水手（或者还要多一些），船上大都备有乐器。如遇有逆风船不能行进时，他们就在船上或岸上弹唱蒙古曲调，作为他们守风消遣的娱乐。演唱时，无论同泊船友多少，大家都是同乐同唱，唱的曲子叫做小曲——坐腔。在清光绪年间，托克托的河口镇，每逢正月十五，便高搭戏台，演唱蒙古曲儿三天。演唱时并不取酬劳，只是与大家同乐同唱，其原因是镇内船业各户和船上水手，这时正在消闲之际，所搭戏台多是利用船主的木板。"

这样看来，当时演唱蒙古曲儿的不仅是业余的打玩意儿演员，还有水手（船工）和其他文艺爱好者，大家"同乐同唱"，也自娱自乐。这也充分说明蒙古曲儿——二人台这一民间艺术从诞生到演出所具有的最广泛的群众性特征。

老双羊是萨拉齐县人，那他为什么能在清朝光绪年间，于托克托县的河口镇首次将"打坐腔"的民歌演唱创新为戏剧形式的"化妆演唱"呢？原因很简单：清末，水旱码头的河口镇正是经济繁荣、人口兴旺之际，同时也必然是文化娱乐活动兴盛发展之时。其时，包头未通火车，还是一个商市初辟的村落。而且，河口镇与厅署所在地托克托城一水相连，相距仅仅2公里，一镇一城，融如一体。托克托城是托克托县的政治中心、经济中心，也必然是文化中心，人民群众生活娱乐中心。以演艺谋生的云双阳，把河口、托克托城作为他经常演出的地方，是情理之中的必然选择。

上文提到的霍亮生生前曾说，老双羊是河口双墙村人。据双墙村的老年人说，双墙梁底有一处地方叫"双羊圪旦"，传说是当年老双羊居住过的茅庵房遗址。从上文所引杜荣芳所著的《二人台表演艺术的发展》一文中所说云双阳"和他的儿媳妇想出一个办法，把'打坐腔'变成'化妆演唱'"可以推想，老双羊曾举家长期居住在河口双墙村应是无疑的事实。

托克托城北街的窦七十九，是现在可知的托克托县最早的二人台艺人。窦七十九生于咸丰年间，他不仅爱唱、会唱，而且精通四胡、枚、扬琴等民间器乐。据其徒弟任富财说，窦七十九和老双羊是好朋友，他们的友谊是老双羊在河口、托克托城从艺时建立起来的。窦七十九应该是和老双羊"共同实践""化妆演出"的"几位汉族老艺人"之一。托县、萨拉齐一些知名的二人台早期演员多拜师于他。

二、中华人民共和国成立前的托克托县地区二人台艺人及其演出活动

中华人民共和国成立前，二人台艺人被视为下九流，社会地位低下，生活凄苦。但是为了生计、为了艺术，许许多多的民间艺人在这块长期荒芜的艺苑里惨淡经营。其中，不乏子承父志的艺人世家。在土默川众多的二人台前辈艺人中，有不少是托克托县人。

托克托最早从事二人台职业演出的艺人，现已无法追溯。据二人台老艺人、内蒙古最早的职业剧团民艺剧社的发起人之一贺炳回忆说，他在十七八岁时（贺炳生于1906年），曾在托克托城的孙富和"父子班"里帮忙打四块瓦（"四块瓦"是一种由四块竹板制作的乐器，类似"莲花落"）。一年后，他正式当了孙富和的徒弟，并和一个从托克托来的打玩意儿小班一起唱过。孙富和从艺是在清末民初之际。常与贺炳搭班演出的还有托克托县的二满子。[1]

清末民初到新中国成立，托克托县地区从事"打玩意儿"的民间艺人数不胜数。至今，土默川一带仍流行的一句俗语："托克托县出了一斗芝麻的戏子。"

清末民初，托克托县"打玩意儿"的名艺人，有李宽如、大金有、存万子、冯二、王存驹、王掌财、孙银、孙广库、薛广通、陈四太、李文海、马掌印、老福庆、安元小、要有财、张二奴、杨二正、李保元、八十五、马怀信等。这些名艺人中，既有演员，又有乐师。他们分别组班，成为半职业或职业艺人，不仅活跃在托克托县、和林格尔、清水河、准格尔、萨拉齐、包头、武川、临河、陕坝、四子王旗等内蒙古中、西部地区，有的还到河曲、府谷、神木等处演出。

在托克托县众多的打玩意儿小班儿中，南窑子王在山的戏班具有代表性。王在山（亦名老虎）生于1903年，是土默川颇有名气的二人台丑角（俗称"滚边儿""丢丑的"）演员。

---

[1] 《中国戏曲志·内蒙古卷》编辑部编印的《内蒙古戏曲资料汇编》第一辑，1986年9月，内部发行，第83页。

据传，二人台丑角所持的"纸鞭"（后改为"绸鞭"）始于王在山。和王在山搭班的除孙广库、孙银、王掌财等本县艺人外，二人台的早期名艺人任富财、高金栓、刘银威等长期住在王在山家中与王在山同班演出。因这些艺人的家乡与南窑子村相距仅十多里。

任富财与王在山是师兄弟，窦七十九是他们的启蒙老师，他们也曾"过门"从师于老双羊。任富财的徒弟刘银威、王发、刘拴（均为土默特右旗人）曾与王在山的长子王兵小常年同台演出。任富财的女儿任银生亦为出色演员，嫁于王在山次子王福小。王福小在其父亲、岳父的精心培育下，与其兄王兵小、三弟王聚泉同为托克托县地区及周边旗县的名角艺人。

与王在山搭班的孙广库是丑角名家。他的霸王鞭名驰土默川，人称"三路鞭子"。因他的霸王鞭打开分上、中、下（头、腰、脚）三大路，连三挎五，前后左右，上下翻飞，令人眼花缭乱。生旦对舞，鞭法丝丝入扣。有"凤凰三点头""风卷残云""老虎归山""急急风""老牛拉车"等许多舞姿套路。特别是在"火炮曲子"时，他的霸王鞭更是神出鬼没，风雨不漏，令人叫绝。

王家戏班的双鞭（纸鞭、绸鞭与霸王鞭）刚柔相济，各具风采。演出时，根据剧情交替使用，以至于其"带鞭戏"，如《打金钱》《挂红灯》《十对花》等名闻遐迩，独步一时。与王在山、孙广库长期同台演出的高金拴（土默特左旗人），是土默川的名旦角，人称"金拴旦"。其扮相俊美，做戏细腻，唱腔悦耳。据说，某年农历二月二，王家戏班到五申村演出。根据当地风俗，二月二将过年供神的"枣山山"在干锅上烤干后全家分吃，叫"咬苍蝇头"。某家少妇为争占"前台口"，匆忙中推开锅盖，将枣山山扔进锅里后就急冲冲地奔到戏场。等散戏后回家揭开锅盖一看，枣山山泡在半锅冷水里，被浸成一堆面糊。于是，当地流传一句顺口溜："为看金拴旦，枣山山泡成个稀巴烂。"

这个发生在现实生活中的真实故事，生动而风趣地说明了广大劳动人民对二人台这一人民的艺术至喜至爱。据老艺人们回忆，在传统社日期间，两个村为争"写"（聘请）一个二人台戏班，往往发生口角，甚至引起打架事件。在普通百姓的婚丧喜庆宴席上，二人台艺人被尊为座上客。在村中演出时，艺人们派到谁家吃饭，这家都要尽量给做顿可口饭菜。哪个村出了名艺人，乡亲们也都引以自豪。

然而在旧社会，深受人民群众喜爱的二人台艺人，却备受统治者欺凌。当时已名扬土默川的名艺人刘银威在托克托县从艺期间，一次，"在羊场演出，没等唱完就被五花大绑抓走，多少天挣下的玉米全被没收。南梁的伪保长硬是不让他唱戏，折断了四胡，踩烂了扬琴。他在一间房村唱了一天，地主不但不给钱，还把他连打带骂推出门外。去乡公所告状，他又挨了一顿臭骂。"[1]

在那艰苦的岁月里，受尽苦难的艺人们为了能够让二人台这株人民艺术的蓓蕾盛开怒放，笑傲风雪，他们忍辱含垢，奋斗不息。

二人台由不化妆表演的"打坐腔"演唱进化到化妆表演，形成角色（旦、丑），具有故事情节的戏剧雏型后，经过几代艺人的辛勤培育，在中华人民共和国成立前已形成了自己的基本表演程式。其演出剧目可由载歌载舞、红火热闹的"带鞭戏"，俗称"火炮曲子"和以说唱见长，有一定故事情节，注重刻画人物的"硬码戏"，俗称"抹帽子戏"组成。剧目之外，"牌子曲"演奏也是二人台的一个组成部分。

"牌子曲"属器乐节目，在正式开演前或演出中穿插演奏，俗称"耍丝弦"或"耍牌子"。"牌子曲"的演奏，最能展示乐师们的技艺。"牌子曲"是二人台演出不可或缺，同时也是群众深深喜爱的音乐节目。技艺精湛的名乐师，其声誉与名演员毫不逊色。一个戏班拥有一两名名乐师，亦将为戏班增色添辉。

托克托县不仅有名演员，而且有名乐师。

据当代老艺人讲，现在可知的托克托县地区最早的二人台名乐师是上文提

---

[1] 引文见沙痕所著《珠光璀璨·记著名二人台艺人刘银威的艺术生涯》，转引自《中国戏曲志·内蒙古卷》编辑部编印的《内蒙古戏曲资料汇编》第一辑，第212页。

到的托克托城北街的窦七十九，他精通民间管弦乐，尤以吹枚见长。他对当时"打坐腔"演唱的传统节目、曲牌造诣颇深，受业弟子亦多，据说，托克托县及周边地区的名艺人特别是名乐师，多出自他的门下，或是他的再传弟子。

托克托县古城村的王新年，与窦七十九是同龄人，而且是"师兄弟"。至于他们的师傅是谁就不得而知了。王新年是勤劳的庄稼人。他爱好民间艺术，吹拉弹唱，样样能行。他有三个儿子，长子王存牛，次子王存驹，三子王五驹。农闲时，为制止儿子们沾染赌博恶习，他就自制了四胡、扬琴、枚、竹板等乐器，父子四人各操一件，与家人自娱自乐。王家父子自然而然成为村中社火活动和业余打坐腔班子的重要成员。王家三子，以王存驹艺技最精，名声最大，人称"神枚"。一支曲子在他的枚管里，犹如山崖喷泉，时而奔腾直泻，时而迂回婉转，时而湍急跳荡，时而平缓自如，一气到底，无换气之感。王存驹的"神枚"，既得父亲的真传，也"吃"过窦七十九的"小灶"。当然，也得益于自己的天赋和勤奋好学。

孙银，是土默川的四胡名家，他的"大弓大尺"弦弓法、特技指甲顶弦法，令同行艺人倾倒。他是王在山戏班的乐器台柱。常与之配伍的乐手是王二虎（王在山二弟），工于扬琴；周三眼，擅长吹枚。王家戏班的"牌子曲"演奏，如同剧目演出一样，倍受观众喜爱。王家戏班因拥有土默川一带的名演员、名乐师，以至于成为托克托县和周边旗县影响较大的著名小班，托克托城也自然成为王家戏班经常演出的"台口"。

日军侵华后，社会暗无天日，人民朝不保夕。许多二人台职业艺人纷纷弃艺改行，各地二人台演出长期消沉冷落。其时，托克托县地区的"洋烟市"却畸形繁华。"洋烟市"也为打小班的艺人们提供了演出的机遇和场所。以至于在别处的二人台几近销声匿迹之际，活动在托克托县地区的艺人们，如刘银威等，却可借一年一度的"洋烟市"献艺谋生，从而也延续了二人台这一剧种的生命。

抗日战争胜利后，各地二人台艺人又重新从艺演出。二人台虽然形成了戏剧雏形，但直至中华人民共和国成立前夕，二人台一直是"打土摊"（无舞台，随便找一块空地即可）演出。

二人台剧目——压糕面

第二节　山西梆子——晋剧

一、晋剧演出

　　山西的晋剧随着走西口的移民流传到了内蒙古地区，也传播到了托克托城。托克托城的居民，祖籍多是山西，因此，晋剧在托克托城可谓是"异地的家乡戏"，历来受到人们的喜爱。当时，托克托城人习惯称晋剧为"山西梆子"。

　　托克托城的较大庙宇都建有戏台。这些戏台都是在庙会期间供"大戏"——主要是山西梆子演出用的。晚清民国以来，托克托地区大大小小的庙会、社日一个接着一个。其时，活跃在归化、包头、土默川地区的晋剧名角儿如"飞来凤""千二红""鸡毛旦""人参娃娃"及其后的"五月仙"（刘明山）、"狮子黑"（张玉玺）、"十六红"、"十二红"（张玉玲）、"水上漂"（王玉山）、"舍命红"（邓有山）、孔月卿、康翠玲、任翠凤等，都经常出入于托克托城的剧场。

山西梆子——晋剧进入内蒙古地区后，在长期的流传中必然要受到当地的民族、民间艺术的浸润影响，也势必为当地的风土人情所熏陶，从而形成了具有内蒙古地区特色、民族风格的戏剧艺术，使晋剧这一剧种在内蒙古生根、发芽，并诞生了许多当地晋剧爱好者自己组织的晋剧班子。

当时的戏班多是临时组合，主要演员来自山西的民间艺人。一般都是第一年冬季预约，次年正月初六至初八会班，正月十五"开庙门"后开始演出，同年十月初一"关庙门"后停演散伙，第二年再重组。戏班都兼设"宝局"——开赌场。每到一地演出，以戏招人，以赌养戏。冬季"码戏箱"后，有家口的山西演员回老家过冬，一些无妻室的山西艺人就留在戏班，参与戏班冬季专开的赌场，分得一些赌资抽头。

二、托克托城第一个民间业余晋剧团

当时，托克托城小店巷荣二的店内就常住一些不回老家在口外"脱冬"的山西晋剧艺人。荣二也是晋剧爱好者，而且弹得一手好三弦。店里的山西艺人，冬日漫漫长夜，闲暇无事，就和本城一些晋剧爱好者一起"打坐腔"，教唱一些唱段，乃至走场、舞台动作，这样一来，有意无意地培养了一些"徒弟"，发现了一些颇有艺术才华的戏剧人才。于是，他们就开始排演一些剧情简单的折子戏，从而吸引了更多的业余爱好者参与。"脱冬"的"师傅"搭班演出走后，这些晋剧爱好者们就在空闲时聚在前街董文武家"打坐腔"。董文武家成了托克托县最早的晋剧演员的排练场。

中华人民共和国成立前夕，由托克托城人朱世英挑头，以这些"打坐腔"培养出来的人为基本演员，组成了托克托城第一个民间业余山西梆子剧团，开始正式排练人物较少的整本戏。剧团无任何收入，演员的行头七拼八凑，缺衣少裤。他们把真武庙真武塑像穿的黑蟒袍、城隍塑像的龙袍"借"来暂用，演出结束后物归原主，再演再借。"千岁帽"用马粪纸自制，"箭袖"用一种叫"高粱红"的布自缝。一顶"衙役帽"最真，是谢成孝从爷爷家里偷来的。《金水桥》剧中秦英的"虎头靴"是谢成孝当鞋匠的父亲给定做的。剧团先是打土滩试演，演得有模有样了，就登上了城里的大庙戏台。因为是本城历史上第一个"山西梆子剧团"，演员又是本城人，所以得到全镇人的热烈捧场。土默川历来流传着一句话："托城费戏了。"意思是说托克托城人爱看戏，也懂戏。因为其时托克托城戏剧演出频繁，大大小小的戏班经常在托克托城登台，托克托城的戏迷（票友）们对常演的剧目的唱词、宾白乃至表演的举手投足，不仅烂熟于心，而且能鉴别评判出高低优劣。成名的戏剧名角儿在托克托城登台，也是格外加心在意，一丝不苟。传说，某一名家在托克托城演《宋江杀楼》，"上楼"时少走了一个"楼梯"，立刻引起台下一片"倒彩"声。然而，对本镇初登戏台的演员们，哪怕表演中出了怎样的笑话，台下送来的，都是欢乐体谅的笑声。而对演员任何一个出彩处，观众都会报以热烈的鼓掌和叫好声。

正是这个被托克托城人"捧"出来的业余剧团，在极端困难的条件下，凭着酷爱晋剧的一腔热忱，硬闯出了托克托城首批土生土长的晋剧演职员，有："染匠红"张子兴（染匠师傅），"锥子黑"王子华（钉鞋匠），"捎卖旦"刘挨心（捎卖厨师），"玉眼黑"董占魁，须生马永禄，彩旦孙美祥（又名大洋，理发匠）、丑角谢成孝，生角李仁、王先、张三全等。文武场有司鼓杜三保，三弦荣二，板胡张连珍（三旦），手锣、唢呐李元祥（盲艺人）。琴师霍广文，导演是王显。城关剧团演出的剧目有《打金枝》《金水桥》《明公断》《狐狸园》《万花船》《鸡架山》《二进宫》《胭脂》《拾玉镯》《空城计》《哭灵》等十几个传统戏。

第三节 名艺人简传

一、窦七十九

窦七十九，男，汉族，托克托城北街人，约出生于清同治年间。窦七十九是已知的托克托最早的二人台（其时叫"打玩意儿"）艺人，其从事"打玩意儿"民间艺术活动是在清末民初之际，但具体演出活动情景已失传。

窦七十九被誉为"戏模子"，他既精通二人台所有演唱剧目，又有一定的创作能力。而且他还精通民间的管弦乐器。据他的徒弟口传，窦七十九是和老双羊共同创兴二人台"化妆演出"的汉族艺人之一。他对托克托县二人台戏剧发展的最大贡献是培育了许多徒弟，其中不少高徒成为享誉托克托县乃至周边地区的艺术名家。这些名家中既有演员，也有乐器演奏家。以这些名家为骨干，组成了托克托县多家民间业余剧团，同时也各自培育了众多的"徒子徒孙"，从而发展、繁荣了托克托县的二人台戏剧事业。

第十三章 民间社火

第一节 社火产生的历史背景及其影响

一、历史背景

民间社火是在节日期间人民群众自演自娱的文艺活动的总称。

有关资料表明，民间社火等娱乐活动的产生与古代人们的神灵信仰密不可分。在当时的社会科技条件下，人们敬畏神灵，通过节日期间的戏曲歌舞取悦于神灵，以祈求神灵保佑，赐福人间。

随着社会的进步，科学技术的发展，人类自信力不断增强，社火节目中的神灵信仰观念逐渐淡化，社火活动中"娱神"的成分愈来愈让位于"娱人"的内容，社火最终成为群众性的文化娱乐活动。

托克托城的民间社火可谓源远流长，内容丰富，形式多样，特色鲜明。

托克托城民间社火远无史料稽考。清代以来，伴随着人口的繁衍，社会的发展，城镇的形成，托克托城的民间社火也经历了一个由兴而盛的成长历程。这一历程与土默川的农业开发和"走西口"的历史风潮是密切相关的。

在土默特平原从牧到农的产业嬗变中，引发了以晋、陕人为主的"走西口"移民风潮。这支走西口的大军，融汇了社会上各行各业的人群，其中也不乏从事和喜好文艺的民间艺人。正是这些民间艺人，把家乡的社火等民间艺术带到了他们新的聚居地。

其时，厅府所在地托克托城，是全县的政治、经济、文化中心，自然而然也就成为民间艺人们施展其艺术特长的用武之地。

民间社火的兴起，与民间结社密切相关。清朝以来，托克托县城乡民间自发组织村社、商社、行社等活动蔚然成风。各社一经组织，就要确定本社的社日——庙会。古代的社日——庙会，其主旨是祭祀神灵。办社火原是作为祀神、悦神的仪式之一，或者说是祀神的一项内容。但在社日的具体活动中，"闹红火"则是人们的共同心愿。所以，社日（庙会），实际上成为人们一年一度的喜庆娱乐节日。

社日（庙会）也是临时性的交易集市。社日与集市的"合二而一"，使社日具有了双重目的：娱乐、交易。这也是一些社日得以传承的缘由之一。

二、影响

史料记载，最早的社火只是"积薪而燃"，人们围火堆戏逐娱乐，由此逐渐发展为绚丽多姿的社火节目。把节日的娱乐节目叫做"社火""红火"，是源于古人对火的崇拜与信仰。

托克托城的社火活动都集中在各社日——庙会举办。其规模的大小取决于各社所处的地理位置和社募资金的多少。而一年一度的元宵节则是全镇各社联办的规模最大、时间最长、社火节目最丰富多彩的盛大社日。

托克托城的社火节目、艺术主要源于山西，这是不争的事实。而其中的主要成分来源于河曲以及保德，这也无可非议。

"源"于山西的社火艺术"流"到托克托地区安家落户后，亦如定居在这里的山西人的生活习俗一样，因时因地在不断发生着变化。这种变化因素的亮点是艺术的再创新。这种创新的基础是当地综合艺术的结晶，创新的结果是使"源"的许多艺术成分为"流"的新因素取代，从而形成更适应于所"流"地区的历史社会、人文地理的艺术新品种。

艺术的创新是一个渐进的过程，有的隐形，有的明显。这里仅举一个突出的例子即可见一斑。

有研究资料表明，社火节目的"秧歌"从古代祭祀活动的"阳歌"衍变而来。陕西《葭州志》风俗篇中记载：元宵张灯火，放花炮，具酒肉，歌声四起。……是夜乡民扮杂剧，唱春词，曰唱阳歌。《河曲县志》记载：上元前后三日，……热石炭于门首，谓之火龙，取其明也。插灯数百只，排列其阵图，谓之灯游会也。锣鼓喧闹，歌舞于市，唱凤阳歌也。祭祀阳歌中有一个专门唱"祭歌"的人。其时的祭祀歌词是固定的，不能随意发挥。在祭祀队伍中，有隆重庄严的仪仗队，按序排列着金瓜、钺斧、朝天凳、五色旗等，还有一顶"黄罗伞"。伞后是唱祭歌的人。这种纯属祭神、娱神的祭祀活动在发展过程中，逐渐演变为以娱人为主的民间文娱活动。象征神灵威严装饰的"黄罗伞"衍变为歌者右手持的道具花伞，后以雨伞装饰红绫代替花伞。据说，伞也是降妖捉怪的法器。而歌者的歌词也由固定的祭歌变为即兴发挥的娱乐歌词。于是，祭祀的"阳歌"成为社火节目的"伞头秧歌"。

山西、陕西各地的"伞头秧歌"一直延续"伞头"以"伞"为道具，即兴编唱词，指挥秧歌队伍，进行秧歌表演的习俗。

据老艺人传说，清朝时，托克托城的社火演出也曾沿袭了"仪仗队"的形式。托克托城寿阳巷五月十三的"关帝庙会"，皇杠队伍前就有擎举金瓜、钺斧、朝天凳、龙凤伞等的仪仗队。后来，仪仗队简化为彩旗队。

托克托城社火演出对"伞头秧歌"最大的改变是将"伞头"所用的传统道具"伞"改为"蝇拂"，当地俗称"蝇刷子"。"蝇拂"（蝇刷子）是用长马尾结成的拂蝇的用具。据说，古代的蝇拂是相当高级的用具，东晋时是"王谢家物"。

"伞头"的道具花伞变为"蝇刷子"后，托克托城社火中的"伞头"也改称"分公子"。在"双墙秧歌"中，更把原来的一个"伞头"演变为一俊一丑两个"分公子"。两个分公子以对唱对扭的形式指挥秧歌队伍的行止进退，安排节目演出。分公子不仅是秧歌演出的指挥者、主持人，而且也是秧歌演出的"剧中人"。这一点，我们从双墙秧歌的一段传统唱词中就可知道：

　　女：分公子哥哥你过来，

　　　　小妹妹的秧歌叫你猜。

　　男：拉花姐，你休卖牌，

　　　　你的秧歌哥能猜。

　　哥猜见你秧歌大街上唱，

　　猜不见你秧歌哥不唱。

　　这是"双墙秧歌"的"拉花踢鼓"节目中演唱的《对天牛》唱段中的唱词。

　　清中叶以来至民国初年，托克托城成为塞外仅逊于归化的水旱码头，带动了县城经济的发展。经济的发达促进了文化艺术的繁荣。以托克托城为代表的托克托县民间社火自然而然成为土默川社火文化的渊薮，并对周边地区的社火艺术起过辐射和推动作用。包头二里半（今包头市东河区）当年曾请高手艺人来托克托城，精心仿制了"子母狮"，并请托克托城的舞狮手到二里半传授舞狮技艺。随着托克托城商家大量迁往包头，托克托城的社火艺术也在包头生根发芽，开花结果。

　　在今杭锦后旗陕坝镇，有一处地名为"托城圪旦"，是清末民国年间迁居陕坝的托克托城、河口人聚居的地方。至今，在陕坝的老住户中，托克托县人仍占多数。当年，"托城圪旦"的托克托城人，不仅为陕坝的早期开发建设做出了巨大贡献，而且把托克托县的社火文化带到了陕坝。其时，陕坝一年一度的元宵节社火活动，托克托城人是主办者和演出的主力队。时至今日，陕坝的老年人还津津乐道当年托克托城人舞"活龙"的动人情景。

第二节　社日活动

一、灯展

　　据口传，托克托于元宵节"闹红火""办社火"兴于清朝中叶，盛于清末民初。传统的活动时间为三天，即正月十四至十六日，而以十五为正会。活动内容主要是灯展、焰火、社火节目演出。

　　上元（正月十五）夜古称灯节，为传统的赏灯之期。

　　古代的灯，其燃料为麻籽榨的植物油。将麻油贮于瓷制灯盏内，以棉花搓捻，浸油而燃。蜡烛在托克托县普遍使用在清末之际。也有土法仿制的蜡烛：将羊脂煎炼成油，注入挖空的胡萝卜或糕面制作的圆筒，中置线捻，冷凝成型。

上元夜，镇内家家户户于屋檐下，院门口悬挂灯笼，彻夜不熄。社火集中活动的场所，扯起一排排绳索或铁丝，上面挂满了专供人们欣赏的各式彩灯。这类灯都是民间能工巧匠精心制作的工艺品，可谓春兰秋菊，争奇斗艳。入夜，华灯竞放，如霞光融融。从二人台《拜大年》中的一段唱词可见当日元宵灯展之一斑：正月十五闹花灯，我和连城哥哥去观灯。西瓜灯，红腾腾；白菜灯，绿圪茵茵；芫荽灯，碎粉粉；茄子灯，紫茵茵；圪溜把弯黄瓜灯；老虎灯，真威风；凤儿灯，满身翎；摇头摆尾狮子灯；娃娃灯，打能能；手拄拐棍儿老汉灯；那边来了个王八灯，脑袋一缩又一伸；三打金弹炮打城，还有那起子火带炮乒乒两盏灯……

华灯上贴着写有灯谜的彩纸条，人们在观灯的同时，猜灯谜也是不可或缺的娱乐活动。猜对了，可得到灯会主持者的小奖品。

二、焰火

焰火，俗称放火，是元宵节社日活动的中心项目，也是整个元宵节期间老百姓最为关注、最为喜欢的节目。焰火融灯、火于一体，燃放前，其造型亦是供人观赏的华灯艺术品，如上引唱词中的"炮打城"之类。所谓"看火"，既指观看燃放的焰火，也指欣赏焰火的造型艺术。

托克托城元宵节"放火"历来为正月十四、十五、十六三夜，以正月十五夜"火最重"。届时，凡城镇居民几乎全家出动，镇郊农村的群众，呼朋唤友、携妻带子，早早前来托克托城街上观看焰火。放火夜，托克托城大街上可以说是人山人海，水泄不通。因托克托城燃放焰火的地点集中、隆重，加之造型奇特、新颖、别致，好多外地的游客也专程赶来托克托城看焰火。

昔日的焰火以火药、硝、硫磺等原料配制而成。不同造型的焰火配料的比例各不相同。依据各架火的造型，焰火分文火、武火、文武结合。文火有

"九连环""满树花""木香花""千枝柳""白莲花""黄菊花""松竹梅""满地星""白梨花""金蟾脱壳""猴儿拜观音"等，武火有"白鹅下蛋""猴儿尿尿""转笋圈""节节高""雨打梨""炮打灯"等，文武结合的火尤为引人入胜。火炮燃放高峰之后，从空中散落悬垂下来的是染色的硫磺显示出来的呈龙、凤等造型或"吉祥如意""普天同庆""五谷丰登"等字样，闪烁着光怪陆离的硫磺火焰把人带入神秘的境界。上述类型的火都悬挂在横跨街道的铁丝上，形体较小，燃放时间也较短。

较大型的火是"架子火""桌子火""炮打城"等。

"架子火"是用木椽或铁条绑扎为高架，或由若干高桌迭架而成，上置火焰。常见的造型有"许状元拜塔""雷锋塔"等。"桌子火"是在并排几张高桌上设置火焰，其造型有"水漫金山""火焰山""赤壁交兵""火烧连营"等。"炮打城"的构思更为精巧：在市中心街道两边横对的建筑物上，各绑一座城，城门相对。点燃一座城的引捻后，一颗硫磺火球冲出城门，直射对面的城门，从而将两城同时点燃。"炮打城"的另一方式是，用铁丝成水平线连接两城门，点燃一门后，一颗红色火球沿铁丝冲进对面城门，将城点燃。这一打城方式称为"走兔子"。"炮打城"火由于城内装置的药物、炮仗特多，且火焰喷射的方向纵横交错，两城同时点燃，焰雨相融，火炮憾人心弦。

清末，一种新的"炮打城"可谓独出心裁，别具匠心。"打城"的是一个头戴礼帽，身穿黑色西服，手端长枪的洋人，故又名"洋人打城"。"洋人打城"的城火做得金碧辉煌，灯火璀璨。在"城破"着火燃烧后，往往令人有惋惜之感。据当地老人们说，制作"洋人打城"这架火的用意，是要人们在观看焰火的欢乐之际，不要忘记当年八国联军用洋枪洋炮在中国侵城掠地、杀人放火的惨痛史实，以此来警示后人。

托克托城元宵节期间焰火燃放的次序有约定俗成的规矩。点火有专人负责，要与红火演出相配合。红火按序排列沿街边演边行进。每班红火经过放火区时，都燃放几架火以助兴壮观。而大型的如"城"、"山"等，则需等"龙"

进场后方可燃放。一些重要场所，放火前还要放三声"牛腿炮"或铁炮。

焰火点燃，顿时炮竹齐鸣，震耳欲聋。天空五光十色，眩人眼目；地面上，锣鼓喧天，社火纷纷登场，舞社火的人个个精神抖擞，各显其能。观众们看得如醉如痴，叫好声连连不绝。

三、社火节目演出

社火节目民间统称"红火"。红火演出是社日活动的主要内容。

昔日能够办起红火的，多是商社和较大的街社。

当时，托克托城的元宵红火活动遵循一条传统规矩：正月十一踩街，十二拜庙，十三"杨公忌"不出门，十四至十六白天公街、庙场公演后便分散到机关、公所、字号、户家拜年。所谓十三"杨公忌"，是源于民间演绎的北宋杨家将的传说。传说辽国兵马大元帅韩昌暗设伏兵，诓骗宋王赴宴"双龙会"。杨业识破辽方诡计，就由杨大郎假扮宋王赴宴。宋军元帅潘仁美卖主求荣，与辽暗中勾结。杨家父子深陷重围，与辽军血战金沙滩，全军覆没。大郎、二郎、三郎战死沙场。杨业拒降，碰死在李陵碑下。四郎被俘，流落番邦。五郎在五台山出家为僧。七郎向潘仁美求援，被潘乱箭射死。血战金沙滩这一天，正是农历正月十三日。民间因此将此日定为"杨公忌"日，认为此日诸事不利，禁做一切事情。昔日社火严忌此日演出。

正月十四至十六，每天晚上，红火都在北街的三官庙集合，以北街的"饿龙"为首，老爷庙的狮子居二，接着是抬阁、皇杠、高跷等按序排列，沿定丰街南行，且行且演，到城隍庙后折东到营房，再北行到衙门巷汇演后转后街到东阁。各街道的大小字号旺火一个接着一个。街道上空，浓烟滚滚，火树银花，五彩斑斓。满街满巷，人流挨肩继踵。当时托克托城人多街窄，看红火的人们互相拥挤，中间的人往往被挤得脚不点地。

其时，人们把社火当作吉祥物，红火进院演出可为一年祛邪降福。因而，人们把赏给红火的"布施"也称之为"平安钱"。名为"平安钱"，实际上，居民们所布施的多是年节备下的点心、油糕、粉条、豆腐、豆芽之类的食品。

每到中午和晚上，红火班子的演职员们将布施来的食物于庙上会餐。这便是红火演员的待遇了。城镇商号则以现钞、烟酒布施。虽然待遇微薄，人们对办红火乐此不疲，竞相献艺。当时乡俗认为，能够参与红火活动，会一年平安通顺。人们踊跃参与，不图名，不为利，只求个红火热闹，欢欢喜喜。那时，参加社日红火活动的，都是男人。红火中的女角，都是男扮女装。从正月初六开始，会首便组织人整修道具，排练节目。其时，托克托城的社火节目种类繁多，就其形式大致可分为锣鼓类、龙狮类、秧歌类、车船轿类、阁跷类、武技类、演唱类等诸大类，而每一大类又有若干节目。

清末民初，托克托县河口、托克托城的红火盛极一时。正月十四日，河口的红火上托克托城，托克托城的红火下河口。两家争强斗胜，各显风采。元宵节期间，一城一镇，焰烟相望，锣鼓相闻。连接两地的大道上，人们南来北往，车水马龙，熙熙攘攘。来两处看红火的除县境居民之外，还有他乡游子，邻县亲朋；归化（今呼和浩特）、包头的富商大贾，乃至口里邻省的行商，届时也来托克托城、河口设点布市，并以观赏托克托县社火为生平快事。

1937 年，侵华日军占据托克托县后，烧杀抢掠，无恶不作。托克托县经济萧条，民生凋敝。社日活动被禁绝，社火道具被焚毁。灿若明珠珍卉的民间社火一度黯然失色，花凋叶落。

中华人民共和国成立后，托克托县社火绝处逢生，重放异彩，以托克托城为代表的民间社火，成为内蒙古自治区"一县一品"的文化品牌。

第三节　社火节目选介

一、龙舞

约清咸丰年间，河口"兴隆社"（也叫西大社）制作了两条大龙，身长三丈余，龙头重七八十斤，由十二骨节和龙尾组成。舞龙时，需三班人轮流替换，每班十多人。一条龙金黄色，称"火龙"；另一条龙天蓝色，称"水龙"。

因这两条龙制作年代最早，体型最大，在全县社火中资格最老，所以被公认尊称为"老龙"。

继河口"老龙"之后，托克托城北街的平安社也制作了一条龙，因其比"老龙"小而瘦，故被称为"饿龙"，但在全县的龙灯中"排行老二"。

舞龙的表演有其传统的独特程式。当所有红火集中演出时，先放三声铁炮，请正龙身，其他红火于龙后按序排列。之后，于龙前上香摆供，红火主持人叩拜请龙启行。

舞龙的姿势既有传统的套路，也因人而异，式中有变，各有特技。其基本舞姿是"高举、低放、左右摆角、放花子"等。所谓高举，是擎龙头者挺臂将龙头高高举起，双手用力抖动龙头，使龙角上的铜串铃发出有节奏的响声，接着，双手腕向左一转左回头，向右一转右回头，左右回头成为一个连贯有序的优美动作。低放，是将龙头放低，双手擎住龙头把，舞者头顶龙头的凤凰台（龙头与龙把相连接的一块长方形木板）借此稍事喘息。放花子，是舞者停步做坐马式，将龙角轻触地面，做左、右"杠"角的动作，同时抖动龙头，使串铃哄响，称为左右放花。继而再度高举，抖动龙头，左右回头。而这一系列舞姿，都是在戏龙者舞动的红火球指挥下，踏着龙灯鼓的鼓点，循着特定的场次路线在行进中进行的。在整个表演过程中，擎龙身龙尾的必须密切配合，浑然一体，造成巨龙乘云驾雾，钻天潜海，飞腾盘旋，时隐时现的壮观气势。

龙表演的场地有"过街"和"打场子"。过街是在街上边走边演，打场子是在一个地方辟出一块空地作为表演场地。龙打场子表演的地方，都是机关、大商行、乡绅富户。根据不同的场地，龙表演时所走的场次分别有"大圆场""八字""双全""卷白菜心"等，在不同的场次，龙在腾空卷地、上下翻飞中，还可演出"金龙漫游""龙头钻档""头尾齐钻""龙瞪眼""龙脱皮""龙摆尾"等多种特技形态。

龙所到之处，主人都要上香、鸣炮、叩拜。对龙的接待礼仪分外讲究，布施也格外多。晚上，龙多在街道的繁华地段表演。其处焰火特多，旺火特大。

有专人用特制的长柄大铁勺站在高桌上从特备的大油瓮里不停地往旺火上浇油。一时烈火熊熊，浓烟滚滚。特为龙点燃的大型焰火五彩缤纷，硝烟弥漫。龙在锣鼓和欢呼声中，于焰火喷射的火花、烟雾下波翻浪涌般地大显身手。其气势犹如搏击长空，腾云驾雾，鸣雷闪电，呼风吐雨。

龙的演出队伍阵容庞大，威武壮观，在所有社火节目中绝无仅有。

龙启行，领队双手高擎会旗（也叫座旗）在前导引。会旗为长方形红大绒面料，中间绣着"太平社"三个黄金色大字。会旗后，八面龙旗分成双行紧紧相随。龙旗为三角形，绛黄色绸面，鲜红色火焰边。旗手为身穿彩衣、头戴秀蛋帽的儿童，个个喜扑扑、笑盈盈，神采飞扬。龙旗后是两行四队八杆"三眼枪"，枪炮手是身穿彩衣、头罩白毛巾的壮士，人人雄赳赳、气昂昂，威风凛凛。其后是彩衣彩帽的鼓乐队。此外，还有上柜化布施的，收礼记账的，保管物件的，替换演出的……总计百人左右。

舞龙特配的"三眼枪"是纯铁特制的铁炮，须由专人装药、燃放。一炮三声连响，惊天动地，震人心魄。龙表演前燃放铁炮，象征龙叱咤风云的威武气概。龙所到之处，主人摆供焚香叩拜龙时，也都要求鸣放铁炮，意谓可驱逐邪气，带来一年好运。就连厅、县知事，也一样对龙虔诚礼拜，鸣炮助势，以求官运亨通，青云直上。

龙舞乐器为一面龙灯鼓，一幅大铙，一幅中钹。伴奏龙舞的鼓曲叫"龙灯鼓"，当地俗称"隆咚鼓"。

二、狮舞

狮舞是城乡普遍兴办的社火节目之一，有的双狮子，有的单狮子，有的是黄狮子，有的是绿狮子。

托克托城有一对绿子母狮，是由寿阳巷的寿阳社主办的。寿阳社的社庙设在老爷庙，狮子平时存放在老爷庙，所以人们习惯称这对子母狮为"老爷庙狮子"。

舞狮俗称"耍狮子"，一般需正身五人：扛狮子二人，披尾二人，戏狮子一人。节日舞狮，需两班人轮流接替。

舞狮的所有动作都是在"戏狮子"的人手持的"绣球"指挥下进行的。技艺可谓"文武兼备"。属于"文"的技艺有抖毛、舔身、咬腿、挠痒、弓腰、打滚、舒展以及扑、咬绣球等诸多动作。其中，最精彩的是"滚绣球"，一对狮子通过一系列舞姿，表现互相追逐、抢夺、扑逮、刨踏绣球的情景。这些动作看似简单，但要做得细腻逼真，惟妙惟肖，难度却很大。特别是子母狮，舞狮手在表演过程中，要通过一些细小动作表现母子间的亲昵关系及小狮子憨顽可亲的逼真情态。"武"技的代表特技是"跳高桌"，以高桌为平台，表演出诸如甩、卧、跳、窜、托举、转弯、腾上、翻下等一系列高难度动作。整个表演过程中，舞头和舞尾的，配合默契准确，协调一致。戏狮者的绣球指挥，锣鼓点的节奏快慢，均与舞狮动作融为一体。

此外，舞狮还有"剪子鼓"、"单招"（单戏）、"双招"（双戏）、"四门滚绣球"（耍四门）等套路讲究。

托克托城现代较有名的舞狮手有董吉祥、傅玉善、李广、陈祥等。戏狮名家是姜雁儿。

三、脑阁

民间社火中的阁舞类有脑阁、抬阁、握阁、担阁、转阁、翻阁、晃阁等多种形式，托克托城的脑阁在清末民初时最兴盛，据传说，最多时有"三十多架身子"。

脑阁将特制的铁架固定在人的肩膀、腰背，铁架高出人的头顶二尺许，上面以榫卯结构固定供人站立和护持的小架。小架有一人占的单人架、两人站的双人架、三人站的三人架等。脑阁上站的都是几岁的男女小孩，小的四五岁，大的七八岁，都挑选"苗条秀柳"的漂亮孩子。脑阁架的都是体魄健壮的男子，如站脑阁的孩子们家长、亲戚中有合适人选最好。

虽然脑阁在表演时没有多么惊险的动作，但人仅依靠简单的道具架子站在高空，就引起了观众的重视。而且在杠顶上站一个或几个人，尽管是孩子，但还是有一定的重量。因此，无论是在行走还是在表演中，都要求脑阁人动作稳健。

站脑阁的孩子们都以传统的戏剧化妆为不同的角色，每一架脑阁就扮演一出戏。如二人架的就扮演《天河配》中的牛郎、织女，《千里送妹》中的赵匡胤、京娘，《下山》中的梁山伯、祝英台等；三人架的就扮演《白蛇传》中的白蛇、黑蛇、许仙，《武松杀嫂》中的武松、潘金莲、西门庆等。

孩子们虽然各自扮演着不同的角色，但因他们在架上不便做较大的动作，所以他们的舞姿动态主要是借助于脑架人们的舞步而表现展示的。脑架的人们踏着伴奏锣鼓的节奏且行且舞。又因为他们的上身也是被铁架束缚而不便活动，从而决定了他们的舞步动作只能靠双腿特别是小腿运动。脑阁的形制要求舞蹈动作只能在保持身体直立平衡的状态下进行，可在上下颤动、左右晃动中牵动孩子们的手势，这时架上的孩子可以配合脑阁人进行简单的动作，如前后摇晃。

脑阁的最大看点是孩子们的可爱可亲形象。孩子们扮相俊美，衣着艳丽，在脑架人的碎步扭舞中，仰望如行云流水，令人怜爱不已。

昔日脑阁兴盛之时，谁家孩子被脑阁选中，就视为是孩子的福气，全家的荣耀。尤其是女孩子，连上几次脑阁，就会名闻遐迩，为长大后的谈婚论嫁挣下特殊资本。

四、抬阁

据口传，托克托城的抬阁是从山西祁县传过来的，也有说来自寿阳县。托克托城的脑阁最初是由寿阳巷的寿阳社制作的。寿阳社最早承办"老爷庙会"。早年间，抬阁是和皇杠相配合演出的。五月十三的关帝庙会，抬阁走在皇杠的前边，是皇杠的一个组成部分。后来，抬阁逐渐与皇杠分离，成为一个独立的社火节目。演出时间也以元宵节为主。

抬阁的基本形制是由若干人肩昇一个平台，平台上的站人化妆成戏剧人物。根据平台的大小，站人的多少，决定昇平台的人数，有 2 人抬阁、4 人抬阁、8 人抬阁、16 人抬阁等。2 人抬阁是由前后两个人用双肩昇一个小凳，上面站一个人。这个人一般穿随身的节日服装，自由表演一些简单的风趣动作，以引人发笑。4 人抬阁是由 4 个人昇一个大方桌，上面站 2 个人，根据所扮演的戏剧角色化妆。如《十八相送》《刘海砍樵》《洞宾戏牡丹》等。8 人、16 人的抬阁平台相应较大，上面站的人也增加，亦可扮演角色较多的戏剧人物，如《西游记》《凤仪亭》《狐狸园》《狮子楼》等。

4 人以上的抬阁平台下需用绳索绑缀土袋等重物，以保持抬阁的整体平衡，防止平台倾斜翻倒。外围以花布或彩纸装饰。平台上放置花草之类饰物，有的还根据所扮演的剧情设置一些相关背景，如《西游记》抬阁上有山，《狮子楼》抬阁上有楼。抬阁上的演员限于空间，一般都是固定位置，表演只是在原地做一些表情手势。抬阁以"多"和"艳"取胜。所谓"多"就是数量多。20~30 架 4 人以上的抬阁，连同仪仗、鼓乐、替换昇阁人员，组成声势浩大的队伍，巍然壮观。"艳"是指抬阁的装饰、演员的服饰务求华丽，以色彩缤纷强化美感。

抬阁的演员以十几岁的男女孩童为主。昔日还有挑选抬阁演员的习俗。每年四月十八的奶奶庙会，负责主办抬阁的人们就在会场的人群里来来回回地选择漂亮的男女孩作为抬阁演员。被选中的全家老少皆喜。当一回抬阁演员，不仅被认为会一年祥和吉利，而且将引以为终身荣耀。

五、握阁

托克托城的握阁是北街主办的社火节目之一。

握阁的制作：将花轱辘车的车棚卸掉，以车轴的中间部位做支点，固定一根长 3~4 丈粗细适中的木杆，支点后的木杆部分长约 5 尺，木杆底端缀土袋之类的重物，用"杠杆作用"，使木杆前端上下升降。木杆顶端固定握阁的造型，或一只仙鹤，或一只孔雀。仙鹤（或孔雀）的背上有人坐的垫子。

表演时，一个十四五岁的小姑娘扮作仙女坐在仙鹤（或孔雀）背上，操

握　阁

作握阁木杆的人适当用力掌控木杆底端的重物，上下运动，使木杆顶端的仙鹤（或孔雀）及其背上的"仙女"徐徐升降，表示"仙女乘鹤"（孔雀）上升天堂、下临人间寓意。负责行进的人推动车辆，缓缓前行。当"仙女"升到空中时，就将备好的彩纸小碎片向人群中扬撒，意即"天女散花"，此时，观众就会情不自禁地欢呼跳跃，并以"仙花"撒到身上为吉祥如意。

六、车车秧歌

清朝、民国年间的车车秧歌表演者主要有三人。一人男扮女装，身穿彩衣，头戴鲜花，装扮成一个盘腿坐车的貌美女郎（车盘上装饰两条穿彩裤、打裹腿盘膝而坐的假腿，三寸金莲绣花红鞋分外显眼）；一个头戴高筒毡帽，满脸花斑，黑八字胡弯曲上翘的滑稽壮汉后推彩车。另有一个扮相奇丑的老板，耳戴一对大红辣椒，手拿一把新笤帚，在车前或左或右大扭特扭，以逗乐为戏。

车车秧歌既扭且唱。乐器有锣鼓、小镲、唢呐以及四胡等弦乐器。社火队伍行进中以扭为主，舞步遵循一定的场次。在暂停行进时，他们就在弦乐伴奏下演唱几段码头调之类的民歌。演唱时，秧歌队的其他职事人员也参与歌唱。

七、旱船

旱船，又叫"采莲船"，是一种民间舞蹈，最早流行于我国南方一带，其历史悠久。据资料记载，旱船早在唐朝就开始盛行。"旱船"在民间流传开来之后，各地艺人结合本地区的生活、生产以及民间习俗，对其表现内容或增或删，使得各地的"旱船"各具浓郁的地方特色。但其表现形式、内容却大同小异。

托克托城的"旱船"节目，通常少至二三只，多则五六只。故事人物也很简单：一名坐船人，一名划船艄公。彩船的道具制作和人物装扮比较讲究。船棚的顶子上缩有一朵绸布做的大红花，棚沿、棚帘有描画剪贴的漂亮的彩色花纹图案，四角挂有小彩球。整个"旱船"装饰华丽，鲜艳夺目，显现出一种节日欢庆的热烈气氛。

在表演时，往往有一只起"领头"作用的"旱船"：坐船的是一名穿着古代服饰的妇女，一名身着黄袍、头戴凉帽、腰系白绸的白须老者手持船桨，扮作艄公的模样划船。在唢呐和锣鼓伴奏中，以舞蹈步伐走出"二龙出水""里外罗成""押葫芦"等场次，曲调也大都采用本地秧歌调。

"旱船"表演动作有圆场、起船、行船、上滩、下滩、搁浅、抛锚、斗险等表现水上生活的动作。"旱船"表现的是船在行驶中与风浪搏击的情形，但观众看得却是演员的"水上漂"功夫。在表演时，演员步伐轻盈，身体灵活，特别是扮演"坐船女"的演员，扮相漂亮，演技娴熟，在表演中，她双手提住两侧船舷，配合着艄公的动作，在特有的秧歌调的伴奏下，或如彩蝶般急速快行，或如蜻蜓般骤然停船，或倾斜身子，作出小船在大浪中即将侧翻的惊险动作，或又驾着船似伶俐的燕子般驶出汹涌波涛到达彼岸。整场演出情节扣人心弦，演员舞姿优美、动作轻盈，让人一饱眼福，赞不绝口。

八、花轿

花轿是一个特别喜庆的社火节目。主要表现的就是古代一位出嫁的新娘坐在花轿中的欢喜而又略带忐忑不安的心情：在出嫁的路上，抬轿的轿夫要故意颠轿，戏耍新娘，就连在一旁跟轿的丑角——老太婆也要不时地和新娘开玩笑。

在花轿的表演中，为花轿伴奏的乐器以唢呐、鼓镲为主，曲调则采用欢快、喜庆的《迎亲曲》。在表演时，无论是轿夫还是坐轿的新娘，都要踩着伴奏乐中鼓点，用"走三步退两步"的简单步伐，配合着上身与肩部的动作，使整个花轿上下、前后、左右颠起来，让轿颤悠悠得晃起来，颠得越疯狂越能引起观众的欢呼。这期间，轿夫的身体随着音乐或往前弯，或上身挺直，向后扬倾，同时轿夫还要显示出洋洋得意而又有几分坏笑的表情。尤其是那个耳挂红辣椒、手摇笤帚的跟轿的老妇人，更是在花轿旁边扭得前仰后合，左右颤抖，有时扭到轿跟前，用笤帚去戏逗花轿里的新娘，有时面向观众、踏着鼓点，身子或仰或伏，步伐或进或退，扭扭捏捏，引得观众欢声叫好。

花轿舞突出的一个特点就是"颠"。因此，演员在表演中运用了一种特用的"颠步"，并巧妙地和节奏鲜明的秧歌曲调相结合，从听觉、视觉等方面极大地调动了观众的情绪，最大限度地表现了舞者与观者的欢快之情。

车、船、轿都属于秧歌类，行进中边行边扭。在场地表演时，则按一定的场次扭舞。这类秧歌的舞步都以轻盈欢快为特征。

秧歌舞中，还有花篮舞、扇子舞、荷花舞、霸王鞭舞等。

九、皇杠

据老艺人讲，托克托县的皇杠始创于托克托城寿阳巷。寿阳巷聚居的寿阳人，把原籍的皇杠带来托克托城，最初仍沿袭老家五月十三日举办"老爷庙会"时演出皇杠的习俗，后来成为元宵节社火中必不可少的传统节目。

（一）皇杠的形制

皇杠由"镖垛"和"舁杠"两大部分组成。镖垛形同一座庙宇，框架用木条制作。其上半截用彩纸装饰为起脊瓦顶，重檐挑角的长方体华屋，内点烛灯。下半截是一呈长方体的木箱，外用彩纸裱糊，并有"封条"字样，表示内藏"金银珠宝"。箱内放置砖块等重物。重物要适量，既保持皇杠的平衡，不致左右摇摆，又能上下颤动。

镖垛一般高约100厘米，上截长约60厘米，宽约40厘米。下截稍低于上截，但比上截略宽。在上下截衔接处，横穿一根粗细适中且可颤动的榆木杆，以供两人前后昇垛。

为增加演出的音响效果，镖垛上部还用竹片挑一串小铜铃。每串铜铃30~40颗。

托克托城"寿阳社"初办的皇杠共12架。排头一架称"头杠"，昇杠长约4米，镖垛高1米余，负物最重。"二杠"之后，依次稍短、稍低、稍轻。至"尾杠"，昇杠约长3米，垛高约80厘米，负物亦最轻。适应这种皇杠形制，昇杠的人亦高低大小不一。昇前排几杠的，为身高体壮的大后生，尾杠只需十三四岁的小孩。

（二）皇杠的表演

皇杠名称的来源有两种传说。一说取材于隋末的程咬金、尤俊达劫取青州地方官吏上贡隋炀帝皇银的故事（事见《隋唐演义》）；一说是源于《水浒传》所写晁盖、吴用等智取生辰纲的事件。皇杠装饰的阁楼之所以被称为镖垛，正是取镖师押送皇银进贡之意。由此，皇杠与"独龙杠"这一社火项目合二而一，由骑独龙杠的人扮演押杠镖师，俗称"保镖的"。

皇杠队前，有"全副銮驾"导引——一扛旗持锣，边走边敲，称"鸣锣开道"。其后排有手执"金瓜、钺斧、朝天凳、龙凤伞"及带穗珠的龙头拐杖的8个执事人役。"銮驾"之后是皇杠鼓：一面大鼓，一个手锣，一副铙，一副钹。其后才是12副皇杠。押杠的镖师骑在两个人昇着的木杠上，手舞大刀，在皇杠队列左边，巡行指挥。皇杠队后，一人扛一面大纛旗。旗后，是由8个人各挎一面的墩子鼓、4个副铙、4个副钹。加之其他职事人员，参加演出的共60多人。

皇杠演员的服饰为：押杠的镖师涂金脸，头戴红缨黑缎凉帽，上身着黄色马褂，外加金色盔甲，内穿剑袖，下身穿绿色彩裤。异杠的头戴紫红色小丑帽，上身黄马褂，下身紫红色彩裤。红缎鞋，脚腕系一串小铜铃，小丑脸谱，手拿一把小扇。其余仪仗、鼓乐人员亦彩衣彩裤。

皇杠表演以走场舞扭为主要形式。过街演出队列或单或双，打场表演时，则有"大十字""掏蒜瓣""蛇盘九颗蛋""老龙摆尾"等多种场形。

皇杠舞蹈动作的突出特点是"颤"。以颤带走，且走且扭，扭中有颤，颤得要悠柔自然，协调有致。所谓颤，一是身子颤：曲膝迈步，一曲一步，身子随着鼓乐节奏上下颤动。二是膀子颤：表演中，一手叉腰，一手扇扇，杠杆儿随着叉腰的手在场次的特定部位左右肩膀轮换。杠杆儿换肩时，手也不能触杠，凭两肩调节。两肩随着身子、舞步、鼓乐节拍，前后、左右、上下颤动。三是杠子颤：随着身体各部的颤动，异杠要上下颤动，使皇杠自然上下起伏。由于这一系列的"颤"，使皇杠的打场表演分外引人注目，尤其是晚上。12架皇杠合着鼓乐节拍，穿行在变幻繁复的场次中，皇杠起伏，如波似浪，烛光闪烁，犹如流水行云。铃声轻脆悦耳，自成乐章，令人心旷神怡，观之不已。

皇杠只扭不唱。昔日异杠的常在演出中说一些庸词秽语的韵句，以博一笑。据说，这是表示异杠的是扮演当日驮镖垛的牲畜。但终因这种"插曲"有损于群众艺术的美感，渐渐废弃。

皇杠的伴舞乐曲是"墩子鼓"或"寿阳鼓"。

十、高跷

昔日县境城乡高跷班中以托克托城前街高跷较为著称。

清末，前街"平安社"兴办社火，本街辛家承办高跷，相沿成习，辈辈传承。

（一）高跷的道具与角色

高跷的道具主要是跷子和服装。跷子由两部分组成——一根直径寸余的圆木棍和木棍上端的脚踏板。木棍与脚踏板以榫卯相结为一体，踩跷时，以绳索将脚踏板与人脚绑牢，以棍代脚，即为高跷。跷腿长一米左右，只有扮演"二小子"的跷腿较短，一般为两尺上下。

服装以角色而定。扮演"姑娘"的服装，常以年轻妇女日常穿的花衣服代之。

高跷中扮演的角色（俗称"身子"），最初是"5出戏，16架身子"，即：《西游记》中的唐僧、孙悟空、猪八戒、沙和尚，《断桥》中的白、黑二蛇与许仙，《打鱼杀家》中的萧恩、庆顶珠，《曹庄杀狗》中的曹庄、老母，《狐狸园》中的四个姑娘和二小子。后来，又增添了一个衙役，一个货郎，成为"18架身子"。

关于高跷中的货郎，有的老艺人说：许仙前世是一个小货郎，家境贫寒，无亲无故。为人心地善良，爱做好事。有一天，他走村串巷去卖货，路上碰见

高　跷

几个小孩正要舞棍投石击打一对正在交配的白蛇。许仙阻止了小孩，并把自己卖的小吃食散发给孩子，哄得孩子们走远后，又脱下自己的布衫罩在蛇身上，自己坐得远远的，直等到两蛇窜走后，才穿衣离开。那条雌蛇后来修炼成精，为报许仙救护之恩，直等到许仙七世转生后，才变化为美女，决意以身相许。高跷中的货郎即许仙的一世真身。至于那个衙役，多数说法是：曹庄因妻子虐待母亲，气恨之下告到衙门，要求法办。一个衙役与曹庄素有交情，规劝曹妻痛改前非，又使其夫妻和好如初。

高跷角色的化妆，与戏剧脸谱、装束大致相同。演出中，较吸引人的角色是白蛇、老板（曹母）和二小子。乡间人看高跷有一句顺口溜："白蛇看扭，老板看丑，二小子看逗。"白蛇要求扮相俊美，举止端庄，舞姿轻盈。老板虽扮曹庄之母，但在高跷演出中，则以丑、谑见长。其脸谱嘴歪眼斜，遍布红白圈点，挽大髻，戴红花。耳挂两个红辣椒，手持一把新笤帚。语言诙谐而不秽，动作风趣而不俗。二小子是高跷队中最活跃自由、无拘无束的角色。他扮演的是一个天真活泼的顽童形象。化妆时，嘴唇用红、白、黑涂圆，头顶用红绿头绳紧扎一个冲天短辫，插一朵红花，窄短衣裤，肩跨一练串铃。演出中，他不受队形局限，可任意奔跑跳跃于队伍的前后左右，或与姑娘们调笑，或与老板对扭。二小子与老板一逗一丑，相映成趣，是活跃高跷演出，渲染欢乐气氛的台柱行当。

二小子这一角色的扮演者，不仅要求能逗、会逗，而且踩跷的技艺也要精。在高跷队伍行进和演出中，二小子的基本步伐是跑、跳、蹦、跃、跨，或单腿，或双腿，或倾斜，或旋转，随心所欲，无一定之规。即使偶或扭之，也要体现"逗"的行当本色。正是为适应这一角色的表演需求，二小子的跷腿短而粗，并为其跨了串铃。

高跷中的"萧恩"，在高跷队伍中是一个重要角色。因其身着黄色服装，人们都称其为"黄袍"。他往往走在队伍的最前面，对队伍的行进停息乃至表演程序，具有指挥职责。

275

（二）高跷的表演

高跷表演主要是扭与唱。

1. 扭

扭的基本舞步是"进三步退两步"，身躯、手臂随着进退步伐和谐协调地摆动，并配合相应的面部表情。街道行进演出（俗称"过街"）时，为单行或双行队列。双行时，插花对扭，且扭且进。舞扭时，各人根据自己所扮演的人物，用表情、身姿及道具，尽可能表现出各自的身份特征。

场地演出（俗称"打场子"）时，其队形、队列所构成的图案就比较多样、复杂。常见的有"大八字""掏蒜瓣""卷白菜""押葫芦""五莲灯""七巧""九针针"等。

高跷场地演出，一个传统的精彩节目是"逮蝴蝶"——"四姑娘"手执系有花蝴蝶的细长且易颤抖弹跳的竹条以蝴蝶戏逗二小子，二小子做出各样扑逮蝴蝶的动作。这一节目最能集中地体现高跷的踩跷技能和表演艺术。耍蝴蝶的在舞蹈动作中使蝴蝶在二小子周围或飞或栖。二小子为逮蝴蝶而追、扑、跌、跃，演出诸如"大跨步""单腿跳""前滚翻""后跌子""放八叉"等一系列高难度动作，且以逼真传神的表情展示人物的心理活动。

2. 唱

前街高跷以唱见长，一是用"码头调"演唱的"小段儿"，有"画扇面""打蒜苔""表姑娘""游河河""摸骨牌""放风筝""珍珠倒卷帘"等十几种。伴奏乐器是锣鼓小镲，且是"送过门儿"，即唱时乐止，只在一曲中止或唱声间歇处伴奏。二是戏剧选段演唱，即选唱高跷扮演的"五出戏"中的片断。配乐为渔鼓、笛子以及板胡、二胡、四胡等弦乐器。唱腔多用"嗨嗨腔"或"道情"。

高跷的演唱形式多是打场子合唱。即使是戏剧清唱，也不只限于扮演的剧中人。高跷街道演出时多是"围旺火"而唱。此外，社日期间串机关、单位、商行、户家时，也要唱上几段。

十一、大头和尚戏柳翠

大头和尚戏柳翠是传统的深受人们喜爱的社火节目。

关于这个节目的来源，民间一直流传着一个饶有趣味的故事。

从前有一柳姓员外，因家中闹妖，便请附近山上寺庙的大和尚下山为他家捉妖。大和尚性格孤僻，鲜与外人接触，一心希望修心养性，终成正果，对于捉妖一事自然不允。柳员外本是寺院的一个施主，再加上财大气粗，眼里容不得半点儿沙子。他听说大和尚毫不客气地拒绝后，不禁大怒，却又无可奈何。但是他一心思谋怎样才能报复大和尚，以出心中这口恶气。于是，他去妓院花钱雇来一名妓女，装作村姑名义去庙里上香，实则是前去庙中勾引大和尚，以败坏其名声，羞辱大和尚。这个妓女来到庙中，指名道姓请大和尚讲法。但是大和尚讲法的时候，妓女却心不在焉，使出浑身解数，百般挑逗大和尚。最终大和尚经不起妓女的勾引，乖乖就范，落入了柳员外的圈套。事后，大和尚清醒过来，深为自己的一时过错毁了多年修行的道行后悔不已。柳员外听妓女的讲说后大喜，便派人给大和尚送来一首打油诗，嘲笑大和尚："都言我佛情已断，谁料和尚欲浓浓。圣法厅堂戏青楼，佛祖面前缠绵绵。心魔难除羞不羞，阿弥终久难驼（陀）佛。"大和尚看罢，羞辱难当，却又无脸面对柳员外，一气之下上吊自杀。大和尚死后冤魂不散，既为自己不坚定的行为自责，更是对柳员外恨之入骨，便投胎柳府，变为女性，名唤柳翠，专门勾引和尚败坏柳家门风。

后人听说后觉得有趣，就根据这一民间传说，略加改编，把大头和尚和柳翠的故事演变为一对青年男女勇敢地冲破世俗观念、大胆追求爱情的故事，并编成社火演了起来。从此，"大头和尚戏柳翠"这一社火节目就流传开了。

表演时，扮演和尚与柳翠的演员各带和尚、少女的"大头面具"。头戴"大头和尚"面具的演员，身穿青布长衫，手持木鱼，颈后衣领内插一把折扇。柳翠（男扮女装）则云头压鬓，斜插鲜花，身着彩旦服装，手持手帕。节目主要表演大头和尚与柳翠从初识到相好这一段情节。整个节目幽默风趣，浪漫色彩浓厚，加上演员的扭、摇、追、逗等技巧动作，别具风韵。该节目为哑剧舞蹈，演员以舞蹈动作表现男女传情送爱的欢娱情节，舞蹈由鼓吹乐伴奏，节奏顿挫分明。

民国年间，托克托县著名鼓吹乐艺人金连宽，用唢呐为"大头和尚戏柳翠"伴奏，成为他驰名土默川的拿手杰作。金连宽在为社火秧歌伴奏时，根据节目内容、表演的需求，精心选配曲谱，在演奏中巧用借字转调法，从而改变曲牌的调式、调性，并且手指加花，变幻音色，达到与秧歌表演步步吻合、情景交融的伴舞效果。他用"大救驾"牌子曲为"大头和尚戏柳翠"伴奏，和尚与柳翠游山玩水时，乐声悠扬潇洒；两个人游兴渐浓，舞步加快，乐声亦渐趋昂奋激越；和尚与旋舞的柳翠有意无意地碰背时，乐曲嘎然而止。观众亦屏息注目。和尚惊觑柳翠美貌，柳翠娇羞微嗔，就在这细微表情之际，唢呐模拟女声，羞答答、颤悠悠地说了一句："哟咦，没你那头的……"顿时，观众轰然叫好，掌声如雷。

"大头和尚戏柳翠"是一个热烈、幽默、风趣、戏闹的情节舞。大头和尚表演诙谐，富有情趣，滑稽幽默。柳翠扮相漂亮，泼辣大方，艳而不妖，俏而不荡。

十二、九曲

清朝中叶以来，九曲已成为托克托城传承经久的社火节目之一，不仅元宵节摆九曲，在二月二、四月八、五月十三等社日也兴"转九曲"，当时都称"灯油会"。

（一）九曲由来

九曲即九曲黄河阵的简称，民间原称"灯游会"。传说，九曲源于古时的作战阵图。《封神演义》中有三霄娘娘（云霄、碧霄、琼霄）巧摆九曲黄河阵的描述。

后来，道教徒用灯摆成九曲黄河阵举行祭祀。其后，这一活动传入民间，演变为"转九曲"的社火娱乐项目"九曲黄河灯"。明朝《帝京景物略》中，

对民间转九曲的娱乐活动已有记载："乡村人缚秫秸作棚，周悬杂灯，门径曲
洁，藏三四里，入者如不得径，即久迷不出，曰'九曲黄河灯'也。"[1]

九曲黄河灯灯场会，反映了儒教、道教、佛教等多种信仰的大量民风民
俗。这和这种灯会最早发端于祀太一、祀三官、祀舍利子等祭祀活动相关。据
传，早期称灯场的布阵为"波罗万仙阵"，阵主为"通天教主"。场上 360 根
灯杆代表姜子牙封下的 360 位真神。串杆的细绳代表兵墙。老杆顶端原挂黄
幡，曰"六魂幡"，下设"土地神位""灯光尊神"。后世虽然不供神位，但为
了表达人们御凶趋吉，向往光明美好愿望的传统习俗，却代代传承下来。

（二）　九曲制作沿革

最初的九曲灯杆用红柳鞭杆，老杆、门杆用木椽，老杆略粗而高，门杆次
之。杆顶的灯用胶泥或黍米面蒸熟捏成"灯碗碗"，环沿糊裱各色彩纸，纸高
灯碗沿 5~7 寸，固定在杆顶。将糊好灯的灯杆依划好的线路竖栽曲场，在灯
碗内贮满麻油，灯中竖立一根棉花搓紧的灯捻，届时点燃灯捻，焚油而燃。老
杆和门杆的灯碗较大。有的还于杆头绑几根横木，在横木上置灯，以增加老
杆、门杆的灯数。

杆与杆用细绳串连，辟出出入通道。杆间距离根据场地宽狭从宜。这样制
作的九曲，均是一次性的，且既费工又不牢固，灯光也较昏黄。不过，倒是颇
具几分"悠悠荡荡""杳杳冥冥"的神秘气氛。

近代以来，蜡灯代替了油灯。人们把直径约 20 厘米的圆木板固定在细木
杆顶端，以彩纸围圈，中立一支蜡。这样制作的九曲灯杆，当年用过后，妥为
保存，第二年只需重新糊纸，便可继续使用。但其缺点是点燃的蜡烛一旦碰
倒，便将灯纸焚烧。

（三）　转九曲的风俗

九曲作为民间社火节目在托克托的世代传承中，形成了当地"转九曲"

---

[1]　转引自薛麦喜主编《黄河文化丛书·风俗卷》，山西人民出版社，2001 年 5 月第一版，
第 570 页。

的民俗风情。

九曲 360 根灯杆，一应周天之度，二合一年之日。而"九州岛"古为中华版图代称。九曲路线曲径通幽，柳暗花明，加之九曲黄河阵的来源传说，据此，转九曲就具有了踏平坎途，逢凶化吉，足迹全国，四时平安通顺的象征寓意。因而，社日举家转九曲，相沿成风。曲中熟人迎面相见，似有一番"他乡遇故知"的亲切感。当转到老杆前，无论长幼，都情不自禁地要拍拍、抱抱老杆。俗语有"拍老杆一百三"。可见，转九曲还可益寿延年。

偷灯、送灯是转九曲的另一习俗。

九曲灯历来被敬为吉祥物。转九曲时，碰倒灯杆，撞灭曲灯，都被视为不吉不利。社日转九曲偷一盏曲灯供于家中，可消灾避难。而生育妇女偷灯求子，更是世代传承的传统习俗。想生男孩偷绿灯，想生女孩偷红灯。偷的灯如果至家不灭，那更是大吉大利的预兆，全家人都会欢天喜地，敬若神明。

早年间托克托城转九曲，要由社火前导，游人随后。九曲内"九州岛"之门分别称东方门、南方门、西方门、北方门、中方门、太阳门、太阴门、罗猴门、计都门。社火班子每至一门，鼓乐齐奏，且歌且舞，概取"歌舞升平"之意。其歌词各异，多为即兴演唱。如至东方门，便唱："进了东方门，东方星君来观灯。今天夜晚观了灯，十分灾星去无影。"社火转完九曲，又唱："社火走出九曲门，后跟男女观灯人。不论男女观了灯，生儿育女要成人。"转九曲到夜阑更深，铁炮轰鸣。此时，转九曲的人们便开始"偷灯"，实际是刁灯了。

随着当地人口的增加，转九曲的如涌似潮，社火导游的古俗渐废，也不再鸣炮刁灯了。

送灯古俗有二：一是社办九曲时，本镇或邻近村民届时自愿捐献曲灯，称为"布施灯"。认为布施的灯愈多，当年时运愈好。二是当年偷灯的人，无论应验与否，次年都要主动加倍还灯。

近代，托克托九曲中"九州岛"的名称逐渐确定为冀、幽、并、青、豫、兖、雍、扬、荆 9 个州，取代了古代东方门、南方门、西方门、北方门、中方门、太阳门、太阴门、罗猴门、计都门的称谓，并依各州地理位置的大致方位，将州名写在州门的门匾上。这样改革以后，就更符合转九曲周游全国的象征寓意。

十三、武秧歌

"武秧歌"是托克托城元宵节传统社火节目中独具特色的节目，其形式是武术表演加鼓乐伴奏。当地人称其为"秧歌"仅仅是因为它每年作为社火演出的一个项目而加入社火队伍按序表演，实则并非秧歌。表演者不化装，随身装束，或单练，或对打，真刀真枪，真功真技。由于表演者全是习武之人，因此每出一招一式均显功夫力量，而对打动作虽属设计套路，但表演者娴熟自然，确似真打实斗，加之在鼓吹乐的渲染下，打斗场面紧张激烈、扣人心弦，这也成为"武秧歌"有别于其他表演形式的重要标志，同时也是"武秧歌"在社火表演中百年不衰的魅力所在。

托克托县素有"武术之乡"的称誉，习武练功之风源远流长。将武术作为社火节目的一项内容，是托克托城社火艺术的特色，也是独创。武术作为社火节目之一且被命名为"武秧歌"，究竟始于何时？史无记载。据民间艺人口传，约在清朝末年。早期武秧歌的组织者和参与表演者有贾克诚、贾九鼎、裴老虎、李三等。

"武秧歌"的武术表演一般均为各门派擅长，如八卦、太极、长拳（弹腿、靠身捶、查拳、太祖拳、通臂拳）以及各类器械等。表演时有德高望众者手执令旗现场指挥，各家师徒有序上场。通常徒弟们表演场次多，师傅们视情况也登台献艺。民国年间，表演最扣人心弦的节目有吴家的阴把枪，杨云、李三的大刀，白二旺的太极剑，田二仁的七节鞭，高泰诚的太祖棍以及三节棍、稍子棍、花枪对打等。

为武秧歌表演伴奏的鼓吹乐也很有特点。武秧歌鼓吹乐乐器有唢呐、背鼓、中钹、镲及大锣。队伍在行进中吹奏"过街吵子"，若进单位、商号或在街上打场子吹"得胜鼓回朝"以及"将军令"等，若下场子吹奏"八板"。表演者进场后站定，听鼓声起势，随节奏出招，精彩者人鼓合一，越练越勇，观者无不激奋。"八板"初为佛教音乐，以唢呐为主奏，其时县境曾先后有海元儿、张金来（盲人）、李元祥等鼓吹艺人为"武秧歌"吹奏。

十四、锣鼓乐

（一）龙灯鼓

伴奏龙舞的鼓曲叫"龙灯鼓"，当地俗称"隆咚鼓"。

在世世代代的传承中，经托克托城艺人们的不断潜心钻研，精益求精，在保持传统龙灯鼓原谱的前提下，托克托城的艺人们创作出了一套独特的打击技法，从而形成了特色鲜明的"托县龙灯鼓"音色韵律。

托克托城的龙灯鼓打击法是铙倡鼓和，钹击节拍。也就是铙为演奏中的导引，整个鼓曲的音响高低、节奏缓急、速度快慢、着力轻重，均取决于铙手的制控。铙手舞铙的手法疾巧多变，令人目不暇接。两合铙片，相迎互击，径尺之际，分为上下左右里外边心等不同音区，不同音区各有相应的技法，或击或擦或推或拉或旋或掏，变幻敏捷，其技法妙不可言。鼓手双槌与铙密切和应，在鼓面的不同方位或击或敲或抹或磕，鼓点花样翻新，槌法起伏多变。钹手根据铙、鼓的音域需求，或缓或疾或高或低垫击节拍。铙、鼓、钹三大件水乳交融，丝丝入扣，时而声如轰雷，犹疾风暴雨倾天而降；时而轻缓悠扬，如和风细雨徐徐飘荡。这种"铙倡鼓应钹助势"的演奏方式，自然形成一种有问有答、有呼有应、答中有问、应中有呼的紧凑和谐与跌宕起伏的气势，叫人看了欢欣鼓舞，听了回肠荡气。

龙灯鼓原是专为龙舞伴奏的打击乐，其后，也作为其他社火节目的伴奏乐。

龙灯鼓是托克托县鼓谱中的代表作，在周边地区亦享有盛誉。常作为打击乐曲单独演奏，甚为群众喜爱。

第十四章　民间游戏

第一节　民间游戏主要特征及类型

一、主要特征

民间游戏是指广泛流传于民间的群众日常生活中的嬉戏娱乐活动，即俗语所说的"耍"。

民间游戏虽然以"耍"为其主要形式，但是大多数游戏的目的并不是仅仅为"耍"而已。通过玩耍达到某种教育目的，这是民间游戏，特别是儿童游戏最基本的性质。

民间游戏不仅要受时代、社会的制约和影响，而且，不少游戏还直接或曲折地反映出某些社会现象，寄托着人民群众的愿望、感情。同时，民间游戏具有鲜明的地方特色、民族风格，游戏中所体现出的各民族文化交融的脉络也是显而易见的。

清朝以来，托克托城的各少数民族多与汉族人民共居，多数村落以汉族为多数。儿童们在一起玩耍时，自然以汉族儿童的传统游戏为主。然而，许多传统的汉族儿童游戏，在长期的传承中，自然而然地融会了各少数民族儿童的游戏的形式与内容，或者以少数民族儿童游戏为基础发生变异，以至于我们现在很难确切地指明哪些游戏是某个民族的儿童游戏，也很难确定某个游戏产生于何时何地。应该说，托克托城的儿童游戏，是托克托县地区的各族人民共同创造的文化结晶。而一些有益的成人游戏，又何尝不是如此呢。

二、主要类型

托克托城在中华人民共和国成立前，民间传承的成人游戏种类不多。这也是"一穷二白"的社会现实在当地人民群众业余文娱生活方面所留下的历史印记。饥寒交迫的生活煎熬，风雨飘摇的社会动乱，鲸吞蚕食了广大劳动人民从事文化娱乐的空间。"夏天顾肚子刨土没空，冬天给炉子寻柴拾粪。有点功夫就思谋怎填补圪洞（肚），哪有心事红花乐意的瞎混！"这是昔日流传在托克托的几句俗语，它真实地反映了普通劳苦大众对游戏无可奈何的排斥。"勤有功，戏无益。"这句话在教导人们勤奋创业的同时，也不无对"戏"的笼统贬斥。这里的"戏"是一个宽泛的概念，就当时的成人们的理解和认识，这个"戏"里是包含我们现在所说的"民间游戏"内容的。这种理解和认识，是与当时的社会文化背景相对应的。好在，对自己尚未能承受生活压力的孩子们，人们能理解他（她）们需要游戏娱乐的天赋，在其无学可上，无书可读的童真岁月，借游戏争得一席自我陶醉的乐土和接受教育的园地，以至于我们今天可以在昔日众多的儿童游戏中寻踪觅迹，探索当时社会的某些蛛丝马迹。这也正是我们本章把儿童游戏作为重点记述的目的和意义。

人，不仅需要物质生活资料，也需要健康有益的精神娱乐。这种人类与生俱来的本性对于崇信"勤有功，戏无益"的人们也不例外。昔日县境成人游戏虽然种类甚少，但人们总还是要在可能的条件下，想方设法享受一些精神娱乐。比如有"豁拳"、"赢唱"、"翻手"、"搬圪堵"赌臂力、"顶骨牌"、"下象棋"、"下方"等。

民间游戏以儿童游戏为最。

儿童游戏的种类不胜枚举。以从事游戏儿童的年龄分，可分为幼儿游戏和少儿游戏；以游戏活动的场所分，可分为室内游戏和室外游戏；以游戏本身的性质分，则又可分为智能游戏、竞赛类游戏、模仿类游戏等。当然，这种分类方法并不完全科学。因为，幼儿游戏与少儿游戏并非截然可分；一些游戏既可在室内活动，也可在室外活动；智能游戏中不乏赛技性质，而竞赛类游戏本身便是智能的培育和测试。

第二节　昔日室内游戏

一、助练性游戏

所谓助练性游戏，是指这类游戏须在成人的辅助下才能进行的游戏。或者说，这类游戏活动的主角往往是成人，而不是幼儿，也就是人们所说的"哄娃娃"或"戏娃娃"。而这类哄、戏娃娃的游戏，则具有锻炼幼儿体质，辅助开发幼儿智力、启蒙教育作用。如：

（一）瓜瓜大

对周岁左右的幼儿，为培养其接受能力、反映能力，成人常教孩子学等"瓜瓜大"。先让孩子平展左手，用其右手食指在左掌心划圆。在划圆的同时，成人念道："虫虫、虫虫咬手手，棒棒、棒棒打狗狗。打得狗狗哪儿卧？瓜瓜地里卧。瓜瓜哪么大？——这么大！"念到"这么大"时，让孩子两手分开，双臂同时向后伸展，做一个似等瓜大小的姿势。这样反复训练，孩子就会自己按照成人念叨的词句，做出相应的"虫虫咬手手""瓜瓜这么大"的动作，俗称"做本事"。

（二）拉锯

成人对面以双手分捉幼儿双手，一拉一推前后摆动，边拉推边念："拉锯，扯锯，姥姥门上唱大戏。搬闺女，叫女婿，外甥小子（女儿）也要去，不让去，一棒把你打回去！"逗得孩子呱呱直笑，既逗乐又锻炼了腰臂。

（三）点豆点

成人与幼儿面对面坐着，各伸出双脚隔一出一摆开。成人用一手指按序往返有节奏地点四脚，边点边念："点豆点，磨蚰蜒，蚰蜒花，种籽麻。籽麻粒儿，大米，小米，一只毛蹄圪撩起。""起"字落音在哪只脚上，那只脚就抽回。再重新边念边点剩下的三只脚，只到最后一只脚"圪撩"起止。如此重复进行。并教幼儿自做动作，学习念词。

（四）引挖挖

幼儿蹒跚学步，俗称"挖挖"。为培训孩子行走，成人面对孩子，与其双手互勾，视其迈步速度，徐徐后退，牵孩子"挖挖"向前，边挖边念"挖挖，路上碰见嬷嬷。嬷嬷问你几岁，就说娃娃两岁"。这种游戏以练步为主，同时培训幼儿的听觉和会话能力。

（五）耍马马

幼儿学会迈步行走时，为增强其独立行走的能力，成人往往和孩子玩"耍马马"游戏：用一根短细绳，一头拴住幼儿手腕，另一头成人捉着，以绳牵引幼儿走路。有的还用细棍儿拴一截布条或细绳，做成一个小鞭，用鞭作驱赶状，边赶边念："小马驹，马驹小，跟上娘子漫滩跑。又打滚儿，又撒欢儿，打的撒的长大了。嘴里含上铁铰铰，嗯哼哼嗯哼哼跑不了。"在做这个游戏时，还往往叫孩子学小马"打滚儿""撒欢儿"的动作，或让孩子口含一根小棍儿，意谓马戴铰子，并教孩子学马嘶声。

二、智能游戏

智能游戏是借助游戏的手段达到培育儿童智力、技能的目的，可谓"寓教于戏"。这类游戏有的重在育智，有的则重于技能培训。我们这样说，仅是就游戏的某些形式而言。事实上，智能是一个有机的统一体，在育"智"的同时也培训了"能"，而"能"的培训更离不了"智"的培育。民间智能游戏正是同时具备了这种双重培育的作用，从而突出地显示了民间智能游戏所具有的科学性和功能性。

培育儿童智能，最常见的也是最普通的游戏是成人通过讲童话故事、破枚（猜谜语），说绕口令，口头题考试等形式对儿童进行培育。此外，还有手工制作等。这类游戏在昔日文化教育极端落后的社会条件下，成为家庭对儿童进行启蒙教育的重要方式。

（一）出题测试

题试内容需根据儿童的年龄，接受、理解事物的能力不同而定。如：

一、一棵苗树上落的 10 个老家子（麻雀），一个打牲的在树下打了一枪，树上还有几个老家子？

二、一个桌子四个拐角，拿锯子锯了一个拐角，桌子上还有几个拐角角？

三、一只蛤蟆跌进一口枯井，井有三丈深。蛤蟆蹦一蹦，往上升三尺，又往下出溜二尺，这只蛤蟆蹦几蹦才能出井口？

四、半船蛤蟆半船蝉，数头三千六，割腿一万三，多少蛤蟆多少蝉？

五、鸡兔三十六，数腿整一百，问你多少鸡？多少兔？

六、孔明带领五虎将，每将各领八个营。每营里面摆八阵，每阵部兵八千人。请你慢慢算一算，孔明带了多少兵？

三、造型游戏

（一）折纸、剪纸类

揭下过年张贴的春联或用其他废纸折叠为鸡、鹅、猴、虎、车、船、桌、凳、犁、耧、锹、锄、衣、帽、马鞍、元宝以及其他形体。

剪纸的花样更多。孩子们常把剪下的图案用唾沫贴在家里的墙壁上，彼此评比，或向大人夸耀。

折纸、剪纸类游戏以少女居多。

（二）泥捏、草编类

泥捏的各种动物、家具等往往要晒干后保存起来，在以后"耍家家"时作为"摆设"。

草编的材料主要是把高粱杆儿（俗称荄箭箭）的皮"溜"光，仅用"皮皮"和去皮后的"杆穰穰"，就可编成各种孩子们可见到和想象到的动物、用具，不少编制品还是系列、组合性的。如一个院落里，有正房、粮房、牲畜棚圈。正房里有炕，炕上卧着猫。地下摆有水缸，炉灶前还有烧火煮饭时坐的小板凳。粮房里有大小粮囤，棚圈里有牛、羊、猪、狗。院门口还要挂一对灯笼，有的灯笼还是一个联一个的"串串灯笼"。此外，有马莲叶编织的"草垛垛""蛇""凉鞋"，柳条编的"蚂蚱笼"等。

四、竞技类游戏

竞技类游戏其实也都属于智能游戏。不过，这类游戏均以决胜负、赌输赢为一轮游戏的结局，具有明显的竞赛特征，因而称为竞赛类游戏。每一种游戏都有相应的运行规则，这些游戏规则，有的约定俗成，有的现场临时规定，一经明确，参与者都自觉严格遵守。

（一）剥小子女子

早年间，县境农民常在山药（土豆）地里套种大豆（蚕豆），作为哺乳期婴幼儿的干粮。自产的大豆也成了儿童游戏的玩具。

大豆仁两瓣组合，呈"大头小尾"形。在大头一面的两瓣夹缝间，有一个微小的舌状小瓣（胚芽），孩子们就利用大豆仁这一形态特征耍一种叫"剥小子女子"的游戏：两个人各将等量的几颗或一颗炒熟的大豆剥尽皮皮，如果大豆仁的胚芽小瓣完整无损，则为剥出小子；如无小瓣或瓣型不完整，则为女子。剥皮利索快速并小子多者为胜。输赢以豆为"赌带"（赌注）。

（二）拣棍棍

拣棍棍亦叫"拣骨榇"。把铰为等长（约三四寸）的十多根细荛箭箭并为一束，攥在手中，直立炕上，撒手后让荛箭箭自然散落，然后一根一根地拣取。每取一根，都不得使别的箭箭稍动，动则为输。拣完所有箭箭为一轮，拣多者为胜。

（三）捉中指

一人背着对方，将一只手的五个指头变序攒集一处，用另一只手紧紧攥住，上面仅露 5 个手指顶端，让对方辨认其中的中指。认准者为胜。这一游戏的关键是巧妙地将中指头混迹于 4 个指头间，造成假相，迷惑对方。游戏的原则是，攥指头者必须将 5 个指头顶全部露出，缺一不可；而捉中指的一方只能凭眼睛从暴露出的 5 个手指顶尖辨认中指。有的事先允许或不允许揣摸，叫作"掏炉炕"。

（四）供圪堵

供是猜，圪堵是攥住的拳头。

一人在一个圪堵里攥上某一物件，与另一空攥的拳头并举出示于对方，让其供出哪个圪堵里有物。供对者为胜。

这一游戏形式看似简单，似乎纯凭运气瞎供，其实不然。供的过程实际上是双方斗智（俗称耍心眼）的较量。被供者往往以圪堵攥得松紧，面部故意做作的种种表情，诱惑调侃的语言，虚虚实实，真真假假，蒙骗对方，使其上当。而供认者要想获胜，就需在供的过程中，不仅对对方的表情、动作、言词做出正确判断，同时也以相应的表情、动作、言词诱惑之。供圪堵不限于两个人玩耍。若干孩子互组为对立的双方，在供的过程中，各抒己见，出谋划策，气氛更为热烈。

（五）捻转转

捻转转是一种旋转运动的玩具。昔日孩子们玩的捻转转都是自己制作。在一枚铜钱（清币）方孔内插一根长短粗细均适中的荄箭箭，在荄箭的穰内中部再插进一根火柴棍儿。火柴棍的磷头朝下，另一端超出荄箭少许。这样，便制作成了一个捻转转。

玩时，在无席的土炕上、案板上、盆、碗里均可。旋转时，将捻转转直立，磷头着地，用拇指、食指、中指捏住捻转转上部的火柴棍儿，三指肚使力一搓，随即放开，捻转转便在惯性的驱使下旋转起来。

捻转转既可两个人玩儿，也可几个人同时玩儿。其比赛方式主要有以下几种：

两个人或几个人听口令同时开始旋转，以捻转转旋转的时间长短决定名次。

一个人先把自己的捻转转转开，另一个或几个人再放自己的捻转转，让自己的捻转转有意和先放的捻转转碰撞，先倒者为输。这种撞架式耍法也可两个或几个人的捻转转同时向预定的共同点旋转靠拢，彼此相撞，后倒者为胜。

几个人同时在自己的手心里旋放开捻转转，旋转中向上抛起，再接住。如捻转转不倒，就再抛再接。至倒为止。以抛接次数最多者为第一名。

（六）挑单单

将一条长短适度的缝衣线两头对接，先由一个以双手的五指架于两手间，绕成一个最基础的造型，交由对方在此基础上用双掌五指挑、拉、钩、撑，变换作法，并将线接在其手中，使之变成另一种造型。如此你架我挑，我架你挑，以挑不成型者为输。

挑单单最常见的造型有"长豆面""花手巾""牛槽槽""烂伞"等多种。接挑"烂伞"时，挑的人还要双手合击扭在一起的单线，使其松散条理，并有板有眼地念叨："烂伞、烂伞、开门来，大舅给你送将花篮来。"

（七）抓羊嘎儿

抓羊嘎儿，蒙古族、满族儿童叫"嘎拉哈"。据传，最早是由女真人的"掷罗罗"游戏发展而来。

羊嘎儿是对羊踝骨的称谓，亦即"嘎拉哈"的别称。

羊嘎儿是一块寸许长的不规则四方体。其上下左右四个面分别称为"坑儿"（圪卜卜）、"贝贝"（或"面儿"）、"朵朵"、"目儿"（也叫黄儿）。孩子们为美观，往往用各色染料将各面染过。

抓羊嘎儿的游戏有各种玩法，最基本的是抓和翻。

抓：抓羊嘎时还另外配备一个小沙袋（无沙袋时则以一枚羊嘎儿代替。后来有了小皮球，就不用沙袋了）。先把嘎儿撒在坑上（或地面），然后抛起小沙袋，趁此机抓取嘎儿，并接沙袋。再抛、再抓、再接。动作连续而无失误，一直抓完规定的数目，则为胜。

抓嘎儿有预定的规则：不准"碰嘎儿"，不准"打嘎儿"，不准"砸嘎儿"。违规者，则为输。

抓嘎儿要分面，抓什么面，如何抓，每次抓几个，都有相应的严格规定。

抓羊嘎儿以计算得分决定胜负。且有"零烧五烧"等规定。所谓"零烧五烧"，即规定的胜码中如有带"零"和"五"的数，抓错一次，这类数便烧了——五、五十、五十五烧了就变成了零等。

翻：翻的花样也较多。一般程序是先翻"耳"，再翻"目儿"，再翻"坑儿"，最后翻"贝贝"，翻完后一齐抓起。

无论采用哪种翻法，都必须在规定的数码里接序进行，且要和抛沙袋的动作协调合拍。

抓羊嘎儿游戏程序繁复，花样翻新，且因地因人而同中有异。这种游戏要求玩耍者反映灵敏，动作快捷、准确。同时，对训练孩子们的数算能力也大有裨益。

抓羊嘎儿一般为女孩子们玩耍，一直延续至今，也很受小学生喜爱。

五、模仿类游戏

模仿类游戏是指儿童们模仿成人日常生活习俗而进行的一种颇具戏剧性的活动。如"耍家家""娶媳妇儿""唱戏"等。在这些游戏中，孩子们根据游戏内容的需要，要分别扮演各种角色，"表演"相应的情节。如女孩子模仿妈妈，哄娃娃时，就在怀中抱一枕头，边拍枕头边念："噢，噢，娃娃睡觉觉，老虎戴个凉帽帽。"或念："娃娃睡，娘捣碓，捣烂米米喂鸡鸡，喂大鸡鸡下蛋蛋，下下蛋蛋换零碎。"

模仿性游戏还有一类是孩子们把平时从大人口中听来的故事演化为游戏。如早先当地一些孩子们常耍的"狼叫门"，便是来源于当时流行的一则童话故事。

很早以前，河畔上住的一家寡妇人家。那时，村子人少户稀，常有狼（当时人们叫狼为"怕怕"）来含羊羔，逮牛犊，甚至叼走小娃娃。

一天，寡妇要去娘家，黑夜不回来，留下两个小闺女不放心，临走安顿十来岁的大闺女，阳婆一落就把门顶牢，不是妈回来，谁叫门也甭给开。"怕怕"来了，千万不敢出去撵追。临走还拿白泥在门上划了几个圈圈。

阳婆刚落，一只狼变成寡妇来叫门："大闺女，二闺女，赶快给妈开开门。"二闺女正要开门，叫大闺女拦住了。大闺女撩起猫道布一眊，又像她妈又不像，就问："妈呀妈，不是说今黑夜不回来，怎又回来了?"狼说："妈妈不放心，赶的回来了。"大闺女说："你不是我的妈，我妈音声没你粗。"狼说："我路上碰见'怕怕'，又怕又跑吼差了嗓。"大闺女又说："我妈衣裳有补丁，不如你穿得这么新。"狼说："你姥姥给我套了一身旧衣裳。——二闺女，快开门，妈妈给你拿回好吃的。"

二闺女不听姐姐话，开开门，把狼放回家。

睡觉时，狼说："瘦的瘦的挨墙睡，肉的肉的挨娘睡。"二闺女说："我比姐姐肉，我挨妈妈睡。"

半夜，狼把二闺女先吸血，后吃肉，剩下骨头扔下地。大闺女问："妈呀，你吃甚了?"狼说："你姥姥给我拿了一圪搭驴骨头。"大闺女说："我也想吃。"狼说："毛驴肉娃娃不能吃，吃上驴肉就捣鬼。"大闺女说："妈呀，我挨墙睡得着了凉，要出外头屙把把（大便）。"狼说："快屙快回家，黑夜外头有'怕怕'。"

大闺女一出门，一蹦子跑到邻居家，吼来几个大男人，拿锹的，拿镢的，一气把狼劈死了。

孩子们就根据这个故事，编出了"狼叫门"的游戏，"演出"了狼叫门，狼吃人，狼被打死等一系列情节。既红火有趣，又从中受到教益。

侵华日军占据托克托县后，国民党一部退居黄河以南，托克托县人称之为"南军"。之后，"南军"常勾引当地匪盗，于冬季黄河结冰后，三五成伙窜到县境沿河一带抢夺村民。有时，将人绑架过河，迫使其家人以钱赎人，美其名曰"请财神"。这种苦难动乱的社会现实，也在儿童游戏中得以反映。当时，托克托的孩子们，流行着："南军刁人""请财神"一类的模仿性游戏，让成人看了悲喜交集，辛酸欲泪。

室内幼儿游戏还有"编手影""拍手念儿歌""切钱""打手背""乩鼻鼻""抓子子"等。

第三节　昔日室外游戏

一、打毛旦

毛旦是用牛的绒毛经过加水搓揉紧缩强压加工制作而成的圆球，坚实富有弹性。毛旦有大有小，大如碗口，小如酒盅。常耍者，拳头般大。

打毛旦时两个或两个以上的人皆可玩耍。其基本要领是手拍毛旦，使其着地后随即弹起，就在毛旦弹起欲落之机，一手以规定的姿势接住或折打毛旦，同时做出诸如叉手、转身、跷腿、跳跃等相应动作，然后抛起毛旦，再使毛旦着地、弹起，再续做相同或不同的动作，如此持续进行。如果在毛旦一次着地复弹起之际完不成应做的动作而毛旦再次落地，则无权再打。毛旦交由别人拍打。

打毛旦往往头、手、脚、身并用，连续做出很多花样的动作，以动作规范而数多者为赢家。

二、抽毛猴儿

用木头或砖头刻磨成一个高约二寸，顶方寸许，上圆下尖的小物体，即为毛猴儿。用细麻绳或窄布条拴一个小巧得手的"赶猴儿鞭"，以鞭抽打毛猴，令其持续旋转。

抽毛猴儿最理想的地方是结了冰的河面、池塘上。在冰面上抽毛猴儿往往和"打忽渣渣"（溜冰）的游戏交互进行。抽毛猴以持续旋转时间长短决定胜负，打忽渣渣以溜得距离长为胜。

无冰季节打毛猴，也可在坚实平展的土地上进行。

三、弹蛋儿、弹杏核

在玻璃蛋儿未问世前，当地孩子常将胶泥捏成的圆蛋儿晒干，有的还用炉火煨烤，用麻油浸淬，制成大大小小滚圆光滑的泥蛋儿弹耍。

与弹蛋儿相类似的游戏是弹杏核，俗称："弹杏骨骨"。

弹蛋儿与弹杏核的基本玩法是在平地上挖坑、画线，按相应的规则进行比赛，有点儿像当代的"门球""高尔夫球"。其"赢头"就是泥蛋儿、杏核。

四、摞当铺

一人或几人合伙"开当铺"。"当铺"为就地划成的正方形，以两条对角线将正方形隔成"丨、丨丨丨、丨丨丨 丨、丨丨丨 丨丨丨（或划一圆圈）"4 个三角形。在距"当铺"适当的距离划一横线叫"格儿"，"摞当铺"的人站在格儿外，以铜钱向"当铺"投掷。铜钱摞进"当铺"中任一个三角形，"开当铺"的将与这一三角形对应数额的铜钱付给投中者。投掷的铜钱如果摞在"当铺"外或压任何一条线，即将所投之钱输于"开当铺"的。

五、藏埋埋、划道道

藏埋埋即捉迷藏。几个儿童玩耍时，先公推两个人"技估技"，亦叫"猜咚猜"。两个人在齐声呼喊"技——估——技"（或"猜——咚——猜"）的韵声中，分别随声摆动右手拳头，声落同时出示手势。手势有白纸（五指并伸），锤子（拳头），剪子（叉伸食指、中指），锥子（只伸食指）4 种。其相克关系是：白纸包锤，锤打剪锥，剪锥破纸。如两方手势相同或一剪一锥，则为平局。通过"技估技"决定输赢。赢家为"评判"，输家为"寻家"。评判将寻家双眼蒙住，其余的孩子趁机四处跑散，各找隐蔽的地方隐藏。到一定时间，评判高喊："藏好了没？"如无人应声，就表示都藏好了。评判于是喊一声"开埋了！"将寻家眼睛放开，寻家便开始四处找人。找到一个人，就交于评判。如在相当的时间内仍未能把隐藏的人全部找到，评判就有权"收兵"，连声高呼："马儿马儿快回家，家里有颗大西瓜。"隐藏的人听到呼声，便跑回评判处。这样，寻家为输，下轮继续当寻家。如寻家在短时间内将埋藏的人全都找到，则为赢家，下一轮就当评判，而将第一个被找到的人作为寻家。

划道道开始也和藏埋埋一样，通过"技估技"决出评判和寻家。评判亦将寻家双眼蒙住，其余的人分散四处找隐秘的地方用白泥或其他能够清晰地刻下划痕的物件划若干竖道道。待评判宣布"开埋"后，寻家便四处寻找别人划下的道道，寻见一处，便在竖道上划一横线，叫"杀了"。寻一段时间，评判问寻家"杀完了没？"如寻家表示"没杀完"，就继续杀。连问三次，评判就有权宣布"停杀""亮道道"。这时，凡未被寻家杀完道道的人就领上寻家、评判及大伙亮出自己没杀尽的道道。被杀尽道道的人当下一轮的寻家。假使有两个以上的人都被杀尽道道，则通过"技估技"决定寻家。

关于藏埋埋、划道道游戏的来源和象征意义，人们说法不一。有说其为动乱年代人们躲灾避难的生活写照，有说为战争中埋伏战术的模仿。而这类游戏对培养儿童观察力、分析力、判断力所起的有益作用则是显而易见的。

与之相类似的游戏还有"刨窑蹀蛋"等。

六、刨窑蹀蛋

选择土质松疏且潮湿的土堆作为游戏场所。蹀（用脚使劲跺、踩）蛋者暂时隐避。埋蛋者在土堆上选择一处，先用湿土攥成若干土蛋，再刨窑埋藏，并在埋蛋的坑旁另刨几窑，以制作假象。都埋好后，通知蹀蛋者来蹀蛋。蹀蛋有严格的规则：无论有几窑，只选择一窑，蹀一脚。蹀蛋者在埋蛋者的窑前，经过一番观察、分析、判断后，选中一窑，用劲狠踹一脚。如果其错踹了空窑，就引起伙伴们拍手大笑。埋蛋者从真窑中刨出土蛋，一个一个地击打蹀蛋者的脚踝骨，俗称"滑拉骨"。假如蛋被踹烂，则下轮由被踹烂蛋的人蹀蛋。

七、点羊粪豆

在既平且硬的土地上，先挖好两排12个对称的浅坑（称"窝窝"），拣60颗完整光溜的干羊粪豆，每窝放进5颗。

两个人通过"技估技"决出先后，先走的孩子任意抓起一窝粪豆，从左至右顺序每窝一颗点下去。点完手中粪豆后，即抓起已点过的下一窝如法续点。当点到手中粪豆已完，而下窝恰逢一个空窝时，就可将这一空窝前边一窝里的粪豆全部"吃掉"（收起），然后再抓起被吃一窝前边窝里的粪豆继续点。直到手中粪豆点完，前边遇到两个空窝，就无权再点，改由对方点了。

吃窝法不仅是吃一窝，如果被吃一窝前仍是一个空窝，还可同时吃掉这一空窝前边的一窝，叫"连吃"。

如此边点边吃，直到剩下 2 颗不能再点时，或两个人均分，或用"技估技"决定归属。第一轮结束。

第二轮开始后，双方以各自吃得的羊粪豆分别放一排 6 个窝，依然是一窝 5 颗。如有一方在放满 6 个窝后仍有剩余的羊粪豆，则每余 5 颗，就可占对方一窝据为自己的"油房"。"油房"里的粪豆就归己所有。如所剩为 4 颗以下，就借给对方，在下一轮时要还。被借的羊粪豆称为"船"，每借一颗叫"借一条船"。

凡据有"油房"者，在竞赛中就具有了优势。每次点进"油房"里的粪豆都归"油房主儿家"所有。所以，只要依次点进"油房"一颗，"油房主儿家"（亦称"油房掌柜"）就可得一条"船"。这种"油房"所得的形式称为"磨贯"。"磨贯"之外，"油房主儿家"还可根据需要，以"油房"所存的羊粪豆补充手中不足，以达到"吃窝"目的。

"油房"可点可不点。"油房"的出现为点豆双方都提供了点法的灵活性、机动性。双方都可根据手中的豆数，根据窝中的布局，借"油房"的调节，精心计算、安排自己的点法，以达到最佳效果。"油房掌柜"根据需要，宁肯不"磨贯"而舍小利获大利；另一方有时都情愿"忍痛"为对方"磨贯"而达到"吃小亏占大便宜"的目的。

点羊粪豆儿的游戏最终以一方将绝大数羊粪豆贮进"油房"，迫使对方无豆再战而告输。

足见，孩子们在十多个小土坑里摆弄几十颗羊粪蛋儿，看似简单，其实，有一番学问蕴藏其中。颇具商业经营的哲理。

八、放马群

放马群是人数较多的群体游戏，男女孩子均可参加。满族称之为"跑马城"。

游戏开始前，先由年龄较大者把所有参加游戏的孩子根据年龄、体力、性别进行搭配，分为两组。游戏开始时，两组人中间空开适当距离，相互拉手，排成一字长队，两队相向而立。

队伍排好后，甲队孩子齐声高喊："枳芨林，放马群。"乙队齐声回应："马群开。"甲队又喊："把你的七狼八虎放出来。"喊声一落，乙队中放出一个队员向甲队冲去。如果这个队员一下子冲开甲队任两个孩子互拉的手，即将松开手的两个孩子作为战利品领回本队，成为本队队员；如果未能冲开，就被甲队浮虏，成为该队的一员。如此相互"放马冲阵"，直到某队人少不能为阵，即输为"败兵败将"，然后再"重起重来"。

九、骑马刁阵

比赛开始前，将人分为"两家"。每家各以三人为一组，每组由两个人"当"马，一人当"将"。当"马"的两个人，并排互勾一手，让"将"坐于手臂，另一只手相傍护"将"；或一前一后，后者双手搭于前者双肩，让"将"骑于后者搭肩的双膊。

马队组成后，两家的"将"们各找对手捉队"交手打仗"。"打仗"的目的是通过相互撕扯让对方"落马"。一旦"将"落"马"下，这一组三人便退出"战场"。得胜的一组即可再去帮助自家的"将"们"斩杀"对方。或"二马攀将"，或"三战吕布"。两家被打下"马"来的"将"和"马"们，则呐喊跳跃，各为自家仍在"打仗"的"将"们从旁助威。直到一家的"将"们全部"落马"，另一家仍有"将"骑在"马"上，"打仗"结束。输家被对方贬为"怂兵败将"，未落"马"者则被推为"长胜大将军"或"元帅"。

第十五章　民间文学艺术

第一节　民间文学艺术的特征和类型

一、基本特征

托克托城的民间文学亦如全国各地的民间文学艺术一样，是由世居当地的各族劳动人民集体创作的口头文学，内容丰富，形式多样，从多个方面生动形象地反映了托克托地区不同历史时期的社会现实生活和人民群众的思想感情、理想愿望，作品的主流是揭露、鞭笞假丑恶，弘扬、歌颂真善美。

托克托城民间文学作品大都取材于当地的人、事、物、景，由当地人口头创作，在长期的口耳相传中经过众多人的加工、润色，在不断变异中日益完善。一些具有代表性、典型性的民间文学作品，成为本地区人民大众喜闻乐见、耳熟能详、经久传承的经典之作。这类作品都具有鲜明的地域特色，很强的人民性和极具感染力的艺术性，从而也具有很强的普遍性和生命力。

二、主要类型

托克托城的民间文学艺术大致可分为民间传说、民间歌谣、谚语、歇后语、谜语、串话、曲艺等类型。

民间传说：就传说的故事内容而言，托克托城的民间传说大致有风物传说、地名传说、人物传说、庙宇传说、历史传说以及大量的生活故事。其中，以托克托的山川地貌、历史遗存、民俗风情等为素材创作的风物类传说故事题材广泛，许多想象内容和神奇的故事成为令人喜闻乐道的神话。如《神羊驮城砖》《黑牛驮炭》《凤凰单展翅》等。

民间歌谣：传统的分类方法将民间歌谣分为民歌、民谣两大类，"曲合乐曰歌，徒歌曰谣。"就内容划分，民歌有劳动歌、时政歌、仪礼歌、情歌、童谣等类。托克托的民谣即无乐器伴唱的"徒歌"有两种类型：一是清唱；二是只说不唱，即当地人所说的"说道"，如仪礼歌中世代传承的"代东歌"。此外，还有"道喜歌""祝贺歌"等。这类歌谣虽然只说不唱，但说的都是歌词韵句，说起来朗朗上口，听起来合辙押韵，而这种"说道"，又有别于曲艺中的"快板书""莲花落"之类，是一种具有独特韵脚声律的"徒歌"。

在托克托城的民间文学艺术中，特别值得提到的是串话。串话，语言通俗鲜明，诙谐幽默；结构形式多样，不拘一格；内容丰富多彩，包罗万象。串话以其独特的思想性、艺术性，不仅成为人民群众日常生活中惯用的口头语言，而且是二人台戏剧宾白语言重要的组成部分。如：《种洋烟》中的"一出托城北阁外，哈拉板升来得快。走五申，过伞盖，祝乐沁、公布到大岱。口肯板升挨韩盖，塔布、帐房、波林岱。常合赖、麻合赖，沟子板升，兵州亥。东西红岱到袄太，一程赶到归绥北门外"。类似这种由当地人民群众创作，反映当地事物，具有当地浓郁语言特色的串话，俯拾皆是，不胜枚举。

许多串话，用概括串连的手法，将日常生活中平凡琐碎的事象，以朗朗上口的口语，巧妙组合成篇，反映广泛深刻的社会现实生活，其思想性、艺术性往往是文人的书面文字创作难以企及的。如下引这段串话：

正月拉瞎子

二月瞭鸽子

三月招羊

四月踩曲

五月锄地

六月搂地

七月上山

八月下川

九月割枳芨

十月打沙鸡

十一月耍花儿

十二月赶乱岁

有人把这段串话称作"十二月忙"，它产生于20世纪初，土默川农业取代畜牧业之际。托克托城民间代代相传，至今，一些老年人依然记忆犹新。

这是昔日托克托无地无业贫民一年生计的典型概括，同时也是当时土默川一带农村生活的一个缩影。它是一幅颇有代表意义的风俗画，一首"劳者歌其事"的写实诗。

清朝以来，土默川的农业生产得到了进一步发展。在当时的社会历史条件下，农业的发展必然导致土地的兼并。土地的兼并使一部分农民成为无地无业的贫民。这些贫民为了生计，有的给大户当长工、打短工；有的揽零活儿，"见甚做甚"；有的沦为乞丐。这首"十二月忙"的串话，便是以这些无业贫民的一年生计为中心，集中而概括地反映了当时包括托克托在内的土默川地区的社会生活习俗。

第二节　民间文学艺术的传播方式

一、辐射传播

托克托城民间故事就其内容的取材园地而言，基本为两大类：一类是民间广泛流传的一般故事，这类故事既无故事发生的具体地点，也没有准确的人物姓名；一类是取材于本地的人、事、物，经过当地人们的集体创作，从而成为地地道道"土生土长"的托克托城民间故事。而这类故事，在清朝以来，又形成了一个相对集中的"故事源"——"城圐圙"，即明朝故城东胜卫遗址，这一遗址内还包含历经辽、金、元三朝的东胜州，乃至唐东受降城。正是近千年历史沧桑的文化积淀，使"城圐圙"成为本土民间故事的"策源地"，许多故事从这里诞生、传播，并辐射到全县及相邻地区。如托克托城老年人几乎人人耳熟能详的《托王的传说》《金猪》《金鸡》《金马驹》《王墓的传说》《点将台的故事》《义仓狐仙》等。由"城圐圙"辐射传播的不仅是由此处创作的故事本身，而且将县境内某些地方的自然景观也纳入"城圐圙"的"故事圈"。诸如《石峁子石头的来历》，这个民间传说是《托王的传说》的延伸。故事说的是托克托县地区属黄土高原的丘陵地带，地下本没有石头，可离托克托城三十多里的石峁子村，在一道沙丘下却发现了坚硬的石头，以此，村名就叫成"石峁子"。这石头是从哪里来的呢？原来，明洪武二年（1369年），明军攻取元东胜州。驻守东胜州的"小托王"见大势已去，在携家撤退前，将托王玉印交于老管家，让他化装成城中普通百姓，趁城破混乱之际潜出城去，藏匿民间，妥善珍藏王印。老管家受命，与小托王洒泪而别，于东胜城破之夜，携印逃出城，在漆黑的夜幕中跌跌撞撞，一路奔波。昏天黑地中，老管家迷失方向，将玉印失落在今石峁子村沙丘里。

后来，石峁子的沙丘底下就"长"出了石头。人们传说，石头就是托王的玉印变的。

由"城圐圙"的故事向周边地域延伸辐射并传承下来的类似故事还有"南梁堖包的传说""断水湾的传说"等。

托克托城民歌的创作和传播，也形成了相当集中的"策源地"——黄河、黑河。黄河、黑河，不仅是托克托经济发展的血脉，也是文化繁荣的园苑。以这两条"母亲河"为园地、为题材创作并经久传承的歌谣数不胜数。如《为朋友为下个河路汉》《打鱼划划渡口船》《游河河》《河路汉苦处说不完》《扳船汉》等。

二、民间自然传播

昔日城乡人民群众文化生活匮乏，平时娱乐活动少，在工休农闲时间，人们就聚在一起"打塌嘴"，即相互"闲谈漫论"。这种不拘形式、不受拘束的"打塌嘴"聚会，往往是民间文学作品创作、传播的重要形式。一些虽不是故事家，但平时喜欢"说道"的人就将自己知道的、想到的传说故事向人们讲述，在讲述过程中，某些故事情节可能会引起争论，参与争论的或许是所有听故事的人。人们各自根据自己的理解、认识、想象、愿望，对故事情节提出自己的质疑和观点。这种争论，其实就是民间文学作品的集体创作过程。许多作品就是在这种创作方式中集多人智慧不断修改、润色而逐步完善并传播开来。不仅传说故事如此，这种"打塌嘴"场合也是民间歌谣创作传播的园地。以民歌演唱为主的"打塌嘴"，就扩展为民间一度盛行的"打座腔"。

三、民俗节庆传播

一年一度的元宵节，社火节目中有专门进行民歌演唱的"山曲儿班子"，这种演唱班子基本是自由组合，既不化妆，也无人数限制，演唱时，观众中任何一个人，只要能唱、想唱，可随时加入到班子中一展歌喉，所谓"不唱三声唱两声，要不还叫人家笑活咱们没出过个门"。

四、家庭传播

许多情节简单的小故事，是由各家庭中的爷爷、奶奶、父亲、母亲等一代代口耳相传传承下来的。这种传播作用，不仅仅是传承故事，更重要的作用是用故事教育童幼年的儿孙辈，使他（她）们从小就懂事理，明是非。

五、民间歌手传承

托克托世代都有许多非职业的民歌手，他们用自己动人的歌喉，深情的演唱，在有意无意中创作、传播了丰富多彩的传统民歌。

第三节　内容选录

一、歌谣

（一）夯哥

哎——

秦始皇走马他就修边墙吆——

哎——

汉刘秀一十二岁走南阳吆——

哎——

小罗成夜打登州救秦琼吆——

哎——

你姐姐搽油抹粉袅点点吆——

（二）船工谣

在家里预支钱才把家安，背铺盖上大船心中不安。

上河风（东南风）扯起蓬高兴得嘶声，

放下水塌了滩实实淹心。

赤条条拉大船驼背弓身，倒水湾拉不动自带囤墩。

拿杆子上掀板不保身魂，背绳子进柳林自问充军。

下杭盖掏根子自打墓坑，乌加河耍一水拔断儿根。

抛妻子撇父母壮（丧）了良心，饥一顿饱一顿不叫营生。

（三）码头调·游河河

无事出托城呀，河口去散心。

那庙滩起了一个灯呀灯油会，

人儿闹哄哄。

猛然抬头看呀，江船水上行。

那船上又坐一个娇呀娇娥女，

实实爱死人。

看她年纪轻呀，不过十八春。

那手里又拿一把鹅呀鹅毛扇。

越搧越惹亲。

前梳龙盘凤呀，后梳水卧云。

那当头又梳一个蟠龙盖顶心，

童儿拜观音。

身穿紫绿袄呀，罗裙腰内紧。

那金莲高底儿好比铜钱大，

三寸也有零。

（四）情歌

打鱼划划渡口船，小妹妹坐上哥哥扳。

戗风风吹得浪花花翻，坐船容易扳船难。

七月的黄河漫上滩，满肚肚小话话说出来难。

秋后的云彩春季的风，哥哥的心事我摸不清。

小妹妹长得个豌豆心，滚来滚去我不好品。

河里头的石头拴不住船，朋友好为交心心难。

河畔上的杨柳一苗苗高，人里头就数妹妹好。

大水刮不断芦草根，小妹妹终究是哥哥的人。

小妹妹住在个黄河畔，为朋友为下个河路汉。

戗水船困在个浅水滩，穷日子难住个河路汉。

黄河水平浪不平，心里头爱人不由人。

撑起桅杆船走呀，丢下小妹妹谁守呀。

船到当河风摆浪，你把我撇在个干滩上。

船到当河风摆浪，要死要活相跟上。

对住河神爷磕三头，咱二人相好顺水水流。

水漂船呀船浮水，今黑夜咱们就在船舱里睡。

鱼傍水来水养鱼，咱二人永远不分离。

（五）时政歌

嘶噜噜刮起东南风，世道不平害下我没男人。

四石糜子一个布，保长引得个保队副。

蜜钵钵嘴来辣椒椒心，说死说活要我男人卖壮丁。

奶头子上的娃娃枕头上的妻，当壮丁害得我们两分离。

没头鬼保长不算人，抓壮丁抓走我们当紧人。

一对对蛤蟆水上漂，一对对害下我个单爪爪。

没男人老婆无油的灯，无依无靠没精神。

三只大瓮两只半空，寡妇娃娃过得个甚光景。

（六）童谣

过大年，响大炮，打炭垒旺火，灯笼门前吊。奶奶要个昭君帽，爷爷要个圪橛帽。孙子又要枣儿圪桃。一家子好吃好喝真热闹。

油葫芦，塞油来，三石麻子换油来。你一石，我一石，架（从）墙冒（扔）给狗一石，咱们两人转个莲花牡丹转。

老天爷，下大雨，收下麦麦供献你。你吃面，我吃皮，剩下麦糠喂小驴。

我磕花棍一月一，小鬼拿的阎王笔；我磕花棍二月二，二兰庙上穿蓝裤儿；我磕花棍三月三，三舅骑马跑南山；我磕花棍四月四，四个铜钱四个字；我磕花棍五月五，家家每每过端午；我磕花棍六月六，六盘包子六盘肉；我磕花棍七月七，天上下雨地下湿；我磕花棍八月八，剥上银钱打手镯；我磕花棍九月九，放牛小子扭一扭；我磕花棍十月十，大肚老婆包扁食，一包包下一百一，不够放牛小子一口吃。

（七）代东词·婚礼撒帐词

撒帐东，帘幕深闺烛影红。佳气葱郁常不散，喜房日日是春风。撒帐西，锦带流苏四角重。揭开便见新娘面，好似仙女到人间。初分天地有三才，周公八卦早安排。今朝择下良辰日，请的新人下轿来。新人凤冠插金钗，宝瓶明镜捧在怀。阴阳相合成夫妻，和美一世永相随。一撒金鸡飞上天，二撒青牛走离远。三撒钱龙来引路，四撒白马不沾边。五撒满门多吉庆，六撒仙女下九天。七撒天降重重福，八撒增福寿千年。九撒金童和玉女，十撒新人到神前。神台面前拜天地，福寿绵长万万年。

二、谚语

(一) 农谚

小满前后，掩瓜点豆。

小满不满，种甚也不管。

立夏不种夏，犟种三两下。

夏至不种高山薯，还有十二天小红糜子。

立秋糜子四指高，出穗拔节齐参腰。

处暑不出头，割了喂老牛。

春风不刮地不开，秋风不刮籽不来。

一年打两春，黄草贵如金。

天旱不要误了锄田，雨涝不要误了浇园。

人哄地皮，地哄肚皮。

秋风糜子寒露谷，霜降黑豆抱住哭。

过了白露没生田。

九月牢场不牢圈。

立冬不死牛，犟耕十晌地。

(二) 气象谚语

黑云接日头，不等拉枕头。

东风叫西雨，亲娘叫闺女。

黄云雨多，黑云吓死个老婆。

东虹呼啦（响雷）西虹雨，南虹出来水漫地。

云往南，水漂船；云往西，下大雨；云往东，刮黄风；

云往北，打倒糜子带倒谷。

夜晴没好天，八月没空雷。

春雪背满沟，夏秋都不收。

重阳至十三，不下一冬干。

九九有风，伏伏有雨。大暑小暑，灌死老鼠。

（三）林牧业谚语

家有百棵树，不愁吃穿住。

杨柳下河滩，榆杏上半山。

前人栽树，后人歇凉。

一年富，拾粪土，十年富，栽树木。

留得青山在，不怕没柴烧，

一寸草，铡三刀，不吃料也上膘。

人不得外财不发，马不吃夜草不肥。

牛马驴骡庄稼宝，务农无畜枉起早。

想把地种好，猪羊满圈跑。

（四）生活谚语

人前教子，背地教妻。时节好过，日子难过。

村不露村是好村，家不露家是好家。

打架盼人拉，告状盼人留。

宁拆一座庙，不破一门亲。

老婆当成娘，一天比一天强；

老婆当成鬼，一天比一天灰。

过日子不得不仔细，请人不得不大气。

多个朋友多一条路，多个冤家多一堵墙。

吃不吃留肚的，走不走留路的。

看贼挨打，不要看贼吃喝。

要开笼放鸟，不要拨草寻蛇。

有钱娃娃会说话，没钱老汉气力大。

溜沟子走遍天下，直脖头寸步难行。

官恼了打衙役，衙役恼了官打了。

一样的铁，打成勺子舀饭了，打成茅勺舀粪了。

老子不死儿不大。老人没病儿孙福。

一天拿上三天的米，夏天拿上冬天的衣。

三、歇后语

大闺女坐轿——头一回。

大闺女纳屎布——闲时做下忙时用。

大闺女管媒——自身难保。

大年初一吃饺子——家家都一样。

吊死鬼吃豆面——死爱那一条条。

肚卜脐上安小磨——为（围）人圪卜卜。

二八月过河——各看各的道。

二小子敲燎盘——小红火火。

粪巴牛哭它妈——两眼墨黑。

粪巴牛栓银索索——爱毛虫虫。

圪溜棍儿打平地——有一下没一下。

关老爷放屁——觉不着脸红。

哈巴狗戴串铃——凭咬了还是凭跑了？

耗子舔猫蛋——戳天鬼了。

耗子舔猫蛋——顶上命溜舔了。

黄河里头煮豆面——碗大又汤宽。

疥蛤蟆钻羊栅——铰毛没毛，攒粪没粪。

圈脸（络腮）胡子吃麻糖——撕扯不开了。

瘸胳膊打鼓——点点多。

种上荞麦上来豌豆了——灰得连棱状也没了。

张飞逮住班仓（小老鼠）——大眼瞪小眼。

四、串话

四大好听：银铃铃响，骡驹驹叫，新媳妇说话，大闺女笑。

四大难听：磨锅，伐锯，叫驴吼，寡妇坐在坟里头。

四大毒辣：云里的阳婆洞里的风，蝎子的尾巴后娘的心。

四大淹心：流烟炉子，漏水锅，炕上躺的个病老婆，要账的倒比拜年的多。

四大欢乐：云中的鹞子，水中的鱼，十七八的闺女，二岁的驴。

一门一窗，地下安的半截水缸，人起炕光，吃的是野菜拌糠。

破皮袄，烂皮裤，虱子干咬逮不住。白天穿，黑夜盖，天阴下雨毛迎外。夏天披，冬天穿，前吊羊皮后吊毡，走起路来直忽扇。

五、谜语

架（从）南上来个小木匠，锛锛斧斧没拿上，盖得个房房稳稳当。（燕子）

架南上来一群鹅，扑哩扑啦跳进河。（煮饺子）

架南上来个铁猴猴，绕街磕头头。（用粪叉拾粪）

远瞭是绿的，近看是吃的，剥开是白的，咬开是黑的。（高粱霉子）

一个鹰，一个鹞，一个圪蹴一个跳。（铡草）

青石盘，盘石青，青石盘上钉银钉。（星宿）

头戴冲天冠，身穿五彩衣。虽然不是英雄汉，喊得千门万户开。（公鸡叫鸣）

半墙上吊的两个罐罐，不烧火就能吃上饭饭。（妇女乳房）

千条线，万条线，掉在河里都不见。（下雨）

三圪垯瓦盖的个庙，里头住的个白老道。（荞麦）

一点一画，拉倒爬下。（"之"字）

一口吃了个牛尾巴（"告"字）

二小二小，头上长草。（"蒜"字）

六、绕口令

（一）花和瓜

王华种的一亩花，刘华种的二亩瓜。王华要拿花换刘华的瓜，刘华不想拿瓜换王华的花。王华就拿花抽刘华的瓜，刘华拿瓜打王华。王华打刘华，刘华打王华，刘华就到县衙告王华。县官老爷他姓巴，当堂正坐审王华：谁叫你王华拿花抽刘华的瓜？谁叫你刘华拿瓜打王华！不管你王华的花还是刘华的瓜，统统拿到我的家。县官的老婆叫华瓜，一见王华的花刘华的瓜，以为是欺负我华瓜。脱下个花鞋就把巴县官打，打得巴县官叫"华瓜妈"。

七、传说故事

（一）义仓狐仙

清朝年间，城圐圙内西南部设有义仓，共储存着十廒粮食，预备灾年荒月救济灾民。义仓里住着一窝得道成仙的狐狸。咋知它们得道成仙呢？这里还有个小故事。

每天阳婆出官时，人们总看见有一个老狐狸站在东城墙上朝着阳婆礼拜。阳光一照，老狐狸的毛色像一团火一样又红又明。不少打牲的喜爱老狐狸的皮，就躲在城墙底下用火枪瞄准老狐狸。那老狐狸明明看见了打牲的，可理也不理，依旧一心一意地叩拜阳婆。枪响了，老狐狸不慌不忙，浑身一抖，龇牙咧嘴朝打牲人怪叫一声，叫得人汗毛倒竖，可它浑身上下却伤不着。等老狐狸走了，人们到老狐狸站过的地方一看，火枪射出的铁砂子落了一层，就是打不在狐狸身上。人们这才知道，老狐狸是成了仙了。于是，打牲的人就再不敢打义仓狐狸了。

那时，在旧城街巷子里住着一个老接生婆，这位接生婆不光接生手艺高，为人又长着一副热心肠。城里城外，三村五地，谁家女人坐月子，都要来请这位接生婆。

这天黑夜，接生婆刚给人接生回来工夫不大，忽听外面銮铃响起，像是有车来了。果然，没听见门响声，一男一女两个中年人就站在地下了。那个女的生得俊俏，穿得齐齐整整，可一脸的着急愁苦劲儿。她迫不及待地求告接生婆说："老大娘，我的儿媳妇难产，你老行行好，赶快去给生生吧，要不人怕要出事了！"就说就擦汗珠，眼里还闪着泪花花。那男人也不住地在地上走来走去，眉头上挽着一个大圪瘩。接生婆见他们这样，知道事情紧急，没顾得多问，说了声："那就走哇！"就跳下地，收拾上接生用的东西，随来人上了停在门口的二骡轿车。

一出巷口，只听得耳边呜呜风响，轿车就像飞一样跑起来。

接生婆问坐在她身边的中年妇女："你们是哪个村的？""城里头的。"接生婆听了，心里犯了疑：城里养得起二骡轿车的人家有数的几家，家家大人娃娃都认得呀，可这一男一女怎么这么面生呢？她正想再问，只听赶车的男人"吁"一声停住车，说了声："到家了，请下车哇！"

接生婆下车一看，眼前是一座墙高门大的府第。她打量了一下，这地方从来也没来过。正在惊异间，大门开了。一群老老小小的女人拥了出来，七嘴八舌地吆喝着："好了，接生婆来了。"

"这下可有救了！""快请进来哇！"众人围拥着接生婆走进一间烛光通亮，摆设讲究的房子，见那个二十来岁的产妇面色苍白，披头散发地躺在炕上呻吟。旁边坐着两个老年妇人，一个给她用丝手绢擦汗，一个拉着她的手不住地揣摸。叫接生婆稀奇的是，这家里六七个女人，无论老的小的，个个都生得十分俊俏。她赶紧洗了手，就上炕跪在产妇跟前。撩起被子一看，她惊慌地"啊呀"一声，立时浑身颤抖起来。

原来，她清清楚楚地看见，那产妇长着一条毛茸茸的狐尾巴！接生婆心里顿时明白了。她强压慌乱，沉住气，稳住神，加心在意地使产妇安安然然地把孩子生了下来。随着初生儿一声宏亮的哭声，屋里屋外的人都欢声喜笑起来。那个产妇眼角挂着泪，脸上也露出了笑容。

一个老妇人感激不尽地对接生婆说："多亏你救了我孙女。我送你一包东西，你一回家，就放在柜里头，谁也别叫看，也不要开柜，等过了百日再取出来。记住，不过百日，千万别看！"

接生婆点头答应，她不敢多言失语，也没敢吃饭，就又坐着轿车，还是那个请她的中年男人，赶着车把她送回家，帮她把一包打包得齐齐整整的东西放进柜里，就赶着车走了。

从此，接生婆把锁柜的钥匙紧紧带在身上，不准家里任何人打动那节柜。她也没敢把给狐狸接生的事和任何人提起过。

接生婆的媳妇见婆婆锁住一节柜，紧把牢抓，谁也不许打动，心里又犯疑又生气。她以为婆婆接生赚回了什么好吃的，或值钱的东西，就暗暗注意起来。过了许久也不见婆婆开柜。这下她更奇怪了。她好不容易挨到九十九天头上，实在是忍守不住了，就趁婆婆不在之时，偷偷撬开锁，揭开柜，打开包袱一看，她傻眼了：包袱里包的全是黄表纸，整沓纸的大部分已变成了各色上好的绸缎，一少部分还没变过来！

（二）金猪

很久以前，有一个南方来的商人，住在了托克托城顺城街的焦家大店里。这个南方客商住在店里好多天，也不见做什么买卖，只是每天在大小荒城里转悠，和城里城外的老年人打听有关荒城里的传闻逸事。

也不知过了多少天，店里的人们发现，这个南方人每晚都叫店里伙房的伙计给他做一盆黄米粥，可他一口不吃，等到后半夜，他就端上粥，从北城门进了城圈圈。时间长了，他的这种诡秘行为引起了人们的疑惑好奇，店伙计就注意起他的行踪。

那天晚上，店伙计照常给南方人做好了黄米粥，就回到自己住的房间。他决定今晚要跟踪南方人，搞清楚这个人究竟在干什么。于是，他假装困了，吹熄灯，和衣躺在炕上，竖起耳朵倾听南方人的动静。

大约二更天后，隔壁的客房门轻轻地开了。店伙计屏息贴在窗台前，从猫道口偷看，只见南方人端着粥盆，悄悄溜出大门。店伙计随即跟出，尾随南方人，进了小荒城。只见南方人把粥放在城墙脚下一个土洞外边，看看周围无人，就"啦啦啦啦"地叫起猪来。店伙计心里奇怪，当时小荒城并无人家，哪来的猪呢？正疑惑间，蓦然一道亮光射出洞外，一头金光闪闪的小猪走出洞口，把嘴伸向粥盆，舔食盆里的米粥。店伙计大惊失色，他立刻想起人们传说的"金猪"来。他强压心跳，屏息敛声偷看南方人的举动。又见南方人慢慢蹲下身，用手轻轻地揣摩小猪。那小猪浑身一激灵，"嗖"地一下窜进洞里。南方人轻敲盆沿，低声叫唤小猪。不一会儿，那头小猪又慢慢走出洞口，探头食粥。南方人又伸手摸它，小猪又躲进洞里。如此反复了几次，小猪贪婪米粥，不再惊慌躲闪，有时只顾吃粥，可由南方人抚摸一下它的脊梁。一会儿，小猪吃完了盆里的粥，扭头进了洞里。南方人也提上空盆，原路回到店里。

第二天，店伙计把自己昨晚看见的南方人行踪一五一十告诉了焦掌柜。掌柜听了，相信这头小猪就是人们传说中的金猪现身了。他意识到，这个南方人就是人们所说的来北方取宝的"南蛮"。金猪是托克托城的宝物，是当地的风水，岂能让这个唯利是图的外人盗走！他沉思一刻，计上心来，就对伙计附耳低言几句。伙计点头称是。

此后，南方人仍是每晚将伙计做好的黄米粥端上送到小荒城喂小猪。伙计也是每天偷跟在后面观看动静。大约过了一月有余，店伙计发觉那小猪已对南方人不再陌生躲闪，每次听得南方人一叫，小猪立刻就欢快地跑出洞口，大口大口地吞食米粥，任由南方人对它浑身上下地抚摸。甚至还用小嘴舔喂南方人的手，身子靠在南方人的腿上蹭痒痒。

后来，在一个月黑风高的晚上，店伙计又跟踪南方人进了小荒城。小猪好像饥不可耐的样子，没等南方人把盆放稳便抢着狼吞虎咽地吃起粥来。在它只顾津津有味地吃粥的同时，南方人的左手从猪屁股处缓缓地往前摸到头部顺势捉住猪耳朵，右手伸进怀里拽出一个红布袋慢慢罩在小猪头上。眼看小猪就要被南方人装进红布袋，说时迟那时快，店伙计急得大喊一声："哒！"，小猪被这声大喊猛然惊吓，扭头要奔回洞里。南方人万没想到会发生这样的变故，他左手死死抓住小猪耳朵不放，小猪嘶叫着奋力挣脱南方人的手，奔回洞里。只见南方人手里留下一片金光，原来，他凭借自己的法力，手里扯下一只猪耳朵。店伙计见小猪已经逃回洞里，估计不会再出来了，就大步流星地跑回店里，把情况告诉了焦掌柜。两个人虽然为小猪被扯了一只耳朵感到痛惜，但总算保住了金猪。

第二天早上，人们不见了南方人的踪影。店伙计清理房间时，从被窝里找出一些散碎银子。大概是南方人留下的住宿费用。

此后，金猪就再没出现。

据说，这金猪也确有来历。相传明朝洪武二年（1369 年），大将常遇春带兵攻陷了东胜州，命令军士依账清点城中财物，别的都在，唯有十三库金子不翼而飞。原来，这十三库金子已经化作一个精灵，成为一头金猪，常常出没于城中，保佑着城池。现在的城圐圙之所以四墙完整，是因为金猪还在。西城墙的豁口大概是缺了一个猪耳朵的缘故吧。

（三）金鸡

早年间，在今城圐圙里曾经有一窝金鸡。金鸡刚现身时，有不少人看见有一只母鸡，引着一群小鸡在城里的庄禾地里逮虫作食。人们慢慢发觉，凡是金鸡逮过虫子的庄禾地，再多的虫子也都不见了。

如何知道这是一窝金鸡呢？有一个故事一直流传至今。

那时，在东城墙下的村里有一个游手好闲、不务正业的赖人，他听到人们传说的金鸡在城圐圙现身了，就起了歹意。他想，只要自己能把这窝金鸡弄到手，就立马成了金银万贯的大员外了。

那天，天刚微亮，他就趴起来，披着衣，趿拉上鞋出了村，进了城圐圙。他从城东转到城南，从城南转到城西，从城西转到城北，从城北又转回城东。一块地一块地盘过来盘过去，一连寻了三天，遛得脚腿疼，弯得脖颈酸，盯得眼窝困，可连根鸡毛也没见上。他不甘心，又在庄禾地里盘了三天。正当他灰心失望地躺在一片高粱地里哀叹自己命苦时，猛然听得跟前有"喳喳喳"的小鸡叫唤声。他的心一下子狂跳起来，双手捂住大嘴，连粗气也不敢出一声，侧耳细听，果然，小鸡的"喳喳"声越来越近，越来越真。那母鸡吆叫小鸡"咕咕咕"，"咕咕咕"的声音也听得清清楚楚。他乐得腿肚抽筋，脑袋昏昏，一挺身站起来，顺着声音轻手轻脚地弯腰寻去。他慢慢拨开荟杆，一点声音也不敢弄出，从庄禾缝里边看边听。忽然，他看见前边不远，一只金黄的小鸡正在啄一条小虫子。他猛地扑过去，一把抓住小鸡，死死攥着不放。小鸡"喳喳"急叫。他刚直起腰来，母鸡不知从何处一翅飞来，朝他的脚梁面狠狠鸽了一口。他疼得大叫一声，跌倒在地，可双手还紧紧卡着那只小鸡。一转眼，母鸡不见了，再一看手里的小鸡，变成一块金光闪闪的黄金。他高兴得忘了脚疼，一奔子跑回家里，把黄金叫老婆好好保存起来，等把那窝金鸡连老带小全部逮尽时，再做花销。

可万万没想到，他脚上叫母鸡鸽破的伤口只烂不好，又流血，又流脓，疼得他躺在炕上动也不能动，饭也吃不下，觉也睡不好，甭说再逮金鸡了，就是自个儿的小命也是老虎尾巴上提溜着哩。老婆整天东药铺出，西药铺进，求医抓药，给他治伤。起先，他还舍不得破费那块金子，后来，家里能典当变卖的东西都花光了，脚还是只烂不好。万般无奈，他只好把那块金子也卖了，换回不少钱。可今儿三块不多，明儿五块不少，全都花在那脚伤上了。直到把卖金子的钱全花光了，他的脚也好了。

从这个赖人逮了一只小鸡后，那窝金鸡就再也见不上了。

（四）金马驹

从前，在大荒城里有一口井，谁也不知道这口井有多深。夏天，天气炎热，在地里劳动的人们或是行路人热了乏了渴了，别说喝一口井水了，就是在那井上照一照，顿时觉得从里至外凉爽浸骨，精神倍添。冬天，井里热气腾腾，如云似雾，寻柴拾粪的人冷得支不住，坐在井沿上，把手伸进井口，一霎时，就觉得浑身上下暖和和的。白天，远瞭井口，一股清气，通天彻地；近看井水，蓝天白云，倒映水里。黑夜，远瞭井口，一束银光，直射夜空；近看井水，满天星斗，尽收井底。狐兔不敢在井边奔跑，鸟儿不敢从井上飞过。就是一根鸡毛跌在井里，一个漩涡，鸡毛就沉在了井底。天旱井水不跌，雨涝井水不涨。一年三百六十五天，井水清清亮亮，水面上连一根细柴棍棍也没有。

原来，这井里住着一匹金马驹。

有一年，从南方来了一个法官打扮的人。他在荒城里转了两天，就在城里的一家店里住下了。他一个人包了一间房，或白天来，或黑夜走，从不和店里的人说长道短，就连店掌柜也不知道他究竟是个干甚的。

那时候，在托克托城街上有一个十来岁的孤儿，沿街讨吃要饭。虽然穿得破破烂烂，可生得眉清目秀，挺惹人喜欢。这一天，法官把那个孤儿引回店里，好吃好喝招待了一番，又把他引到大街上，给他换了一身新衣裳，说是把孤儿收为徒弟了。从那天起，孤儿就不再讨吃要饭。他跟在法官后面，有时替法官背宝剑，有时又替他拿些箱箱匣匣，零碎家具。街上的人们因为可怜孤儿，见法官收留了他，就对法官有了好感。

可时间一长，法官鬼鬼祟祟的行动引起了人们的怀疑。遇上孤儿一人在店里的时候，店家和街上的人就悄悄盘问孤儿，探听法官的来踪去迹。可孤儿也说不出个子丑寅卯。因为那法官除了叫他背背宝剑，拿拿零碎外，就是给他好吃好喝，什么话也不和他说。这样一来，人们对法官的疑心就更大了。店家对法官的行动就格外留意起来。

一天夜很深了，法官还没有回店。店家像往常一样，吹熄灯，悄悄坐在炕头上，从窗纸窟窿里暗暗察看法官屋里的动静。这夜，天阴得黑沉沉，不一会儿，雷声闪电，风雨交加。就在一个闪电之中，店家看见法官从院墙上跳进院来。店家目不转睛地盯着法官，见他悄悄拉开门，进了家，也没点灯。过了一会儿，法官与孤儿从家里悄悄走出来，来到院墙下，只见那法官手朝墙一指，一把拉着孤儿上了墙，一闪身跳了下去。店掌柜连忙披衣下炕，冒着雨跟踪出来。

且说那法官领着孤儿，在雷电风雨中疾奔到荒城内的那口井边。奇怪的是，站在井边，雷声也停了，风也小了，雨也少了。虽是阴沉沉的暗夜，低头看井水，依然又清又亮，还有几颗亮晶晶的星星在闪闪发光。法官声严色厉地对孤儿说："记住我的话！我进了井里头，你一看见我把手伸出来，就马上把马笼头扔下去，千万不能迟疑！记好了吗？"

孤儿心惊胆战地点点头。

法官说完，从包袱里把一个精致的马笼头交给孤儿，手提宝剑，跳下井中。井里立刻如同翻江倒海地闹腾起来，井里的水响声比天上的雷声还厉害。响声中，还有一声声撕心裂肺的马叫声。孤儿被吓得浑身瘫软在井台边。这时，一只簸箕大的绿瘆瘆的巨手伸出水面。孤儿怕极了，没敢往下扔笼头。井里又是排山倒海一阵响动，水面上又伸出一只手来，那手，虽然没有上次大了，却也比人手大得多，颜色也由绿色变成红的了。

孤儿正想往下扔笼头，手被按住了。他惊慌地扭头一看，原来是店掌柜。店掌柜把笼头刁在自己手里，对孤儿摇摇头，摆摆手，孤儿也就没言没语。这时，那只手慢慢沉进水里。井里马叫声惊天动地，水浪冲天而起。水浪中，又伸上一只血淋淋的手来，大小已和普通人的手差不多了。

店家冷笑一声，把笼头交给孤儿，示意他扔下去。

孤儿把笼头扔进水里，两个人眼睁睁盯着井里的动静。

井水又翻腾了一阵，就平静下来了。水面上泛起一片殷红的血水，慢慢地血水不见了，井水依然又清又亮。这时，雨过天晴，井底又映出了满天星星……

从那以后，这口井忽然不见了。

此后，有人偶然又在荒城内看见过这口井。

直到近年，有一天，托克托城有个老汉在荒城锄地，瞭见不远处有一股青烟，跑到跟前一看，是一口井，井水清澈，倒映着蓝天白云。他惊喜地在井边做下了记号，急忙奔回家，把发现神井的事告诉家里人。

等到人们跟着他来到井现的地方，哪里还有井呢？就连老汉做下的记号也无影无踪了。

（五）城隍庙传说

托克托城城隍庙是建筑在城南端的一座气势宏伟的庙宇群，主建筑城隍大殿外，还有山神庙、马王殿、钟鼓楼、寄尸院、后寝宫等配殿。殿宇雕梁画栋，金碧辉煌，塑像形象生动，触目惊心。

有一年，城隍庙赶庙会。这一天清早，一个卖花老人担着两纸箱手工制作的鲜花，早早来到会场。路过城隍庙时，从山门里走出一个衣着华丽、年轻貌美的姑娘，叫住了卖花老人，她挑了一朵水仙花，顺手别在鬓边，对老人说，因出来时忘了带钱，请稍等片刻。说罢，就回到庙里。

卖花老人左等右等，仍不见买花女子出来送钱，于是就在山门口大声呼叫女子送出钱来。一个小和尚闻声出来，问明情由，面带不快地说："这庙里只有我们师徒几人，哪里来的年轻女子？老施主不要随口妄言，传扬出去，有伤我庙门声誉。"老人据理力争，与小和尚争执起来。

庙内老和尚听见吵声，出来问清事由，就把卖花老人引进庙里，让他在各殿寻找买花女子。真如小和尚所说，走遍所有殿宇，不见一个女人。老人明明看着女子走进庙里，咋就不见人影呢？老和尚见卖花老人焦急气愤的样子，不像是妄言之人，也觉得事情蹊跷，沉思一刻，就把卖花人引到城隍爷的后寝宫。

后寝宫是城隍夫妇就寝的地方，里面除床铺等寝具外，地下东西两边分塑四个女子，是伺候城隍夫妇的佣人，俗称"伺女子"。卖花老人一进寝宫，一眼就认出买花的女子，那朵水仙花还别在女子的鬓边。老人上前正要和女子理论，定睛一看，原来是一尊塑像。眼前的怪事，不仅令卖花老人瞠目结舌，就连和尚师徒也惊讶地一时说不出话来。

从此，城隍庙"伺女子买花"的怪事就风传开来。

后寝宫里不仅人物雕塑神态逼真，栩栩如生，墙壁的绘画也精美绝妙，赏心悦目。传说，又过了一年，也是城隍庙庙会期间，一个比利时籍传教士来托克托城逛会，特意进城隍庙观赏庙宇中的雄伟壮丽建筑。他在老和尚的陪同下，进入后寝宫，仔细欣赏着每一幅构图精巧、色彩艳丽的壁画，边看边不住地点头晃脑赞叹不已。在一幅画面前，他突然失声惊叫起来。他指着画面，问老和尚："师傅，这女子是谁呀？"老和尚近前一看，画上是一幅仕女游春图，但见芳草萋萋，垂柳依依，溪水潺潺，蜂蝶翩翩。一个妙龄女郎，窈窕身姿，花容月貌，赤发披肩，轻纱拂地，手执团扇，正站在花丛间浅笑远眺。老和尚看着画面上的女子，一时不理解传教士所问何来。传教士告诉老和尚，画中的女子，与比利时国王的二公主长相酷似，不知公主的肖像何以远渡重洋来到中国的一个塞外县城的庙宇壁画中？老和尚听他这样说，就重新细心端详了这幅壁画，果然，画中的女子容貌肤色真还与西洋女子大有相似之处。老和尚也说不清原因，只是告诉传教士，这城隍庙建成已一百多年，其间多次修复扩建，殿中所有雕塑绘画，都是请来民间工匠分工制作，壁画中何以出现了西洋女子的形象，就不得而知了。

传教士对老和尚说："既然你们也说不清这个原因，那就把这幅画卖给我，我会出高价给你。"

老和尚严肃地说："施主休出此言，敝庙一砖一石一像一画，都是我大中华的祖传瑰宝，你们外国人纵使白银盈门，也休想从我这里带走一寸丹青！施主请便。"

随后，比利时传教士羞愧满面，恋恋不舍地走了。

第十六章　名胜古迹

第一节　著名古迹及其传说

一、东胜州及其传说：托王的传说

东胜州历经辽、金、元、明四朝，沿用时间长达470余年。东胜州是在唐朝东受降城的旧城址上修建的，以此，州城的历史还应上溯到唐敬宗宝历年间（825~827年）。历史上的东胜州，多是作为军事重地驻军屯守，因战而兴，因战而荒。东胜州兴盛之际，亦是王朝统治相对巩固、社会相对稳定之时。每当改朝换代，金戈铁马，烽火弥漫，东胜州也就在战火中毁为残垣瓦砾。金末，耶律楚材随成吉思汗西征返京路过东胜州时，面对再度荒废的城池，赋诗抒怀，寄托对战乱的哀思：

过东胜用先君文献公韵

荒城潇洒枕长河，古寺碑文半灭磨。

青冢路遥人去少，黑山寒重雁来多。

正愁晓雪冰生砚，不忿西风叶坠河。

偶忆先君旧游处，潸然不奈此情何。

依然千里旧山河，事改时移随变磨。

巢许家风乌可少，萧曹勋业未为多。

可伤陵变须耕海，不待棋终已烂柯。

翻手荣枯成底事，不如归去人无何。

今日之东胜州，遗址尚在，残垣犹存。登上颓墙高处远眺，东胜卫古城墙莽莽苍苍，势如盘龙伏虎。城内，渠水清清，农田郁郁。新建的北街新村，红砖红瓦的排排民居，鳞次栉比。光洁如砥的水泥路，连街接巷。登高临风，抚今思古，天地悠悠，感慨良多。

东胜州，今称大、小荒城，历来传说甚多，其中，"托王的传说"，托克托县的老人可谓家喻户晓，人人皆知。

故事发生在元末明初之际。元朝最后一个皇帝，史称顺帝。这位皇帝自登基以来，不思励精图治，保国安民，而一味贪求荣华，寻欢作乐。这样，如哈麻等一班奸佞小人，投其所好，成了宠儿权臣；而那些忠臣良将，直言进谏，反倒被顺帝看成眼中钉、肉中刺。

左丞相脱脱，字大用，仪状雄伟，器宏识远，是个忠心保国为民的贤臣。他轻货财，远声色，好贤礼士，励精图治，中外闻名，皆称"贤相"。他见顺帝荒淫失政，屡次忠言进谏，并几次要求严惩哈麻等奸佞。这样一来，不仅得罪了撒敦、哈麻这些佞臣，就连顺帝也对他厌恶憎恨不已。脱脱见朝政日益败坏，自己空有一片报国之心，可在昏君奸臣的羁制下，不能施展抱负，就愤然向顺帝辞职。顺帝也巴不得他离开自己越远越好，就封了他个空头爵位——托王，贬他到东胜州。于是，脱脱便带着一家老小，满怀忧愤，含泪离开京师，来到东胜。

东胜乃一州之府，虽比不上内地名城，可也是山南河北的一处繁华之地。托王来到东胜，东胜百姓知他是一位忠正贤良的好官，就对他很是崇敬拥护。托王也尽力为当地百姓做好事，当地一时官清民安，太平无事。

托王毕竟是一个忧国忧民的贤臣。他身虽离了京城，心仍惦念国事，常独坐书房，慨然唱叹。这一天，托王正在书房中闷坐，几个儿子走进来。托王有六个亲儿，一个义子，都已长大成人。托王扫了儿子们一眼，漫不经心地问："有事吗？"长子躬身答道："适才儿等街头巡视，在十字街心，见众人拥围一云游道长，听其测字卖卦。此人峨冠博带，道貌岸然，博古通今，谈吐不俗。儿等以为此人绝非凡夫俗子，故此特来禀告父王得知。"

托王沉思片刻，吩咐长子："传我口谕，把此人以礼请进王府相见。"长子应声而出，不一会儿就听门人禀道："启禀王爷，客人到！"

随着一声"请"，那道长飘然而进，揖礼参见王爷之后，便不卑不亢站在一旁。托王一边让座，一边端详。见这位道长头戴道冠，身穿鹤氅，手执羽扇，凛凛七尺身躯，四十上下年纪，浓眉朗目，白面黑须，神态庄雅，气宇轩昂。

其实，这位道人并非出家之人。他本是处州青田县人氏，姓刘，名基，字伯温。自幼聪颖好学，无书不读，元至正年间中进士，曾任高安丞，为官清廉。他见元顺帝荒淫失政，天下大乱，就辞官离朝，常扮作云游道士，名为测字卖卦，实为访贤士、求明主。他知托王是一位贤臣，这日来到东胜州城，就借测字试探其心。那托王已看出刘基非一般出家之人，就和他推心置腹，两人结成知心之交。

托王把刘基留在府中，住了一月有余。两人终日促膝恳谈，情谊深厚。那一天，刘基坚持要走，托王于园中摆宴送行。席间，托王举起满满一杯酒，声音凄楚地说："贤兄，今日一别，再见不易。我知朝中奸佞不会让我老死漠中。吾观天象，元朝气数已尽，贤兄日后辅佐英主，成就大业，功成之日，倘不忘你我此时交情，将我三妃六子略施荫庇，愚弟九泉之下，不忘恩德。若兄首肯，请将此杯饮下……"话犹未尽，热泪潸然。

刘基起身接杯，声泪俱下："愚兄倘有机缘，敢不尽力？"说罢双手举杯，一饮而尽。

托王直把刘基送出十里长亭，才洒泪而别。

托王自刘基走后，更加郁郁寡欢，闷闷不乐。后来托王又被只身贬到云南，不久，哈麻矫诏遣使，用鸩酒毒死托王。这位忠正贤臣最终死在了奸贼之手！

托王长子哈剌章承袭王爵，仍驻东胜，东胜军民都称其为小托王。

元至正二十八年（1368年），明军攻克元大都。顺帝北走应昌，在漠北建立割据势力，史称后元。

元亡之后，小托王在东胜州惨淡经营。这一天，正与部下一起议事，人报："明朝使臣求见！"小托王与众人猛吃一惊。小托王拧眉沉思片刻，阴沉着脸，厉声命令道："放他进来！"

明朝使臣来此为何？小托王和众部下相互交换着眼色，都屏息敛声地等待着。

原来，刘基与脱脱辞别后，即和宋濂共投朱元璋，当了军师，辅佐朱元璋南征北战，推翻元朝，扫灭群雄，建立了明王朝。天下初定后，他想起了好朋友脱脱临别嘱言，就奏明皇上，要安抚东胜州，仍封脱脱之子为一州藩王。朱元璋准奏，派使臣赍旨来到东胜。刘伯温另有私信转交小托王。

小托王接见明使，看了诏书和刘伯温的书信后，声严色厉地对来使说："吾乃大元世代忠良之后，岂可轻易以国土易爵？请回复明帝和你家军师：哈剌章断难从命！"说完挥手离座，踱进后堂。

明使无可奈何，只好连夜离开东胜，回朝复旨了。

小托王拒诏的消息引起了明将胡大海的不满。他几次向元帅徐达请战，要带兵攻取东胜。徐达不准，说是需请示皇帝方可出兵。但胡大海心中不服，就借一次出征之便，带了三千兵来取东胜。

胡大海屯兵在石矶城对岸的河沿上。这一天，与众将商议取东胜一事。手下一个军将说："东胜与石矶唇齿相依，欲取东胜，须先取石矶。然而石矶背负东胜，面临黄河，城高水深，易守难攻。正面进城，只有一条路可通。此路依山傍势，辟为陡坡，路左路右均是悬崖峭壁，并无容身之处。坡底直接河岸，分设水陆两寨，各有勇将镇守。坡顶路口，又设一关，派有重兵把守，更有滚木礌石，弓弩飞矢，可谓一夫当关，万夫莫上。将军攻城，宜审之慎之！"胡大海冷笑一声说道："我自投太祖打天下，征南扫北，身经百战，所向无敌，明日看我取城。"众人还想劝说，胡大海挥手说道："不必多言！众将各归本营，安排明日攻城，不得有误！"

石矶城（遗址在今托克托县河口管委会蒲滩拐村东沙冈上）虽小，可地势险要，是东胜的门户。石矶守将乃是小托王的未婚妹夫沙哥将军，此人身高七尺有余，生得虎背熊腰，凛凛身躯。他武艺高强，臂力过人，绰号"铜头三郎"。铜头三郎使一柄大斧，骑一匹西凉乌骓马，二十上下年纪，是东胜州第一员猛将。他得知明朝军队驻军石矶南岸，就一边派人去东胜报信，一边连夜召集部属商议对策。一个部将献计道："目今京都丧失，皇上出走，我朝元气一时难以恢复。石矶虽然山川险要，终是弹丸之地，硬拼恐非上策。我想胡大海提得胜之师，兵威气盛，必定不把我们放在眼里。不如使用'诈降计'，诱敌至半道，用滚木强弩击之，虽不能全歼，也可挫其锐气。"三郎听罢，思忖片刻，抚掌笑道："妙计！妙计！——如此，众将军听令！"

胡大海骄傲轻敌，果然中了沙哥的"诈降之计"。他的军队刚过水寨，寨门就紧紧关闭，准备返航运送第二批军队的船只也全部被扣留。这样，胡大海不仅被堵塞了退路，而且被截断了援兵。他带领兵将冲进仅有的一条上山之路欲夺取山上关寨，不想刚至半坡，突然鼓声大作，山上山下喊声连天，紧接着，箭如飞蝗，从左右两边的悬崖上疾风暴雨般地直射下来。众将士大惊失色，顿时乱作一窝蜂。胡大海这才知道中计了。他正要整顿阵容，想硬冲上去，只听"轰隆隆""轰隆隆"的声音震得山摇地动，顷刻间，滚木礌石盖顶而下。胡大海和冲上山来的众将士全都丧身在滚木、飞箭之下。首批过河的明军就这样全军覆没了。

捷报传进东胜，小托王并未因此自豪。他意识到，胡大海石矶兵败身亡，定会招致明朝更大的报复。他日夜操劳，做好守城的各种准备。

筹办军事之余，他又想起了妹妹的婚事。近来，他常为此事耿耿于怀。妹子年已及笄，东胜存亡未卜，作为长兄，小妹的婚事未妥，心中甚是不安。这天他把妹夫沙哥从石矶叫回，在书房接见。

沙哥向小托王禀报了一番石矶防守的情况，小托王也未深问，两人便喝着茶闷坐起来。沉默一刻，沙哥忍耐不住了，就说："王爷若无事，小将告辞回营了。"

小托王顿了顿才说："今天唤你，另有一事相商。吾妹与将军都已成年，目今又逢战乱，我想给你们完婚，也去我一桩心事。"

沙哥一听，不以为然地说："王爷差矣，目今国家多事，东胜之战又在旦夕之间，此时此刻，何能顾及此事？依我之意，还是等到东胜战事平定，再议婚事不迟。"

小托王深情怜爱地看了妹夫一眼说："话虽如此，可父王归天，小妹终身大事未妥，总是我一块心病。你先回去告知令尊，我与母后商量后再定。"

"王爷还是以国事为重。"沙哥说罢，告辞走了。

小托王送走沙哥，便向小妹住的百花园走去。别看他掌着一州之印，可对小妹的事，无论大小，总得征得妹子的同意方可。因此，未禀母后时，先需小妹知。

在今小荒城内，当时有一小花园，名叫"百花园"。园内另修一幢亭亭秀丽的小楼，便是百花郡主的住宅。这百花郡主，乃是脱脱唯一的女儿，生得花容月貌，娇美绝伦。脱脱在世时，对女儿格外宠爱，自幼让她与兄长们一起学文习武。这百花生来聪明好强，所学无不精通。

脱脱死后，王妃与小托王征得百花同意，许配三郎为妻。百花虽是王家闺秀，只因弓马娴熟，州中若有征战之事，她也常随众兄出阵。更有一营女兵，都是百花亲自挑选、亲自训练的巾帼英雄，随军参战，独当一面，号称"百花军"。"百花军"的头领之一，名叫桂香，是百花的贴身丫环。她领着十二名女亲兵，和百花共住百花园，既是百花卫兵，又是百花丫环。桂香这个汉族姑娘，自小和百花朝夕相处，两个人情同姐妹，无话不谈。

百花与桂香正在书房谈文论武，女兵进来禀道："禀郡主，王爷驾到。""请！"百花吩咐一声，随即到门口把哥哥迎进书房落座。桂香献茶后，退出。百花就问道："王兄今天像有什么难言之事，能否与小妹谈谈？"

小托王这才把欲给妹子完婚的意思告诉百花。百花听罢站起来，声色俱厉地说："王兄难道不知国家兴亡、匹夫有责吗？现在国家多难，身为一州之主，你不多想州郡大事，反倒操起这份闲心来了，真是岂有此理!"一席话，让小托王脸上红一股白一股地怪不自在。百花在兄妹中年纪最小，哥哥们平日也都宠她、让她，小托王难为情一刻，就满脸笑容地说:"小妹不要生气，此话就算为兄没说。"百花也转恼为笑，兄妹俩又谈了阵守城事宜和家中闲事，小托王告辞出了百花园。

几天后，探马来报:明朝大将常遇春带兵夺取桢陵，兵分两路，来取石矶!

小托王闻报，立刻擂鼓聚将，一场大战迫在眉睫!

且说明军大将常遇春，此次进军东胜，是接到胡大海兵败人亡的信息后，受元帅徐达的派遣而来。临行前，军师刘伯温曾面授机宜，叫他对东胜"围而不攻，攻而不战。勿杀无辜，保全托王家小"。并交给他一封书信，让他伺机转交小托王。

常遇春接受胡大海石矶战败的教训，就避实就虚，先取桢陵（遗址在今托克托县新营子镇章盖营村沙岗畔），然后溯河北上，水陆并进，向石矶城挺进。

明军兵临石矶，"铜头三郎"报于小托王。小托王又拨给他一支精兵，助他固守石矶。那三郎自恃武艺高强，并不把常遇春放在眼里。明军安营不久，他便急不可耐地带领军队直逼明军水军营寨，两军列开阵势。三郎单挑常遇春出战。两将战船相遇，互报姓名后，三郎便驱船挥斧向常遇春猛砍，常遇春举枪迎战。两军战鼓惊天，杀声震地。二将连战数十个回合，常遇春露个破绽，让三郎斧砍过来，常遇春左手抓住三郎斧头，就势一跃而起，跳上三郎船头。三郎猝不及防，失足落水。元军战船蜂拥而上，相救主将，被抢上来的明军挡住。两军就混战起来。三郎在水中依然奋勇杀敌。常遇春知他是托王女婿，劝他上船投降。三郎大骂拒降，连伤二员明将，战得精疲力竭，自知难以支持，大叫一声，飞斧劈向常遇春。常遇春低头躲过，斧头嵌进他身后一员战将的脑袋。三郎拔出身边短剑，高吼一声，割断了自己的咽喉。凛凛身躯倒在血水之中……

主将身亡，元军全军瓦解。明军占领水寨，并乘胜夺取旱寨。此时，从旱路进军的明军已近石矶城东，两军水陆激战，互有伤亡，终因寡不敌众，石矶腹背受敌，石矶守军弃奔东胜。

常遇春留下一支军兵镇守石矶，带领其余部队马不停蹄向东胜进军，并很快将东胜团团包围。

东胜城内，小托王设灵祭奠了阵亡的妹夫，心痛欲绝，几次要亲自出城与明军决战，都被众将苦苦劝住了。

常遇春兵围东胜的第五天，百花请求出战。小托王好言劝道："常遇春非你可敌，小妹不要造次。"

百花柳眉倒竖，杏眼圆睁，厉声嚷道："王兄休得如此丧志气馁，我想常遇春也非三头六臂的哪吒转世。小妹不才，明日愿出城与他决一胜负。"

小托王深知妹妹的脾气，料想拦也无用，只好调兵遣将，安排明日阵前接应百花之兵。

第二日凌晨，百花令部下饱食，装束停当，点起兵将，女兵在前，男兵在后，直奔明军兵营。小托王自引大军，出城列阵，为妹子殿后。百花把兵马一字排开，匹马跑到明军营前，高声叫道："明军听真，速报常遇春出营就战，与某决一胜负！"

门旗开处，常遇春把军队一字排在营前。两面三军对垒，金鼓齐鸣。两员战将驱马照面。百花横枪勒马，厉声喝问："来将可就是号称'常胜将军'的常遇春？"遇春以礼答道："不敢，你是何人？"百花答道："某乃老王之女，百花郡主。你明朝君臣，夺我大元江山，贪得无厌。今又无端犯我东胜，某今与你决一死战，若赢不得手中抢，便休想占我东胜之地。放马过来！"

常遇春倒持银枪，勒马原地，微微含笑，和言说道："原来是郡主驾到。吾闻汝父乃一贤相，但昏君无道，奸佞当权，倒使他生无报国之地，死有含恨之冤。我家天子乃一代英主，举义师，伐无道，顺天应人，致成一统。东胜一隅之地，岂可与天兵对抗？汝速回城告知汝兄，若能与我明朝议和，仍不失一郡藩王。如执迷不悟，负隅顽抗，城破之日，玉石俱焚，悔之晚矣。"

百花郡主自恃武艺高强，怒喝一声："休得多言，看枪！"话到枪到，冲常遇春劈面刺来。常遇春举枪架住，觉得颇有分量，心中暗暗称奇，就又说道："郡主应识时务，免生悔恨。"百花不再答言，只管将枪疾雨般地刺来。常遇春连架几招，喊一声："郡主如此，莫怪常某无理！"说罢，展开招数，与百花战斗起来。两匹马，两杆枪混在一起，搅成一团，两军将士，但见银光闪闪，烟尘腾腾，竟看不清人形马影。双方各自助威，金鼓大作，喊杀之声山摇地动，好一场恶战！战有三十余合，百花郡主已汗流满面，气喘吁吁，正难以支持之际，马失前蹄，将她颠下马来。常遇春勒马收枪，说道："郡主莫慌，且回营换马，再战不迟。"百花又恨又气，用枪杆将战马狠狠一戳，那马负疼，一跃而起。百花飞身上马，说一声："稍候。"便驱马回阵。

若论百花武艺，却也精熟，可与常遇春较量，毕竟不是对手。那为啥能连战三十余合？原来，是常遇春有意手下留情之故。

遇春一为奉命，二也确实赞叹百花武艺，更念她是忠臣之女，便不忍伤害，因此，往往枪下留情。今见百花驰归本阵，正想拨马回营，不想，对阵门旗开处，百花又拍马而来。马到常遇春面前，百花拱拳说道："有劳常将军久等，不才特来再次领教。"遇春善言道："郡主莫要逞强，还是从长计议为好。"百花变色道："将军无需多言，为国尽忠，臣之本分。请将军看枪！"说罢，驱马举枪，直奔遇春。遇春一时性起，喝一声："恕罪了！"一杆枪，如流星闪电般刺向百花，不到十个回合，百花就穷于招架，难得回手了。又较量，多个回合，百花便臂软手酸，心空气虚，手中的枪慢而无力。常遇春使招将她的枪头压住，又道："郡主请回，来日再战不迟。"那百花不答言，用尽功力，将遇春的枪刚刚挑起，只觉得心抖肉跳，头晕眼花，胸口一阵剧痛，嗓子眼一股甜腥气味往上滚翻，嘴一张，鲜血喷涌而出。她顿觉双目昏暗，两耳狂鸣，就势伏身鞍鞯。常遇春收枪勒马，站于一旁，说了声："郡主保重。"

拨马回归本阵。

桂香引女亲兵出阵将百花护送回城。明军并未就势攻城，双方各自收兵。

桂香等把百花搀进卧室，放在床上。百花双目紧闭，面色灰白，一声不吭。王后和两个王妃、小托王弟兄都围在床前，悄悄落泪。桂香躲在自己的房间，泣不成声。

二更时分，百花慢慢睁开眼睛，看看身边的人，轻轻喊了声："母……"话刚出口，鲜血从口中、鼻中喷了出来。王后撕心裂胆哭一声"花儿……"便昏倒在百花身上。

百花口吐鲜血，人事不省，王后恸哭一声，也晕了过去。众人又呼唤王后，又招呼百花，屋里乱作一团。那王后好不容易缓过气来，呼天喊地，扑在女儿身上放声痛哭。屋里的人无不失声恸哭！良久，百花慢慢睁开眼，强作笑容，低声说："不要这样，我没事，明天，我还要出阵战常遇春呢……"

小托王忙说："小妹宽心养息身体，不要为守城担心，外边的事，为兄会妥善料理的。"

连日来，小托王一面安排守城事宜，一面请医生调理妹子身体。十多天后，百花身体渐渐好转，一家人的心也慢慢放宽了。

令人费解的是，明军自围东胜以来，竟毫无攻城动静。这天凌晨，士兵慌报小托王："城南梁上，一夜间突然长出三个高土堆！"小托王不信，登城一望，果见南梁上三个土堆突兀而起。明军站在上面俯视城内，如同凌空视地，一览无余。小托王看罢，倒抽一口冷气，默默走下城来。

小托王刚进帅府，一个士兵将一封明军从高土堆（即今托克托城南梁的垴包）上用箭射进来的信呈上来。小托王拔箭拆信一看，是刘伯温的亲笔信，信中重叙他与托王的友情，劝小托王审时度势，与明朝永结和好，切不可守小节失大义，以致兵戎相加，徒伤无辜。小托王看罢，长叹一声，向母后房中走去。

常遇春以箭传书后，等了几天仍不见小托王答复，他便以做瞭望台为掩护，暗中派士兵日夜轮班从西南方向挖了一条隧道，直通城墙底下。然后把火药装进棺材、大柜等木匣里，暗暗安放在城墙底下的隧道里。工程做好后，他把军队集中到城南、城东、城东北方向，城西喀喇乌素河（今大黑河）畔，只留下少许兵士。

这天初更时分，小托王一家人正商议守城之事，忽然，天崩地陷一声轰响，震得王府也晃荡起来。众人惊慌失色，不知发生了什么事情，惊魂稍定，就争着跑到天井观查。但见西南方浓烟遮天盖地，空中"轰隆隆"的响声如同狂风暴雨来临般震得人心抖肉跳。小托王弟兄正目瞪口呆之际，一个将官跌跌撞撞地跑进来，顾不得行礼，气吁吁地报告："王爷，大事不好，西城墙叫明军……炸塌了！"

"啊？"小托王弟兄同声惊呼，七嘴八舌地问："明军进城了吗？"

"不知道。"

小托王镇定一刻，对那将官说："把南北门守军调到塌口，务必堵住明军。"

那将官答应着跑走了。

这时，一个士兵匆匆奔来，把一封信柬递给小托王，不等问话，便又匆匆跑去了。

小托王诧异地瞥了眼跑去的士兵，对众弟兄招招手，相随着奔进母亲卧室，急忙拆信一看，上写着："西城破，西城走。常。"母子商议一刻，就趁混乱之际，借夜色浓烟掩护，悄悄从西北角的城墙上用绳吊下，隐没在沙丘上的一片树林里。母子一行慌不择路，匆匆奔走。走出树林，喀喇乌素河横在眼前。他们奔到河边，但见浊浪滚滚，再听周围，全是明军的呼号之声。

小托王仰天悲叹道："没想到我父王忠正一生，未得善报，今日一家老小竟要葬身鱼腹了。"话音未落，突然一声响亮，一片亮光，那滚滚河水好像被两堵无形的高墙截然分开，在他们眼前现出一条深沟通道。小托王惊喜地招呼众人跪地磕了几个响头，一家人互相牵扯着，硬着头皮走进河中深沟。但见沟底平坦如砥，无水无泥，两边水壁，波翻浪涌，他们走过之后，身后的河水便合在一起。就这样，小托王一家逃出了东胜城。至今城西北丁家窑村南的黑河段，还有一处叫"断水湾"，传说就是当年小托王一家逃走的地方。

常遇春挖隧道炸成的那条深壕，至今仍是一条深沟，横在丁家窑村前，虽经多年雨冲土掩，但偶尔还能看到当年烟熏火燎的痕迹。

后来，人们得知，小托王一家逃出东胜后，都化装隐蔽在黄河南岸柴登召的一个小店里。军师刘伯温上本奏请太祖朱元璋封赐脱脱之子及其遗孀，以嘉其贤。太祖准奏，就召小托王弟兄进京受封。脱脱本有七个儿子，当日和刘伯温说只有六子，是怕刘伯温日后得势，翻脸无情，斩尽除根，所以少说了一个儿子。因此，小托王接诏，只好带着五个弟弟进京。太祖在金銮殿上接见他们，并都封他们为藩王，连同老托王的三个妃子，每人封赏他们一块封地，允许他们在封地里自征赋税。小托王弟兄各从自己的封地里挪出一部分，给了未得皇封的小弟，即今达拉特旗。托克托县民间至今还流传着一句俗语："三宫六加色，不如一个烂达拉。"

二、东胜卫及其传说：神羊驮城砖

如今被托克托人叫做"城圐圙"的古城墙，是明朝的东胜卫故城，修筑于明朝洪武二十五年（1392年）。

东胜卫是明朝设在黄河河套地区东北角的重要卫所，在明代北部边防中，是唯一一个可以整个控制河套地区的卫，具有极其重要的战略地位。史家指出，东胜卫特殊的地理位置，可起着将东边的辽东和西边的甘肃联系起来的作用，自东胜而东有大同、兴和、开平、大宁以至辽东，自东胜以西有宁夏、兰州、庄浪、凉州、山丹以至甘肃，而贺兰山，甘肃北山及河套，均在这一防线控制之内，这使明朝北部边防由点到面，东西联络，相互呼应，因而将其整个北部边防线稳步向长城以北推进了数百里。

东胜卫是明王朝为防御后元而设置在北疆的一个极其重要的军事基地。在明朝与后元相互对峙的数十年间，东胜卫曾几度兴衰，立而废，废而立。东胜卫盛衰兴废的历程，就是明、蒙间和战交恶的集中反映。

现存的东胜卫城墙，是内蒙古地区保存最完整的古城遗址，被内蒙古自治区人民政府确定为自治区级文物保护单位。近年来，托克托县委、县政府加强了东胜卫遗址的保护工作和开发利用。现在，东胜卫已成为托克托县重要的历史文化旅游景点。

传说东胜卫的城墙规模原规划为南北五里、东西五里的方城，高三丈六尺五寸，底宽四丈，顶宽二丈四尺，应"1 年 4 季 24 节气 365 天"之数。东门、北门面临开阔平原，加筑瓮城，以利防守。墙体全用青砖包皮。

可是，当时主持筑城的官吏狼狈为奸，合伙贪污筑城经费，偷工减料，将城墙大小高低的标准私自做了改动，由正方形改成了长方形。现存的东胜卫城墙，长、宽、高都比传说中的设计规模小了。城墙上也没有墩台、马面乃至女儿墙和敌楼等防御设施。

卫城筑好后，主管筑城官吏的贪污罪行惹怒了当地的土地爷。就在那些贪官们准备举行竣工庆典的前一天晚上，东胜卫城一夜风声呼呼，蹄声隆隆，好像千军万马奔赴战场一样。有人亲眼看见，数不清的羊驮着城砖如同潮水般向南涌去。

第二天，人们跑到城边一看，城墙上包的青砖一块也不见了，只留下一座夯筑的土城墙。

不久，传来消息：就在那一夜，山西右卫城的土城墙竟全都包上了青砖。于是，托克托县地区至今仍流传着一句俗话：拆了个妥妥城，修起个右卫城。

第二节　名胜街巷及其传说

一、王忠坡的传说

托克托旧城王忠坡，位于东阁东北侧的东胜卫西南城墙下。几十户人家依坡而居，形成一条北高南低的南北小巷。这条小巷因一户人家而驰名，而这户人家因和一宗举国轰动的大案相关，以致"王忠坡"成为托克托的名胜古巷。

约在清乾隆初年，山西代州城五都五甲王家胡同的王喜携家来到托克托城，在东阁坡租房暂住。王喜在托克托城的一家小铺里打杂。一个偶然的机会，王喜被河口享荣木店的侯财主（其名失传）看中，先当上街的，几年后，就成了享荣木店整股生意的掌柜子。

享荣木店的侯财主，山西榆次人。享荣木店是河口创建较早的商号之一，顾名思义，其经营的业务主要是木材。木材主要来自上游的大青山、乌拉山。当年，黄河流经大青山、乌拉山下，享荣木店的伙计们从山上砍伐的木料，以人工、畜力运到河畔，用麻绳或铁丝绑扎为木筏，顺流而下，到河口上岸，再分水、陆两路运销本县、邻县、归绥乃至晋西、晋北地区。以享荣木店为主的木料税收在河口是大宗，以致清政府在河口专设了"木税厅"征收木料交易税。

也正是享荣木店吞吐乌拉山木料的口张得太大了，以致惊动了乾隆皇帝，于是，在乾隆二十四年（1759年）引发了轰动全国的刘统勋勘破绥远私放乌拉山要案。至今，民间仍流传着《刘大人私访享荣木店》的传奇故事。而早在乾隆十四年（1749年）三月，清政府工部曾发出伐木《照票》，只准许进大青山砍伐林木。乾隆十五年（1750年），杀虎口新任监督常云发出50张换领新照，并重申，只许在大青山砍伐，不许去穆纳山（乌拉山）。事实上，经水运来河口的木料不仅有大青山的木料，更多的是来自穆纳山（乌拉山）的松、栢圆木。因为清政府的一纸公文是禁不住利欲熏心的地方贪官污吏私伐乌拉山的行径的。

乾隆二十四年（1759年），刘统勋奉旨核查绥远私伐乌拉山案件时，王喜正是负责享荣木店木料购销的掌柜之一。享荣木店的财东、掌柜们深知经营乌拉山木料是犯禁违法之事，但出于商人唯利是图的本性，他们还是硬着头皮铤而走险。不过，王喜是个有心计的人。他预料到此事必犯，就在经营木料购销中，格外小心谨慎。每日经手的收付流水账目笔笔清楚明了，而且记下了相关的交易事宜，同时在底账之外，另留了一本详细的明细副件。凡与乌拉山经销商购买的木料无论多少，都一手接货，一手付款，从不欠款。所以，当刘统勋私访享荣木店，向他声明身份时，他便毫无隐瞒地交待了他所知道的一切，交出了他保存的账本副件，并且表示，他将在庭审时当堂作证。享荣木店是乌拉山木料的主要销售处，由于王喜的举证，绥远将军保德等一干人犯无法抵赖，从而使轰动全国的私伐乌拉山要案顺利结案，罪犯伏法，大快人心。王喜举证有功，免于刑罚外，清政府还赏银让其修筑府第。王喜在今托克托旧城的东阁梁头上修筑了青石铺底、青砖包皮、飞檐翘脊、里外两重的四合头大院。里外院有"月宫门"相通，并排六扇门，阔两米余，门厅砖雕"张口兽"。据说，这"张口兽""月宫门"在清朝时，是一种家族社会等级地位在府第建筑装饰上的象征，有特定的严格规定。正院内的东厢房与正房都建有出厦。出厦的明柱上曾挂有几块牌匾，牌匾上的题字已无人知晓。

王喜的儿子名王林，乳名四虎，也是当时的社会名人，但其事迹不详。王林生两子，名王大贵、王大祥。王大贵的二儿子王忠，继曾祖父任为享荣木店的掌柜。王家在王忠当家期间，声名远播，以致王家府第所在的托克托城东阁坡，被命名为"王忠坡"，名传至今。据王家后人说，位于王家大院后边梁头上的托克托城真武庙，就是由王忠主持并主要投资修建的。

第十七章 灾异祸乱

第一节 近现代自然灾害

一、旱灾

光绪二十六年（1900年），春季无雨，夏秋禾稼未登场。归绥所属各厅民大饥，道馑相望。归绥、萨拉齐、托克托一带，斗米价至制钱一千五六百，合银一两三四钱。

民国17年（1928年），绥远亢旱……萨拉齐、托克托两县向为繁盛区域，其牛马骆驼亦均烹食。有因挖食田鼠猫犬而致疫疠者，有因食苜蓿蒺藜而致病者，有因食树皮草根枯槁而死者不下数万人。逃往甘肃等地者五六万人。包头为绥西重镇，交通便利，灾民麕集，其年幼妇女鬻出求生由火车载运而去者不下数百人。哭声震地，惨不忍闻，虽经禁止，而性命所关，亦无听其饿毙之理。

二、水灾

清光绪三十年（1904年），河水决口，托克托城、河口镇遭灾甚巨。

民国18年（1929年），春夏滴水未落，禾皆枯死。夏秋之交得雨尺余，赶种菜类，冀延残喘。而立秋后大雨五日夜，山洪暴发，黄河亦决口，大小黑河，混为一流。归绥、包头、萨拉齐、托克托、五原、临河、集宁、丰镇、陶林、凉城十县悉成泽国，晚禾淹没，田产冲毁无算，未被水冲田禾，亦经风吹霜冻，颗粒无收。……托县乡村经赵半吊子、郭秃子二匪长期搜刮，已极贫苦，经此大旱，人民十之七八日以树皮草根为活，死者相望于道，时山西贩卖人口极多，籍此渔利。半年中鬻出妇女三千余，男女小孩千余。其年，托克托县灾民人数达109627人。

民国 35 年（1946 年）秋，托克托县山洪暴发，黑河猛涨，黄河倒扬，县城西北及黑河西各乡村均被淹成灾。连日西风大雨，黑河东堤告急，城内居民有的开始向东梁头高处搬迁，后幸雨熄风止，河堤未决口。

三、疫灾

民国 6 年（1917 年）秋，黑死病（鼠疫）发生于东三省，继而北京一带也流行开来。兼以一冬无雪，寒暖不时，疫病大作，至 12 月，归绥县、托克托县时疫流行殆遍，因其传染甚速，死亡过巨，当局成立绥远全区防疫总局，设归绥临时防疫病院，疫区设检查隔离所，拨款购买药品。疫区外出道路封锁阻隔。

民国 16 年（1927 年）12 月，托克托县瘟疫大作，初发于碱池、章盖营各村，后传入城镇，蔓延城北各乡，共死亡 700 余人。

民国 19 年（1930 年）秋，归绥、萨拉齐、托克托一带农田内多生好虫方虫，伤害庄稼甚烈，咬禾茎尽断，盛时漫垅被道足不能下。是年农田大被其灾，秋禾减产三四成。

其年，托克托县流行鼠疫，俗称"传头子"，发病快，患者死亡率高。托克托城短期内死亡百余人。有一大院住五户人家，几十口人竟在一天之内全部死亡。当地会社请和尚、道士设坛念经祛灾，疫情更甚。后学校教师提出与病人隔离，封锁疫区，又派人从北平购回大量防疫药品，疫病才得以控制。

注：上述资料主要取自《绥远通志稿·灾异》《内蒙古历代自然灾害史料》等史料以及民间采访所得口述资料。

第二节　匪兵祸患

一、匪患

清末民初，国家内忧外患，四分五裂；军阀混战，连年不息；匪盗横行，社会混乱；民生凋敝，朝不保夕。当时的托克托县地区是惨遭匪患的重灾区。

社会误传"托克托县是出土匪最多的地方",其实,是说托县是土匪出没最多危害最重的地方。原因是:其一,托克托县的河口、托克托城两镇,位居黄河上中游水旱码头之地,清末民初,正是商贸经济繁荣的鼎盛之时;其二,从清末至民国年间,托克托县成为著名的鸦片种植区。鸦片在当时如同金、银、货币一样,在市场上广泛流通。正是上述两个社会原因,托克托县成为土匪抢掠的主要地区。

据有关史料记载,进入民国二十多年,绥远地区罪大恶极、臭名昭著的匪首就有263人。[1] 这些匪首纠集亡命之徒结成大小不等的匪伙,多至数千人,少则百余人。匪徒打家劫舍,绑票索财,杀人放火,奸淫妇女,肆无忌惮,无恶不作。手提一根棍棒,就可在光天化日之下公然入室抢劫!经常危害萨、托二县的就有卢占魁、赵半吊子(赵青山)、郭秃子(郭寿山)、杨猴小、苏雨生、老周二(周鸿宾)、刘喇嘛、李锄钩、双辫王等二三十伙匪徒。这些出名匪伙,不时窜入托克托县,危害百姓,其中,大匪枭卢占魁对托克托县危害最甚。

卢占魁是民国初年绥远地区最大的土匪头子。民国初年,卢占魁匪股出察区窜绥,与本地散匪游勇,勾结为患。官军始而剿,继而抚。自是十余年来,哗变则剿,久而又抚,循环无已。

民国5年(1916年)1月6~9日,匪首卢占魁率匪骑3000多人,在攻陷萨拉齐镇后,裹挟其县警察百余人,以"扶保大清独立大队"的旗号,攻入托克托城、河口。土匪占据数日,疯抢民财,奸污妇女,焚烧商铺,无所不为。幸得托克托县士绅霍亮生星夜赶到归化报信。归绥都统派八十团李民山率混成旅骑兵团来托剿匪,击毙匪徒10余人,捕获匪首3人,押回托克托城枪决。卢匪率众冰渡黄河,沿途焚烧十里长滩村,南奔而去。

托克托城、河口经此劫难,两镇损失百万余元,钱粮两行,十之八九因之

---

[1] 钱占元著《草原史事笔记》,内蒙古教育出版社,2010,第80页。

倒闭。甘草商店仅能勉力维持。

民国 8 年（1919 年）秋，匪首刘玉山、张太、周鸿兵率匪伙抢掠托克托城，危害深重。

民国 12 年（1923 年）6 月，匪首苏雨生、高山等率匪众 400 余人，由萨拉齐县窜入托克托城，诈称官兵，入城掳去县长徐泰，将监狱所押匪徒全部释放，随匪伙星夜出城，潜住本县黑城村。拂晓，官军追至黑城，与匪伙激战。匪徒见难敌官军，枪击徐泰腿部，弃之路旁，之后溃逃。徐泰因伤口流血过多身亡。

民国 15 年（1926 年）11 月 28 日，察哈尔溃兵刘福同勾结土匪 200 多人，骚扰东村后窜入托克托城，抢掠民户，掠走警察所乘马 9 匹。

民国 17 年（1928 年）春，国民党军收编土匪赵半吊子（赵青山），并委任为旅长，驻扎托克托城。赵半吊子匪性不改，以无军饷为辞，公开逼索民财，祸害百姓，城镇居民苦不堪言。入冬后，县镜内又盘踞匪股邬干粮、双辫张、刘宽、邬海海、戴茂山、金宝山等共约 200 匪徒，抢夺民财，奸淫妇女。加之三五成群的"独立队""不榔队""菱林王"明抢暗夺，托克托县人民在匪徒蹂躏下，过着朝不保夕、水深火热的苦难生活。

二、兵患

日伪统治时期，驻扎在县境黄河南岸准格尔旗的国民党骑二纵队司令部郭长清，常率所部窜入县境祸害百姓。郭长清原是臭名昭著的土匪头目，招抚后成为官匪。他们以抗击日军的名义公然过黄河在托克托县境内抢劫百姓，对百姓的危害比之日伪军有过之无不及。所到之处，奸淫掳掠，无所不为。这支官土匪，对托克托县人民的祸害长达八九年之久。郭长清最残忍的是活埋人。特别是出入县城行商的小货郎，一旦遇上郭部的匪兵，就以"日本特务""密探"之名，将货物"没收"，把人活埋。郭长清常将县境的人们掳掠到黄河南驻地，美其名曰"请财神"，通知家人限期交钱赎人，若过期未赎或赎金不满足，就将人质活埋。

抗日战争时期，国民党绥远省党部决定，在沦陷区实行"党政军一元化"领导。当时，流亡到黄河南二区塔并召（时属托克托县）的托克托县游击县政府县长庞炳，同时兼任国民党托克托县党部书记长和"抗敌自卫团"司令及第一团团长。肖宝山任第二团团长。1945年初，又拉拢了陈俊铭、祁开山、边守塘等社会豪绅，任职科长、秘书等。他们借"抗日"之名，以"发动捐献""按户派征"等手段，对县境人民进行敲诈勒索，以中饱私囊。所到之处，官兵入户抢劫，与土匪无异。

当时，托克托民间有几句民谣反映了人民的痛苦和愤恨心情："官土匪瞪眼呲牙，百姓们无处伸冤。""今也盼，明也盼，一盼盼了八年半，盼来一群王八蛋。"[1]

1945年底，国民党补训三十一师进驻托克托县。师长郭溪璞下令：补训三十一师的兵源，全从托克托县征训。于是，在托克托县城乡展开了大规模抓兵要粮，被抓当兵的全是贫苦无助的庶民百姓。这些"壮丁"兵员，都被送上前线参加内战，多数一去便音信皆无。仅托克托城因之被害的家破人亡的不可胜数。"南街张德官一家四口，父亲卧病在床，还有母亲妻子，全靠德官一人出外揽工养活。他被抓走后，父亲悲痛万分，病情随之加重，不几天就去世了。城圐圙农民王板头一家五口，父母亲带着他们哥弟三人从清水河县逃荒来到托克托城。他父亲揽着放羊，哥三给地主当长工。母亲是残疾人。老大和老三全被抓走。母亲终日痛苦不已。不久又得知老三阵亡，立即气绝身亡。南街农民辛太世，母亲是寡妇，得知儿子被抓丁的消息后，连鞋也没顾得穿，就追出去，小脚女人连夜追赶了五六里，但始终没见到儿子的面。返家后，脚全磨破，血肉和破袜粘连在一起。从此，寡母终日哭泣，痛苦不堪。起先流的是泪水，后来哭成血水，终于哭瞎了双眼，最后跳井而死。像这样的悲惨事件，不

---

[1] 范若珍著：《抗战期间伪蒙军及国民党杂牌军对托县人民的蹂躏》，托克托县文史资料第三辑，第251页。

仅在县城有，在全县各乡也不少。"[1]

第三节 日本侵略军罪行

一、强化法西斯奴役统治

1937 年"七七事变"后，日本侵略军于同年 10 月侵占绥远省归绥市。日伪改归绥为厚和豪特，成立伪巴彦塔拉盟公署，托克托县隶属该公署管辖。其时，国民党归绥驻军日夜从河口过河，溃退于黄河之南。托克托县的国民党县政府也随之流亡于准格尔旗塔并召。

1937 年底，托克托县士绅及商界知名人士组织了"治安维持委员会"，作为维持地方的临时机构，菅如梓代表"维持会"去厚和市（今呼和浩特市）拜见日本驻军黑石部队的头目，菅如梓被委任为"托克托县长"（不久，菅如梓被撤职，另委任曾留学日本的大连人朱锡永为伪县长。）日本侵略军派神原带领几十名日本人及伪蒙古军骑兵四团进占托克托县。

日本侵占托克托县后，成立了伪县公署，由神原任顾问。公署下设总务等若干科，科下设股。各科配一日本指导官，控制科务，科长由随日本军而来的东北人充任。全县划为十乡一镇，乡镇下设保公所。乡镇设有警察、自卫队。这样，日伪政权就在托克托县层层建立。从此，托克托县人民开始了长达八年的暗无天日、血泪斑斑的苦难岁月。

日军将托克托城大裕隆巷以南的一片民房拆除，建起了驻军碉堡（旧城南街小学处），人们称这里为"南日部队"。

日伪组织了完整的军、警、宪、特统治机构，以镇压人民反抗。日军的军事机构和宪兵机构均独立于县公署之外。当时在城关镇驻扎几十名日本侵略军

---

[1] 范若珍著：《日军投降后国民党在托县的横征暴敛》，托克托县文史资料第一辑，第 141 页。

和十四、十五两个伪蒙古军骑兵团。县城里还有一个宪兵小队及特务机关。

日军的特务大队又称便衣队，其豢养的汉奸、走狗特务（百姓称之为"二日本"）伪装成各种身份职业的人，为日军搜集情报。有多少善良的平民百姓，被特务捏造罪名，陷害得家败人亡。当时伪县公署的西大院，是日军残害无辜百姓的行刑之处。诸般酷刑，数不胜数。一年之际，无论春夏秋冬，白天黑夜，受刑者的惨叫声连连不断。被酷刑折磨而死的人难以计数。

日军为强化殖民统治，实行"移民并屯"。日军修城墙时，随意拆毁民房，逼得许多人无家可归，只能背井离乡。

二、烧杀抢淫无恶不作

托克托城的各座城门均有日军和伪警察站岗。来往进出城门的人必须手持"良民证"，向日军门岗脱帽鞠躬。更令人发指的是，那些丧尽人伦的日本守门兵，公然在光天化日之下，强迫进出城门的年轻妇女脱得赤条条站在门筒里，甚至一男一女赤身裸体面对面分站城门两侧，而他们却如兽类般地狂笑嚎叫。托克托城某家一个20多岁的妇女，到五申村伺候病危的母亲。母亲死后，父亲牵驴送她回婆家报孝。进北城门时，站岗的日本兵诬说她没有行礼，用刺刀逼着父女俩褪下裤子，光裸着下身，面对面站在城门口。同时赤身站在城门口的，还有两个卖咸盐的农民。父女两人气愤得浑身颤抖。过往行人低头掩面，个个恨得咬牙切齿。那妇女安葬母亲不久，就含恨而死。那时，城门成了鬼门关，非到万般无奈，无人进出城门。

日军随意闯进民居、店铺，吃住抢掠，侮辱妇女。许多人不堪忍受强盗的欺侮，抛家舍业，四处逃生。

一年春季，一伙日军外出路经官士窑村，一位年轻妇女在大路附近的田地里掏苦菜，逃避不及，被日军多人轮奸。

驻托日军时不时地从驻地的炮楼或梁头上发炮对黄河南岸的村庄狂轰乱炸，被炸的村庄房屋倒塌，财物焚毁，人民伤亡。1939年冬，黄河封冻。一天，驻托日军带领伪蒙古军、伪警察和伪县公署部分人员共几百人，从河口过黄河侵入准格尔沿河境内，烧、杀、抢、淫无所不为。侵略军所到之处，一片火海，一片血泊，一片哭声。头道拐村一位即将临产的年轻妇女未能逃匿，被日军轮奸后，剖腹投入熊熊大火中……

在托克托城对岸的巨合滩村，临河住着一对老夫妇。夫妇二人靠老头贺长罗卖草帘艰难度日。那天，正是老贺60岁生日。老伴儿特为老头做了一顿黍面素糕。饭熟了，老贺背靠后墙面迎窗口，端起饭碗，一口饭刚进嘴，一颗炮弹从后墙穿进屋里，顶着老贺的脊背，从窗口飞出，在门前不远处的场壕里爆炸，老贺被炸为几截，分飞四处！原来是日本鬼子在对河"演炮"，他们演习射击的目标就是河对岸的小村巨合滩。老贺做梦也想不到，他坐在家里，竟成为日本强盗的演击对象。人们为老贺收拾尸体时，发现在他血肉模糊的嘴巴中还噙着一块未下肚的素糕。

1939年3月28日中午，一场骇人听闻的"血光之灾"在河口从天而降。

6架日本飞机从河口村东南方相随而来。从未见过这种飞机的河口人们伫立于各处仰目眺望。飞机愈来愈近，愈来愈低。机鸣声震耳欲聋。临近村南活龙场上空，飞机突然俯冲下来，就在人们惊愕之际，疾风骤雨般的子弹从飞机上倾泻而下。同时，一颗颗炸弹接二连三在人群中、街道间、屋顶上爆炸。顷刻之间，浓烟烈火弥漫笼罩了河口村。飞机的轰鸣，炸弹的狂啸，淹没了人们的呼喊惨叫。6架日机继而由庙滩、三道街、金家圪旦、河神庙一路狂轰滥炸，随即，在一片浓烟翻滚、烈焰腾空、哭声震天的惨绝人寰氛围中折向东北方向悠然而去。

飞机轰炸扫射过的地方，惨象令人掩面颤抖，心胆欲裂……

一具具肢体残缺的罹难者浸泡在血泊里，一个个奄奄一息的受伤者呻吟在废墟中。店铺、民房鳞次栉比的三道街，此时到处是一堆堆焦土，一丛丛余火。三道街，古镇昔日最繁华的市面，人口最密集的地段，眨眼之间，天塌地陷，尸横遍地。

三道街关帝庙西巷口斜对面是座染坊。当时，染坊门前聚了不少行人好奇地仰头仰望这从未见过的飞机。哪知瞬息之间，飞机上机枪扫射下来，当场就有 6 人毙命。

三道街东侧的庙滩，昔日是河口小商贩聚居的地方。这里是日军飞机轰炸的又一重点。王和的妻子产前去看望母亲，刚一进院，和母亲未说几句话，母女二人就被落下来的炸弹炸死。母亲双腿无踪，女儿脏腑外流，即将出世的婴儿成了一堆肉泥。另一临产之妇——崔大之妻被炸成两截，两个儿子也惨死在母亲身边，头颅碎裂，脑浆四溅。这里被炸死的，还有李六莜面的儿子，朱三套的老伴儿，张煜的儿子银锁，还有菅富奎、崔二补、李锁锁、马顺有、14 岁的少女王兰女……

三道街南端路东侧，铁匠薛珍珠正和徒弟打铁之际，一颗炸弹正好落在铁砧上。几十斤重的铁砧不翼而飞，师徒二人血肉四溅，体无完肤。后来，人们在镇西黑河西岸的河神庙前才找到了薛珍珠的右臂。铁匠炉旁的吴家豆腐房被炸塌，家中 6 口人全都丧生，即将娶妻的吴富官，年仅 19 岁。幸存的吴母及女儿，亦因剧痛惊恐而双双死去。

在吴家豆腐房稍南的路西，又一家铁匠铺被炸。铁匠杨碰树身首异处，皮匠邦榔的肠胃挂在对面的铁柱上；在镇东南的活龙场，仅铁匠王虎羔院内，就炸死十三四人……

在回族人民聚居的金家圪旦，11 具血肉模糊、缺臂少腿的尸体中，有 6 具是年仅六七岁的孩子，他（她）们离开这个还未生活过的世界时，有的孩子小手里还紧紧攥着玩具……

在收殓尸体时，多数尸体四分五裂，未能完整入殓。一些尸体不能用手收撮，只能用锹将泥血中的碎骨肉屑刮铲在布袋里，连袋放进棺材。

在这场血灾中，67 人被炸死，80 余人被炸伤。炸后，人们从拣来的炸弹壳上清楚地看到，上面铸着"昭和三年"的字迹。

许多炸伤者落下终身残疾。张守前身上的弹片，直到 40 多年后，才从后背上随着脓血流出。

日军制造的河口"三二八"惨案，是托克托县历史上最大的一次血案。人民死伤之外，房屋店铺，车马粮食，文物古籍，家财衣物之毁灭难以计数。死难伤残之家的命运由此坠入苦难的深渊。

这一血案虽然发生在河口，而托克托城人亦是惨痛的受害者。被炸的商铺有的是托克托城的商家独资或合资经营的，死伤者中也有托克托城人。

1941 年秋末冬初，山西河曲县一位农民与两个儿子以及儿子的叔父、舅父共 8 人赶着驴驮，驮着海红来到托克托城，欲卖了海红回去给儿子娶媳妇。万万没想到，一进城门就被日军抓住，硬说他们是"八路军的探子"，日军把 8 个人拉到城圐圙南墙底，活活用刺刀捅死。野兽不如的日本兵还把 8 颗人头割下，吊在河口、托克托城之间的碑楼上。多少天，行人掩面绕道而行，悲愤填膺，不忍正视碑楼。

驻防托克托城的伪蒙古军骑兵十五团官兵，不论白天黑夜，随意进入民家，见财物就拿，见妇女就侮辱。

托克托城前街二道巷的唐二红，因在包头经商破产，无奈回到托克托县，他借了点本钱，准备摆个纸烟摊，以维持一家四口人的生活。就在他刚贩回纸烟的当天晚上，两名伪蒙军持枪闯入唐家，见唐二红衣衫整洁，以为是个富商，就向他逼要钱财。唐二红再三解释，诉告实情，并领上伪军到凉房验看了刚贩回来的几条纸烟。两个伪军见没有多大油水可捞，就朝着唐二红腿上开了一枪，然后一人夹着几条烟扬长而去。

驻托克托伪军，每日几乎是无肉不开灶。他们天天走街窜巷，挨家逐户寻找食物。见到鸡、鸭、猪、羊乃至狗，就开枪击毙，抬回驻地。城里的家畜家禽吃光了，就到村里搜刮。当时，托克托有句顺口溜说："人吃肉饺马吃料，离了姑娘不睡觉，听不见鸡鸣和狗叫。"

1939 年春季的一天，伪蒙军全团开出县城，扬言"下乡剿灭土匪，保护地方自安"。傍晚时，"得胜"回城，官兵个个马背上驮着大包小包的"战利品"，还有 11 颗血淋淋的人头。伪军将人头装在柳条筐里，放在前街居民马才玲屋檐下，强迫人们去观看"剿杀"的"胡子（土匪别称）头"。首级有老人，有青壮年，还有未成年的孩子。第二天，伪军又将人头悬挂在观音阁上示众，以炫耀其"赫赫战功"。几天后，传来确实信息，原来伪军剿杀的根本不是土匪，而是河西一个村里的无辜百姓。伪军"讨伐"之处，杀人放火，奸淫掳掠，抢钱夺物，无所不为。

1940年冬，伪蒙军十五团奉命随日军进攻河套，在五原战役中，该团被傅作义军歼灭。

第四节 烟 患

根据相关史料记载，"清朝咸丰十一年（1861年），托克托厅最初从广东引进罂粟种子种植。"清末，由于清政府的明令禁止，鸦片种植得以遏制。"1916年初，以卢占魁为首的千余名土匪占领萨拉齐、托克托两县后，社会动荡，给百姓带来了不少祸害。于是当地人种植鸦片的欲望再次萌发，打破了清朝末年以来10余年该地区鸦片种植完全停止的状况。当是，托克托县约种5000亩，萨拉齐县也种了不少。在这种情况下，当时的绥远特别行政区都统潘矩楹采取了默认的态度，甚至试图以种植鸦片来筹集官军粮饷。其后任都统蒋雁行未改变潘矩楹的政策，反而与土匪头目卢占魁勾结，令老百姓继续种植鸦片。于是绥远地区出现了土匪、鸦片同时为患的情况。"[1]

1938年日伪政权建立后，大力鼓励农民种植鸦片，托克托县成了闻名遐尔的产烟区。其时，托克托县地区的东沙梁、沙河圈、梁底、一溜湾，几乎成了青一色的洋烟种植区。"十亩田里八亩烟，留下二亩杂谷田。""黑城、甲赖、迭力素，除了洋烟没庄户。"这些地方的不少种植洋烟的土地，是托克托城的大地户、商家的耕地。每当洋烟收割季节，产烟区成为畸形繁华的"洋

---

[1] 金海、赛杭主编《内蒙古通史·第六卷·民国时期 内蒙古（三）》，人民出版社出版，2011年12月第1版，2012年10月北京第2次印刷，第908页、911页。

烟市"。来自包头、厚和及本县、邻县的大小买卖人，车拉担挑、络绎不绝地涌到洋烟区的田间地头，用各种日用品和小食品交换大烟，称为"赶烟市"。

日伪县公署成立了管理收购洋烟的专门机构"清查署"，同时，将原来的个体烟商置于清查署的管制之下，成立了义胜泉、公和局、兴隆永、金玉堂、祁华堂等烟土店。随即组建了"托县土业组合"，专职负责统购鸦片。

在鸦片收割季节，土业组合在产烟区各乡成立收购鸦片的"出张所"。出张所将管辖范围内收购的鸦片交回县土业组合，晒成烟砖，由清查署监护运往厚和（今呼和浩特）和京津等地。日伪政府强迫用贬值的"蒙疆币"向烟民购买鸦片，其时，100元的"大骆驼"蒙疆币还顶不上一个银元的价值，烟民叫苦连天，可又无可奈何。其后，伪托县公署又成立了"特产科"，取代清查署，专管鸦片的种植、收购。

当时，托克托的烟土客商在托克托城、厚和、张家口、京津地区开设了大大小小的烟土店。烟土商人勾结地方官吏私购鸦片，大发横财，而普通百姓却深受其害。所以，在这种烟市表面繁华的帷幕下，流淌的是普通老百姓的汩汩血泪。

鸦片泛滥，使许许多多的人吸食鸦片成瘾，不能自拔。城关居民，吸毒贩毒的比比皆是。一个院内住5户人家，其中就有4户连吸带卖。

吸食鸦片给人民群众带来的灾难真可谓罄竹难书。由此导致倾家荡产、家破人亡者数不胜数。南街居民周明、周文一家，原本是勤劳本分的农民，后来，周明、周文开始吸毒，受其感染，全家老小都成了烟民。毒瘾摧残了身体，丧失了劳力，家里无经济收入，就连仅有的少量家产也变卖一空。一家人在当地无法生活，就沿途讨吃要饭，流落到后套，不知所终。李某，全家四口人，有两个女儿。原有数十亩耕地，两头耕牛，生活能够自给自足。自李某染上大烟毒瘾后，不经几年，将土地、耕畜、家产卖尽，又把刚满16岁的大女儿和14岁的二女儿出聘，换得彩礼也统统吸进肚里。老婆忍无可忍，改嫁他人。后来李某无颜面世，也服毒自杀。

有的服毒者，沦为盗贼，或加入匪伙，危害乡里。例如张某，出身于中等商家，在上学期间，瞒着父母吸毒成瘾，退学回家后，与匪徒结伙，在抢劫村民时，被该村自卫民团击毙，终年不满18岁。

年轻妇女吸毒上瘾，生下婴儿，如同上瘾的烟民一样流着鼻涕眼泪不睁眼。大人口含烟雾对之喷两口，才睁眼止涕。不少妇女因吸食大烟沦为娼妓。

托克托广种鸦片，招来了大量土匪的抢掠。多少人因种植、贩卖大烟，死在土匪的酷刑之下。例如潘某，因种鸦片稍有积蓄，准备盖房为儿子娶媳妇。不想土匪闻讯，在一个风雨夜，三个匪徒闯入潘家，逼要大烟。潘某不愿交出，被匪徒活活烧死。

其时，托克托城有不少大大小小的烟馆。烟馆的业务是将生烟熬成熟烟后出售。一部分售于烟贩子，一部分是供来烟馆抽烟的烟客消费。大烟馆接待的烟客多是社会上的富人、名人，烟馆为其备有舒适讲究的床铺，还有专门伺候他们的年轻女服务员。所谓"闺女打烟，媳妇问讯，地下跑趿的是二不溜后生"。烟客进馆，服务员热情地将其导引在烟床前，伺候其躺在床上，将一个叫"景泰蓝十件闷灯匣子"放在烟客脸前。这个匣子由名贵的乌木精致制作，是专门盛放烟具的。一套烟具包括匣子、烟灯、灯罩、喉儿头、杆子、钎子、挖子、锤子、镊子、铜钵等。根据各件烟具的形状、大小，在匣子里分为不同的格子，将各烟具整齐有序地摆放在匣子里。服务员点着烟灯，用灯罩罩住灯头，把喉儿头安在杆子上，递给烟客，就用钎子挑着烟泡在灯头上炙烤，烤热后，将烟泡安放在喉儿头的烟道口，用烟钎借灯火加热烟泡，烟泡冒出的烟蓬要大小适度，持续时间要与烟客抽烟的气息相应，而且要根据烟客的烟瘾程度决定烟泡的大小和抽烟的频率。烟瘾小而讲究享受的烟客，烟泡多不过麦粒大小，烟蓬也不宜大，一口烟，一口茶，轻吸长舒慢呷茶，图个"水卧云"的悠然意境。而那些烟瘾大的，则要打个黑豆粒乃至大豆般的烟泡，烟蓬也要大，速度也要快，唯求喷云吐雾，速战速决。抽烟的茬数也有讲究，烟泡抽过一茬（遍），烟渣都积聚在喉儿头与烟杆交接的部位，将喉儿头取下，用挖子把烟渣挖到铜钵里，用锤子碾为粉末，加湿再重新打泡，再抽，即为二茬。讲究的人只抽二茬，一般人抽三茬。而在小烟馆抽烟的烟鬼洋瘫则将烟渣直抽到无烟气时，还将剩下的灰渣碾烂，喝在肚里。社会上许许多多的人，就在烟馆的喷云吐雾中人死财散。

当时，托克托民间流传着不少民谣，真实地反映了鸦片给人们带来的深重苦难："肥不过洋烟土客，凶不过宪兵警察。可怜不过烟鬼洋瘫，临完贴进老婆娃娃。""洋烟本是害人精，越抽越贪越上瘾。老财抽得家业尽，庄户人抽得断儿根。买卖人抽得货架空，手艺人抽得无人用。男人抽得当匪盗，女人抽得嫁汉紧。"

1949 年，国民党托克托县政府县长李麟兆公然诱导纵容农民继续种鸦片，他与一班贪官污吏借此中饱私囊。李麟兆的罪恶行径激起群众公愤。时任托克托县一校校长的杨立中，联合二校校长李培基、四校校长张正元、明德小学校长王继，书写诉状，到绥远省政府控告李麟兆的罪行。其时，正是绥远"九一九"起义之际，省政府主席董其武接下诉状，下令将李麟兆逮捕法办。

中华人民共和国成立后，相沿近百年的鸦片种植恶习被彻底禁绝。

第十八章 革命历史概述

第一节 义和团运动

清光绪八年（1882年），外国传教士在托克托城建起教堂。在传教过程中，外国教士在教堂周围购置土地，吸引民众入教。"光绪二十一年（1895年），有教士自由购置房地之朝令，规定教士教民置田产不必先报地方官。"[1] 由此，教民中的奸刁者，借此霸地霸水霸产，激起乡民愤恨，民教之争愈演愈烈，到光绪二十六年五六月间，终于激起了绥远西部地区的反帝爱国的义和团运动。归绥道署所辖口外七厅都发生了反洋教的斗争，而托克托厅尤其激烈，成为绥远中西部地区义和团运动的策源地。其起因及经过如下：

清光绪二十六年（1900年）农历四月，西南蒙古教区总堂二十四顷地（今属土默特右旗）教堂的主教韩默理，唆使石宗、任喜财等教民，率众会同托克托厅部分教民，欲武力强买当地义和楼村张贵寡妇（蒙古族）的大片土地。张贵寡妇据理力争，严词拒绝教会的无理暴行。邻村青年农民高占年等一帮见义勇为的弟兄，挺身而出，维护张贵寡妇等人的利益，与教会唆使的教民展开激烈的搏斗。由于寡不敌众，高占年被生擒后，大骂洋教士，被教士割掉舌头，抛进了黄河。同时被抛进黄河的还有高根小、高五等9人。[2]

高占年等人的尸体顺水漂流到托克托厅境内的柳林滩村南河畔，被当地村民打捞上来，寄放在托克托城城隍庙里。

高占年等人被教会杀害的消息，迅速传遍了土默川。各处闻知，均公愤不平。

---

[1] 张军主编《托克托县志》（修订稿），内部发行，1984，第146页。
[2] 史银堂著《萨县义和团》，1985，内部发行。

清光绪二十六年（1900年）农历六月初十清晨，托克托城义和团在城隍庙滩集合，排着整齐的队伍，浩浩荡荡，直奔二十四顷地。在一百多里的行军途中，所过之处，受到了群众的热烈欢迎和大力支持。傍晚，托克托城义和团抵达二十四顷地村外，与当地的义和团汇合。

同年农历六月十五日，攻打二十四顷地的战斗打响。义和团与教民激战一天，未能取胜，进攻被迫中止。

六月二十四日凌晨，东南风骤起，二十四顷地上空烟雾弥漫。义和团和官兵密切配合，从四面向教堂强势围攻。正准备做弥撒的韩默理，听到震耳欲聋的喊杀声，慌忙爬上钟楼瞭望，见义和团众和官兵如潮涌来，势不可挡，不禁心慌胆颤。他一边战战兢兢祷告，一边组织教民抵抗，并伺机退逃。义和团和官兵联手，攻破了一道又一道防线，杀进村里，双方展开了肉博巷战。村东南的房屋，被练军枪火点燃，浓烟熊熊，随风滚动。紧接着，其他地方的房屋相继着火，一时烈焰腾空，遮天蔽日。教会武装死伤甚重，防不胜防，溃不成军。义和团勇士们攻进主教府，著名民间武术家郭誉宏的徒弟云连生（托克托厅武术名家吴英之徒）由平地纵身跃上钟楼，将失魂落魄的韩默理擒获。杀害高占年等人的凶手石宗、任喜财、刘二存等亦被活捉。攻打二十四顷地教堂的战役取得了胜利。此次战役中，教会死伤900多人，官兵死2人，伤5人；义和团死8人，伤2人。

战后，义和团将韩默理及石宗、任喜财、刘二存等杀人凶手，五花大绑缚在车上，押往托克托城。韩默理背上插一面小旗，上写"老洋魔"三字，被团民拽之游街市，四方来观者稠密如织，或责骂，或以石块击打。韩默理上身赤裸，下身只穿一条短裤，觳觫如过街之鼠。归托队伍路经毛岱村休息时，义和团将韩默理绑在关帝庙的明柱上示众。全村男女老少层层围观。挤在前面的人都指着韩默理忿声唾骂，有的以石击打。六月二十九日，韩默理等凶犯被押回托克托厅，游街后关押于城隍庙内，之后，绑赴托克托城南滩（今南湖）斩杀。

在托、萨两厅义和团攻打二十四顷地教堂的同时，留守在托厅的义和团民于清光绪二十六年（1900年）农历六月初十、十一两日，先后焚烧了南坪、什拉壕等天主教堂和托克托城洋人巷内的耶稣教堂。托克托厅境内教士教民亡魂丧胆，逃匿无影。托克托厅通判李恕背着义和团，暗将耶稣堂美国牧师安德生一家，送往四子王旗的铁圪旦沟教堂。其时，各地教民多潜往铁圪旦、窝尔图各沟教堂，企图负隅顽抗义和团搜捕。二十四顷地战役结束后，返托的义和团与留守人员共议，决定乘胜攻打铁圪旦沟教堂，捕获逃匿于其处的美国牧师。同年农历七月上旬，托克托厅义和团接到绥远城将军府公文，调其与官兵会剿铁圪旦沟教堂。托克托厅义和团于同年农历七月十二日启程赴归化，与绥远城驻防旗兵会合，前往铁圪旦沟会剿。

清光绪二十六年（1900年）农历七月二十八日，围剿铁圪旦沟教堂和窝尔图各沟教堂的战斗相继打响。经过一天激烈的战斗，两处教堂均被义和团和官兵攻破并焚毁。美国牧师安德生一家在混战中被杀。另有被杀的教士十五六人，被杀的教民约三百人。义和团和官兵伤亡甚少。由此，托克托厅义和团神兵名声大振。

1900年8月，八国联军攻入北京。曾经为抗击八国侵略军浴血奋战、屡立战功的各地义和团，却遭到了清朝政府与帝国主义侵略军的联手血腥镇压。托克托义和团骨干成员"齐天大圣"姜小红及任假女等，惨遭杀害。

第二节　辛亥革命

早在清光绪末年，山西同盟会员王建屏、李荣、李懋德等人，就秘密来到托克托，开展反清活动，组织举行反清暴动。托克托城的闫懋、刘兆瑞、李永清、张玉宗、吴耀等人，于1911年，或在本地或在日本留学时，就先后加入了同盟会。与此同时，传播民主进步思想的报纸刊物，也从托克托城开始，在境内悄然流传。一些青年接受民主革命思想，成立"同志会"，开展反对封建统治，拥护民主共和的革命活动。

到清宣统三年（1911 年）十月，山西省国民革命军在太原发动起义，杀死了清巡抚陆钟琦，成立了山西军政府，推举新军标统、同盟会员阎锡山为都督。清政府调动大批清军镇压，阎锡山避其军锋，率军从晋西北路经准格尔旗、达拉特旗，于当年农历十一月二十五抵达包头，准备组织军事力量，东进归化城。十二月初九，东进军行至萨拉齐县（今土默特右旗）刀什尔村，遭到土默特蒙古军的阻击，苦战一日，损兵折将。阎锡山被迫改道南下，向托克托境进发。

当托克托县通判包荣富得知山西革命军进入托克托县祝乐沁村时，大为震惊，紧急召集公署官员和有名望的托克托城商绅共议对策。同盟会员闫懋、刘兆瑞、李永清等多人，一致主张欢迎山西革命军进城。通判包荣富虽心里不同意，但自知形势紧迫力不能敌，只好顺应多数人意见，同意欢迎山西革命军进托克托城。

同年农历十二月初十，山西革命军五六千人进入托克托城。分驻托克托城、河口镇两地的商号、民户家中。阎锡山住在大裕隆商号。次日，革命军布告安民、开狱释囚、补充军队、筹措军饷，提取了托克托城塞北关、河口镇塞北关和杀虎关三个税局、盐局及地方的各项库存公款，并向商号、富户借银八万余两（仅托克托城的会川当、复合当、清宁当、义川当四家当铺就借给一万两），让银匠将所筹银两摊成银条，发了军饷。与此同时，让各民户从杂货行领布，为每个士兵赶制了新里新面新棉花的"三面新"蓝布军衣。

山西革命军在托克托城住了十多天后，于同年农历十二月二十二日，阎锡山率革命军渡过已经冰冻的黄河，经准格尔旗过河曲返回太原。

山西革命军离开托克托城时，为壮大声威，向地方要了大批车辆随行。同时，让托克托城商户民户赶制了大量月饼，作为行军干粮，欢送山西革命军。

山西革命军离开托克托城的第二天，即十二月二十三日黎明，绥远清兵第一镇统领李奎元，率清军进入托克托城并派兵追击山西革命军，到达距河口十公里的石子湾村时，他们远远看见山西革命军后卫，阵容严整声势浩大，便不敢追赶，掉头返回托克托城。统领李奎元委派清军侦探，在城内查访了解山西革命军驻托克托城时的相关情况。托克托城东泰店财东白玉汝，将刘兆瑞等欢迎资助山西革命军等相关情况，全部向李奎元告密。李即派清兵搜捕曾支持过山西革命军的阎懋、刘兆瑞、李永清等人。阎懋、刘兆瑞躲在河口公义昌草店的苇席内，未被捕获；李永清逃出托克托城，隐匿于乡下；阎刘李三家眷属也都逃往他乡，清兵将三人家中财物抢掠一空。

民国元年（1912 年），阎锡山任山西都督后，不忘托克托城人对山西革命军的支持，对阎懋、刘兆瑞、李永清等人委以重任（托克托县时属山西管辖）：刘兆瑞为绥远塞北关税务监督兼绥远警察厅厅长，阎懋为东胜县知事，李永清为和林格尔县知事。与此同时，将向清军告密的白玉汝扣捕。后白玉汝患病，也未得获释，于狱中死亡。

民国 6 年（1917 年），阎锡山给托克托公署发函通知，要托克托派人去太原，办理偿还驻托时所借银两事宜。除本金外，利息从民国 5 年（1916 年）算起，年息 7 厘，分期偿还。至民国 10 年（1921 年），阎锡山山西国民革命军所借银两连本带息，全部偿还。

第三节　大革命时期

1921 年 7 月，中国共产党诞生以后，领导人民开展了推翻国内外反动派的大革命，如星星之火，迅猛燃遍全国各地。乌兰夫（乌兰夫家乡塔布村时属托克托县）、李裕智、李达光、苏谦益等一批爱国青年，先后走上了革命道路并加入了中国共产党。在这些革命前辈影响教育下，托克托城的汉族、蒙古族、回族、满族等各族群众，也投入了这场轰轰烈烈的革命运动之中。

1925 年，"五卅运动"的消息传到托克托城后，令学校的师生受到了极大的震动，对帝国主义列强杀害我同胞、欺辱我中华民族的暴行，万分愤怒。他们顶着烈日，走上街头，打着"声援上海工人"条幅，挥舞"打倒帝国主义""为死难烈士报仇"等小旗，不断高呼口号。学生们轮番讲演、慷慨激昂、声泪俱下，爱国热情深深感染了托克托城的人民群众，他们和学生一起，举起愤怒的拳头，高呼"打倒帝国主义"等口号，也参与到了游行示威的队伍中，愤怒声讨帝国主义的滔天罪行。当时，正在河口上小学、后成为共产党大青山革命武装领导人的苏谦益也参加了这场游行，他第一次感受到群众中蕴藏的巨大力量，这场游行在他幼小的心灵里，留下了永不磨灭的印象。

乌兰夫从苏联留学归国后，在土默川一带秘密开展地下工作。他或扮成买树的生意人，或扮成过路的出门人，或身穿烂皮袄，手提粪叉子，扮成拾粪的庄户人，经常来托克托二妹夫胡毛栓家开的车马店开展革命活动。由于开店人胡毛栓一家几代，正派诚信、为人义气、憨厚善良、怜贫悯弱，对那些贫困的住店打尖人，所带店钱不够的，减免；没有饭钱的，白供吃喝。这样，不仅使东店的生意从一开张，马车牛车骆驼队，川流不息；口里口外南来北往的客人，经常爆满，兴隆昌盛了100多年，名满托克托县和土默川平原，同时也使胡毛栓认识结交了不少各地各界的朋友，为掩护支持乌兰夫开展地下工作，创造了一定的有利条件。乌兰夫来胡毛栓家，有时只住一两天，有时要住半月或二十天。每到这时，胡毛栓一家大人娃娃，就要轮流在村口、院门前站岗放哨，保护乌兰夫的安全。除此之外，还经常从经济上对乌兰夫予以资助，多次想方设法为乌兰夫传递情报。

有两三次，乌兰夫在伍什家村，有紧急情报，亟需送往土默特左旗塔布子等村。因时间紧迫，一时找不到合适的送信人，乌兰夫的二妹顾不得当时土匪遍地、野狼时常伤人的危险，于漆黑的暗夜，独自一人骑着毛驴，及时把情报送到了预定地点。

由于乌兰夫经常来伍什家村活动，时间一长，终被狡猾的敌人觉察，敌人想尽各种办法抓捕乌兰夫。为此，汉族和蒙古族群众，团结一致，与敌人斗智斗勇，多次使乌兰夫化险为夷。

胡毛栓家前面是私塾先生郜得银的房屋。郜和胡非常相好，也认识常来伍什家的乌兰夫。一次，乌兰夫刚来伍什家村，郜得银无意中听人说，托克托的警察，要来抓捕云泽（乌兰夫）。他连忙去了胡毛栓家，将这一消息告诉了胡毛栓和乌兰夫。待到敌人到来时，乌兰夫早已躲藏，使敌人竹篮打水——一场空。

还有一次，托克托警察署得到情报，乌兰夫又来了伍什家东店，即派一名叫武玉龙的警察带人去抓乌兰夫。敌人哪知，这武玉龙和胡毛栓平时来往密切，是好朋友。于是，武玉龙就派可靠的属下贾亮，赶紧想办法去给胡毛栓通风报信。贾亮立即找到了该村蒙古族群众胡油楞，让他通知胡毛栓，赶快让乌兰夫躲藏起来。乌兰夫随即躲到胡毛栓房后场面的麦秸垛里。估计乌兰夫躲藏妥了，武玉龙才带警察来到了胡毛栓家，虚张声势，院里院外，搜查了一下，就回去交差了。

一天深夜，托克托城里有一个人称张翻译的警察头子，带着十来个警察，突然悄悄到了伍什家，找到武玉龙和贾亮，要他们一起去东店抓乌兰夫。武玉龙和贾亮情急之下，计上心头。武玉龙又是递烟又是敬茶，以热情款待张翻译等为由拖延时间，贾亮则趁机溜出来，跑步上了胡毛栓邻居郜得银的房，用手电光向着胡毛栓家的窗户转圈摇晃。正在胡毛栓家中的乌兰夫见此异常，知有敌情，连忙带着胡毛栓给他的 50 块大洋，跳出院墙，翻过房后的城墙，出了村外。乌兰夫前脚刚走，张翻译等随后就到，家里家外院里院外搜查了一遍，不见乌兰夫，硬逼胡毛栓交出人来。胡毛栓沉着冷静地说："云泽与我们家，早不来往了，谁知道他现在在哪里？"敌人一无所获，气急败坏，只好灰溜溜走了。

胡毛栓家还是共产党的一处地下交通联络站。1942 年，延安党组织选派一批干部到日军占领区做情报工作。其中，革命干部云清（胡毛栓妻妹）和爱人孔飞等 12 人，被派去张家口搞地下工作。他们从延安出发，过榆林、经伊克昭盟，在喇嘛湾渡过黄河后，为了安全分成两路。有 5 个人直接去往张家口。其他 7 人由云清、孔飞带队来到托克托县，秘密住在胡毛栓家修整准备。四五天后，他们安全走出县境去往张家口。

第四节　抗日斗争

民国 27 年（1938 年）1 月，日本侵略军占领托克托，成立伪托克托公署，日本人神原任顾问，对托克托城人民在政治、经济、军事等方面，施行残酷的法西斯统治。日军烧杀抢掠，无恶不作，在托克托县犯下了滔天罪行。

面对国内外反动派的野蛮行径无耻兽行，素有反帝爱国传统的托克托各族人民群众，在中国共产党的领导下，英勇顽强，不屈不挠，与日伪反动派进行了艰苦卓绝的斗争，取得了一个又一个令人欢欣鼓舞的胜利，为抗战全面胜利，创建了可歌可泣的丰功伟绩。

民国 27 年（1939）年冬，托克托县籍人、八路军大青山抗日游击队归（化）和（林格尔）大队分队长郑良贵，下山来托克托一带执行任务，被日军小川队长获悉，立即带兵前来追捕。郑良贵在当地群众指引掩护下，且战且退，转移到什里圪图村。村党支部立即组织群众保护。小川眼睁睁看到郑良贵跑进村中，即率领日伪军包围了村庄，在该村的崔家大院、杨家巷和梁家巷等角落，反复搜查，就是不见郑良贵人影。气急败坏之下，日军捆起了嫌疑村民李广宽，对其施行了灌辣椒水、皮鞭抽等酷刑，要他说出郑良贵下落。哪知李广宽自始至终三个字"不知道"，日军后来一无所获，狼狈而去。郑良贵圆满完成任务后，安全返回大青山根据地。

民国 28 年（1939 年）春，托克托什里圪图村党支部党员曹五兼任党组织和游击队文书，许多重要资料文件都由他负责保管在住房土墙夹缝内。每有大青山革命根据地或县工委来人，大多先在曹五家落脚。曹五母亲和侄儿负责在院门外、村口放风。

1941 年 3 月底、4 月初，曹五随托和清抗日民主政府县长杨岐山，在为大青山根据地筹粮时与敌人交战中牺牲。日伪警察、保甲人员得知曹五家中藏有党组织和游击队的文件，随即前来搜查。曹五母亲得知消息后，强忍失子之痛，赶在敌人搜查之前，将用烂布包裹的秘密文件全部烧毁，保护了党和游击队的秘密，使敌人一无所获。

1940年7月，中共托克托县工委成立，高陵平担任书记，按照上级党组织部署，在托克托县三间房、祝乐沁、乃只盖、左家营等村和与托克托县接壤的土默特左旗善岱、里素、召上、安民、野场、喇嘛营、朝号、独立坝等村为主要活动区，秘密建立抗日救国会和游击队，组织除奸反特，发动群众，培养积极分子，发展党员。时间不长，就在托克托的五申、祝乐沁等村建立了5个党支部、10个农民抗日救国会和多支抗日自卫队，宣传动员组织群众，与敌寇进行武装斗争，迅速开创了抗日斗争新局面，引起了日伪反动派的极大恐慌，施尽千方百计拉拢利诱威慑救国会成员和抗日民众。

正当此时，里素村以胡亮、梁文居为首的16个救国会会员秘密叛变投敌。随之，一个以破坏中共托克托县工委组织为目的的阴谋，也悄然施行。

1940年秋季的一天，中共托克托县工委书记高陵平与宣传部长李永茂，到里素村布置工作。因不知时任该村武装队长的抗日救国会员胡亮此时已被日伪收买成了叛徒，并接受了暗杀县工委领导的任务，高陵平等同以往一样，住在了胡亮家。当天晚上，高陵平、李永茂，被以胡亮、梁文居为首的叛徒，勾结日伪反动分子，骗到里素村外的高粱地里活埋。半个月后，这几个穷凶极恶的叛徒，又先后将寻找高陵平和李永茂的五区区长黄广生、工委委员王明元活埋，致使中共托克托县工委遭到严重破坏。

1940年，托和清抗日民主政府成立，杨岐山任县长，多次在托克托为共产党大青山抗日武装筹粮筹款。

1941年3月底、4月初的一天，杨岐山到永圣域村胡三旦家，与时任中共托克托县工委书记李云龙碰头后，带领30名游击队员，分三组到周边村庄，为共产党大青山革命武装队伍筹款。杨岐山带领5名游击队员，在南北的力图村筹款。

由于北的力图村伪保甲人员告密，杨岐山被古城伪警察署警长带领的保甲团、自卫团，共几十人包围。战斗打响后，杨岐山一面组织还击，一面伺机突围。中午，日伪军又调来100多人，形势更加危险。面对密密麻麻从四面冲上来的敌人，杨岐山毫不畏惧，沉着镇定，指挥队员冲出北的力图村，分头向西云寿村突围。在此过程中，游击队员曹五、王高小先后中弹倒下。

时任县工委书记的李云龙闻讯后，率领游击队员赶来增援，也被日伪军包围。在激烈的战斗中，游击队员胡二旦牺牲，申双燕、张老营、张铁生负伤后被敌人抓获，在县城入狱7天后被害。

杨岐山和两名游击队员被堵在西云寿村一牛棚，继续与敌激战，并伺机从牛棚冲出，转移到村西南的炮台上。敌人随即追来，团团包围了炮台，子弹像密集的雨点从四面八方射来。杨岐山不幸中弹，站立不稳，从炮台上掉了下来。一个伪兵见杨岐山负伤，企图上前夺枪。杨岐山强忍剧痛，挣扎着举起手中枪，一枪将这个伪兵打倒。日伪警长邢喜太见状，向杨岐山射出了罪恶的子弹，杨岐山英勇献身，时年34岁。杨岐山牺牲后，当地汉族和蒙古族群众，不畏敌人淫威，将他和战友的遗体在村外掩埋。

1940年冬，中共大青山抗日根据地军民，由于日军扫荡围困日紧，粮食衣物军需物资奇缺。为此，大青山抗日队伍派人下山，与中共托克托县工委联系，筹集钱粮。县游击队探听到日军在冠盖乡（中华人民共和国成立后的乃只盖乡），抢掠了不少粮食，存放在一间房村西南刘家大院。于是，县游击队安排该村抗日救国会，配合县游击队乘夜出击，神不知鬼不觉地包围了刘家大院，俘虏了看守的伪军，夺回了日军存放的粮食并安全送往大青山。这次抢粮战斗，由于计划周密，处置恰当，干脆利落，没有一人伤亡，给嚣张的日军以沉重的打击，人民群众拍手称快。

1938年春，日伪县政府的日本人神原顾问带领12名伪警察，从托克托城途经古城赴厚和豪特（今呼和浩特）。这一消息被王世昌（原籍托克托县新营子镇马四夭村人，抗战爆发后，组建了"农民抗日自卫军"，侍机打击日伪反动派）得知后，即率领农民抗日自卫军，提前赶到日伪必经之地韭菜滩，挖了陷坑，设下埋伏。当神原顾问的汽车行驶到该村时，只听"轰隆"一声，汽车一下子栽进了陷坑。与此同时，埋伏在附近沟渠树林的农民自卫军迅速出击，冲到汽车前后，将敌人包围，"缴枪不杀"的吼声响彻云天。神原顾问先是不知所以，呆若木鸡，继而缓过神来，挤出车门，想看个究竟，头部就被子弹击中，当场毙命。随行的 12 名伪警察，吓得魂飞魄散，全部跪地求饶，交枪投降。韭菜滩伏击战神原顾问被歼这一事件，在当时轰动了土默川平原，大涨了抗日军民的士气，也使日军对乃只盖农民自卫军分外仇恨，立即派出几十辆军车，满载日伪军，寻找王世昌的部队报仇，但王世昌率领自卫军早已转移。

是年冬，日本侵略军派出大批部队，讨伐"冠盖乡"（今五申镇乃只盖村）一带的抗日武装。王世昌的农民自卫军在县境北部的乃只盖、祝乐沁、三间房等村庄，与日伪军多次交战。但由于敌人不断增兵，王世昌军寡不敌众，终于被敌人包围。日军企图逼迫王世昌投降，派人给王世昌送来了劝降信。王世昌斩钉截铁地说："我是中国人，宁可战死，也不做汉奸!"他多次组织突围，但因寡不敌众，农民自卫军被打散，王世昌在战斗中不幸中弹身亡，年仅 41 岁。

日军侵占托克托后，经常进村骚扰百姓，奸淫掳掠无恶不作，托克托的王占瑗按耐不住心头怒火，萌生了立志抗日，打击侵略者的决心。在中共托克托党组织的影响教育下，王占瑗于 1944 年，秘密组织起了上百人的"抗日自卫团"，他们活动在托和清三县，宣传抗日救亡，严惩汉奸特务。自卫团还经常袭击驻托克托城的日伪军，使敌人昼夜不得安宁。

民国 34 年（1945 年）农历 4 月末的一个夜晚，王占瑗率自卫团突袭了日伪古城警察署，打伤日军 1 人，歼灭日伪警察 10 人，缴获战马 10 余匹、机步枪 100 多支和大量的武器弹药等军需物资，"抗日自卫团"员逐渐扩充壮大，最多时达 300 多人，成为日军咬牙切齿痛恨的心腹之患。

当年 6 月初，王占瑗率自卫团再次袭击驻托日军，在县城城隍庙附近与牛德修带领的日伪警察激战，打得敌人节节败退，一直溃逃到堡垒里躲藏起来，从此，敌人不敢随意离开县城。

托克托城东的张四壕，中华人民共和国成立前是一个人口不足千人的汉族和蒙古族群众杂居村。1937 年抗战全面爆发后，在县工委秘密活动下，此地于 1939 年组建了"农民抗日自卫队"。自卫队以防匪为名，修筑了护村城墙炮台，开挖了部分地道，并在县游击队指导下，进行秘密军事训练。这一消息传到了驻托日军耳里，日军立即调遣部队来村剿灭。农民自卫队利用熟悉地形优势，采取声东击西战术，一举打退了敌人。1940 年，张四壕农民抗日自卫队，还把出城扰民的日伪军打得退回城里，很长一段时间不敢离开营地。

在残酷的对敌斗争中，张四壕农民自卫队不断壮大，从开始的砍刀锹头镰刀，发展到有了一门火炮，10 多支步枪，极大地震慑了敌人，有力地配合了县游击队的武装斗争。

在托克托，至今流传着中共党员、山西太原人的张万精在托克托开展地下工作的英勇故事。1939 年 12 月到 1940 年初，原为大青山抗日游击队第四支队参谋长的张万精，按照大青山党组织安排，脱下军装，告别斗志高昂的部队和熟悉不过的亲密战友，只身一人下了大青山，来到托克托，从事地下交通员秘密工作。根据组织指示，他在托克托城、永圣域、什拉壕、伞盖、祝乐沁等村开展活动。

在一个伸手不见五指的滂沱雨夜，张万精摸黑冒雨，悄悄来到永胜域村北一个早已废弃不用的半地穴式的看瓜房里，这里躺着一具僵硬的尸体。张万精从死者的口袋里，掏出一个名字为"梁兰锁"的良民证，装在自己身上。把这个死尸就近埋在地里，担起了死者留下的钉鞋担子……

从此，中共抗日部队第四支队参谋长，正当青春年少、英姿勃发的"张万精"，就成了蓬头垢面、烂衣破裳、毫不起眼儿的钉鞋匠"梁兰锁"了。

张万精之所以在这些村庄活动，是因为托克托城等村庄有教堂，能从教堂报纸上登载的蛛丝马迹报道中，了解敌我斗争形势。也有说张万精为了方便开展活动，还入了天主教。

张万精在敌人的眼皮底下，活动了 10 多年，毫发无损安然无恙，这并不是因为他有神仙护身，也不是有三头六臂。有好几次，他与死神擦肩而过。

有一次，张万精在一个村子活动时，不知何因，人们见他被敌人追赶甚急。枪声身后响，子弹头顶过，眼看就要落入虎口。情急之下，忽然，他看见眼前有一个废弃的山药窖，随即纵身跳了下去躲藏起来。

眼看到手的"猎物"转眼之间不见了，敌人气急败坏，围着山药窖周围搜查无果后断定："猎物"一定藏在了山药窖里。于是，敌人就把山药窖团团围住，先是喊话，后又拿刺刀向里面乱捅一气。但无论敌人怎样折腾，山药窖里边没有丝毫动静。想派人下去看看，这些家伙却你推他，他推你，谁也没这个胆，更不愿冒这个险，只好灰溜溜狼狈而去，张万精终于化险为夷。

后来人们得知，张万精进了山药窖后，看见山药窖的顶棚横搭着一根檩子，他就用双手双脚缠住檩子，把自己横空吊起。这样，敌人的刺刀才没有戳到他的身体，他才得以死里逃生。

为了更好掩护身份，长期潜伏，便于工作，地下党组织指示他在永圣域村找个姑娘做媳妇，并给他拨付了一些找对象的彩礼钱。很快，他就和当地一姓刘的姑娘成了亲，安了家。成亲后，张万精依然一心扑在党组织交给他的"秘密交通员"任务上，无心无时间料理家务。家里穷得吃了上顿没下顿。他的一些异常行为常常引起老丈人的怀疑和愤懑。张万精既不解释，也不生气，笑嘻嘻依然如故。夫妻二人在艰难困苦中相依为命，度过了常人难以承受的漫长而又危难的岁月。就在这漫长而又危难的日子里，张万精圆满完成了党组织交给他的任务。

中华人民共和国成立后，张万精公开了身份，担任了乌兰察布盟行署专员。终其一生，张万精廉洁清贫，不徇私情，高风亮节，为世人敬仰传颂。

民国 27 年（1938 年）3 月夜，驻扎在托克托城黄河对岸的国民党东北挺进军司令马占山，派一姓邰的副司令，率井得泉新骑三师、刘盛五骑二旅等部，悄无声息地渡过黄河，突袭攻打托克托城和河口镇。一场激战击毙了日伪军多人，烧毁一辆日本军车，缴获了一批汽车和不少武器弹药，打垮了伪蒙古军骑兵四团，活捉了伪蒙古军团长门树森。

民国 34 年（1945 年）8 月 15 日，日本侵略者宣布无条件投降后，驻托日军乘车向厚和豪特（今呼和浩特）撤离，车过古城向三两桥进发时，国民党乔汉奎部烧毁了三两桥，袭击日军。由于阴雨不断，道路泥泞，日军只好烧毁汽车，丢弃枪械辎重，绕道和林格尔县，退向厚和豪特。

第五节　解放战争时期

1945 年 8 月 25 日，国民党游击政府由原伊克昭盟的塔并召迁回托克托城。进入县城的国民党保卫团，以追查土业组合人员为名，对老百姓进行劫掠。国民党骑兵挺进军第二纵队司令郭长青的部队也对百姓敲诈勒索，要钱要粮。曾任国民党托克托县游击县长、后因与国民党政见不合被撤职的韩国良，回托克托后，拆庙兴学，培育人才，并亲任校长。他以防匪患名义，组织村民修筑炮台，购置枪支弹药，保卫村民生命财产安全。他的卧室、办公室也在炮台上。从 1946 年开始，韩国良以这几年不是天旱就是雨涝，村民连肚子都填不饱为由，号召村民拒向国民党政府交粮。

1948 年，国民党托克托县县长王怡，派员到祝乐沁村要粮。韩国良据理力争。县长王怡随即向国民党 36 军军长、绥南总指挥刘万春状告韩国良领头抗粮。刘万春当即带领坐满 24 辆汽车的全副武装军队，来到祝乐沁村，架起机关枪，向住在炮台上的韩国良开枪扫射，并点燃汽油、煤炭火熏炮台，逮捕了韩国良，把他押送归绥，以"抗政、抗粮、抗兵"等罪名，将其判处无期徒刑。1949 年"九一九"起义前夕，韩国良获释出狱。

1950 年夏秋之交，托克托城东部荒地窑乃莫营村发生了以肖宝珊、祁祥、李功等反革命分子为首的武装叛乱，他们集结匪徒 200 余人，抢夺民兵枪支、杀害共产党干部。同年 7 月 30 日下午，时任县公安局长任泽奉命带领公安人员剿匪平叛。当晚，任泽一行至乃莫营村，误宿匪首祁祥叔父祁俊美家。祁俊美随即秘密派人报告匪首祁祥、李功。祁、李闻讯，迅速带领多名叛匪，扑来乃莫营村，趁任泽等公安人员熟睡之际，包围了祁俊美院并向公安人员住房开枪射击。任泽等公安人员听到枪声，急忙起身出门，当即遭到匪徒袭击。任泽身负重伤不治牺牲，年仅 27 岁。侦察员崔小顺、段根锁一同遇难。

不久，地方军政人民、民兵配合解放军骑兵部队，先后出动对叛匪展开围剿。叛匪自知不敌，向西逃窜。他们在土默特右旗三座茅庵被骑兵部队包围，骑兵部队除捕获 30 余人外，其余负隅顽抗的，全被歼灭。

第六节　革命英烈

一、李裕智

李裕智

李裕智（1901～1927 年），字若愚，又名巴吐尔罄，蒙古族，托克托县河口双墙村人，出身于贫苦农民家庭。1910 年开始在本村私塾读书，1912 年秋，转到河口育才小学上学。1918 年，他考入归绥土默特高等小学读书。"五四"运动爆发时，李裕智为该校学生罢课、游行示威的积极发动者。1920 年秋，李裕智高小毕业，考入归绥中学。1921 年旅绥学生组织同学会，李裕智当选为托克托县旅绥同学会干事。

1921 年，李裕智发动和组织了归绥中学学生同各校学生"抵制日货""反对日资"的活动，捣毁了买办商人沈文炳的电话局、电灯公司办公处和部分厂房设施。这场由归绥各校掀起的学生示威运动，得到了绅商市民的支持，迫使沈文炳停办了电灯公司。

1923 年秋天，李裕智前往北平蒙藏学校读书。在中国共产党早期活动家邓中夏、赵世炎的关怀和培养下，李裕智参加了中国社会主义青年团，又于 1924 年春天加入中国共产党。

1925 年春，李裕智受党的派遣，回到内蒙古开展革命工作，任中共包头工委书记，建立了秘密的党、团组织。发展了一批地下党员，在工人中扩大了党的力量。同时，推进了党的农村工作，在萨拉齐等许多地区建立了农民协会，使党的影响在各族人民中日益扩大。当年 10 月，李裕智遵照党的指示，到张家口参加了内蒙古人民革命党第一次代表大会，被选为中央委员、候补中央执行委员。这年冬天，李大钊在张家口建立了"工农兵大联盟"，李裕智参加了成立大会并当选为中央执行委员。

1926 年 1 月，李裕智赴广州参加国民党第二次全国代表大会。会上，李裕智见到了革命先驱李大钊，见到了参加大会的毛泽东、周恩来、董必武、吴玉章、林伯渠、聂荣臻、肖楚女、恽代英、邓颖超等无产阶级革命家，同年，参加了在广州农民运动讲习所召开的共产党的组织会议，抵制了国民党右派分子对蒋介石的诏媚逢迎，支持了对右派集团的谴责和对西山会议派邹鲁等的处分。

1926 年，在中国共产党的帮助下，组建了内蒙古人民革命军，李裕智任副总指挥兼第一路军、第五路军司令。从此，李裕智以主要精力投入这支人民武装的组建工作。他吸收工人、农民参军，同时积极争取地方民族武装，以壮大内蒙古人民革命军的力量。他还冒着生命的危险，争取了包头一带"哥老会"的"把头"白从喜、丁炳南、文艾、张老尧及其武装会众，使内蒙古人民革命军增添了新的力量。为了克服武器装备和经费方面的困难，他做了大量艰苦工作。为了提高这支军队的政治素质和战斗能力，他经常深入各部，亲自抓政治教育和军事训练，使内蒙古人民革命军的军容风纪深为群众欢迎。

当年，李裕智曾为送阿爸，回过河口一次，并亲自去看望小学时的武术师傅吴耀。他先向师傅介绍了国际国内革命形势和内蒙古人民革命军的有关情况，接着向师傅提出，革命军将士在枪林弹雨中拼杀，受刀伤枪伤乃家常便饭，请师傅多配些治疗刀枪创伤的药膏，日后派人来取。哪知师傅听了李裕智一番话，非常感佩，竟自愿将其祖传疗伤药的秘方，全部送给了李裕智，以此支持李裕智从事的革命事业，这也令李裕智非常感动。

李裕智和父亲合影

是年秋天，从苏联回国的冯玉祥誓师五原，宣布参加革命，并到包头集结旧部。李裕智主持召开了欢迎冯玉祥的群众大会，并在自身困难的情况下，解囊相助，支持了冯玉祥军需两万银元。

此时，伪装革命混入内蒙古人民革命党的中央委员、反动政客白云梯，为了夺取内蒙古人民革命军的领导权，进行了与革命为敌的阴谋破坏活动。当时，旺丹尼玛、李裕智要带领骑兵独立旅开赴鄂尔多斯。白云梯以饯行为名，请旺丹尼玛赴宴，于酒中投毒，杀害了旺丹尼玛。白云梯又派他的心腹爪牙暴子清，担任骑兵独立旅旅长，以控制兵权，遏制李裕智。对此，李裕智一方面扩充军备、壮大部队，另一方面积极展开对白云梯等右派分子的反击。

1927年"四·一二"政变后，全国大革命形势急转直下。后来，蒋冯合流。同年七月，内蒙古人民革命党在银川召开了伊克昭、乌兰察布两盟代表及银川的中央委员会特别大会。会上，白云梯向共产党人、左派分子发难。李裕智团结共产党人和左派分子坚决反击，并在途径银川的共产党人和苏联顾问的配合下，逮捕了白云梯，将其派人押送乌兰巴托，交内蒙古人民革命党乌兰巴托特别会议处理。后来白云梯回到宁夏，与李裕智假意和好，而在暗地里却加紧了反革命叛变的步伐。此时，李裕智率骑兵独立旅前往伊克昭盟，同锡尼喇嘛的第十二团汇合，开辟革命根据地。

1927年9月，白云梯公开叛变革命，同年10月8日，白云梯指使暴子清等杀害了李裕智，时年26岁。

二、李达光

李达光（1909~1946年），祖籍托克托县中滩乡柳林滩人，原名李生旺。因李达光弟兄五人，排行第三，乳名三喇嘛。河口镇小学毕业后，于民国15年（1926年）初考入归绥（今呼和浩特市）师范，同年冬，经丁玉文介绍，加入中国共产党。

1927年"四·一二"反革命政变后，李达光因参加反帝反日集会，被学校开除，返回河口母校，住在校园北头的一间小房子里，继续从事党的宣传组织群众工作。他把工作重点放在母校，利用师生、校友关系，经常向他们宣讲马列主义、共产党领导人民闹革命，打倒帝国主义、封建主义的道理以及和国内外反动派做斗争的方法等。正在该校读书的苏谦益、武达平等学生，在李达光的教育引导下，走上了革命的道路。

1931年，李达光到达北平，入宏达学校就读。栖身山尊寺，和河北省委接上了关系，并参加了党的活动。此时，他常去北平蒙藏学校与李大钊、邓中夏、赵世炎等建立的革命组织人员来往。

1932年5月，河北省委派李达光等3人来绥，住在省立第三小学，发展党员，并建立了中共归绥中心县委。同年年底，党派李达光到绥西搞兵运。

1933年秋，李达光不幸被捕，监禁在国民党绥远省党部后院。李达光趁看守吃饭之隙，跳出墙外，越狱成功。在旧城车马店中，他找到一个跑长脚的叫旺仁子的熟人，借了匹马，星夜离绥到了包头市，落脚在一个叔伯姐姐家里。后来，李达光换成长袍，备办些常用的和救急药品，装在一个手提箱内，以行医为掩护，奔波在沙尔沁、北卜村和后山一带，执行兵运任务。

1939年，李达光担任了以李井泉为政委、姚喆为司令员的大青山抗日游击队的第二支队参谋长。出于工作的需要，李生旺改名李达光，取义："中国人民的抗日战争，一定能取得最后的胜利，达到光明的前景。"

他受命来到托克托县永圣域一带开展抗日工作，以小商贩为掩护，常住永圣域王三喜家，迅速地开拓了局面，组织王三喜等参加了抗日游击队。

1939年9月，李达光带部分游击队员回大青山，暂住在被日军烧毁的叫张启明的村子里，此时，日军搜山队突然包围该村，以优势火力冲进村子，妄图将他们一举歼灭。李达光指挥队员沉着阻击，于傍晚时分撤出战斗，率部转移。路经四道河村，李达光被河水中的滚石撞伤，在席麻湾村休养，未能按领导计划去延安学习。

1940年，日军组织重兵实行大扫荡，到处设卡布防，妄图一举消灭抗日武装。李达光带着五六个队员，穿过包围圈到归、托、和边界一带开展工作。刚从大青山下来，他就被日本鬼子发现了。李率众向毕克齐村跑去。日军尾追不舍，呼喊放枪。李等进村后，一拐弯绕到村后，来到喇嘛庙门前，正逢一老喇嘛站于门前，怒目而视，拒绝他们进庙。李达光以蒙古语和老喇嘛打招呼，老喇嘛转怒为喜，热情接待。原来李多年来搞兵运工作，进出蒙民之家，学的蒙古语已能对答如流，现逢危急，幸赖蒙古语沟通关系，老喇嘛才掩护其脱险。

后来，李达光按绥蒙党委安排，与李云龙部长、杨岐山县长在归、托、和三县边界的什力圪兔、水泉、永圣域、南北的力兔、朱什拉、耳林岱等村，开展抗日活动。其间，仅群众性会议就开过70多次，影响广泛，日伪军视之为心腹病患。

1942年秋，形势越来越恶劣。此时，任绥蒙行署教育处长的李达光，时而化装成医生，时而扮成农民，经常往来于和林县哈喇沁一带，与活动在那里的托和清县委联系。后来各级党组织奉命转入地下，李仍以走方大夫"王先生"的身份，留在原地坚持工作，后又由平川转到山区，终因积劳成疾，返回家乡疗养。

1945年腊月，由于坏人告密，李被托克托县国民党县党部逮捕入狱。经他四弟等积极营救获释，但出狱后的两三天，国民党县党部又逮捕了李达光，他被直接押送到绥远省监狱羁押。1946年李达光被害，年仅35岁。

三、高陵平、李永茂、黄广生、王明元

高陵平，原名高万章，乳名高铁栓，字参夫，曾化名冯二毛、张丑毛，原籍伊克昭盟达拉特旗忽斯梁乡霍沙沟村。曾在北平上大学，后辍学回内蒙古参加革命。1940年7月至1940年秋，任中共托克托县工委书记。

李永茂（李含英），出生于1911年，山西临县人，在山西参加革命。1938年，他随八路军李井泉支队来内蒙古开辟大青山抗日武装根据地，任"战地总动委会晋绥边区工作委员会总务科长"，1940年初，中共绥西地委任命他为中共托克托县工委委员、宣传部部长兼托克托县县长。

黄广生，时任中共托克托县工委委员、组织部部长兼五区区长。

王明元，时任中共托克托县工委委员。

1940年秋季的一天，高陵平与李永茂，被以胡亮、梁文居为首的叛徒骗到里素村外的高粱地里活埋。半个月后，以胡亮、梁文居为首的叛徒，又先后将寻找高陵平和李永茂的五区区长黄广生、工委委员王明元活埋，致使中共托克托县工委遭到严重破坏。

四、杨岐山、曹五、王高小、胡二旦、张老营、张铁生、申双燕

杨岐山，陕西府谷元驮子村人。1907年，他出生于一个普通的农民家庭。1927年考入绥德县师范学校，同年加入中国共产党。不久，党组织派他到山西太原从事地下工作，被国民党逮捕入狱。出狱后，他回到府谷继续从事地下工作。1932年，他任中共府谷县木瓜区区委书记，1933年任中共府谷县委宣传部部长。1937年任中共托县和林县县委书记。1940年春，托和清抗日民主政府成立，杨岐山任县长。

曹五、王高小、胡二旦、张老营、张铁生、申双燕均为托克托县人，是抗日游击队员。

1941 年 3 月底、4 月初的一天，杨岐山率曹五、王高小、胡二旦、张老营、张铁生、申双燕等游击队员在南北的力图村筹款。由于伪保甲人员告密，游击队员被古城伪警察署警长带领的保甲团、自卫团，共几十人包围。在突围战斗中杨岐山、曹五、王高小、胡二旦牺牲，申双燕、张老营、张铁生负伤，被日伪抓获，在县城入狱 7 天后被害。

五、裴拉驼、王明、白元栓、翟丑柱等 7 人

1948 年 8 月，中共托克托县五区干部裴拉驼、王明、白元栓、翟丑柱等 7 人，在前往三间房村工作途中，被国民党马占海部包围，因寡不敌众，7 人在激战中全部牺牲。

六、任泽、崔小顺、段根锁

任泽（1923~1950 年），陕西省临县任家坪人。因地少人多，家庭生活拮据，任泽只上了 6 年小学，15 岁时便辍学回家，帮助父母耕种土地。在当地党组织的影响教育下，任泽于民国 28 年（1939 年）参加了革命队伍，并于同年加入了中国共产党，他曾任党小组长、支部干事、区委书记、县委委员以及党外青年秘书、青年队长、公安局副局长、托克托县人民政府第一任公安局长等职务。1950 年，任泽在平息托克托县以祁祥、李功、肖宝珊为首的反革命武装叛乱中牺牲，年仅 27 岁。

崔小顺，包头市人，托克托县公安局侦查员。1950 年，在平息托克托县祁祥、李功、肖宝珊为首的反革命叛乱中牺牲，年仅 18 岁。

段根锁，托克托县公安局侦查员。1950 年，在平息托克托县祁祥、李功、肖宝珊为首的反革命叛乱中牺牲。

七、其他革命烈士

在解放战争时期牺牲的烈士有：

景有小，男，汉族，托克托人。出生于 1920 年，1938 年参加革命。生前为中共陶林县陶北区支部委员。1940 年，他在张家口对敌斗争中牺牲。

郝梁小，男，汉族，托克托人。生前为中共凉城县游击队排长。1944 年 5

月，他在凉城县对敌战斗中牺牲。

李秀成，男，托克托人。出生于 1928 年，1948 年 10 月参加革命。1949年，他在呼和浩特市对敌战斗中牺牲，时为内蒙古公安厅干警。

王德全，男，托克托人。出生于 1924 年，1948 年参加革命。生前为中共托克托县游击队队长。1949 年，在太原牺牲。

赵六全，男，托克托人。1945 年参加革命。生前为中共绥远省凉城县 2大队 4 支队排长。1950 年 9 月，在陶林县牺牲。

在抗美援朝战争中牺牲的烈士有：

刘良成，男，托克托人。出生于 1927 年，1948 年 10 月参加革命。生前为中国人民志愿军 66 军 196 师 587 团战士。1950 年 12 月，牺牲于朝鲜。

张三小，男，托克托人。出生于 1932 年，1949 年 9 月参加革命。生前为中国人民志愿军 64 军 191 师 53 团通讯兵。1951 年，牺牲于朝鲜。

王二成，男，托克托人。1946 年参加革命。生前为中国人民志愿军 68 军203 师战士。1951 年，牺牲于朝鲜。

胡祯，男，托克托县城关镇人。出生于 1925 年，1948 年 12 月参加革命。生前为中国人民志愿军 192 部队 376 团 3 连战士。1951 年 10 月，牺牲于朝鲜。

屈登基，男，托克托人。出生于 1920 年。1950 年 6 月参加革命。生前为中国人民志愿军 64 军 192 师 574 团 7 连班长。1952 年 8 月，在朝鲜牺牲。

贾发，男，托克托人。出生于 1925 年。1948 年 10 月参加革命。1950 年 5月入党。生前为中国人民志愿军炮兵 302 团 1 营司机，曾立大功 1 次。1952 年10 月，在朝鲜牺牲。

冯忠，男，托克托人。出生于 1929 年。1949 年 1 月参加革命。生前为中国人民志愿军战士。1952 年 10 月，在朝鲜牺牲。

苗命虎，男，托克托人。生前为中国人民志愿军班长。牺牲于朝鲜。

翟跃武，男，托克托人。出生于 1919 年。1949 年 1 月参加革命。生前为中国人民志愿军 595 团 1 营战士。1951 年 7 月，在朝鲜牺牲。

第七节　革命志士

一、苏谦益

苏谦益，1913 年 12 月出生于古镇河口的一个贫苦的小店员家庭。1924 年，他入本镇小学念书。当时在学校里教书的一些老师，思想比较先进，他们积极宣传民主革命思想。尤其是毕业于河口小学的李达光，对苏谦益参加革命起了很大的思想启蒙作用。

1928 年，苏谦益到绥远省归绥一中读书，因组织学生罢课请愿、维护学生正当权益而被学校开除。之后，他被聘请到绥远省立三小当老师。

1931 年"九·一八事变"后，苏谦益和杜如薪（中共地下党员，苏谦益的同乡、同学）

苏谦益

等，自费筹办宣传抗日的刊物《血腥》（后更名为《血星》），苏谦益任主编，并组建"读书会"，开展抗日救国的宣传活动。

1932 年 5 月，在共产党人的组织支持下，杜如薪、苏谦益等革命同志组织成立了绥远省"反帝大同盟"，杜如薪任书记，苏谦益分管宣传工作，在绥远省立第三小学、绥远第一中学、中山学院、绥远师范、归绥火车站等地，发展了绥远反帝大同盟盟员约 50 名，许多"读书会"成员也都成为反帝大同盟盟员。苏谦益、杜如薪还组织了"绥远剧社"，自编自导自演抗日救亡剧，他们创办的刊物《血星》也成为绥远反帝大同盟的机关刊物，这是当时绥远人民的抗日之声，被誉为"沙漠里的骆驼"。

1932 年冬，苏谦益在李达光、杜如薪的介绍下，加入了中国共产党。紧接着，成立了中国共产党归绥中心县委员会，苏谦益负责宣传工作。1933 年初，遵照上级指示，苏谦益由省立第三小学转到新城中山学院附小任教，继续秘密开展党的工作。

1933 年 4 月，由于叛徒的出卖，苏谦益、杨叶澎等人被国民党反动当局抓进了归化城"模范监狱"，遭到严刑拷打。在狱中，苏谦益得到同在狱中王若飞的关怀教导，这让他在恶劣的环境中，坚定了革命信念。1936 年 7 月，苏谦益被营救出狱。此时，苏谦益已是家破人亡，父母悲愤而死，弟弟和妹妹流落他乡，不知所踪。

1939 年苏谦益（右一）在晋西北牺盟会

1937 年春，遵照王若飞的指示，苏谦益以"山西抗日牺牲救国同盟会"特派员的身份，到山阴县领导抗日救亡工作。是年秋，牺盟总会派苏谦益等人到汾阳建立中心区，组建了第一支以汾阳人为主的牺盟游击队，前往晋西北抗日前线。在抗日烽火中，苏谦益与郭启民并肩战斗，相识相爱，结为终身伴侣。之后，苏谦益等人又到临县组织牺盟会中心区，苏谦益担任秘书、党组书记、晋西北办事处组织部部长、党组书记。

1941 年 1 月，苏谦益被派往大青山根据地，先后担任晋西北四分区专员、党团书记、大青山绥察行署专员、副主任、党组书记、绥察行署党团书记、绥蒙区工委委员。苏谦益夫人郭启民，担任绥蒙区党委宣传部部长等职。他们为全面支援抗战，发动群众，筹集物资，补充兵员做了大量工作，并参加了及其残酷的晋西北、绥察根据地多次反扫荡和游击战争，为抗日战争的胜利作出了重要贡献。

解放战争时期，苏谦益任绥蒙区党委宣传部部长、副书记，组织开展了土地改革、发展了党组织和地方武装，为绥蒙解放奠定了基础。1948年11月起，苏谦益担任绥远省党委副书记。他认真负责，勇挑重担，创造性地开展工作，为内蒙古自治区的全面解放做出了重要贡献。

1953年，中央成立了包头工业基地建设委员会，苏谦益以中共包头市委第一书记、包头市市长的身份兼任该建设委员会副主任。他和专家组成员不分昼夜地工作，实地考察，征求各方面的建议，最终绘就了包头的第一张蓝图——《包头市城市规划方案》。这个方案在1955年被中共中央批准，为包头以后的发展奠定了基础，包头市的规划在当时被国内学者誉为"包头模式"。

在"包头钢铁公司"的建设中，苏谦益正确贯彻执行党的民族政策，得到广大蒙古族农牧民的积极支持，"包钢"建设轰轰烈烈地展开。他从蒙古骑兵部队中挑选了一批年轻、有文化的军人转业到包钢，成为新中国第一代蒙古族钢铁工人。

随着包钢的开工建设，一大批为包钢服务的企业，例如三个砖瓦厂和采石厂、砂石厂、水泥厂、包头电机厂、汽车修配厂、包头糖厂、第二面粉厂、包头被服厂、包头印刷厂、包头制酒厂等，相继开工建设。

1960年11月，苏谦益调任华北局，先后担任书记处候补书记、华北局秘书长、研究室主任、华北局书记处书记等。他是中共第八次全国代表大会代表，第一届、第二届全国人大代表。在此期间，他为社会主义建设和党的建设做出了重要贡献。

"文化大革命"中，苏谦益惨遭迫害。1978年，苏谦益得到平反，并被任命为北京工业学院党委书记、校长。

北京工业学院是"文革"的重灾区。学院内的一大批知识分子在"文革"期间政治上遭受打击迫害,人格上遭到肆意侮辱,心灵上受到严重的摧残。在苏谦益的组织领导下,经过一年的拨乱反正,广大教职工重新落实了教师的职称待遇,学院又恢复了正常的教学秩序。从政治重压下解放出来的知识分子,心情舒畅,精神振奋,主动承担起学院的教学和科研的重担。学院各项工作焕然一新。

1982年7月,苏谦益从北京工业学院退居二线。他不愿意无所事事,颐养天年,1982年7月至1989年10月期间,苏谦益出任北京理工大学顾问;1984年初至1986年3月,他先后出任中共中央整党工作指导委员会江西省、河南省联络员小组组长、东北巡视组组长。

2007年10月19日,苏谦益因病于北京逝世,享年93岁。

二、杨令德

杨令德,1905年出生于托克托县城关镇一个没落的"财主"家庭。童年时,他刻苦好学,自抄古诗文,面壁背诵,尤对报纸情有独钟。小学时,便用小块纸自办报纸,在同学中传播,并开始为当时绥远出版的《西北实业报》投稿。他以"园叟"为笔名首次投稿,不仅见报,而且还得到该报主笔杨既庵的亲笔回信。1925年,包头出版了《西北民报》,运用白话文宣传"五四"新文化运动。时为托克托县河口商业学校教师的杨令德,多次为之投稿,均被采用。是年,《西北民报》社长、共产党员蒋听松给杨令德来信,邀其到《西北民报》社工作。他到报社不久,便创办了《火坑》周刊,兼任"火坑社"社长。《火坑》原为《西北民报》副刊,1926年"三·一八"惨案后,杨令德自己出钱,在北京印刷,成为单独出版的不定期刊物。

《火坑》是绥远青年自己办文艺刊物的开始,也是绥远历史上最早传播新文化的副刊。这个刊物提倡白话文,歌颂恋爱、婚姻自由,反映民间疾苦,针砭时弊,深受读者喜爱。

1927年9月,杨令德在《绥远日报》社当了编辑。他除负责编写国内新闻、地方新闻、副刊文章外，还搞校对。他写的"时评"切中时弊，很有分量。他在《绥远日报》又开辟《塞风》副刊，做为"火坑社出版物之二"。

1928年3月，他离开《绥远日报》社。此后，杨令德在国民党派系纷争的动乱中曾当过《绥远党报》、《绥远通俗日报》、太原《陆海空军日报》等报纸的总编辑。

1929年，绥远遭了旱灾。杨令德回到托克托县，目睹穷苦人民饥寒交迫、卖儿卖女的惨状，他写了一篇《塞外民生一瞥》纪实文章，发表于上海《时事月报》。

20世纪30年代初，杨令德与傅作义将军的下属合办"绥远新闻社"，杨令德担任《民国日报》编辑。《民国日报》后更名为《西北日报》，杨令德兼任上海《时事新报》绥远通讯员、《大公报》驻绥远记者。他主编的副刊《十字街头》是传播新文化、宣传新思想的重要阵地。他支持在绥远的"托县同乡会"成员、共产党员武达平和章叶频、袁尘影等创办民主进步文艺刊物《塞原》《塞北诗抄》，并在《十字街头》为之提供园地。

1936年3月~4月间，杨令德随沙王到伊金霍洛参加成吉思汗祀典，写了一系列有关伊金霍洛和成吉思汗陵祀典情况的报道。他是我国第一个采访伊金霍洛和成陵的记者，也是第一个向外报道成陵的记者。他的这些报道引起国内外学者的重视，中华人民共和国成立前已为国外一些研究蒙古史专家的著作中所引用。

这期间他曾以名记者的身份，利用与绥远上层人士的关系，设法营救被捕的苏谦益等革命青年。

1936年底，杨令德在《西北日报》副刊《边防文垒》上，发表了美国记者斯诺写的毛泽东论抗日的文章，被当时在南京国民党中央宣传部工作的金载民报告其主子，杨令德因此被撤职。

1937年"七七"事变后，杨令德辗转到了榆林，以《大公报》驻榆林特派员的身份从事抗日新闻采访报道，出版《塞风》杂志和自撰的《塞风社丛书》。在榆林八年间，杨令德曾两次当过《陕北日报》总编辑。

1943 年 6 月至 12 月，杨令德作为邓宝珊将军的私人秘书由榆林经延安、西安赴重庆。往返两次，在延安暂住约一个月。其间，他会见过朱德总司令、贺龙师长，以及吴玉章、林伯渠、谢觉哉、徐特立等同志。

杨令德先生引为"一生最光荣"的事，是在延安会见了毛泽东主席。此前，在 1938 年，杨令德曾因其外甥袁尘影在延安因误会被拘押一事，呈书毛泽东主席，请求澄清事实，释放袁尘影。不久，他接到毛泽东主席的亲笔回信。杨令德接信后异常感动，当即回信致谢。1939 年 1 月 22 日，毛泽东主席又给他写了第二封信。杨令德将毛泽东主席的信视为珍宝，历经战乱，一直珍藏完好。

抗日战争胜利后，杨令德任《绥远民国日报》总编辑，《大公报》记者，绥远新闻社社长，直到中华人民共和国成立。

杨令德先生是 1949 年 9 月 19 日，绥远和平起义的积极参与者，为和平起义通电签名者之一。

1985 年 10 月 21 日，杨令德先生因病去世，享年 80 岁。

三、武达平

武达平（1911~1999 年），曾用名丕荣，男，汉族，托克托城人。童年时入河口小学读书。民国 18 年（1929 年）夏，他以优异成绩考入归绥中山学院学习。在校期间，他思想进步，积极参加反帝爱国活动。民国 21 年（1932年）冬，武达平在绥远参加反帝大同盟，并担任中山学院反帝大同盟负责人、反帝大同盟小组组长。民国 22 年（1933 年）加入中国共产党。同年 9 月，武达平等人在绥远成立塞原社，积极撰稿宣传进步思想，提倡进步，反对封建。

民国 25 年（1936 年）4 月，与杨令德等人创办文学半月刊《燕然》。同年 6 月，又在归绥成立塞原诗歌研究会，该团体积极宣传中国共产党的政治思想主张，成为推动绥远抗日救亡活动的重要舆论阵地之一。同年 11 月，武达平与杨植霖等成立了有 300 多人参加的抗日民众救亡会，他被推为理事，领导抗日救亡活动。

民国 26 年（1937 年）3 月，绥远成立"牺牲救国同盟会"，武达平负责组织工作。同年 9 月，他与潘纪文等创办《绥远抗战日报》，继续宣传进步思想。民国 27 年（1938 年）3 月，武达平任察哈尔、绥远游击军司令部参谋。5 月，中共晋西北党委成立中共大青山特委，武达平为成员之一，并任晋、察、绥边区工作委员会组织部部长。民国 28 年（1939 年），中共绥远省委正式成立，武达平先后出任中共绥中特委书记兼宣传部部长、绥东工委书记、绥中地委书记兼武装部部长。

民国 29 年（1940 年）7 月，武达平赴延安中央党校学习。民国 34 年（1945 年）5 月，任绥西地委宣传部部长、托克托县县长。民国 37 年（1948 年）9 月，任丰镇市市长。绥远"九·一九"起义后，任文化厅副厅长。

1953~1979 年，武达平历任绥远省文教厅党组书记兼省文联主席、内蒙古自治区文教办公室副主任、内蒙古党委统战部副部长、内蒙古政协秘书长、内蒙古科委党组副书记和副主任兼科协主席、内蒙古文委党组副书记和副主任、内蒙古科委党组书记和主任、内蒙古"双退"办公室书记、内蒙古政协第三届副主席。

1999 年 6 月 16 日，武达平在呼和浩特病逝。

四、章叶频

章叶频（1916~2002 年），托克托城人，中共党员。1938 年赴延安，在中央组织部党训班学习。历任绥远文艺界抗敌协会常务理事兼出版委员会委员，绥远中华民族解放先锋队队长，绥远民族抗日救亡会理事，《绥远抗战日报》副刊主编，绥远抗日刊物《一条线》主编，西北战地服务团组织干事，中共宣化、丰镇县县委宣传部部长，怀仁县委副书记，莎县县长，归绥县委书记，中共归绥市委宣传部部长，政协副主席，内蒙古党委宣传部秘书长，教育厅副厅长，文委副主任，党校副校长及顾问，晋察冀文艺研究会理事，内蒙古离休老干部写作协会副理事长。2002 年加入中国作家协会。

著有《塞风集》(合作)、《塞北文苑萍踪》、《黎明集》、《20 世纪 30 年代内蒙古西部地区文学作品选》。

五、袁烙

袁烙(1917~1988 年),原名福印,笔名芙蓉、漠南,男,汉族。托克托城人。父亲袁文举,是商店管账先生。母亲杨玛瑙,是绥远省第一个女新闻工作者。在弟兄姊妹中,袁烙排行第三,他 1 岁时不慎掉进烧烙铁的破锅内烙伤,因此得名袁烙。

袁烙自幼聪慧,少时入清真小学读书。受其舅父杨令德的影响,从小爱看小说,且有很强的识别能力,对《水浒传》中的江湖好汉特别崇敬,而对俞万春写的《荡寇志》特别反感。民国 19 年(1930 年春),13 岁的袁烙随二哥袁尘影到归绥参加第一师范的招生考试,以第一名的成绩被录取。

民国 22 年(1933 年)底,袁烙于第一师范毕业;翌年,考入北平志成中学高中部学习毕业后,考入燕京大学新闻系。其间,袁烙参加了北平"一二·九"学生运动,并加入了中共外围组织"中华民族解放先锋队"。北平沦陷后,袁烙与表舅霍世忠、表兄王广绥逃出北平辗转于烟台、济南、徐州、太原之间。在太原,他参加了著名作家丁玲领导的八路军西北战地服务团。民国 27 年(1938 年),袁烙在绥德加入了中国共产党。后来受党组织派遣,到杨虎城和赵寿山军长的 38 军血华剧团任副团长。同年,党派他到中共战时青年剧团任团长。民国 31 年(1942 年),与延安医院女护士黄温梅结婚。延安整风运动开始后,在"抢救失足者"运动中,袁烙被捕入狱,被打成"国特",与黄温梅离婚后问题澄清,党派他赴银川做地下工作。一年后,党组织又派他赴兰州做地下工作。民国 36 年(1947 年),袁烙参加保卫边区自卫战。同年 8 月 1 日,在绥德与艾琴兰结婚,并参加榆林战役。这一年,党派他回到西北党校学习毕业后,开始了办报生涯。

在延安,袁烙先后任《群众日报》记者、编辑、副主编。民国 38 年(1949 年)5 月 21 日,西安解放,《群众日报》在西安出版发行,袁烙任编委委员兼城市记者组组长。1961 年，任《西安晚报》社长、总编。1966 年，任《西安日报》《西安晚报》总编辑，后兼任中共西安市委宣传部副部长。1988 年 3 月 21 日，袁烙因病逝世，享年 71 岁。

结语　当代托克托城

中华人民共和国成立后，饱经沧桑的托克托城跨进了快速发展的新征程。特别是改革开放以来，托克托城的各项事业更是万象更新，日新月异。

现在的托克托城是在 1971 年后，为避大黑河水患，从旧城逐年东迁在南坪村——霍家圪洞村一带而建设的新城。2001 年，全县拆乡并镇，镇名由原城关镇改称双河镇。

托克托城新城区面积 14 平方千米，现有东胜大街、托克托大街、光明大街、黄河大街、双河路、云中路、祥和路、平安路、兴托路、通达路等"五横六纵"的城区道路 10 多条，四通八达连贯成网。路边广场、公园的花木繁盛，高楼比肩。城区饮水、排水、供热、供电、供气、医疗、学校、老年活动中心、少年宫、文化宫等民生设施一应俱全，功能完善。城市绿化率达到35.64%，居民住宅区 40 多个，常驻城镇人口 8 万多人。

托克托新城区有南街、前街、北街、前壕四个村民委员会。1980 年，和安徽凤阳小岗村同步，托克托在全国率先实行土地承包到户的农业生产责任制，充分调动了农民的生产积极性。加之，国家减免农业税，对农民种粮食、购买农机具给予补贴，大力推广实施科学种田，精准扶贫等一系列惠农政策的贯彻实施，使得托克托城的农业生产发生了巨大变化，所有耕地基本形成以黄（河）灌为主、井灌为辅的灌溉体系，90% 的农田成为稳产高产示范田，为农业增效、农民增收奠定了基础。农业结构持续调整优化，彻底改变了种粮养畜的二元结构，农民以市场需求为导向，形成了粮、菜、果、肉、乳、渔、草、运输等多种经营格局，且呈集群化发展势头。温棚蔬菜、辣椒和奶牛产业，即绿色、红色、白色的"三色"农业，成为农民致富重要来源。托克托城所属的农业区已建成为托克托县、呼市、准格尔地区的主要蔬菜生产基地。从种到收到产品加工，机械化、半机械化取代了几千年传统的耕作方式。

托克托城的工业从昔日的小手工业、农副产品初加工起步，历经中华人民共和国成立后的社会主义改造，经营体制改革，生产方式创新，在市场竞争中优胜劣汰，沙里淘金，兼并改制，为以生产饲料金霉素为主的上市公司金河集团为首的新型的现代化生产企业所取代。

商业企业历经简政放权、承包租赁、转换经营机制、产权转制等一系列改革，托克托城成为联通全国、辐射全县的商贸中心区。城内几条主街道，几经改扩建，迎街的大楼底层均建设为商店。各类门脸比肩并立。注册商业企业共469 户，个体商业户 4362 户，从业人员 3527 人。

进入新世纪，家用电脑逐步进入寻常百姓家，随着电子计算机的广泛运用，互联网的逐步普及，电子商务在 21 世纪异军突起，迅速发展，成为 21 世纪电子数据交换时代全新的信息化网络化商贸交易方式。2016 年，美团外卖入驻托克托电商平台，正在改变着城镇居民的餐饮消费方式。

托克托新城区是全县文化的中心。坐落于新城区中心地带的托克托县博物馆是托克托县历史的缩影。丰富多姿的文物藏品，向来自四面八方的旅客无言地倾诉着托克托县上下五千年的沧桑历程。文化宫、文化馆、图书馆、新华书店、文化活动中心、体育场、文化广场、老年活动中心、街心公园……一座座文化活动设施大楼拔地而起，建筑总面积约 13 万平方米。广播电视"村村通"工程实现了全覆盖。文化市场体系进一步健全，网吧、影像、娱乐等文化服务项目分布均衡，发展有序。

托克托新城区是全县教育的中心。新城区几乎集中了全县城乡公办、私立的幼儿园，幼儿学前三年毛入园率达到 95％以上。

义务教育均衡发展，全面推进。镇属六所小学的教学楼增容改建，均达到标准化要求。建立在新城区的县立第一中学、第二中学、第三中学、民族中学，与呼和浩特市，北京昌平区、海淀区等学校开展了结队共建。学校之间开展互访交流、师资培训、彼此送课等活动，实现了师资互通，教学互动，教研互促，资源共享；引进新的教学理念，选拔名师担任校长，让学生在家门口就能接受优质教育资源，从而显著地提高了教育教学质量，继续保持了教育先进县的传统优势。

悠久灿烂的历史文化，山光水色的瑰丽风光，造就了托克托得天独厚的旅游资源。近年来，托克托县以打造一流文化旅游强县为目标，进一步整合旅游资源，着力建设历史文化游、自然风光游、现代工业游等系列旅游观光项目，为推动地方经济社会发展取得了显著成果。

食品消费已由谷物为主的粗放型向以副食为主的营养型转变。讲究质量、营养、保健、绿色、低糖、低热成为时尚。农民自养自宰的猪、鸡、羊，自种的粮食，当地加工的米、面、油、酒，当地河塘自然生长的"本地鱼"正为人青睐。家政服务、家庭旅游的投入已成消费常态。

居住条件逐步改善，昔日的窑洞、土房成为历史，红砖红瓦满面窗玻璃的新平房和绿洲岛、锦绣花园、云中雅园、学府佳苑、华蒙小区、嘉兴小区、玫瑰园小区、美好家园、博爱苑、万福都汇、尚东名郡等四十多个住宅楼小区，成为居民的新居室。近年来，政府累计投入资金3849万元，建起557套廉租房，通过公开抽签的方式将廉租房分配给城镇无房户和人均住房面积不足15平方米困难群众，圆了这些城镇弱势群体的住房梦。摩托车、电动车早已普及，家庭小汽车每百户拥有48.7辆。近几年来，托克托连续被评为全国最具发展潜力的百强县之一。

20世纪80年代初，托克托县汽车站附近街景

20世纪70年代，托克托县农民用辘轳打水浇地

云中文化广场

东胜文化广场

老有所乐

东胜大街

托克托大街

街心公园

主要参考书目

［1］《旧唐书·张仁愿传》，中华书局出版，1975 年 5 月第 1 版。

［2］《辽史·地理志》，中华书局出版，1974 年 10 月第 1 版。

［3］《元史·世祖纪（三）》，中华书局出版，1976 年 4 月第 1 版。

［4］《明史·兵（三）》，中华书局出版，1974 年 4 月第 1 版。

［5］《明史·地理》，中华书局出版，1974 年 4 月第 1 版。

［6］《山西通志》卷七九，第 11 册，中华书局出版，1990 年第 1 版。

［7］《绥远通志稿》，内蒙古人民出版社出版，2007 年 8 月第 1 版。

［8］余元庵著《内蒙古历史概要》，上海人民出版社出版，1958 年 1 月第 1 版。

［9］郝维民、齐木德道尔吉主编《内蒙古通史·第五卷·清朝时期的内蒙古》，人民出版社出版，2011 年 12 月第 1 版。

［10］金海、赛杭主编《内蒙古通史·第六卷·民国时期的内蒙古》，人民出版社出版，2011 年 12 月第 1 版。

［11］邢野主编《内蒙古通志》，内蒙古人民出版社出版，2007 年第 1 版。

［12］山西省政协主编《晋商史料全览·忻州卷》，山西人民出版社出版，2009 年第 1 版。

［13］云海主编《土默特志·上卷》，内蒙古人民出版社出版，1997 年 5 月第 1 版。

［14］李瑛主编《呼和浩特志》，内蒙古人民出版社出版，1999 年第 1 版。

［15］薛麦喜主编《黄河文化丛书·民俗卷》，山西人民出版社出版，2001 年 6 月第 1 版。

［16］伏来旺总主编、乌恩著《敕勒川文化丛书·敕勒川历史探幽》，内

蒙古人民出版社出版，2013年11月第1版。

[17] 伏来旺总主编，塔拉、张文平编著《敕勒川文化丛书·敕勒川城市文脉》，内蒙古人民出版社出版，2013年11月第1版。

[18] 内蒙古政协主编《内蒙古工商资料》（部分）

[19]《内蒙古文史资料》（部分）

[20] 呼和浩特政协主编《呼和浩特文史资料》（部分）

[21]《中国戏曲志·内蒙古卷》编辑部编印《内蒙古戏曲资料汇编》第一辑，1986年9月，内部发行。

[22] 张世满著《逝去的繁荣：晋蒙粮油故道研究》，山西人民出版社出版，2008年8月第1版。

[23] 章叶频编《三十年代绥远新诗歌运动》，1983年11月，内部发行。

[24] 章叶频编《塞北文苑萍踪》，1985年6月，内部发行。

[25] 章叶频编《内蒙古西部地区三十年代文学作品选》，1995年，内部发行。

[26] 伏来旺著《土默特史话》，内蒙古人民出版社出版，2017年5月第1版。

[27] 钱占元著《草原史事笔记》，内蒙古教育出版社出版，2010年5月第1版。

[28] 张军主编《托克托县志》（修订稿），1984年，内部发行。

[29] 朱耀主编《托克托县志》，内蒙古人民出版社出版，2003年第1版。

[30] 托克托政协编《托克托文史资料》。

[31] 俞义主编《托克托地名志》，1984年，内部发行。

[32] 李鸿主编《托克托县卫生志》，1986年4月，内部发行。

[33] 托克托县交通局编《托克托交通志》，1990年，内部发行。

[34] 托克托教育局编《托克托教育志》，1990年，内部发行。

[35] 张志林主编《托克托民间故事》，内蒙古少年儿童出版社出版，

2006 年 12 月 1 版。

　　［36］李红主编《托克托民俗》，内蒙古出版集团远方出版社出版，2010 年 12 月第 1 版。

　　［37］贾平主编《托克托文化·民间社火》，内蒙古人民出版社出版，2016 年 1 月第 1 版。

　　［38］贾平主编《托克托文化·风味美食》，内蒙古人民出版社出版，2016 年 1 月第 1 版。

　　［39］杨诚、杨子扬编著《古镇河口》，内蒙古人民出版社出版，2016 年 8 月第 1 版。

　　［40］杨诚、高玉风、刘建国编著《话说内蒙古·托克托县》，内蒙古人民出版社出版，2017 年 1 月第 1 版。

后　记

经过多方的共同努力，《内蒙古记忆丛书·名镇》和广大读者见面了。

本丛书的编写具有很大的挑战性。我们设定这个选题的初衷，是希望通过对特定时间、特定城镇的综合研究，整体再现内蒙古地区 20 世纪前半叶的社会发展状况。从严格意义上来讲，丛书的体例既非传统的历史、志书类著述，也不是人们所熟悉的"旗（县）情"类书籍，而是历史学与社会学理论方法相结合的学术成果。对于每个编写组成员而言，首先面临的问题是资料的缺乏。从已出版的图书中转录、摘抄资料无法满足本丛书编写的要求，需要从文献中查找第一手资料，还需要访问亲历、亲闻和亲见者，以补充文字资料的不足；其次，是研究方法的调整。丛书要求对各个"名镇"的情况做出全面介绍，既要客观、系统，突出时代特征和地域特征，同时又要"述论结合"，要分析各种社会现象生成、衰落和消亡的成因及其规律。为了实现丛书的总要求，大部分课题组付出了艰苦的努力，每一部著作最少做过三次修改，个别课题组甚至五易其稿。在此，对课题组成员严谨的科学态度、高度的责任感致以敬意。

在丛书编写和修改过程中，内蒙古文史研究馆文史研究组织处的周绍慧、高家锟、李春环负责书稿的审读工作，她们反复阅读来稿，提出修改意见，通过电话、微信与作者交流沟通，并到作者所在盟市召开座谈会。徐敬东设计了丛书的封面和版式，并负责与出版社业务联系。他们为丛书的完成付出了智慧和心血。

在丛书出版之际，我们还要感谢很多领导和学界专家。内蒙古大学呼日勒沙教授、周太平教授、牛敬忠教授和内蒙古社会科学院刘蒙林研究员审读了书稿，他们从专家的高度对书稿中存在的不同问题提出了专业化的修改、完善意见，为丛书整体水平的提高做出了重要贡献。内蒙古人民出版社的领导和责任编辑大力支持丛书出版工作，吉日木图社长、武连生副总编辑亲自关心此项工作，各分册编辑同志以高度的责任感和精湛的业务水平，为丛书的出版投入了大量的精力。在此，我们一并表示诚挚的谢意！

　　《内蒙古记忆丛书·名镇》的编写出版，在一定意义上是我馆履行"存史资政"宗旨的一项探索，由于组织能力和编写组水平所限，存在诸多不足，请广大读者提出宝贵意见。

内蒙古文史研究馆

2019 年 10 月